电动汽车概论

第 2 版

主　编　麻友良　严运兵
副主编　刘　桥　罗晨晖
参　编　杨啟梁　杨　帆　吴贺利　陶　军　吴　满

机械工业出版社

本书简要介绍了电动汽车的发展概况、电动汽车用蓄电池的结构类型与工作原理、电动汽车驱动装置的结构类型及工作原理，并详细介绍了纯电动汽车、混合动力电动汽车及燃料电池电动汽车的组成、原理及设计要点，并对电动汽车常用的控制理论与控制方法也作了简要的介绍。除此之外，对其他新能源汽车的结构类型、工作原理及性能特点等也作了系统的介绍。本书力求文字表达通俗、简明，可使读者系统地了解电动汽车的组成与工作原理、结构类型、技术关键。

本书可作为汽车类专业（本科和高职）的教材，也可作为相关专业技术人员的参考用书。

图书在版编目（CIP）数据

电动汽车概论/麻友良，严运兵主编 . —2 版 . —北京：机械工业出版社，2024.3

ISBN 978-7-111-75382-7

Ⅰ.①电⋯　Ⅱ.①麻⋯　②严⋯　Ⅲ.①电传动汽车-概论-高等学校-教材　Ⅳ.①U469.72

中国国家版本馆 CIP 数据核字（2024）第 056611 号

机械工业出版社（北京市百万庄大街22号　邮政编码100037）
策划编辑：陈玉芝　　　　　责任编辑：陈玉芝　赵晓峰
责任校对：甘慧彤　牟丽英　封面设计：张　静
责任印制：张　博
北京建宏印刷有限公司印刷
2024 年 6 月第 2 版第 1 次印刷
184mm×260mm · 16.75 印张 · 413 千字
标准书号：ISBN 978-7-111-75382-7
定价：59.80 元

电话服务　　　　　　　　网络服务
客服电话：010-88361066　　机 工 官 网：www.cmpbook.com
　　　　　010-88379833　　机 工 官 博：weibo.com/cmp1952
　　　　　010-68326294　　金 书 　 网：www.golden-book.com
封底无防伪标均为盗版　机工教育服务网：www.cmpedu.com

第2版前言

本书第1版自2012年出版以来，已被国内多所大专院校用作新能源汽车相关课程的教材。这些年，电动汽车又有了长足的发展，纯电动汽车在性能、成本等方面有了进一步的突破，其产业化率已经超越混合动力电动汽车，成为当今世界保有量最大的电动汽车。混合动力电动汽车作为纯电动汽车发展的过渡，在新能源汽车发展历程中起到了很好的作用，一度是世界上保有量最大的电动汽车。现阶段，除了插电式混合动力电动汽车外，普通的混合动力电动汽车已经不再被人们重点关注。燃料电池电动汽车由于其燃料电池及氢燃料的制备、储运等基础设施方面还有待解决的难题，市场化率还很低，但仍然是人们重点关注的新能源汽车，是未来电动汽车发展的方向之一。无论是现在还是将来，电动汽车都是新能源汽车的"绝对主力"，但人们对电动汽车之外的其他新能源汽车也没有停止过研究与开发，有的已经进行规模化生产和应用，在节约能源和降低排放方面也起到了很好的作用。

为适应新能源汽车发展和教学的需要，我们对《电动汽车概论》进行了修订。除了对与时间信息相关的文字表述进行了更新，修改了一些内容外，还删除了各类电动汽车发展概况、各型混合动力电动汽车实例、电动汽车建模与仿真等相关内容，增加了电动汽车之外的其他新能源汽车相关内容，这些新能源汽车包括天然气汽车、液化石油气汽车、氢内燃机汽车、甲醇等代用燃料汽车、太阳能汽车、压缩空气汽车等。在这些新能源汽车中，天然气汽车、液化石油气汽车已经商用化，甲醇、乙醇等汽车也已经局部规模化应用，用氢气作燃料的汽车也将实现规模化的应用。这些新能源汽车的共同特点是，使用绿色且可再生的能源，使汽车减少或摆脱对化石资源的依赖，降低或消除汽车对环境的污染，并提高能源的利用率。

本书由武汉城市学院机电工程学部麻友良和武汉科技大学汽车工程学院严运兵任主

编，湖北警官学院治安系刘桥、武汉城市学院罗晨晖任副主编，参加编写的还有武汉科技大学的杨启梁和陶军，以及武汉城市学院的杨帆、吴贺利和吴满等。其中麻友良编写了第一、二章，刘桥编写了第三章，杨启梁编写了第四章，严运兵编写了第五章和第七章的第五节，杨帆、吴满合编了第六章，陶军编写了第七章的第一至四节，罗晨晖、吴贺利合编了第八章，麻友良对全书进行了统稿。

在本书的编写过程中，我们参考了大量的书籍和相关的资料，这些书籍和资料为本书的顺利完成提供了很大的帮助，在此向这些作者们表示衷心的感谢。

由于编者水平所限，书中疏漏之处在所难免，恳请读者批评指正。

编　者

目　录

第一章

概　　述

第一节　发展电动汽车的意义

一、汽车的发展及在社会中的地位

汽车是现代文明的重要标志，已融入了现代最先进的科学技术。汽车作为一种道路交通工具，在国防建设和人民生产、生活等各方面均起着十分重要的作用。

1. 汽车的发展概况

汽车是一种有车轮的道路交通工具。最早的道路交通工具是人力车和畜力车，此后又经历了蒸汽机汽车、电动汽车（EV）、内燃机汽车这长达一百多年的汽车发展历程。

（1）人力车和畜力车　人类最早使用的车辆是用人拉的人力车，以及用马、牛、驴、骆驼等拉的畜力车。在现代文明以前，这种以人力或畜力为动力的车辆是人类生产和生活中的重要交通工具。即使是高度文明的当今社会，在一些边远的地区和某些场合，人力车和畜力车还在为人类服务。

（2）蒸汽机汽车　18世纪，蒸汽机的发明使人类进入现代文明。蒸汽机不但是工业生产中的驱动机器，也被用作车辆的动力源，这种以蒸汽机为动力的机动车辆也被称为"汽车"。由于蒸汽机通过外部燃料燃烧产生水蒸气，再利用水蒸气的压力来推动活塞产生机械功，所以其效率较低，且车载燃料的储存量有限，车辆的操控也很不方便。因此，这种以蒸汽机为动力的汽车并未得到广泛的应用。

（3）电动汽车　在19世纪30年代，英、法等国就已经有人在研究电动汽车了。起初的电动汽车采用干电池作为电源，但这种电动汽车的实用意义不大。1881年，在法国巴黎的大街上出现了世界上第一辆以可充电蓄电池为动力电源的电动汽车。这辆由法国工程师古斯塔夫·特鲁夫（Gustave Trouve）装配的三轮电动汽车，所采用的电源是铅酸电池。1882年，英国人也造出了一辆电动三轮车，如图1-1所示。此后几年，这种以蓄电池为电源、用电动机驱动的电动汽车逐渐流行起来，并

图1-1　英国人造出的电动三轮车

且在道路交通运输中发挥了很重要的作用。但是，石油的大量开采和内燃机技术的不断提高，使得燃油汽车相比于电动汽车具有许多的优势，于是电动汽车渐渐被人们所淡忘。

20 世纪 70 年代的能源危机和石油短缺，使世界各国均开始考虑能够替代石油的其他能源，包括风能、太阳能、电能等可再生能源。许多国家又纷纷开始研制电动汽车。但是，随着能源危机的消失，石油价格开始下跌，加之攻克电动汽车关键技术的难度很大，开发和生产成本又很高，使得电动汽车的产业化失去了动力，因而电动汽车的发展又开始走入了低谷。

20 世纪 80 年代，随着全球汽车保有量的不断增加，人们不得不面对一些日益严重的问题：不可再生的石油资源逐渐枯竭、燃油汽车废气对环境造成的污染以及温室效应对环境的影响。因此，开发和使用不消耗石油资源且可实现对环境零污染的电动汽车又成为世界各国所关心的问题。直至今日，电动汽车已成为未来汽车发展的主要方向。

（4）内燃机汽车 1886 年，德国人卡尔·本茨（Karl Benz）将一台四循环的内燃机安装在一辆三轮车后的车架上，通过链传动驱动后轮，如图 1-2 所示。这辆三轮汽车采用单缸四冲程汽油机，磁电机点火，用化油器进行油气混合。它是现代汽车的雏形，被公认为世界上第一辆汽车。因此，人们将卡尔·本茨称为现代汽车之父，并将 1886 年 1 月 29 日（卡尔·本茨的三轮汽车专利批准日）作为现代汽车的诞生日。

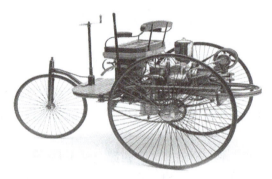

图 1-2 世界上第一辆汽车

美国福特汽车公司的创始人亨利·福特（Henry Ford）在 1896 年造出了他的第一辆四轮汽车，并于 1908 年推出了 T 型汽车，如图 1-3 所示。亨利·福特首创的流水线生产，使得汽车的价格降到了能被大众接受的水平。T 型汽车前后总共生产了 1500 万辆，这个纪录一直到几十年后才被大众的甲壳虫打破。业界对亨利·福特的评价是"给世界装上了轮子"。

此后的一百多年，汽车技术不断提高，发动机、底盘及车身的结构、

图 1-3 亨利·福特的 T 型汽车

材料、制造工艺不断完善，使汽车的油耗和对大气的污染逐渐降低，汽车的安全性和舒适性不断提高。从 20 世纪后半叶开始，电子控制技术在汽车上广泛使用，使得汽车的经济性及尾气排放控制达到了更高的水平，汽车的安全性和舒适性也更高了。

2. 汽车在社会中的地位

现代汽车在国民经济、国防建设和人民生活等方面起着十分重要的作用。汽车的制造和应用也是衡量一个国家发达水平的重要标志。汽车从诞生到现在，对人类文明产生了重大影响。汽车改变了社会形态和人们的生活，影响着人们的学习、工作乃至生活观念和生活

方式。

（1）汽车优化了交通结构　作为道路交通工具，汽车具有高度的灵活性，承担了十分广泛的运输任务，其运输地位居各种交通工具之首。汽车是数量最多、最普及的交通工具，在城市和乡村随处可见。在现代社会中，没有哪种交通工具所起的作用可与汽车所起的作用相媲美。汽车运输的突出优点是可以"全面铺开"，实现"门对门"的运输。其活动范围比火车、轮船和飞机广得多，并且可以非常方便地将乘客和货物运送到有路的任何地方。正因为如此，汽车早已成为最主要、最受人类青睐的交通工具。汽车在全社会的运输行业中已占据主导地位。在美国、德国、法国、英国等国家中，汽车在客运总量中所占的份额达到90%左右。

（2）汽车生产促进了社会经济的发展　纵观世界历史，20世纪20年代美国经济的兴起，20世纪50年代联邦德国、意大利、法国经济的起飞，20世纪60年代日本经济的繁荣，无不以汽车工业的高速增长为前提。汽车工业已经成为一些国家经济的支柱产业。

经过多年的高速发展，我国已成为全球第一大汽车市场和第一大汽车制造基地。汽车工业已成为我国国民经济的支柱产业。2009年我国汽车产销量均超1350万辆，首次成为世界汽车产销第一大国。2022年，我国汽车产销量均超2600万辆，呈持续增长态势，已连续14年稳居世界第一。汽车产销量的增长，对国民经济增长的拉动作用十分明显。随着汽车工业的发展，汽车工业在制造业和GDP中所占的份额也越来越大。2022年，我国的汽车工业总产值达9.28万亿元，占GDP的份额为7.7%。

汽车工业发展对扩大就业有很大的促进作用。主要汽车生产国的汽车工业和相关产业所提供的就业机会约占全国总就业机会的10%。据初步估计，汽车工业就业人数与相关产业就业人数之比为1:11，生产汽车的人数与销售、使用汽车的人数比为1:3.8。我国汽车产业直接和间接就业人数已达到全国城镇就业总人数的11%以上。

（3）汽车工业的发展带动了相关产业的发展　汽车工业对相关产业的影响，不仅表现在生产过程中，也表现在使用过程中。它涉及原材料工业、设备制造业、配套产品业、公路建设业、能源工业、销售业、服务业和交通运输业等34个行业，波及范围很大。在美国，汽车工业消耗的原材料中，橡胶占全国橡胶销量的10%，钢铁占全国钢铁销量的20%。据统计，汽车工业每增值1元，可使汽车制造的上游产业增值0.6元，可使汽车制造的下游产业增值2.67元。

我国的汽车工业在国民经济中占据重要地位，汽车工业产值的增长可使相关产业的产值随之增长，波及效果为3~5倍。

（4）汽车产业推动了科学技术的发展　现代汽车上采用了大量的新材料和新结构，特别是应用了现代电子技术，这些都极大地提高了汽车的性能。在开发汽车新材料、新结构及新控制技术的过程中，需要集中一大批优秀的科技人才，开展上千项研究工作，应用最先进的理论、最精确的计算技术、最现代化的设计方法和最完善的测试手段。在汽车制造过程中，应用了冶炼、铸造、锻压、机械加工、焊接、装配、涂装等领域的许多最新工艺技术成果，在工厂中采用数以百计的自动化生产线，并且应用了科学的生产管理手段。毫无疑问，汽车是一种高科技产品，足以体现一个社会的科学技术水平。汽车工业的发展，又促进了科学技术的繁荣。

（5）汽车提高了人类的生活质量　汽车对人类的生活产生了重要的影响。汽车的应用明显地改变了人们的生活方式，使人们的生活空间更加广阔，交流更加便利，生活半径增大，工作效率提高。汽车给人类生活带来以下便利：

1）汽车自由灵活，富有独立性。汽车让人们的出行时间、方式和质量发生改变。汽车能随时停留，任意选择目的地，使人们的活动范围从点扩大到面，生活品质得以提高，生活空间得以扩大。

2）利用汽车出行具有其他交通工具无法比拟的便利性。汽车可以到达火车、轮船和飞机所不能到的地方，同时也是其他交通方式的有效补充和连接。汽车车窗敞亮，视野开阔，可接近村庄、湖光山色和名胜古迹，更有利于旅游者游览沿途风光。

二、汽车对环境及石油资源的影响

可以说，人类的生产与生活已经离不开汽车，但是，汽车在对现代文明做出巨大贡献的同时，也给人类带来了严重的负面影响，使人类面临着环境污染、石油资源短缺等方面的严峻挑战。

1. 汽车对环境的影响

汽车运行时所排放的废气和产生的噪声会对环境造成严重的污染。虽然现代科学技术的运用使得汽车发动机的废气排放量和工作噪声已降得很低，但由于城市街道上的车流过于密集，汽车排放的废气和产生的噪声对人类的生存环境还是造成了严重的影响。

（1）汽车废气排放造成污染　汽车废气中的污染物有一百多种，其中对人体危害最大的是一氧化碳（CO）、碳氢化合物（HC）、氮氧化物（NO_x）、二氧化硫（SO_2）、炭微粒（C）等。

CO 是一种无色无臭的有毒气体，是内燃机不完全燃烧的产物。CO 被人体吸入后，能以比氧强 240 倍的亲和力同血液中的血红蛋白结合，形成碳氧血红蛋白，阻碍血液向肺、脑等器官输送氧气，使人发生头痛、恶心、头晕、无力、活动后呼吸困难等症状，严重时会发生昏迷，甚至死亡。

HC 来自未燃和未完全燃烧的燃油、润滑油及其裂解产物和部分氧化产物，包含多环芳烃、醛、酮、酸等在内的 200 多种成分（简称未燃烃）。当人体吸入较多的未燃烃，造血机能就会受到破坏，造成贫血、神经衰弱，并降低肺的抵抗力。多环芳烃中的苯并芘及硝基烃已经被确定为致癌物质。

NO_x 是汽油高温燃烧的产物，包括 NO、NO_2、N_2O_4、N_2O、N_2O_3、N_2O_5 等。内燃机排放气体中的 NO_x 绝大多数为 NO，其次为 NO_2。NO 是无色并具有轻度刺激性气味的气体，含量高时能造成人和动物中枢神经系统障碍。尽管 NO 的直接危害性不大，但 NO 在大气中可以与臭氧起氧化反应，生成具有毒性的 NO_2。NO_2 是一种赤褐色且带刺激性气味的气体。人体吸入 NO_2 气体后，NO_2 在人体内与血液中的血红蛋白结合，使血液的携氧能力下降。NO_2 对人的心、肝、肾等器官也有影响。

SO_2 是燃料中硫的燃烧产物，是无色但有强烈气味的气体。在含量低时，它主要刺激上呼吸道黏膜；当人体吸入较高含量的 SO_2 时，其对呼吸道内部也有刺激作用，会使人呼吸困难、咽喉及胸部疼痛、肺部受损；当 SO_2 的含量达到 $100 \sim 300 ppm$（$1 ppm = 10^{-6}$）时，会引发肺水肿，随时有生命危险；当 SO_2 的含量高于 300ppm 时，会使人立即窒息而死。

炭微粒是柴油机工作时柴油燃烧不完全的产物，它的直观表现是黑烟。黑烟中的那些未燃烧的多孔性炭微粒直径为 $0.1\sim10\mu m$，在微粒上通常附有苯并芘等致癌物质，因此，对人体也会造成伤害。

汽车排出的大量二氧化碳（CO_2）虽然无毒，但会造成温室效应，使地球变暖。汽车废气中的 NO_x 和 SO_x 还会造成酸雨，污染土地、湖泊及河流。

内燃机汽车所排出的有害物质随着汽车的行驶散布于其经过的地方，并集中于离地面 $20\sim30m$ 的空气层中不易散发，而这些空间正是人类生活的区域。因此，汽车排放的污染物已超过工业排放的污染物，成为城市中对人类造成危害的主要污染源。在我国，由于近年来汽车保有量的迅速上升，城市大气污染也已经明显由煤烟型污染转向煤烟和汽车尾气混合型污染，而在一些大城市，则主要是汽车尾气污染。

（2）汽车的噪声污染 汽车噪声是汽车的第二公害，并随着汽车发动机功率、汽车速度及汽车流量的增加而增大。汽车噪声约占城市噪声的 75%。噪声对人的影响是一个很复杂的问题，影响程度不仅与噪声的性质有关，而且还与每个人的心理、生理状态以及社会生活等因素有关。

汽车噪声源大致可分为发动机噪声和整车噪声。发动机噪声与发动机转速有关，而整车噪声与车速有关。与发动机转速有关的噪声源主要有进气噪声、排气噪声、风扇噪声和发动机表面辐射噪声，还包括由发动机带动旋转的各种附件的噪声。与车速有关的噪声包括传动噪声、轮胎噪声、车体产生的空气动力噪声等。在城市街道的两侧，汽车的噪声则主要是发动机工作时发出的噪声。

汽车噪声对环境产生噪声污染，使人心情不安、烦躁、疲倦、工作效率下降。汽车噪声还会干扰人与人之间的语言交流和通信联络，影响人们的工作和生活。汽车噪声污染严重的地方，还会降低人的听力，甚至可致人耳聋。此外，汽车噪声会使汽车驾驶人反应时间加长，从而影响行车安全。

2. 汽车加剧了石油资源的短缺

内燃机汽车消耗的能源主要来自石油，而地球上的石油是有限且不可再生的资源。截至 2018 年，全球已探明的石油储量约为 16966 亿桶。即使还会有新的石油储量被发现，但随着石油消耗量的不断增加，石油资源必将有枯竭的一天。

我国虽然是世界石油生产大国，但也是石油消耗大国，总体上看，我国属于缺油的国家，已探明石油的储量仅占全球储量的 2.3% 左右，有工业开采价值的则更少。从 1993 年开始，我国已成为石油纯进口国。随着汽车保有量的迅速增加，我国的石油缺口将会越来越大。近几年，我国的石油产量基本维持在 1.5 亿 t 左右，但石油的进口数量则以每年上千万吨的速度增加。中国已成为世界排名第二的石油消耗大国，现在 60% 的石油依赖进口，国家的能源安全已成为必须面对的问题。

世界汽车的保有量已超过 14 亿辆，预计到 2030 年全球汽车保有量将突破 20 亿辆，目前汽车的增量主要来自发展中国家。此前，国际能源机构（International Energy Agency，IEA）的统计数据表明，全球交通领域的石油消耗占总石油消耗的 57%（美国达 67%），到 2020 年，交通领域石油消耗所占比例已达到 62% 以上。我国汽车保有量已经突破了 3 亿辆，而其耗油量已接近全国成品油总量的 60%。随着我国汽车保有量的继续增加，石油的需求量也将进一步加大。据有关部门统计，到 2030 年，我国 80% 以上的石油需要依赖进口。石油已成为影响我国长远经济发展的短缺矿产资源。因此，探求石油以外的汽车动力能源是

21 世纪人类迫切需要解决的问题。

三、电动汽车的优势

电动汽车是一种从车载电源获得电力，用电动机驱动行驶的车辆。电动汽车有别于在机场、码头、车站、仓库用的电动车，以及残疾人用车、高尔夫球场用车、观光游览车、电动叉车等电动车辆。它是一种与内燃机汽车有同样使用功能，必须满足道路交通安全法规各项要求的电动车辆。电动汽车的突出优势在于它对环境的污染小，可不依赖石油资源。

1. 电动汽车可较好地解决汽车对城市环境的污染问题

电动汽车的电源（蓄电池、燃料电池、超级电容等）本身不排放有害气体。给蓄电池充电所用的电力可以来自对大气不造成污染的能源，如水能、核能、风能、地热、潮汐等。即便是用煤发电，除 SO_2 及微粒外，其排放的 CO、HC、NO_x、CO_2 等均比内燃机汽车少，而且电厂大多远离人口密集的城市，对居民的损害较少。此外，电厂煤燃烧是固定集中排放，燃烧过程较易控制，有害物质较易清除。正因如此，电动汽车也被称为绿色汽车。

相比于燃油汽车的内燃机，电动汽车的电动机工作噪声很低，因此，如果全部用电动汽车替代内燃机汽车，城市的噪声污染将会明显下降。

2. 电动汽车可解决汽车对石油资源的依赖

电动汽车用车载电源有蓄电池、燃料电池、飞轮电池、太阳电池和车载发电机组等。蓄电池充电所需的电能可充分利用水能、核能、风能、地热、潮汐、太阳能等转化而来。也就是说，电动汽车可以不依赖石油资源，所节省的大量石油可缓解依赖石油的化工原料日益匮乏的压力。

3. 电动汽车可节约能源

电动汽车比内燃机汽车节能，除了动力装置本身的效率外，主要体现在以下三个方面：

1）充分利用了电网的富余电能。电动汽车用蓄电池可利用晚间富余的电力对其进行充电，从而可避免电网大量富余电力的浪费，提高了电网电能的利用率。

2）回收汽车减速制动时的动能。电动汽车可在减速、制动和下坡时，使电动机工作在发电状态，将汽车的动能转换为电能，并向蓄电池充电，实现能量回馈，进一步提高了能量的利用率。

3）临时停车时不消耗能量。在城市道路交通拥堵或在遇红灯等情况下临时停车时，内燃机汽车发动机处于怠速运转状态，仍然需要消耗燃油，且对大气造成污染。纯电动汽车在其停驶时，电动机处于停机状态，不消耗能量。

第二节　电动汽车的发展概况

一、电动汽车的发展历史

电动汽车在其一百多年的发展历程中，有过三次发展机遇。

1. 第一次发展机遇

1859 年法国著名物理学家普兰特（Plante）发明了第一块铅酸蓄电池，这给以后电动汽车的实用化创造了必要的条件。由于当时蓄电池和电动机的发展相比内燃机更为成熟，蒸汽机汽车的性能和操控也难以让人接受，因而电动汽车就成了人们用来取代马车的首选。自1881 年法国工程师 Gustave Trouve 组装的第一辆电动三轮汽车在巴黎的街道上出现后，电动汽车很快就进入了发展的高潮，英、美等国也先后制造出电动汽车，电动汽车的性能也逐渐提高。例如，1890 年在美国的艾奥瓦州所诞生的美国第一辆电动汽车，其时速可达 23km/h；1899 年法国人考门·吉纳驾驶一辆 44kW、以双电动机为动力的后轮驱动电动汽车，创造了时速 106km/h 的记录。19 世纪末 20 世纪初是电动汽车的鼎盛时期。据资料记载，在1890 年，电动大客车就已在法国和英国的街道上行驶；1890 年，全世界共有 4200 辆汽车，其中有 38% 为电动汽车，40% 为蒸汽机汽车，22% 为内燃机汽车；1899 年，美国生产了1575 辆电动汽车，而当时的内燃机汽车却只有 936 辆；1911 年，在巴黎和伦敦的街头已经有在运营的电动出租汽车；到了 1912 年，在美国至少有 3.4 万辆电动汽车在运行；1915年，美国的电动汽车年产量已达到了 5000 辆。

到了 20 世纪 30 年代末，这种以蓄电池为电源、用直流电动机产生驱动力的电动汽车逐渐消失了，主要原因是当时的蓄电池性能较差，电动汽车的成本太高，续驶里程太短。在这一时期，由于大量油田的开发，廉价的石油降低了汽车的使用成本，加上内燃机技术及汽车底盘技术的不断提高，可以用流水线生产方式大规模批量制造内燃机汽车，使内燃机汽车在市场竞争中占据了绝对的优势，电动汽车被无情地淘汰了。

2. 第二次发展机遇

20 世纪 70 年代，世界性的能源危机和石油短缺使电动汽车重新获得生机，人们又想起了可不用石油资源的电动汽车。20 世纪 70 年代初，美国、英国、法国、德国、意大利和日本等汽车工业发达国家都开始发展电动汽车。20 世纪 70 年代后期，除上述国家外，澳大利亚、比利时、巴西、保加利亚、加拿大、中国、丹麦、荷兰、印度、墨西哥、芬兰、瑞士和苏联等国家也都开始研发和生产电动汽车。但是石油价格在 20 世纪 70 年代末开始下跌，在电动汽车还未成为商业化产品之前，能源危机和石油短缺问题已不再严重。因此，电动汽车又遭遇了冷落，电动汽车的发展又进入了低谷。

3. 第三次发展机遇

20 世纪 80 年代以来，随着汽车保有量的不断增加，内燃机汽车排出的有害气体对人类的健康及生命的影响日益突出，并且内燃机汽车需要消耗大量有限且不可再生的石油资源。于是，人们又想起了无须消耗石油资源，也不会对空气造成污染的电动汽车。因此，电动汽车又进入了较快的发展时期。

这一时期，世界各大汽车公司纷纷投入人力和资金，研究与开发新型电动汽车，包括我国在内的许多国家也都纷纷推出相关的政策，支持和鼓励电动汽车的开发和使用，使得新的电动汽车不断涌现，不仅有以蓄电池为车载电源的电动汽车（被称为纯电动汽车），还将混合动力电动汽车（HEV）（采用发动机和电动机双动力）和燃料电池电动汽车（FCEV）列为研发的重点。虽然电动汽车还不足以与内燃机汽车相抗衡，但在各国政策的扶持下，电动汽车的保有量也在不断增加。随着电动汽车关键技术难题的解决、电动汽车技术性能的提高，以及电动汽车制造和使用成本的降低，电动汽车必将得到迅速的发展，并最终将取代内燃机汽车。

二、电动汽车的发展现状

下面从国内外电动汽车的研发计划和电动汽车技术现状来了解电动汽车的发展现状。

1. 国内外电动汽车的研发计划

自 20 世纪 90 年代电动汽车重新成为世界性的研发热点之后，世界上各大汽车公司都投入巨资研发自己的电动汽车，以便在未来的电动汽车市场中夺得先机。各国也纷纷出台政策或制订计划，以促进本国电动汽车的发展。

（1）美国的电动汽车研发计划　美国是当时汽车工业最发达的国家，汽车产量和保有量均位居世界前列，每年的石油消耗量和汽车污染物的排放量也都居世界首位。为增强其汽车制造业的竞争力，美国政府提出了著名的 PNGV 计划和 FreedomCAR 计划。

1）PNGV 计划。PNGV（The Partnership for a New Generation of Vehicles）计划于 1993 年由克林顿政府提出，其组织框架如图 1-4 所示。PNGV 计划主要由商务部（DOC）、国防部（DOD）、能源部（DOE）、运输部（DOT）、环保署（EPA）、宇航局（NASA）及国家科学基金会（NSF）等联邦政府机构和三大汽车公司（通用、克莱斯勒、福特）联合实施。美国商务部代表政府负责 PNGV 计划的组织协调，PNGV 计划的经费由联邦政府和三大汽车公司共同负担。

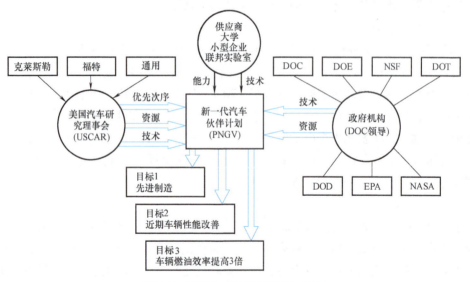

图 1-4　美国 PNGV 计划的组织框架

PNGV 计划明确提出：要显著改善和增加美国制造业的竞争力；尽快将商业可行性的技术创新成果应用于汽车生产中；开发出燃料效率高于现行汽车 3 倍的新一代汽车。

PNGV 计划的执行情况：1997 年完成了新一代汽车的技术选择，确定了轻质材料、混合动力、高性能发动机（四冲程直燃式）和燃料电池（PEMFC）等为 PNGV 计划的主要技术方向；2000 年三大汽车公司陆续推出了各自的概念车；2004 年生产出了电动汽车样车。

虽然 PNGV 计划已成为历史，但该计划所取得的成就对美国乃至全世界的电动汽车发展都具有深远的意义。

2）FreedomCAR 计划。FreedomCAR（Freedom Cooperative Automotive Research Partnership）

计划于 2002 年由布什政府提出，用于替代 PNGV 计划。FreedomCAR 计划的重点包括燃料电池动力系统，氢能储存系统，国家氢能基础设施的技术开发，支持有关氢能基础设施的法规和标准的研究，用于燃料电池和内燃机/电动机混合动力两类汽车的电驱动系统，新型电能储存装置，新型、轻型结构与材料的开发，内燃机用先进燃料和排放控制系统等。

FreedomCAR 计划由能源部门领导，由汽车制造者协会协调，且有燃料供应商参与。FreedomCAR 计划的主要目标：开发出无污染、燃料能量转换效率高、成本具有竞争力、燃料添加方便的燃料电池电动汽车；开发出排放达到或低于排放标准、成本具有竞争力的内燃机/电动机混合动力电动汽车。

（2）日本的电动汽车研发计划 日本也是汽车生产大国，汽车保有量在当时位居世界第二，而且日本的石油资源匮乏，石油几乎全部依赖进口。因此，日本政府及日本的各大汽车公司对电动汽车的开发也十分重视。目前，日本的混合动力电动汽车处于世界领先地位。日本的电动汽车研发计划主要有低公害车开发普及行动计划、JHFC 示范工程和专项研究计划等。

1）低公害车开发普及行动计划。在 2001 年 5 月，日本政府制订了低公害车开发普及行动计划，该计划包括已处于实用阶段的低公害汽车的普及，燃料电池电动汽车等下一代低公害汽车的开发。

处于实用阶段的低公害汽车包括压缩天然气汽车、纯电动汽车、混合动力电动汽车、甲醇汽车、低油耗且低排放的认证车，政府将通过实施各种措施进行普及，其目标是使处于实用阶段的低公害汽车在 2010 年前尽快普及，达到 1000 万辆以上。

燃料电池电动汽车等下一代低公害汽车是指燃料电池电动汽车和通过技术创新、采用新燃料或新技术而能减轻环境负荷的车辆。该行动计划的目标：通过努力，在 2010 年以内，使燃料电池电动汽车普及 5 万辆。

2）JHFC 示范工程。JHFC（Japan Hydrogen & Fuel Cell）示范工程由日本经济产业省负责实施，示范期为 2002—2005 年，主要包括燃料电池电动汽车示范研究和燃料电池用氢供给设施示范研究两大工程。

燃料电池电动汽车示范研究：用 8 个汽车公司所制造的燃料电池轿车和公共汽车等进行道路试验，通过试验测得燃料电池电动汽车的运行、可靠性、环境、燃料消耗及燃料加注站等参数，分析评价燃料电池电动汽车的性能。

燃料电池用氢供给设施示范研究：对不同的燃料重整制氢的方法和氢气的储存方法进行比较分析，计划建造各种燃料［脱硫汽油、石脑油、液化石油气（LPG）、甲醇、煤油和城市管道煤气］重整气的氢气站、碱水电解氢气站、液氢氢气站及高压氢气站等 9 个氢气站，用这些氢气站供给示范燃料电池电动汽车加氢气使用，以测得相关的应用数据，为燃料电池电动汽车用氢供给设施的推广提供经验。

3）专项研究计划。专项研究计划是针对电动汽车某项技术的研究计划。专项研究计划的主要项目：燃料电池电动汽车等电动汽车用锂电池技术开发，计划完成时间为 2002—2006 年；氢能利用技术开发；质子交换膜燃料电池系统的验证研究；质子交换膜燃料电池系统的普及基础工作，计划完成时间为 2004 年；质子交换膜燃料电池系统的技术开发，计划完成时间为 2004 年；氢气安全利用等基础技术开发，计划完成时间为 2007 年。

（3）欧盟计划 欧盟计划旨在增强欧盟各国工业的竞争力，充分调动欧盟各国科学技术力量，避免各国科研计划重复，有效利用各国的人力和物力资源。欧盟计划与电动汽车相关的发展计划主要有FP系列计划、欧盟燃料电池研究发展示范计划、欧盟燃料电池巴士示范计划和欧洲电动汽车城市运输系统计划等。

1）FP5、FP6计划。从20世纪80年代起，欧洲经济共同体投入大量资金，组织多方力量，开展了多期FP（Framework Programme）计划，其中FP5计划的"能源、环境可持续发展"子项目，对燃料电池和其相关的技术进行了广泛研究，实施的时间为1998—2002年。在2002—2006年，实施了FP6计划，继续对能源、环境可持续发展进行更加深入的研究。

2）欧盟燃料电池研究发展示范计划。欧盟燃料电池研究发展示范（Research Development and Design，R&DD）计划中，有关燃料电池方面的研究目标是：0.1~50MW的电力生产燃料电池、商用燃料电池，1~5kW的小型燃料电池；各种运输车辆和船舶用燃料电池；各种便携式燃料电池和偏远地区特殊用途燃料电池。

3）欧盟燃料电池巴士示范计划。欧盟燃料电池巴士示范计划围绕欧洲清洁城市运输（Clean Urban Transport for Europe，CUTE）和欧洲生态城市运输系统（Ecological City Transport System，ECTS）两大项目展开。CUTE项目由欧盟提供财政资助，采用奔驰公司EVOBUS子公司生产的Citaro牌低地板大巴改装的燃料电池巴士作为示范运行车，选择了不同气候环境和不同使用条件的8个国家中的10个城市进行示范营运。

示范燃料电池巴示的氢源由各示范营运城市因地制宜制取，以进行不同制氢方案的试验，为推广燃料电池巴示和氢能源的可持续发展获取参考数据和经验。

4）欧洲电动汽车城市运输系统计划。欧洲电动汽车城市运输系统（Electric Vehicle City Distributing System，ELCIDIS）以法国雪铁龙Berlingos牌电动汽车为基本车型建立城市运输中心，进行货物和包裹的集散运输工作，并选择了欧洲国家的6个城市，使用63辆纯电动汽车和混合动力电动汽车进行此项评估工作，对电动汽车城市运输系统的效率和环境影响做出评估。

需要说明的是，欧盟计划对欧盟成员国并没有约束力，即欧盟各国可以自己制订相关的国家研究计划。

（4）我国电动汽车重大专项　我国也早已将电动汽车的研究与开发，以及电动汽车的产业化列为重点项目，并制订了电动汽车发展的规划。

1）我国863计划的EV、FCEV和HEV研发纲领。在国家高技术研究发展计划（863计划）中，设立了电动汽车重大专项，选择新一代电动汽车技术作为我国汽车工业自主创新和科技创新的主攻方向，组织汽车企业、高等院校和科研机构，以官（政府部门）、产（汽车企业）、学（高等院校）、研（科研院所）四位一体的方式进行联合攻关，以电动汽车的产业化技术平台为工作重点，力争在电动汽车关键技术、系统集成技术等方面取得重大突破，促进符合现代企业制度和市场经济发展要求的研发体系和机制的形成。

电动汽车重大专项提出"三纵、三横"的研究和开发布局，强调建立符合整车开发规律的开发程序，以燃料电池电动汽车（包括燃料电池专项）、混合动力电动汽车和纯电动汽车的整车为主导（三纵），带动关键零部件、多能源动力总成控制系统、电动机驱动系统、电池及电池管理系统（三横），并与相关材料研发紧密结合，与基础设施协调发展，与整车控制技术和电子控制技术的研发同步。电动汽车重大专项提出的"三纵、三横"布局及其组织管理模式如图1-5所示。

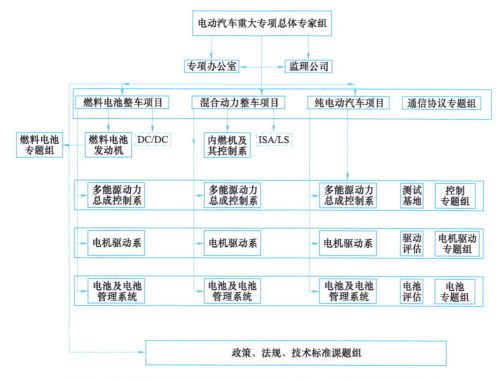

图 1-5 电动汽车重大专项提出的"三纵、三横"布局及其组织管理模式

2）我国 973 计划的电动汽车专项计划。在科技部组织实施的国家重点基础研究发展计划（973 计划）中，也设立了电动汽车专项。电动汽车专项包含在 973 计划的能源项目之中，主要涉及氢能的规模制备、储运，以及相关的燃料电池基础研究。实施专项计划的目标是开发具有自主知识产权的、可持续发展的、可规模化生产的车载制氢和储氢技术，降低燃料电池的成本，有效解决燃料电池电动汽车产业化的难题，并有利于扩大燃料电池的应用领域。

2. 国内外电动汽车技术状况与应用典型实例

目前，世界各国开发出的电动汽车主要有纯电动汽车、混合动力电动汽车和燃料电池电动汽车三种类型。

（1）纯电动汽车 以可充电的蓄电池为动力源的电动汽车称为纯电动汽车。体现纯电动汽车性能的几个重要参数是最高车速、加速能力、爬坡能力和一次充电后的续驶里程。

1）国外纯电动汽车简介。美国和日本的纯电动汽车研发走在世界的前列，现以几款典型的纯电动汽车为例，介绍国外纯电动汽车的发展现状。

特斯拉（Tesla）纯电动轿车（见图 1-6）是代表美国最新技术的纯电动汽车。特斯拉纯电动汽车采用锂离子能量存储系统，一次充电后的续驶里程可达 400km 以上，配备制动能量回馈系统，其动力性、安全性和舒适性可与中高级内燃机汽车相媲美。比如，特斯拉 Model X 采用前后双电动机全轮驱动技术，最高车速达 249km/h，

图 1-6 美国特斯拉（Tesla）纯电动轿车

前后电动机转矩总值达 967N·m。特斯拉 Model X P90D 车型 0～100km/h 的加速时间为 3.2s，最大续驶里程为 402km。特斯拉 Model X 90D 车型 0～100km/h 的加速时间为 4.8s，最大续驶里程为 414km。

丰田 RAV4 纯电动轿车（见图 1-7）为 5 座纯电动汽车，采用镍氢电池，最高车速为 125km/h，最大爬坡度为 28%，一次充电后的续驶里程为 215km(10 工况)。

本田的一款 Plus 4 座纯电动汽车采用镍氢电池，最高车速为 130km/h 以上，最大爬坡度为 30%，一次充电后的续驶里程为 220km(10 工况)。

日产 Altra EV 为 4 座纯电动汽车，采用锂离子电池，最高车速为 120km/h，最大爬坡度为 38%，一次充电后的续驶里程为 193km(10 工况)。

2）国内纯电动汽车简介。近年来国内纯电动汽车有了较快的发展，各大汽车公司纷纷推出了自己的纯电动汽车，比亚迪、吉利、力帆等国产品牌的纯电动汽车越来越多地出现在国内城市街道上。目前，我国的纯电动汽车产销量已走在了世界的前列，并销往国外。

比亚迪 e6 纯电动轿车（见图 1-8）是目前国内产销量最大的纯电动汽车，该车采用自主研发和生产的 ET POWER 铁电池，电池容量达 57kW·h，最高车速可达 160km/h 以上，续驶里程达 300km，在 60km/h 等速行驶工况下续驶里程可达到 400km，电池的充电时间为 1.5h（快充）/8h（慢充）。比亚迪 e6 已在深圳、武汉等多个城市被用作出租车。

图 1-7　丰田 RAV4 纯电动轿车

图 1-8　比亚迪 e6 纯电动轿车

帝豪 EV450 纯电动轿车（见图 1-9）是吉利汽车公司推出的纯电动中级汽车，采用三元锂离子电池，电池容量为 52kW·h，并匹配 ITCS2.0 电池智能温控管理系统；驱动电机采用永磁同步电动机，最高车速达 140km/h，0～100km/h 的加速时间为 9.3s，综合（NEDC）工况的续驶里程可达 400km，60km/h 等速行驶工况下的续驶里程在 450km 以上，充电时间为 30min（快充）/9h（慢充）。

力帆 320EV 纯电动轿车（见图 1-10）采用长寿命磷酸铁锂电池作为动力系统电源，配备了高性能永磁无刷电动机及控制器，采用无级变速系统，最高车速超过 100km/h，0～80km/h 加速时间少于 8s，一次充电后的续驶里程超过 100km，单位里程能耗仅为 0.16kW·h/km。

图 1-9　帝豪 EV450 纯电动轿车

图 1-10　力帆 320EV 纯电动轿车

目前，纯电动轿车的动力性已完全可与内燃机汽车媲美，续驶里程也可满足使用要求。当今纯电动轿车的主要不足是动力电池的价格高、使用寿命短、充电时间长，这些都影响了其迅速普及。

由北京北方华德尼奥普兰客车股份有限公司制造的北方牌 BFC6110EV-1 型纯电动大客车，采用 100A·h 锂离子电池为动力系统电源，最高车速可达 95km/h，可载客 23~36 人。

由中通客车股份有限公司生产的中通纯电动豪华旅游车，采用 360V 交流异步电动机，电动机功率为 100kW/150kW（额定/峰值），电源采用 3.6V、90A·h 的锰酸锂离子电池，额定乘员数为 24~47 人，最高车速为 95km/h，续驶里程超过 200km。

据有关统计，我国每辆公交车日行驶里程为 220~280km，消耗燃油为 90~120L，相当于 30 辆轿车的油耗和排放，因而纯电动公交车的节能和减排效果更加突出。此外，纯电动公交车的噪声比燃油车小很多，且采用无级变速技术，驾驶操作更简单，且纯电动公交车的行驶路线和时间确定，对充电时间长的问题不敏感。因此，我国纯电动公交车发展较迅速，许多城市的一些公交线路都改用纯电动公交车。

中车电动 TEG6106BEV13 纯电动公交车如图 1-11 所示，它采用 294.9A·h 的磷酸铁锂动力电池，电动机功率为 150kW，最高车速为 69km/h，续驶里程达 520km。

（2）混合动力电动汽车 混合动力电动汽车是在一辆汽车上同时配备电力驱动系统和辅助动力单元（Auxiliary Power Unit，APU），其中 APU 是燃烧某种燃料的原动机或由原动机驱动的发电机组，目前混合动力电动汽车所采用的原动机多为汽油机和柴油机。

1）国外混合动力电动汽车简介。日本的混合动力电动汽车技术走在了前列。增程式混合动力电动汽车在近些年逐渐增多。现举两例以了解混合动力电动汽车的发展水平。

丰田普锐斯（PRIUS）混合动力轿车如图 1-12 所示。PRIUS 已经过三次更新换代。第一代 PRIUS 为混联式驱动，采用排量为 1.5L（45kW）的汽油发动机、30kW 永磁无刷直流电动机、密封的镍氢电池，在 10/15 工况下油耗为 3.57L/100km，CO、NO_x 和 HC 的排放水平仅相当于日本现行法规的 1/10，CO_2 的排放量相当于普通汽车的 1/2。这种 5 座轿车最高车速为 140km/h。PRIUS 在 1997 年投入商业化生产，2009 年推出第三代，是目前世界上销量最大的混合动力电动汽车。我国的一汽丰田汽车有限公司也引进生产了 PRIUS 混合动力轿车。

图 1-11 中车电动 TEG6106BEV13 纯电动公交车　　图 1-12 丰田普锐斯（PRIUS）混合动力轿车

通用雪佛兰 Volt 插电式混合动力电动汽车如图 1-13 所示。该车由 120kW 的电动机驱动，电源为锂离子电池，配备了 1L 的 3 缸发动机，工作时主要用于驱动发电机对蓄电池进行充电，以增加电动汽车的续驶里程。该电动汽车在不对其进行充电的情况下可行驶 64km，而当发动机持续工作时，其续驶里程则与汽车油箱的容量相关。

2）国内混合动力电动汽车简介。国内混合动力电动汽车的研究与开发比较早，现举两例以大致了解其发展情况。

华为问界 M7 Plus 4 座后驱版轿车如图 1-14 所示。该车为增程式混合动力电动汽车，匹配 1.5T 发动机，40kW·h 三元锂离子电池，采用永磁同步电动

图 1-13　通用雪佛兰 Volt 插电式混合动力电动汽车

机，电动机的最大功率为 200kW，最大转矩为 300N·m，0~100km/h 加速时间为 7.8s，纯电动续驶里程为 240km，综合续驶里程达 1200km，能源模式有强制纯电、纯电优先、自动和燃油优先 4 种。

东风 EQ6121HEV 混合动力城市公交车如图 1-15 所示。该车由东风电动车辆股份有限公司生产，已在武汉市部分公交线路营运多年。该车配备机械式自动变速器（AMT），CAN 总线通信，可载客 80 人，最高车速达 80km/h，最大爬坡度达 20%，可减少温室气体排放 30%，降低油耗 20%~30%。

图 1-14　华为问界 M7 Plus
4 座后驱版轿车

图 1-15　东风 EQ6121HEV
混合动力城市公交车

（3）燃料电池电动汽车　燃料电池是通过电化学过程直接将燃料（氢、甲醇、汽油等）转换为电能，属一次电池。相比于内燃机汽车，燃料电池电动汽车在效率和排污方面都具有较大的优势。由于车载制氢技术离实用化还有较远的距离，因此，目前开发的燃料电池电动汽车大都采用高压氢气罐或液氢罐向燃料电池供氢。

1）国外燃料电池电动汽车简介。美国、日本等许多国家都对燃料电池电动汽车十分重视，燃料电池及燃料电池电动汽车技术也已具有较高的水平，现举典型实例进行说明。

戴姆勒·克莱斯勒公司分别在 1999 年、2003 年推出了燃料电池大客车，均采用质子交换膜燃料电池，燃料电池的功率为 205kW，采用车载高压储氢方式供氢，续驶里程为 250km，其中 2003 年推出的燃料电池大客车的储气罐最大工作压力为 35MPa。

奔驰新 B-Class F-CELL 燃料电池电动汽车（见图 1-16）采用新型燃料电池，电池容量

图 1-16　奔驰新 B-Class F-CELL
燃料电池电动汽车

为1.4kW·h，最大功率为100kW，峰值转矩能达到291N·m。氢燃料储满的续驶里程可以达到400km，城市路况则可行驶100km，行驶一百公里的成本仅仅相当于消耗3.3L燃油的水平。

福特汽车公司在2000年推出了四门燃料电池电动轿车（P2000），该车采用质子交换膜燃料电池，储存压力为25MPa的氢气瓶作为燃料电池的氢源，其三相交流异步电动机的最大输出功率为67kW，最大输出转矩为190N·m，最高效率为91%。P2000的整车质量为1514kg，最高车速可达128km/h，续驶里程为160km。

日本丰田公司在2001年、2002年推出了燃料电池大客车，均采用质子交换膜燃料电池，燃料电池的功率分别为160kW、180kW，采用车载氢气高压储存方法供氢，储气压力为35MPa，续驶里程为300km。

日本本田公司研发的燃料电池电动汽车FCX Clarity如图1-17所示。该燃料电池电动汽车具有−30℃低温起动能力。如今FCX Clarity已在日本和美国市场租赁销售，是一款具有真正实用价值的环保车型。该电动汽车采用100kW永磁交流电动机，高压气罐储气，容量

图1-17 本田FCX Clarity燃料电池电动汽车

为171L，最高车速达160km，续驶里程为570km，辅助储能装置配备锂离子电池。

Macchi Ansaldo公司1997年展示的燃料电池大客车，装用Nuvera公司生产的45kW质子交换膜燃料电池，采用车载液氢方法供氢，液氢容量为600L，续驶里程为400kW。

2）国内燃料电池电动汽车简介。国内对燃料电池电动汽车的研究与开发也较早，并已具有较高的技术水平，现列举典型实例进行说明。

上海大众PASSAT领驭燃料电池轿车如图1-18所示。该车采用40kW PEMFC质子交换膜燃料电池，车载高压氢气供氢，储气压力为35MPa，容量为154L(3.9kg)，配套的动力电池为7.5A·h、375V(2.812kW·h)锂离子电池，续驶里程为250km，最高车速达128km/h。

北京现代ix35紧凑型SUV的氢/电版车型——ix35燃料电池电动汽车（见图1-19），在2015年投放市场。ix35燃料电池电动汽车的动力是100kW电动机，其能量主要由两个高压储氢罐提供，续驶里程可达650km。

图1-18 上海大众PASSAT领驭燃料电池轿车

图1-19 北京现代ix35燃料电池电动汽车

福田欧V氢燃料电池客车如图1-20所示。该车最高车速可达80km，一次加氢量为20kg，可持续行驶240km以上。而以高压氢气为车辆能源的上海燃料电池公交客车，最大

乘员数为 66，最高车速为 78km/h，最大爬坡度为 16%，0~50km/h 加速时间为 22s，续驶里程≥200km。

由于我国在燃料电池电动汽车的关键技术方面有所突破，因此燃料电池电动汽车与国外的差距不大。

图 1-20 福田欧 V 氢燃料电池客车

三、电动汽车发展展望

1. 电动汽车的前景

电动汽车发展至今，已经改变了内燃机汽车一统天下的局面，美、法、日、德、英、意、瑞等国家都已率先跨入电动汽车产业化、商品化的行列，并将逐步扩大电动汽车在整个汽车行业中的比例。其他国家也都已将电动汽车的研发摆在极为重要的位置。我国电动汽车已经产业化。一些城市为推广使用电动汽车，纷纷推出优惠政策，例如政府给予电动汽车生产企业经济补贴、减免新能源汽车购置税等。

根据我国汽车工业发展规划的要求，电动汽车产业合理而且可行的目标是：到 2030 年电动汽车保有量占汽车保有量的 50% 以上，年生产销售电动汽车 1000 万~1950 万辆。

2. 电动汽车发展的方向

在纯电动、混合动力和燃料电池这三种电动汽车中，由于纯电动汽车和燃料电池电动汽车均有关键的难题，且短期内不能很好地解决，混合动力电动汽车作为纯电动汽车的一种过渡，得到了较快的发展，目前产业化率也较高。但是，混合动力电动汽车通常使用内燃机作为汽车动力源之一，不能实现零排放，且仍然需要消耗石油资源，因此，混合动力电动汽车不可能是长期发展的目标。

实际上，美国、日本等汽车工业发达国家早已将纯电动汽车和燃料电池电动汽车作为产业化的重点。我国电动汽车的发展方向、技术路径是什么？在 2010 中国国际新能源汽车发展高峰论坛上，领导和专家较为一致的观点是："新能源汽车是指采用新型动力系统，主要或全部使用新型能源的汽车。据此，新能源汽车主要包括纯电动汽车、插电式混合动力汽车和燃料电池电动汽车，而普通混合动力汽车已不算新能源汽车。"财政部、科学技术部、工业和信息化部、国家发展和改革委员会联合印发的《关于开展私人购买新能源汽车补贴试点的通知》，也仅补贴纯电动汽车和插电式混合动力电动汽车。这些均表明我国电动汽车的发展方向，"以纯电动汽车作为我国汽车工业转型的主要战略趋向，重点推进纯电动汽车、插电式混合动力汽车的产业化，同时继续开展燃料电池技术的研究"。

普通混合动力电动汽车只是一种节能减排型汽车，中期发展插电式混合动力电动汽车已经成为业界的共识。插电式混合动力电动汽车通常配备一台功率较小的内燃机，在城市街道行驶通常采用纯电动，而发动机只是用于带动发电机对蓄电池进行充电，以增加电动汽车的续驶里程（故也被称为增程式电动汽车），当车辆长途行驶时才进入混合动力模式。由于这种混合动力电动汽车的小功率发动机可持续在最佳状态下运行，油耗和排气污染都很低，加之配用的蓄电池容量可比纯电动汽车小 30% 左右，因此，插电式混合动力电动汽车在今后一段时间里还将得到发展。电动汽车的发展趋势已越来越清晰，即纯电动汽车和燃料电池电动汽车是未来电动汽车的发展方向。

3. 电动汽车需解决的关键技术

电动汽车要向前发展，还面临许多需要解决的关键问题，如车载电源、电动机及其控制器、能量管理系统等。

（1）车载电源 车载电源的性能及成本是制约电动汽车发展最为关键的问题，它实际上已成为电动汽车产业化的瓶颈。

1）蓄电池。目前，纯电动汽车产业化的最大问题是一次充电后的续驶里程、汽车的价格和使用成本，而蓄电池则是这些问题的关键所在。要实现电动汽车的市场化，对蓄电池的比能量和能量密度、比功率和功率密度、快速和深放电的能力、自放电率、充电效率、使用寿命、安全性、成本、环保、可回收性等均有较高的要求。但是，到目前为止，现有的各类蓄电池没有哪一种可同时达到各项基本要求。

在电动汽车上使用最早的铅酸电池具有比功率高、价格低的优势，但其比能量低，一般为 40W·h/kg 左右。这就使得使用铅酸电池的电动汽车的车载能量较少，续驶里程短，并使其最高车速、最大加速能力、最大爬坡能力受限。鉴于铅酸电池性能继续提高的潜力不大，世界各国都在研究与开发新的蓄电池，比如氢镍、钠硫、锂硫化二铁、锂聚合物和锂离子电池等。相比于铅酸电池，这些蓄电池具有比功率大、寿命长、充放电效率高、可快速充电等优点，已在一些电动汽车上得到应用。但是要使电动汽车市场化，蓄电池的研究与开发还有许多工作要做。

2）燃料电池。燃料电池将燃料的化学能直接转化为电能。虽然质子交换膜燃料电池是未来最有前途的汽车动力源，但是目前在相关领域的许多关键技术尚未完全突破，例如：至今尚未找到可以完全替代稀有贵金属铂的催化剂；由于技术不成熟，质子交换膜和极板尚不能大批量工业化生产；电堆的热管理系统还处于实验室阶段；氢燃料的制备、存储和运输的基础设施投资巨大，关键技术和成本等方面还存在着需要解决的难题；成本高依然是目前制约燃料电池电动汽车发展的最大障碍。因此，燃料电池电动汽车要实现产业化，还有许多需要攻克的难关。

（2）电动机及其控制器 电动机的作用是将电源的电能转换为机械能，并通过传动机构驱动车轮转动。电动机及其控制器的性能高低对电动汽车的动力性和经济性均有较大的影响。对电动汽车电动机及其控制器的基本要求是：起动转矩大且具有较宽的恒功率范围；功率密度高，具有较大的转速范围（足以覆盖恒转矩区和恒功率区）；具有快速的转矩响应特性；在转矩/转速特性的较宽范围内具有高的效率；再生制动时的能量回收效率高；在各种工作环境下的工作可靠性好，且工作噪声小；结构尺寸小，质量小，成本低。

20 世纪 60 年代至 80 年代初，电动汽车大都采用有刷直流串励电动机，这种电动机的控制较为简单，但由于有电刷的限制，转速不能太高，因而质量大、尺寸大、效率较低，电动机的故障率高。20 世纪 80 年代后期和 90 年代，滑差控制、矢量控制、直接转矩控制等交流电动机的调速技术日趋成熟，交流电动机驱动系统在电动汽车上的应用逐渐增多。近年来，开关磁阻电动机驱动系统开始在电动汽车中应用，开关磁阻电动机具有效率高、动态响应好、高起动转矩和低起动功率等特点，但在降低噪声和转矩波动、电动机模型和控制技术等方面还需进一步探索。

研发更高效的电动机，匹配最优化的控制技术，使电动汽车的电驱动系统能达到最理想的工作状态，这也是电动汽车发展过程中必须解决的关键技术之一。

（3）能量管理系统 电动汽车能量管理系统的作用是充分发挥电动汽车有限的车载能量，延长电动汽车的续驶里程和蓄电池的使用寿命。因此，要求能量管理系统所具有的功能主要包括对蓄电池组的电压与电流进行监测，能对蓄电池的终止充放电进行控制，对蓄电池组中单个蓄电池状态进行监测，并能进行蓄电池均衡充电控制，能在减速与制动时进行能量回收控制等。

由于准确可靠的蓄电池模型的建立、蓄电池荷电状态（SOC）参数的监测技术等还有待进一步提高，因此，研究并开发出一个最理想的电动汽车能量管理系统，也是今后电动汽车产业化进程中需要攻克的关键技术。

第二章

电动汽车用动力电池

电动汽车用动力电池主要有蓄电池、燃料电池、超级电容、飞轮电池等。蓄电池也称二次电池，是可通过充电反复使用的化学电池。本章主要介绍蓄电池，并对超级电容和飞轮电池作简单介绍，燃料电池在第六章介绍。

第一节　电动汽车用蓄电池概述

一、蓄电池的发展概况与存在的不足

1. 蓄电池的发展概况

1859 年法国著名物理学家 Plante 发明了第一块铅酸电池，并将其用在了电动汽车上，直到内燃机汽车上开始使用起动机，这种内阻小、可提供稳定大电流的铅酸电池又被用作汽车发动机的起动电源。铅酸电池不仅在内燃机汽车上得到普遍的应用，而且由于铅酸电池具有使用安全、耐用、价格相对较低等优点，在将近一个世纪的时间里，都是电动车辆动力电池的首选。

1889—1901 年，瑞典人 Jungner 和美国人爱迪生（Edison）先后研制出了镍铁电池和镍镉电池。这两种蓄电池在各种不同用途的实际应用过程中，其结构、工艺、材料等都经历了多次改进，使得其性能有了大幅度的提高。在 20 世纪，先后出现了数十种不同类型的蓄电池，其中镍锌电池、镍镉电池、镍铁电池、锌空气电池、铝空气电池等都作为大容量的动力电源，在各种电动车上得到了应用。

20 世纪 80 年代，出现了镍氢电池，其性能和使用寿命都优于铅酸电池及原先已应用于电动车上的其他碱性电池。因此，镍氢电池逐渐替代了铅酸电池和其他碱性电池，在电动汽车上得到了广泛的应用。到了 20 世纪 90 年代，又出现了性能更好的锂离子电池，这种电池很快就被用作手机、数码相机及其他便携式设备的电源，而大容量的锂离子电池也被用在了电动汽车上。

在电动汽车发展过程中，应用较多的动力电池主要有铅酸电池、镍氢电池和锂离子电池等，目前在电动汽车上使用最多的动力电池是锂离子电池。

2. 蓄电池存在的不足

尽管新型蓄电池不断出现，各种蓄电池的性能和使用寿命也均有大幅度的提高，但目前各种蓄电池还不能满足电动汽车对动力电池的实际需要，其主要不足归纳如下：

（1）能量密度低　目前，电动汽车用蓄电池的质量能量密度和体积能量密度均很低，比如铅酸电池的质量能量密度只有 35~40W·h/kg，锂离子电池的质量能量密度虽然可达 150W·h/kg，但与汽油的 10000~12000W·h/kg 质量能量密度相比还是相差了许多。

由于蓄电池的能量密度低，导致电动汽车的续驶里程短、车辆自身质量大。例如：一辆普通小汽车携带 50kg 汽油可行驶 600km 以上，而同类型电动汽车所配备的铅酸电池的质量达 400kg，充足电后只能行驶 100km 左右。可见，要使电动汽车能达到一定的续驶里程，就不得不配备大量的蓄电池，而配备过多的蓄电池，又会使电动汽车自身过重，这不但要消耗掉一部分蓄电池的电能，也使车辆的动力性、运行效率及制动性能等下降。此外，蓄电池组的质量和所占的体积，也给整车的设计增加了难度。

（2）充电时间长　无论是哪一种蓄电池，其充电时可接受的最大电流都是有限的。因此，要将放完电的蓄电池重新充足电，需要较长的时间。即使采用对蓄电池寿命有一定影响的快速充电方法，其充电时间与燃油汽车加油的时间相比也要长很多。也就是说，蓄电池的充电时间长，也间接影响了电动汽车的使用性能。

（3）价格高且使用寿命短　铅酸电池是相对较为便宜的蓄电池，但一辆续驶里程为 100km 左右的纯电动客车，其所配备的蓄电池组的价格在 2 万元左右。如果使用锂离子电池，其续驶里程可比铅酸电池提高不少，但其价格也要高出好几倍。

无论是哪一种蓄电池，其使用寿命均低于电动汽车其他的总成部件。也就是说，一辆电动汽车在其使用寿命期限内，需要更换好几次蓄电池。因此，电动汽车不仅车辆本身的成本高，而且在使用过程中更换蓄电池还需很高的费用。

（4）汽车附件的使用受到限制　由于蓄电池的能量有限，一些能量消耗较大的辅助装置（如空调、动力转向、制动助力等）的选用必须充分考虑到对蓄电池电能消耗的影响。

总之，蓄电池的上述不足，导致了电动汽车的使用性能和价格不能与燃油汽车相抗衡，使电动汽车的产业化困难重重。随着科学技术的不断发展，可以相信，电动汽车用蓄电池的技术难关必将有所突破，蓄电池的性能和价格问题必将得到解决。

二、蓄电池的分类

蓄电池是一种化学电池，其基本组成是正极板、负极板和电解质。应用于电动汽车的蓄电池有很多种，下面通过不同的分类方法来概括不同类型的蓄电池。

1. 按蓄电池电解质分类

按照蓄电池电解质的不同，可将蓄电池分为酸性电池、碱性电池、中性电池和有机电解液电池四类。

（1）酸性电池　主要以硫酸水溶液为电解质。电动汽车用蓄电池属酸性电池的主要是铅酸电池。

（2）碱性电池　主要以氢氧化钾水溶液为电解质。电动汽车用动力电池中的锌锰电池、镍镉电池、镍氢电池等均属此类蓄电池。

（3）中性电池　以盐溶液为电解质。这类蓄电池由于稳定较差，目前在电动汽车上还很少使用。

（4）有机电解液电池　主要以有机溶液为电解质。属于这类蓄电池的有锂电池、锂离子电池等。

2. 按蓄电池所用正、负极材料不同分类

按照蓄电池正极和负极材料的不同，可将蓄电池分为锌系电池、镍系电池、铅系电池、锂系电池及金属空气（氧气）系电池等。

（1）锌系电池 此类蓄电池的负极材料为锌，如锌锰电池、锌银电池等。

（2）镍系电池 电极材料中有镍的蓄电池，典型的镍系蓄电池有镍镉电池、镍锌电池、镍氢电池等。

（3）铅系电池 电极材料为铅的蓄电池，如铅酸电池。

（4）锂系电池 电极材料有锂的蓄电池，如锂电池、锂离子电池、锂聚合物电池和磷酸铁锂电池等。

（5）金属空气系电池 有空气电极的蓄电池，如锌空气电池、铝空气电池等。

三、蓄电池的性能参数与常用术语

1. 蓄电池的性能参数

能反映蓄电池性能的参数有电压、内阻、容量、能量、功率、寿命等。

（1）电压 蓄电池的电压（端电压）是指其正极与负极之间的电位差，单位为 V（伏特），是表示蓄电池性能与状态的重要参数之一。

1）开路电压。蓄电池未向外电路输出电流时的端电压即为开路电压。蓄电池在充足电状态下的开路电压最高，随着蓄电池放电程度的增加，蓄电池的开路电压会相应降低。

2）放电电压。蓄电池向外输出电流时，其正负极之间的电压即为放电电压。放电电压也称工作电压。蓄电池在放电时的放电电流越大，放电电压就越低；在同样的放电电流下，随着蓄电池放电程度的增加，其放电电压也会相应降低。

3）充电电压。充电电源对蓄电池进行充电时，蓄电池的端电压即为充电电压。充电电流大，蓄电池内的极化（欧姆极化、浓差极化、电化学极化）就越大，充电电压也就越高；同样的充电电流下，蓄电池充电初期的充电电压较低，蓄电池充足电时的充电电压最高。

（2）内阻 蓄电池的内阻包括其充放电时的极化电阻和欧姆电阻。内阻主要与极板的材质、结构及装配工艺等有关。不同的电解质呈现的内阻也不同。因此，不同类型的蓄电池，其内阻是不同的。对某种类型的蓄电池来说，随着放电程度的增加，其内阻会相应增大。蓄电池内阻的单位为 Ω（欧姆）。

（3）容量 蓄电池的容量是指在允许放电范围内所能输出的电量，单位为 A·h（安时）。容量用来表示蓄电池的放电能力，在不同条件下蓄电池所能输出的电量（容量）是不同的。

1）理论容量。理论容量是假设蓄电池极板上的活性物质全部参加电化学反应而输出电流时，根据法拉第定律计算出的电量。理论容量通常用质量容量（A·h/kg）或体积容量（A·h/L）表示。

2）实际容量。实际容量是指充足电的蓄电池在一定条件下所能输出的电量，其值是在允许放电范围内，放电电流与放电时间的乘积。蓄电池的实际容量小于理论容量，当放电电流和温度不同时，其实际容量也会有所不同。

3）i 小时放电率容量。充足电的蓄电池以某一恒定电流放电，放电 i 小时后蓄电池放电至终止电压，这段时间内蓄电池所输出的电量称为 i 小时放电率容量，通常用 C_i 表示。

4）额定容量。额定容量是指充足电的蓄电池在规定的条件下所能输出的电量。额定容量是制造商标明的蓄电池容量，是表示蓄电池性能的重要技术指标。我国的国家标准中，用 3h 放电率容量（C_3）来定义电动汽车用蓄电池的额定容量，用 20h 放电率容量（C_{20}）来定义汽车用起动型蓄电池的额定容量。

（4）能量　蓄电池的能量是指在一定的放电条件下，蓄电池所输出的电能，单位为 W·h（瓦时）或 kW·h（千瓦时）。蓄电池的能量表示其供电能力，是反映蓄电池综合性能的重要参数。

1）标称能量。标称能量是指在一定的放电条件下蓄电池所输出的电能。蓄电池的标称能量是其额定容量与额定电压的乘积。

2）实际能量。实际能量是指在一定的放电条件下蓄电池所输出的电能。蓄电池的实际能量是其实际容量与放电过程的平均电压的乘积。

3）比能量。比能量即质量比能量，是指蓄电池单位质量所能输出的电能，单位为 W·h/kg 或 kW·h/kg。蓄电池的比能量越高，汽车充足电后的行驶里程就越长。

4）能量密度。能量密度即体积比能量，是指蓄电池单位体积所能输出的电能，单位为 W·h/L 或 kW·h/L。蓄电池的能量密度越高，电动汽车的载重量和车内的空间就越大。

（5）功率　蓄电池的功率是指在规定的放电条件下，蓄电池单位时间内所输出的电能，单位为 W 或 kW。蓄电池的功率高低会影响电动汽车的加速度和最高车速。

1）比功率。比功率即质量比功率，是指蓄电池单位质量所能输出的功率，单位为 W/kg 或 kW/kg。蓄电池的比功率越大，汽车的加速和爬坡性能就越好，最高车速也越高。

2）功率密度。功率密度即体积比功率，是指蓄电池单位体积所能输出的功率，单位为 W/L 或 kW/L。蓄电池的功率密度越高，电动汽车的载重量和车内的空间就越大。

（6）寿命　蓄电池的寿命通常用使用时间或循环寿命来表示。蓄电池经历一次充电和放电过程称为一个循环或一个周期。在一定的放电条件下，蓄电池的容量下降到某规定的限值时，蓄电池所能承受的充放电循环次数称为蓄电池的循环寿命。

不同类型的蓄电池，其循环寿命有所不同。对于某种类型的蓄电池，其循环寿命则与其使用情况有关，如充电和放电电流的大小、蓄电池的温度、放电的深度等均会影响蓄电池的循环寿命。

2. 蓄电池的常用术语

（1）终止电压　终止电压是指充电或放电应该结束时的电压，分为充电终止电压和放电终止电压。

1）充电终止电压。蓄电池在充电结束（充足电）时，其充电电压已上升至极限，继续充电就将使蓄电池过充电，这个高限电压就称为充电终止电压。当蓄电池的充电电流较大时，在蓄电池充电过程中就有可能达到充电终止电压，且充电电流越大，达到充电终止电压的时间就越短。

2）放电终止电压。蓄电池在放完电时，其放电电压已下降至极限，继续放电将导致蓄电池过放电，这个低限电压就称为放电终止电压。蓄电池的放电电流越大，其放电终止电压就越低。

（2）i 小时放电率　i 小时放电率是指蓄电池以恒定的电流放电 i 小时，正好使蓄电池放电至终止电压（放完电）。因此，i 小时放电率的放电电流 I_i 为

$$I_i = \frac{C_i}{i} \tag{2-1}$$

式中　C_i——i 小时放电率容量（A·h）；

　　　i——放电时间（h）；

　　　I_i——放电电流（A）。

（3）i 小时充电率　i 小时充电率是指蓄电池以恒定的电流充电，i 小时充电率的恒流值与 i 小时放电率的恒流值相等。

（4）过充电与过放电　蓄电池的过充电与过放电就是指充电过度或放电过度。

1）过充电。蓄电池已充足电后的充电即为过充电。此外，在充电过程中，其充电电流大于蓄电池充电可接受电流时，继续以该电流充电也属于过充电。

2）过放电。蓄电池已放电至终止电压（已放完电）时，继续放电即为过放电。

（5）荷电状态　蓄电池的荷电状态（State of Charge，SOC）在数值上等于蓄电池剩余的容量与蓄电池额定容量的比值，用于描述蓄电池在充放电过程中的存电状态。

（6）放电深度　蓄电池的放电深度（Depth of Discharge，DOD）在数值上等于蓄电池已放出的电量与蓄电池额定容量的比值，用于描述蓄电池在放电过程中所达到的放电深度。

从蓄电池的荷电状态和放电深度的定义不难看出，数值上 SOC+DOD=1。

（7）不一致性与均衡充电

1）不一致性。不一致性是指蓄电池组中的各个蓄电池的电压、容量、内阻等存在差异。如果蓄电池组有不一致性存在，则在使用过程中会使其不一致性扩大，并导致性能较差的蓄电池迅速损坏，最终导致整个蓄电池组报废。

2）均衡充电。均衡充电是针对有不一致性的蓄电池组所进行的一种特殊充电方法，旨在减小或消除蓄电池组的不一致性。

四、电动汽车对蓄电池的性能要求

不同类型的电动汽车，对蓄电池的性能要求也有所不同。

1. 纯电动汽车用蓄电池的要求

在纯电动汽车上，蓄电池是唯一的电能来源，增大其容量就可增加纯电动汽车的续驶里程。但是，增大蓄电池的容量，蓄电池组的体积和质量也会增加，这会影响车辆的动力性和整车布局。因此，纯电动汽车需要根据电动汽车的具体设计目标和不同的道路行驶工况来选配蓄电池。具体的要求归纳如下：

1）蓄电池的容量要足够大。蓄电池的容量必须能满足电动汽车续驶里程的设计目标。此外，蓄电池的容量与能量应能确保汽车在特定工况下的供电能力。例如，能保证典型连续放电电流不超过 $1C$，典型的峰值放电电流不超过 $3C$。

2）蓄电池深度放电能力要强。蓄电池可实现深度放电（例如，DOD 达 80%），且不会影响其寿命。要求蓄电池在必要时能在满负荷状态下工作和实现全放电。

3）蓄电池的比能量和能量密度要尽可能大。蓄电池的比能量和能量密度大，可减小蓄电池组的结构尺寸，减小蓄电池组的质量，方便车辆的整体结构设计，确保纯电动汽车的动力性和乘用空间。

4）蓄电池的充电可接受电流要大。蓄电池的充电可接受电流大，就可有效缩短充电时间。对于有制动能量回馈系统的纯电动汽车，蓄电池的可接受电流大（如可在短时间内接受高达 5C 的脉冲电流充电），有助于提高汽车制动能量回收的效率。

由美国能源部、电能研究所、三大汽车公司及蓄电池生产商联合成立的美国先进电池联合会（USABC）曾制定过一个针对纯电动汽车用蓄电池性能的中期和长期目标，具体的蓄电池性能目标见表 2-1，从中可了解纯电动汽车对蓄电池性能的具体要求。

表 2-1 USABC 制定的纯电动汽车用蓄电池的性能目标

类别	指标	长期目标（2005—2008 年）
主要指标	能量密度（$C/3$ 放电）/（W·h/L）	230
	比能量（$C/3$ 放电）/（W·h/kg）	150
	功率密度（W/L）	450
	比功率（80%DOD/30s）/（W/kg）	300
	寿命/年	10
	循环寿命/循环次数	1000（80%DOD）/1600（50%DOD）
	功率能力和容量衰减（额定值的比例）（%）	20
	最终价格（量产 1 万套的 40kg·h 电池组）/[\$/（kg·h）]	<100（期望达到 75）
	工作温度范围/℃	-40~80
	充电时间/h	<6
次要指标	效率（$C/3$ 放电，$C/6$ 充电）（%）	80
	自放电（包含热损失）	12 天内<20%
	维护	免维护

2. 混合动力电动汽车对蓄电池的要求

混合动力电动汽车对蓄电池容量的要求相对较低，但要求蓄电池在需要时能提供更大的瞬时功率，即短时间内能输出大电流的能力要强。具体的要求归纳如下：

1）蓄电池的峰值功率要大。蓄电池具有足够大的峰值功率，以满足短时间内大功率充放电的需要。

2）蓄电池的循环寿命要长。蓄电池的循环寿命能达到 1000 次以上（深度放电）和 40 万次以上（浅度放电）。

3）蓄电池的容量要适宜。蓄电池有适宜的容量，可使其在工作时的 SOC 保持在 50%~85% 的范围之内。

美国能源部的 FreedomCAR 项目所制定的功率辅助型混合动力电动汽车用蓄电池的性能目标见表 2-2，从中可了解混合动力电动汽车对蓄电池性能的具体要求。

表 2-2 功率辅助型混合动力电动汽车用蓄电池的性能目标

特性	单位	最小值	最大值
脉冲放电功率（10s）	kW	25	40
最大回馈脉冲功率（10s）	kW	20（50W·h 脉冲）	35（97W·h 脉冲）
总可用能量（1C 放电）	kW·h	0.3	0.5
循环能量效率	—	90%（25W·h 循环）	90%（50W·h 循环）

（续）

特性	单位	最小值	最大值
-30℃冷起动功率（3个2s脉冲，脉冲间隔为10s搁置）	kW	5	7
寿命（在确定的SOC变化范围内）	循环次数（放电总功率）	300000（7.5MW·h）	300000（15MW·h）
寿命	年	15	15
质量	kg	40	60
体积	L	32	45
允许自放电率	W·h/天	50	50
正常工作温度范围	℃	-30~52	-30~52
安全工作温度范围	℃	-46~66	-46~66
年产10万套时的价格	$	500	800

3. 插电式混合动力电动汽车对蓄电池的要求

插电式混合动力电动汽车在城市街道上以纯电动方式行驶，在高速公路上长途行驶时采用混合动力方式，因而对其蓄电池的要求需要兼顾纯电动和混合动力两种模式。具体的要求归纳如下：

1）蓄电池深度放电的能力要强。在深度放电情况下，仍然有较长的循环寿命。

2）蓄电池在低SOC时的放电能力强。蓄电池在低SOC状态下仍能实现大功率电能输出，以使电动汽车在蓄电池深度放电时仍能保持其良好的加速性能。

3）蓄电池在高SOC时的充电可接受电流大。蓄电池在高SOC状态下，仍能接受大电流充电，以确保其制动能量回馈的效率不受SOC状态的影响。

4）蓄电池在低DOD状态下的循环寿命长。蓄电池在保持高SOC状态的情况下，可延长其使用寿命。

5）蓄电池的比能量及能量密度高，以减小电池组的质量和体积。

6）安全性好。

第二节　蓄电池的原理与特性

一、铅酸电池

1. 铅酸电池的原理

（1）铅酸电池电动势的建立　铅酸电池正极板上的活性物质为二氧化铅（PbO_2），负极板上的活性物质为纯铅（Pb），电解液为硫酸的水溶液（$H_2SO_4 + H_2O$）。PbO_2和Pb均为难溶于水的物质，当极板浸入电解液后，正、负极板上的活性物质均会有少量被溶解电离（见图2-1）。

正极板处PbO_2的溶解电离过程为

$$PbO_2 + 2H_2O \rightarrow Pb(OH)_4$$

$$Pb(OH)_4 \rightarrow Pb^{4+} + 4OH^-$$

氢氧根离子（OH^-）溶入电解液，带正电的四价铅离子（Pb^{4+}）沉附于正极板，使正极板的电位升高。

负极板处 Pb 的溶解过程为

$$Pb \rightarrow Pb^{2+} + 2e$$

二价的铅离子（Pb^{2+}）溶入电解液中，带负电的电子 e 留在负极板，使负极板的电位下降。

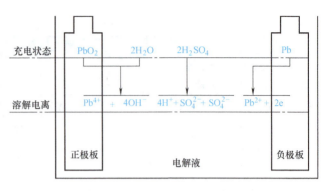

图 2-1　铅酸电池电动势建立过程

铅酸电池通过极板上少量活性物质的溶解电离，使正极板上集聚了正电荷（Pb^{4+}），负极板留下负电荷（e），正负极之间就形成了电位差，该电位差被称为蓄电池的电动势。极板上活性物质的溶解电离过程是可逆的，当溶解电离的速率与它的逆过程的速率达到动态平衡时，正、负极板上的电荷（Pb^{4+} 和 e）数量就处于动态平衡状态。充足电的蓄电池在静止状态下，其电动势 E_j 约为 2.1V。

（2）铅酸电池的放电过程　当蓄电池的正、负极板之间接上负载后，在蓄电池电动势的作用下，外电路就会形成放电电流，其放电过程如图 2-2 所示。

放电电流使正极板上的 Pb^{4+} 得到 2 个电子，变成二价铅离子（Pb^{2+}），并溶于电解液中。正、负极板上 Pb^{4+} 和 e 数量的减少，使原有的溶解电离动态平衡被破坏，正、负极板上的 PbO_2、Pb 就会继续溶解电离，使正、负极板上的电荷 Pb^{4+} 和 e 得到补充。在电解液

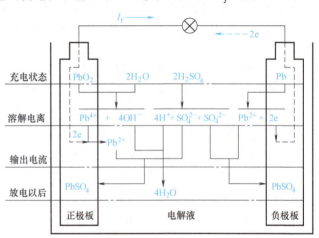

图 2-2　铅酸电池放电过程

中，当 Pb^{2+} 增加至一定的浓度时，就会与 SO_4^{2-} 生成硫酸铅（$PbSO_4$），并沉附于正、负极板表面。铅酸电池放电过程的电化学反应如下：

1）正极板　　　　　$Pb^{4+} + 2e \rightarrow Pb^{2+}$

$$Pb^{2+} + SO_4^{2-} \rightarrow PbSO_4$$

$$PbO_2 + 2H_2SO_4 \rightarrow Pb^{4+} + 2SO_4^{2-} + 2H_2O$$

2）负极板　　　　　$Pb^{2+} + SO_4^{2-} \rightarrow PbSO_4$

$$Pb \rightarrow Pb^{2+} + 2e$$

总结放电过程：正、负极板上的活性物质 PbO_2 和 Pb 不断溶解电离来维持正、负极板之间的电位差，并逐渐转变为 $PbSO_4$；在电解液中，H_2SO_4 减少，H_2O 增加，其密度下降。

由于放电过程中沉附于正负极板表面的 $PbSO_4$ 会阻碍电解液与极板内层的活性物质接触，因而极板内层的活性物质不能溶解电离。也就是说，极板内层的活性物质不能被利用。通常情况下的"蓄电池放完电"实际上只是利用了极板上活性物质的表层部分。

（3）铅酸电池的充电过程

蓄电池放电后，其正、负极板上有少量的 $PbSO_4$ 呈离子状态。当接通充电电源后，在电场力的作用下形成充电电流，电子从正极板经充电电路流向负极板。铅酸电池充电过程如图 2-3 所示。

正极板处的 Pb^{2+} 在电场力作用下被夺走 2 个电子而变为 Pb^{4+}，Pb^{4+} 与电解液中水解出来的 OH^- 结合，生成 $Pb(OH)_4$，$Pb(OH)_4$ 又分解为 PbO_2 和 H_2O，PbO_2 沉附于正极板上；充电电流使负极板附近

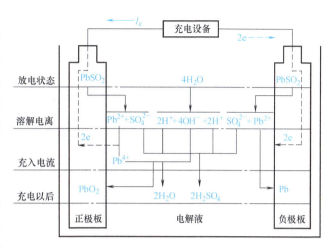

图 2-3　铅酸电池充电过程

的 Pb^{2+} 得到 2 个电子而变为 Pb，并沉附于负极板表面。正、负极板附近的 SO_4^{2-} 与电解液中的 H^+ 生成 H_2SO_4。充电电流使电解液中的 Pb^{2+}、SO_4^{2-} 减少，极板上的 $PbSO_4$ 就会继续溶解电离。充电过程的电化学反应如下：

1）正极板　　　　$PbSO_4 \rightarrow Pb^{2+} + SO_4^{2-}$

$$Pb^{2+} - 2e \rightarrow Pb^{4+}$$

$$Pb^{4+} + 2H_2O + 2SO_4^{2-} \rightarrow PbO_2 \downarrow + 2H_2SO_4$$

2）负极板　　　　$PbSO_4 \rightarrow Pb^{2+} + SO_4^{2-}$

$$Pb^{2+} + 2e \rightarrow Pb \downarrow$$

总结充电过程：正、负极板上的 $PbSO_4$ 逐渐溶解电离，转化为正极板上的 PbO_2 和负极板上的 Pb，电解液中的 H_2O 减少，H_2SO_4 增加，其密度增大。

当充电接近终了时，由于极板上的 $PbSO_4$ 已较少，正、负极板处的 Pb^{2+} 数量均已很少，部分充电电流就会使水电解，变成氧气 O_2 和氢气 H_2，并从电解液中逸出。充电后期电解水的反应式为

$$2H_2SO_4 + 2H_2O \rightarrow 2H_2SO_4 + 2H_2 \uparrow + O_2 \uparrow$$

因此，当充电至蓄电池电解液开始有气泡冒出时，说明充电已接近终了。

铅酸电池在充放电时，其总的电化学反应式为

$$\underset{\text{（正极板）}}{PbO_2} + \underset{\text{（负极板）}}{Pb} + \underset{\text{（电解液）}}{2H_2SO_4} \underset{\text{充电}}{\overset{\text{放电}}{\rightleftharpoons}} \underset{\text{（正极板）}}{PbSO_4} + \underset{\text{（负极板）}}{PbSO_4} + \underset{\text{（电解液）}}{2H_2O}$$

2. 铅酸电池的结构与类型

（1）普通铅酸电池的结构　铅酸电池除了正极板、负极板和电解液外，还有隔板、连条、极桩、壳体等其他附件，其基本结构如图 2-4 所示。

正、负极板上的活性物质 PbO_2 和 Pb 由铅膏（铅粉、稀硫酸及少量添加剂的混合物）填充在用铅锑合金铸成的栅架上，经化成工艺处理后形成。在充足电状态下，正极板呈深棕色，负极板呈深灰色。多片正极板和负极板各自用横板焊接并联起来，相互嵌合安装（中间用隔板隔开）形成极板组。将极板组置于存有电解液的容器中，就构成了单格电池。

电动汽车概论　第2版

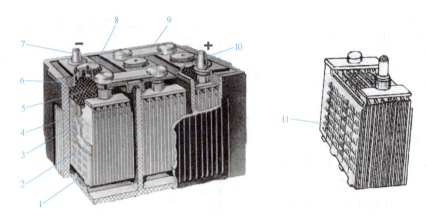

图 2-4　铅酸电池的基本结构

1—负极板　2—隔板　3—正极板　4—壳体　5—护板　6—封料　7—负极桩
8—加液盖　9—连条　10—正极桩　11—极板组

铅酸电池的单格电池的标称电压为2V，因此，一块6V的铅酸电池实际上是由3个单格电池通过连条串联而成的。图2-4所示的铅酸电池的连条外露于电池盖表面，实际上现在更多的铅酸电池采用穿壁式连条，在电池盖表面只能看到两端的正极桩和负极桩，如图2-5所示。

（2）铅酸电池的类型　用于电动汽车的铅酸电池除了上面所见到的普通结构形式外，还有阀控电池和铅布电池等不同的形式。

1）阀控铅酸电池。阀控铅酸电池（Valve Regulated Lead Acid Battery，VRLAB）如图2-6所示。VRLAB与普通铅酸电池的区别是，在VRLAB的盖上设有一个排气阀（也称安全阀），当其内部气压达到限定值时，阀打开将气体排出，释放内部的压力后自动关闭，以防止外部的空气进入。由于VRLAB为密封结构，不会漏酸，也不排酸雾，减少了氢气和氧气的逸散，故而不会损伤设备和污染环境，且在使用过程中无须检查和补充电解液。这种密封式阀控电池无须日常维护，故也被称为免维护蓄电池。

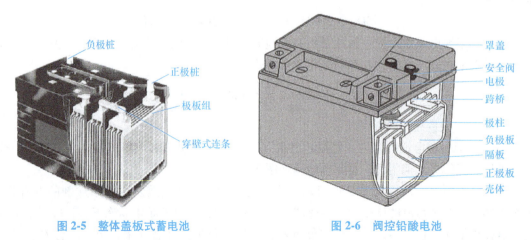

图 2-5　整体盖板式蓄电池　　　　图 2-6　阀控铅酸电池

2）铅布电池。铅布电池（见图2-7）也称水平铅酸电池，其结构特点是正、负极板和隔板采用卧式层叠组合，极板的外面是用高强度玻璃纤维和铅丝编织成的网状铅布，作为极板的基体。在铅布上涂以 PbO_2 和 Pb，构成双层格网板，作为水平铅布铅酸电池的正极板和负极板。铅布电池的比能量、比功率、使用寿命和快速充电性能等均优于普通铅酸电池。

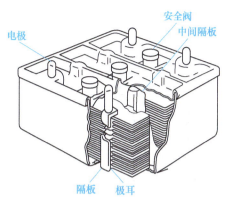

图 2-7　铅布电池

3. 铅酸电池的特性

（1）铅酸电池的充电特性　铅酸电池在恒流充电状态下的充电特性如图 2-8 所示。充电开始时，极板孔隙内进行电化学反应而生成 H_2SO_4，使孔隙内电解液的密度迅速上升，产生浓差极化，故而导致充电电压迅速上升（AB 段）。在随后的充电过程中，因极板孔隙内的 H_2SO_4 向孔隙外扩散，当孔隙内 H_2SO_4 的生成速度与扩散速度相对平衡时，动态电动势就会相对稳定，充电电压就会随着整个容器内电解液密度的缓慢增大而逐渐上升（BC 段）。当充电达 90%（C 点）时，电解液开始有气泡冒出（少量析气），继续充电，水的电解速度会不断上升，气泡也逐渐增多，极板表面产生电化学极化，使充电电压迅速上升（CD 段），电解液呈"沸腾"状。这时，表明蓄电池已充足电，继续充电将导致过充电。

（2）铅酸电池的放电特性　铅酸电池恒流放电时的放电特性如图 2-9 所示。放电开始时，蓄电池的端电压迅速下降（AB 段）。这是放电之初极板孔隙内电解液的 H_2SO_4 迅速消耗，电解液密度随之迅速下降导致的。随后，极板孔隙外电解液中的 H_2SO_4 向孔隙内渗透，孔隙内的电解液密度下降缓慢，因而蓄电池端电压下降也很缓慢（BC 段）。放电接近终了时，蓄电池电压又会迅速下降（CD 段），其原因是化学反应深入到了极板的内层，加之放电后生成的 $PbSO_4$ 覆盖在极板表面而使孔隙变得越来越小，电解液向内渗透变得困难，造成极板孔隙内的电解液密度迅速下降。D 点是蓄电池放电的终止电压，若继续放电则为过放电，端电压会急剧下降。过放电会导致极板上形成粗晶体的 $PbSO_4$，在充电时其不易还原成活性物质。

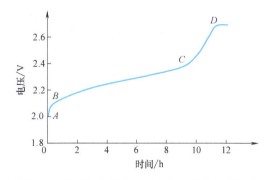

图 2-8　铅酸电池在恒流充电状态下的充电特性

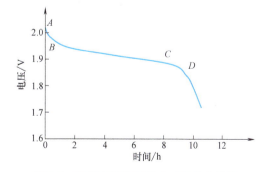

图 2-9　铅酸电池恒流放电时的放电特性

蓄电池放电终止电压与放电电流的大小有关，放电电流越大，放电时间就越短，放电终止电压也越低。铅酸电池放电电流与放电终止电压的关系见表 2-3。

表 2-3　铅酸电池放电电流与放电终止电压的关系

放电电流/A	$0.05C_{20}$	$0.1C_{20}$	$0.25C_{20}$	$1C_{20}$	$3C_{20}$
连续放电时间	20h	10h	3h	30min	5.5min
单格电池的放电终止电压/V	1.75	1.7	1.65	1.55	1.5

（3）铅酸电池的性能特点　铅酸电池的最大优点是内阻小、可输出大电流，故而被用作发动机的起动电源。作为电动汽车的动力电池，其优点如下：

1）价格低廉。这是铅酸电池用作动力电池最突出的优势。

2）单格电池的电压较高（有 2.0V），故相同电压的蓄电池，其串联的单格电池数较少。

3）适用性宽，可逆性较好。

4）电能效率较高，可达 60%。

5）易于浮充使用，没有记忆效应。

6）对温度适应性较强，可在 -40~60℃ 的温度范围内工作。

7）蓄电池在工作中的荷电状态（SOC）较容易识别。

8）可制成密封结构而实现免维护。

铅酸电池的缺点也是显而易见的，主要有以下几点：

1）比能量及能量密度较低，在电动汽车上所占的质量和体积较大。

2）寿命短，使用成本较高。

3）充电时间较长。

4）对于非密封式铅酸电池，充放电时析出的酸雾会腐蚀设备并污染环境。

二、镍氢电池

1. 镍氢电池的原理

电动汽车用镍氢（Ni-MH）电池也称镍金属氧化物电池，其基本组成为氢氧化镍正电极、储氢合金负极及碱性电解液（如质量分数为30%的氢氧化钾水溶液）。镍氢电池的工作原理如图 2-10 所示。

镍氢电池正极的活性物质为 NiOOH（放电时）和 Ni（OH）$_2$（充电时），负极的活性物质是 H_2（放电时）和 H_2O（充电时），在电解液（氢氧化钾水溶液）的作用下，进行电化学反应，完成充电和放电过程。

充电时正、负极的电化学反应为

$$Ni(OH)_2 + OH^- - e \rightarrow NiOOH + H_2O$$

$$2MH + 2e \rightarrow 2M^- + H_2 \uparrow$$

在充电时，电解液中的水被分解为氢离子和氢氧根离子，氢离子被负极吸收，负极的金属转化为金属氧化物。

放电时正、负极的电化学反应为

$$NiOOH + H_2O + e \rightarrow Ni(OH)_2 + OH^-$$

$$2M^- + H_2 \rightarrow 2MH + 2e$$

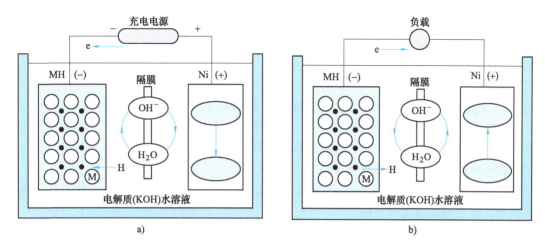

图 2-10　镍氢电池的工作原理

a）充电原理　b）放电原理

在放电时，氢离子离开负极，氢氧根离子离开正极，氢离子和氢氧根离子在电解液中结合生成水，而在正、负电极之间通过外电路释放电能。

2. 镍氢电池的结构

镍氢电池的形状有方形、圆柱形和扣形等多种，如图 2-11 所示。

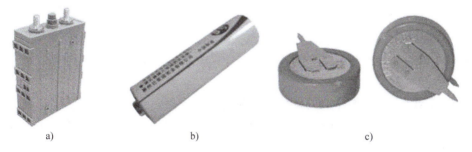

图 2-11　常见的镍氢电池的形状

a）方形　b）圆柱形　c）扣形

国际电工委员会（International Elec-trotechnical Commission，IEC）标准中，HF 表示方形镍氢电池，HR 表示圆柱形镍氢电池，电池尺寸资料包括圆柱形电池的直径和高度，以及方形电池的宽度、厚度和高度，数值之间用斜杠隔开，单位为 mm。例如 HFl8/07/49 表示该镍氢电池的形状为方形，其宽度为 18mm，厚度为 7mm，高度为 49mm。

用作动力电池的镍氢电池通常为圆柱形或方形，其内部结构如图 2-12 所示。

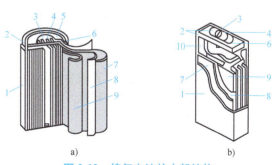

图 2-12　镍氢电池的内部结构

a）圆柱形　b）方形

1—负极端子（外壳）　2—绝缘垫圈　3—正极端子
4—安全阀　5—密封板　6—绝缘环　7—负电极
8—隔膜　9—正电极　10—绝缘层

由活性物质构成电极极片的工艺主要有烧结式、拉浆式、泡沫镍式、纤维镍式、嵌渗式等。由不同工艺制备的电极，其容量、大电流放电性能等均存在较大差异。一般依据使用条件的不同，采用不同的工艺构成镍氢电池的电极。

3. 镍氢电池的特性

（1）镍氢电池的充电特性　镍氢电池在不同充电电流下的充电特性如图 2-13 所示。

在充电起始阶段，镍氢电池的充电电压迅速上升；在随后的充电过程中，充电电压上升很缓慢；当充电接近结束时，充电电压会有所下降。当停止充电后，蓄电池内部的极化作用消失，蓄电池的端电压逐渐下降至开路电压。

充电电流越大，充电电压就越高，充电效率也越低。当温度过高时，也会降低蓄电池的充电效率，并容易造成充电不足。

（2）镍氢电池的放电特性　镍氢电池的放电特性如图 2-14 所示。

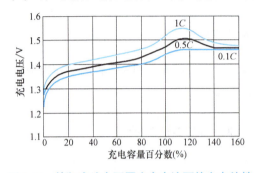
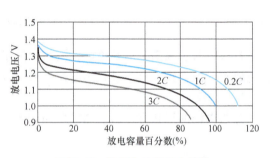

图 2-13　镍氢电池在不同充电电流下的充电特性　　　图 2-14　镍氢电池的放电特性

蓄电池在放电最初阶段电压迅速下降，随后下降缓慢。当接近放电终了时，蓄电池的端电压下降较快。

放电电流越大，放电电压就越低，放电时间也会缩短，蓄电池所能放出的电量相应减小。温度降低时，蓄电池放电时的端电压也会降低，放电时间也会缩短，蓄电池所能放出的电量也会相应减小。

（3）镍氢电池的性能特点　镍氢电池的优点如下：

1）比功率大。商业化的镍氢电池的比功率可达到 $1350W \cdot h/kg$。

2）循环寿命长。电动车用镍氢电池在 80% DOD 时的循环寿命可达 1000 次以上，是铅酸电池的 3 倍多；100% DOD 下的循环寿命也在 500 次以上。镍氢电池用在混合动力电动汽车上时，其使用寿命可达 5 年以上。

3）不含铅、镉等对人体有害的金属，无污染，故而被称为 21 世纪"绿色环保电源"。

4）耐过充电、过放电能力较强。

5）无记忆效应。

6）使用温度范围宽。正常使用温度范围为 $-30 \sim 55℃$，储存温度范围为 $-40 \sim 70℃$。

7）使用安全可靠；在进行短路、挤压、针刺、安全阀工作能力、跌落、加热、耐振动等安全性、可靠性试验时无爆炸和燃烧现象。

镍氢电池的不足有以下几点：

1）成本较高，其价格是铅酸电池的 5 ~ 8 倍。

2）单格电池的电压较低，只有 1.2V。

3）自放电的损耗较大。

4）环境温度对蓄电池的放电电压和容量有较大的影响。

三、镍镉及镍锌电池

用作动力电池的镍系电池还有镍镉（Ni-Cd）电池、镍锌（Ni-Zn）电池等，这些蓄电池比镍氢电池出现得早，目前已很少用作电动汽车的动力电池。

1. 镍镉电池

（1）镍镉电池的基本原理　镍镉电池也采用氧化镍作正极的活性物质，负极的活性物质为金属镉，电解液是氢氧化钾水溶液。

镍镉电池在放电过程中，负极的 Cd 被氧化，生成 $Cd(OH)_2$，充电时 $Cd(OH)_2$ 又被还原为 Cd。镍镉电池在充电和放电过程中负极的电化学反应为

$$Cd + 2OH^- \rightarrow Cd(OH)_2 + 2e$$

镍镉电池在放电时，正极的 NiOOH 被还原为 $Ni(OH)_2$，充电时又被氧化成 NiOOH。镍镉电池在充电和放电过程中正极的电化学反应为

$$NiOOH + H_2O + e \rightarrow Ni(OH)_2 + OH^-$$

镍镉电池在充、放电时，其总的电化学反应表达式为

$$2NiOOH + Cd + 2H_2O \rightarrow 2Ni(OH)_2 + Cd(OH)_2$$

与铅酸电池所使用的电解液（硫酸水溶液）相比，镍镉电池的碱性电解液在充、放电过程中，其密度不发生显著变化。

（2）镍镉电池的特点　镍镉电池的许多基本特点与镍氢电池相似。与铅酸电池相比，镍镉电池的比能量大（可达 $55W \cdot h/L$），比功率也大（可超过 $225W/kg$），寿命长（循环寿命可达 2000 次）。此外，镍镉电池的自放电率较小（<0.5%/天），快充能力强（18min 内可达蓄电池容量的 40%～80%）。因此，镍镉电池在电动汽车上也得到了应用。

与镍氢电池相比，镍镉电池的缺点是，镉对环境污染较大，维护不当易报废，且镍镉电池的开路电压也较低（1.2V），价格比较高。镍镉电池的这些缺点限制了其在电动汽车上的大规模使用，有被镍氢电池完全取代的趋势。

2. 镍锌电池

（1）镍锌电池的基本原理　镍锌电池负极的活性物质是金属锌，其他与镍镉电池相同，工作原理也相似，不同之处主要是负极的电化学反应不同。

镍锌电池充、放电时负极的电化学反应为

$$Zn + 2OH^- \rightarrow Zn(OH)_2 + 2e$$

镍锌电池在充、放电时，其总的电化学反应表达式为

$$2NiOOH + Zn + 2H_2O \rightarrow 2Ni(OH)_2 + Zn(OH)_2$$

（2）镍锌电池的特点　与镍镉电池相比，镍锌电池具有比功率较高、能量密度较大、单格电池电压高（1.6V）、价格相对较低且无毒性等优点。镍锌电池的致命弱点是循环寿命短（约 300 次），这影响了镍锌电池在电动汽车上的广泛应用。

四、锂离子电池

1. 锂离子电池的原理

锂离子电池（Li-ion Batteries）是由二次锂电池发展而来的。锂离子电池负极的活性物

质是可嵌入锂离子 Li^+ 的碳（形成 Li_xC），正极的活性物质是金属锂化物，如 $LiMO_2$、$LiNiO_2$、$LiCoO_2$ 等，电解质是非水性的有机溶液或聚合物。其工作原理如图 2-15 所示。

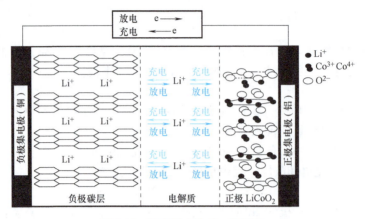

图 2-15　锂离子电池的工作原理

锂离子电池在充电时，加在电池两电极的充电电场力使正极化合物释放出锂离子 Li^+，并经电解质嵌入到负极分子排列呈片层结构的碳中；锂离子电池在放电时，则是从呈片层结构的碳中析出锂离子 Li^+，并通过电解质嵌回到正极。以 CoO_2 作正电极的锂离子电池为例，其充放电过程中正、负电极的电化学反应方程式如下：

正极：　　　　　　　　　　$CoO_2 + Li^+ + e \rightarrow LiCoO_2$

负极：　　　　　　　　　　$C_6Li \rightarrow 6C + Li^+ + e$

充电时电化学反应从右向左，放电时则从左向右。锂离子电池的充放电过程实际上就是 Li^+ 在正、负电极之间来回嵌入和脱出的过程，因而锂离子电池也被称为"摇椅式电池"。

2. 锂离子电池的结构类型

（1）锂离子电池的基本结构　锂离子电池主要由正极、负极、隔板、电解质等组成，在电动汽车上采用的圆柱形锂离子电池和长方形锂离子电池的结构如图 2-16 所示。

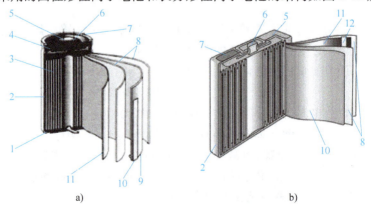

a)　　　　　　　　　　　　　　　b)

图 2-16　锂离子电池的结构
a）圆柱形　b）长方形
1、2—外壳　3—绝缘体　4—垫圈　5—顶盖　6—正极端子　7—排气阀　8—隔膜
9—负极　10—负极耳　11—正极　12—正极耳

1）正极。锂离子电池正极的活性物质主要是在空气中化学性质稳定的嵌锂过渡金属氧化物，如 $LiCoO_2$、$LiNiO_2$、$LiMn_2O_4$ 等。在这些物质中加入导电剂、树脂黏合剂，并均匀地涂覆在铝基体上，形成活性物质呈细薄层分布的正极。

2）负极。锂离子电池负极的活性物质主要是碳材料与黏合剂的混合物。将这些物质加入有机溶剂调和成膏状，并涂覆于铜基上构成负极。

3）电解质与隔膜。锂离子电池采用以混合溶剂为主体的有机电解质或聚合物。隔膜一般使用聚乙烯或聚丙烯材料的多微孔膜。隔膜不仅熔点较低，而且具有较高的抗穿刺强度，可起到热保险作用。

4）电池壳体及排气阀。圆柱形锂离子电池的卷绕式电极的根部有一个极耳，用于连接相应的极柱。电池壳体材料是镀镍钢，它也作为电池负极的集流体。电池壳体用作正极的集流端子时，通常采用的材料是铝。安装在电池盖处的排气阀（也称安全阀）起安全保护作用，当因析气过多或温度过高而导致电池内部压力过高时，排气阀打开，从而避免了电池开裂或爆炸的危险。圆柱形锂离子电池盖的结构如图 2-17 所示。

图 2-17　圆柱形锂离子电池盖的结构

（2）锂离子电池的种类　锂离子电池有多种类型，下面按不同的分类方法予以归类。

1）按电池外形的不同分类。锂离子电池的外形有多种，主要有圆柱形、方形、薄板形、扣式等。

圆柱形锂离子电池（见图 2-18）内部电极为卷绕式（参见图 2-16），以提高其容量。应用于电动汽车的锂离子动力电池，不仅需要大的容量，还需要用多个电池串联组成电池组，以提高电池的输出电压。

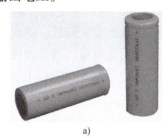
a)

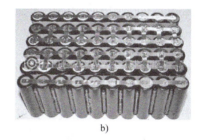
b)

图 2-18　圆柱形锂离子电池
a）圆柱形电池　b）电池组

方形锂离子电池如图 2-19 所示。电极卷绕式方形锂离子电池的内部结构如图 2-16 所示，

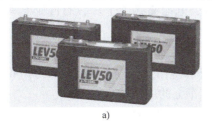
a)

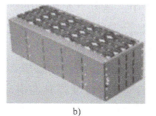
b)

图 2-19　方形锂离子电池
a）方形电池　b）电池组

用作动力电池的大容量锂离子电池通常需要将多个电池串联起来组成电池组。

薄板形锂离子电池如图 2-20 所示。此类电池通常是小容量的，用作手机、照相机等的可充电电源。

扣式锂离子电池如图 2-21 所示。扣式锂离子电池通常是小容量的可充电电池。

图 2-20　薄板形锂离子电池

图 2-21　扣式锂离子电池

2）按电池正极材料的不同分类。用作锂离子电池的正极材料是含锂的过渡金属氧化物，电动汽车用锂离子电池按其正极材料的不同分类，主要有锰酸锂离子电池、磷酸铁锂离子电池、镍钴锂离子电池及镍钴锰锂离子电池等。

3）按电池电解质形态的不同分类。按锂离子电池电解质形态的不同，锂离子电池大致可分为液态锂离子电池（Lithium Ion Battery，LIB）和聚合物锂离子电池（Polymer Lithium Ion Battery，PLIB）等不同类型。

液态锂离子电池和聚合物锂离子电池所用的正、负极材料都是相同的，蓄电池的工作原理也基本一致。它们的主要区别在于液态锂离子电池使用的是液体电解质，而聚合物锂离子电池则以固态或胶体聚合物作电解质（采用胶体聚合物电解质的居多）。

由于聚合物锂离子电池使用的胶体电解质不会泄漏，因而装配很容易，可使蓄电池很轻、很薄。此外，胶体电解质也不存在漏液、燃烧或爆炸等安全问题。因此，聚合物锂离子电池可以用铝塑复合薄膜作外壳，从而可以提高蓄电池的比容量。聚合物锂离子电池还可以采用高分子作正极材料，其比能量相较于液态锂离子电池可提升 50% 以上。

3. 锂离子电池的特点

（1）锂离子电池的优点　相比于其他类型的蓄电池，锂离子电池的主要优点如下：

1）电压高。单格电池的工作电压高达 3.6V，是镍镉、镍氢、Ni-H 电池的 3 倍。

2）比能量大，一般为 125W·h/kg。未来的锂离子电池，其比能量可达 160W·h/kg 以上。

3）循环寿命长。新型锂离子电池的循环寿命可超过 1000 次。

4）安全性能好，无公害，无记忆效应。

5）自放电率小。室温下充满电的锂离子电池储存 1 个月后的自放电率仅为 10% 左右，大大低于镍镉电池的 25%~30% 和镍氢电池的 30%~35%。

6）可实现安全、快速充电。

7）允许温度范围宽。随着电解质和正极材料的改进，有望能扩宽到 -40~70℃。

锂离子电池的这些优点使得其在电动汽车上的应用越来越多。

（2）锂离子电池的缺点　锂离子电池的主要缺点如下：

1）蓄电池的成本较高。这主要是正极材料 $LiCoO_2$ 的价格高（Co 的资源较少），电解质体系提纯困难。

2）不能大电流放电。由于有机电解质体系等原因，锂离子电池的内阻较大，因此放电电流不能过大，最大的放电电流通常被限制在 $2 \sim 3C$。过大的放电电流会使蓄电池温度过高，影响其使用寿命。

五、锌空气电池及铝空气电池

金属空气电池是一种用空气作正极活性物质、金属作负极活性物质的蓄电池，常见的金属空气电池有锌空气电池和铝空气电池。

1. 锌空气电池

（1）锌空气电池的基本原理　锌空气电池用空气（氧）作正极，以金属锌（Zn）作负极，电解质采用氢氧化钾水溶液。锌空气电池的电化学反应与普通碱性电池类似：放电时，蓄电池负极上的锌与电解液中的 OH^- 发生电化学反应，释放出电子；与此同时，蓄电池正极反应层中的催化剂与电解液及氧气（通过扩散作用进入蓄电池的空气中）相接触而发生电化学反应，吸收电子。锌空气电池放电时的电化学反应式如下：

负极反应式为　　　　　　$Zn + 2OH^- \rightarrow ZnO + H_2O + 2e$

正极反应式为　　　　　　$O_2 + 2H_2O + 4e \rightarrow 4OH^-$

总反应反应式为　　　　　$2Zn + O_2 \rightarrow 2ZnO$

锌空气电池充电过程进行得十分缓慢，因此，锌空气电池正极的锌板或锌粒在放电过程中被氧化成氧化锌而失效后，通常采用直接更换锌板或锌粒和电解质的办法，使锌空气电池完成"充电过程"。

（2）锌空气电池的特点　相比于铅酸电池，锌空气电池具有如下优点：

1）比能量高。锌空气电池的理论比能量可达 $1350W \cdot h/kg$，但目前锌空气电池的实际比能量只达到 $180 \sim 230W \cdot h/kg$，即便如此，仍然远远高于铅酸电池。

2）可采用机械式"充电"方式。锌空气电池可采用更换锌空气电池的锌板或锌粒的"充电"方式。这种"充电"方式可使蓄电池不再需要花很长的时间来充电，更换一块 $20kW \cdot h$ 的蓄电池块只需要 $1min40s$。

3）大电流持续放电的能力强。锌空气电池具有大电流持续放电的能力，能够满足电动汽车加速和连续爬坡的要求。

4）自放电率小。锌空气电池在电化学反应过程中，要与空气中的氧气发生作用，只要阻隔空气进入锌空气电池，就可使锌空气电池的电化学反应无法进行，锌便可长时间保持其活性。因此，实际使用过程中的锌空气电池自放电率很小（接近于零），可长期保持其电能。

5）性能稳定。成组的锌空气电池具有良好的一致性，没有其他类型蓄电池的充电和放电的不均匀现象；允许深度放电，蓄电池的容量不受放电强度和温度的影响；能在 $-20 \sim 80℃$ 的温度范围内正常工作。锌空气电池可以完全实现密封免维护，便于蓄电池组能量的管理。

6）安全性好。锌空气电池没有因泄漏、短路而引起蓄电池起火或爆炸的可能性。锌没有腐蚀作用，不会对人体造成伤害。

7）锌可以回收利用。锌的来源丰富，生产成本较低。锌回收再生方便，且回收再生的成本也较低，可以建立废蓄电池回收再生工厂。锌在循环使用过程中，不会污染环境。

锌空气电池的上述特点，使得锌空气电池在电动汽车上得到了应用。锌空气电池的比能量较高，但电子释放的速度较低，因而其比功率较低，这对电动汽车的动力性有较大的影响。此外，其采用常规的充电方法，充电时间太长，这也给使用带来不便。

2. 铝空气电池

（1）铝空气电池的原理　铝空气电池以高纯度铝 Al（铝的质量分数为 99.99%）为负极，空气（氧）为正极，以氢氧化钾或氢氧化钠水溶液为电解质。铝空气电池的化学反应与锌空气电池类似，铝摄取空气中的氧，在蓄电池放电时产生电化学反应，铝和氧作用转化为氧化铝。铝空气电池充放电时的电化学反应式如下：

$$2Al + 3O_2 + 3H_2 \xrightarrow[\text{充电}]{\text{放电}} 2Al(OH)_3$$

（2）铝空气电池的特点　相比于其他动力电池，铝空气电池具有如下特点：

1）比能量大。铝空气电池的理论比能量可达 $8100W \cdot h/kg$，但目前的铝空气电池的实际比能量只达到 $350W \cdot h/kg$。

2）质量轻。铝空气电池质量仅为铅酸电池质量的 12%。由于蓄电池质量大大减轻，车辆的整备质量也降低，可以提高车辆的装载量或延长续驶里程。

3）铝没有毒性和危险性。铝对人体不会造成伤害，可以回收循环使用，不污染环境。

4）生产成本较低。铝的原材料丰富，生产成本较低。铝回收再生方便，回收再生成本也较低。

与锌空气电池一样，铝空气电池也可采用更换铝电极的方法来解决铝空气电池充电较慢的问题。由于铝空气电池比功率较低，充电和放电速度比较缓慢，电压滞后，自放电率较大，需要采用热管理系统来防止铝空气电池工作时的过热。

六、其他类型的蓄能装置

在电动汽车上用到的蓄能装置除蓄电池外，还有超级电容和飞轮电池。这两种蓄能装置的储能方式、充放电原理与前面所述的蓄电池均不相同。

1. 超级电容

超级电容又叫双电层电容（Electrical Double-Layer Capacitor），具有超强的储存电荷能力，是一种介于蓄电池和普通电容之间的新型储能装置。

（1）超级电容的工作原理　超级电容的主要组成部件是集电极（电容板）、电解液和绝缘层，其工作原理如图 2-22 所示。

电解液和绝缘层装在两活性炭多孔化电极之间，电荷沿集电极和电解液成对排列，形成双层电容，扩大了电容的电荷储存量。当充电电源加在两电极上时，在靠近电极的电介质界面上产生与电极所携带的电荷极性相反的电荷并被束缚在介质界面上，形成事实上的电容的两个电极。两

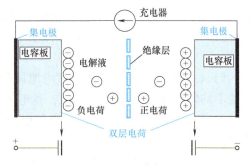

图 2-22　超级电容的工作原理

个电极间的距离非常小，只有几纳米，而活性炭多孔化电极可以获得极大的电极表面积，可以达到 $200m^2/g$。因此，超级电容具有极大的电容量，可以存储很大的静电能量。目前单体

超级电容的最大电容量可达 5000F。

当两电容板间电动势低于电解液的氧化还原电极电位时，电解液界面上的电荷不会脱离电解液，超级电容处在正常工作状态（通常在 3V 以下）。如果电容两端电压超过电解液的氧化还原电极电位，那么，电解液将分解，超级电容处于非正常状态。随着超级电容的放电，两电容板上的电荷被外电路释放，电解液界面上的电荷相应减少。由此可以看出，超级电容的充放电过程始终是物理过程，没有化学反应，因而性能较化学蓄电池稳定。

（2）超级电容的特点　与蓄电池相比，超级电容具有以下优势：

1）充放电循环寿命很长。超级电容的充放电循环寿命可达 5×10^5 次，或使用时间 $9 \times 10^4 \mathrm{h}$，而蓄电池的循环寿命很难超过 1000 次。

2）可以提供很大的放电电流。例如，2700 F 的超级电容的额定放电电流不低于 950A，放电峰值电流可达 1680A，而蓄电池通常不可能有如此高的放电电流。一些高放电电流的蓄电池，在如此高的放电电流下，其使用寿命也会大大缩短。

3）可以实现快速充电。超级电容可以在数十秒到数分钟内快速充足电，而蓄电池的可接受充电电流是有限的，因此不可能在如此短的时间内充足电。

4）工作温度范围很宽。超级电容可以在很宽的温度范围内正常工作（-40~70℃），而蓄电池在高温或在低温环境下就不能正常工作。

5）安全无毒。超级电容的材料安全无毒，而铅酸电池、镍镉电池均具有毒性。

虽然超级电容的能量密度不能与蓄电池相比，但是其大电流充放电的特点，使超级电容特别适合用作电动汽车的辅助电源，在车辆起步、加速、爬坡等行驶工况时，由超级电容提供大电流，在确保电动汽车动力性的同时，可有效地保护蓄电池，延长蓄电池的使用寿命。而在车辆制动时，超级电容可接受大电流充电，可提高减速制动时的能量回馈效率。

超级电容不仅可用作电动汽车的辅助储能装置，也可作为电动汽车主要或唯一的储能装置。超级电容公交车已经在国内外的一些城市得到了实际的应用。

2. 飞轮电池

飞轮电池是 20 世纪 90 年代才提出的新概念电池，它突破了化学电池的局限，用物理方法实现储能。当飞轮以一定的角速度旋转时，就具有了一定的动能，因此，飞轮电池以动能的方式储存能量。

（1）飞轮电池的工作原理　飞轮电池主要由飞轮、轴、轴承、电机、真空容器和电力电子转换装置组成，其工作原理如图 2-23 所示。

1）飞轮电池的充放电原理。飞轮电池的充电和放电原理如下：

飞轮电池的充电原理：对飞轮电池充电时，通过电力电子转换装置从外部输入电能使电机（此时电机工作在电动状态）旋转，电机驱动飞轮加速旋转，飞轮储存的动能（机械能）就增大。

飞轮电池的放电原理：飞轮电池向外放电时，

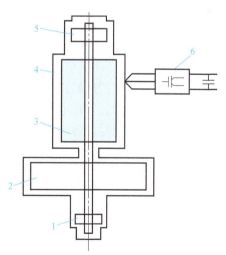

图 2-23　飞轮电池的工作原理

1、5—轴承　2—飞轮　3—电机
4—真空容器　6—电力电子转换装置

由高速旋转的飞轮带动电机（此时电机工作在发电状态）旋转，将动能转化为电能，再通过电力电子转换装置将电能转换为负载所需的频率和电压。

2）飞轮电池的技术要点。飞轮电池的技术要点说明如下：

飞轮是整个蓄能装置的核心部件，对一定结构形状的飞轮而言，它的转速直接决定了飞轮电池的蓄能量。为能得到所需的能量，飞轮工作时的转速很高（可达40000～50000r/min），一般金属制成的飞轮无法承受这样高的转速，因而飞轮一般都采用碳纤维制成，这样既可满足强度要求，也可减小飞轮电池的质量。

电机用于电能与机械能的相互转换，实现充电（储存机械能）和放电（释放机械能）过程。飞轮电池通常采用永磁电机，在充电时用作电动机，在外电源的驱动下，带动飞轮高速旋转，将电能转换为机械能储存；在放电时用作发电机，在飞轮的带动下发电从而向外输出电能。

飞轮电池通常使用非接触式的磁悬浮轴承，以减小飞轮运转时的摩擦损耗，提高飞轮电池的能量储存效率。

飞轮在高速旋转时，周围的空气会形成强烈的涡流，造成巨大的空气阻力。因此，飞轮电池通常将电机和飞轮都密封在一个真空容器内，以减少风阻。

（2）飞轮电池的特点　飞轮电池具有如下优点：

1）能量密度高。飞轮电池的能量密度可达100～200W·h/kg，功率密度可达5000～10000W/kg。

2）能量转换效率高、充电快。飞轮电池工作时的能量损失很小，其能量转换效率在90%以上。由于飞轮电池无最大充电电流的限制，其充电速度取决于飞轮的角加速度，因而充电很快。

3）体积小、质量轻。飞轮采用碳纤维材料，直径一般都不大。因此，与化学电池和燃料电池相比，飞轮电池的体积小、质量轻。

4）工作温度范围宽。飞轮电池对环境温度没有严格限制。

5）使用寿命长。飞轮电池无重复深度放电影响，其循环充放电次数可达数百万次，预期寿命在20年以上。

6）维护周期长。飞轮电池的轴承采用磁悬浮形式，飞轮在真空环境下运转，其机械损耗微乎其微，因此维护周期长。

与超级电容一样，飞轮电池特别适合用作电动汽车的辅助储能装置，在车辆起步、加速、爬坡等行驶工况时，协助蓄电池供电，可提高电动汽车的动力性，并延长蓄电池的使用寿命。而在车辆制动时，飞轮电池可很好地回收制动能量。

用飞轮电池作为储能装置的电动汽车也早被世界各国所关注。美国飞轮系统公司用其最新研制的飞轮电池将一辆克莱斯勒LHS轿车改成电动轿车，一次充电可行驶600km，0～96km/h的加速时间仅为6.5s。

第三节　蓄电池的充电

一、蓄电池的基本充电方法

蓄电池的基本充电方法有定流充电和定压充电两种，而在实际充电过程中，则可能是不同的充电方法分段组合使用。

1. 定流充电

定流充电是指充电过程中使充电电流保持恒定不变的充电方法。这种充电方法在充电过程中需要适时地提高充电电压，以使充电电流保持恒定，如图 2-24 所示。由于蓄电池充电可接受电流随蓄电池充电程度的提高而降低，因此，在充电后期，应适当减小充电电流。

定流充电的优点是能够将蓄电池完全充足，有益于延长蓄电池的使用寿命。其缺点是充电时间较长。

2. 定压充电

定压充电是指充电过程中使充电电压保持不变的充电方法。由于充电电压为定值，因而在充电过程中，其充电电流会随蓄电池电动势的升高而逐渐减小，如图 2-25 所示。

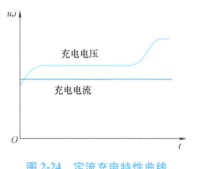

图 2-24　定流充电特性曲线

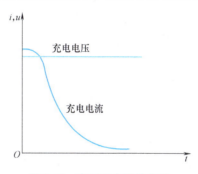

图 2-25　定压充电特性曲线

确定定压充电时充电电压的高低很重要，适当的充电电压可使蓄电池在即将充足电时的充电电流趋于 0。充电电压过高容易造成充电初期充电电流过大和过充电，充电电压过低则会使蓄电池充电不足。定压充电初期，由于蓄电池的电动势较低，为避免充电电流过大而对蓄电池造成不利影响，通常需要用较低的电压充电，待蓄电池的电动势有所上升后，再以规定的电压进行定压充电。

定压充电的优点是充电时间短，缺点是不容易将蓄电池完全充足，充电初期的大电流充电对蓄电池的寿命会有不利的影响。

二、充电可接受电流与快速充电

1. 蓄电池的充电可接受电流

充电可接受电流是指蓄电池在充电过程中能接受的最大充电电流，超过此电流，不但不能提高充电的速率，还会对蓄电池造成损害。

下面以铅酸电池为例，说明充电可接受电流的含义。铅酸电池的充电可接受电流是指其在电解液只产生微量析气的前提下所能够接受的最大充电电流。1967 年美国的麦斯（J. A. Mas）经过大量试验提出了蓄电池充电可接受电流定律，即

$$i = I_0 e^{-at} \tag{2-2}$$

式中　i——在充电过程中某一时刻蓄电池的充电可接受电流（A）；

I_0——开始充电时蓄电池的充电可接受电流（A）；

a——充电可接受电流衰减常数；

t——充电时间（s）。

根据蓄电池充电可接受电流定律可绘出其充电可接受电流曲线，如图 2-26 所示。从充电可接受电流曲线可直观地看到，在充电过程中，铅酸电池的充电可接受电流呈指数规律下降。在充电的任一时间里，只要充电电流大于当时的充电可接受电流，就会出现过充电的现象。

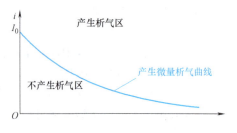

图 2-26　蓄电池充电可接受电流曲线

2. 蓄电池的快速充电

为满足电动汽车的使用要求，人们一直在研究快速充电的方法。具有实际意义的蓄电池快速充电不仅要缩短充电时间，并且要避免充电电流过大。由于蓄电池充电过程中的充电可接受电流是变化的，因此，缩短蓄电池充电时间最有效的方法是在整个充电过程中，使充电电流尽可能接近充电可接受电流。

近些年被采用或被关注的蓄电池快速充电方法有脉冲快速充电、分段定流快速充电、变电流间歇快速充电、变电压间歇快速充电等，这些充电方法主要是针对铅酸电池，但对其他类型的蓄电池也有借鉴作用。

（1）脉冲快速充电　脉冲快速充电是利用蓄电池充电初期可接受大电流的特点，采用 $(0.8 \sim 1)C_{20}$ 的大电流对蓄电池进行定流充电，使蓄电池在短时间内充入 60% 左右的电量；当单格电池电压达 2.4V，电解液开始冒气泡时，则通过脉冲充电方法消除极化。脉冲快速充电的电流波形如图 2-27 所示。脉冲充电阶段控制方法是：先停止充电 25ms 左右，再反充电，反充电时采用脉宽为 $150 \sim 1000\mu s$、脉冲幅度为 $1.5 \sim 3$ 倍的充电电流，接着再停止充电 25ms，然后进行正脉冲充电，周而复始。

这种形式的脉冲充电方法不仅可缩短充电时间，还可减小或消除充电过程中的极化（欧姆极化、浓差极化和电化学极化），提高充电的效率。这种充电方法的缺点是不能将蓄电池完全充足，且对蓄电池的寿命也有不利的影响。

（2）分段定流快速充电　分段定流充电示意图如图 2-28 所示。先以较大的恒定电流充电，当充电电流接近充电可接受电流极限时，减小充电电流，并以该恒定电流继续充电，充电一定时间后，再减小充电电流，然后以该充电电流充电，直到将蓄电池充足。

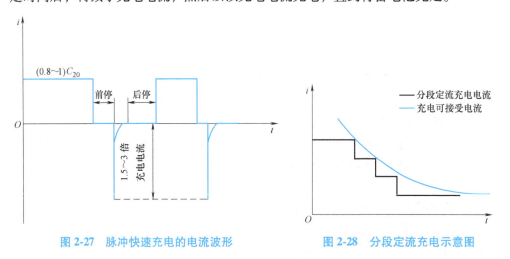

图 2-27　脉冲快速充电的电流波形　　　　图 2-28　分段定流充电示意图

采用分段定流快速充电的目的是在蓄电池整个充电过程中，使其充电电流尽可能地接近蓄电池的充电可接受电流。分段定流快速充电方法的关键是确定各阶段充电电流大小和充电时间长短，某阶段充电电流过大或充电时间过长，就容易使该阶段后期的充电电流大于充电可接受电流，造成过充电而影响蓄电池的使用寿命；如果某阶段的充电电流太小或该阶段定流充电过早结束，则又会使该阶段后期的充电电流远离充电可接受电流曲线，导致充电时间过长。

（3）变电流间歇快速充电　变电流间歇快速充电方法建立在定流充电和脉冲充电的基础上。变电流间歇快速充电的电流和电压曲线如图2-29所示。

该充电方法在充电前期采用分段定电流加间歇充电，通过大电流充电，使蓄电池在短时间内获得绝大部分充电量。充电后期采用定压充电方法，并通过小电流的过充电，确保将蓄电池完全充足。在各段定流充电之间都设置间歇

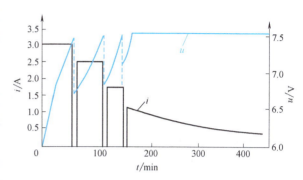

图 2-29　变电流间歇快速充电的电流和电压曲线

停充段，其目的是使蓄电池在充电过程中的浓差极化和欧姆极化自然消除，以降低蓄电池的充电电压，可使下一阶段的充电得以顺利进行，并提高充电效率。

（4）变电压间歇快速充电　变电压间歇快速充电的电压和电流曲线如图2-30所示。该充电方法与变电流间歇快速充电方法的不同之处在于，第一阶段不是间歇定流，而是间歇定压。

相比于分段定流快速充电方法，变电压间歇快速充电方法在每个定电压充电阶段，其充电电流是按指数规律下降的，这更符合蓄电池充电可接受电流随着充电的进行逐渐下降的特点。如果各

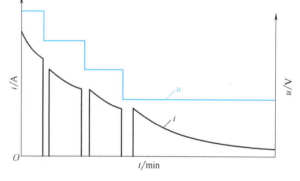

图 2-30　变电压间歇快速充电的电流与电压曲线

段充电电压适当，变电压间歇快速充电可使整个充电过程的充电电流更接近于蓄电池的充电可接受电流，可有效缩短充电时间。

第四节　蓄电池性能与状态的测试

一、蓄电池性能检测的相关标准

1. 动力电池的国家标准

为满足蓄电池研发、制造和使用的需要，我国颁布了动力电池的相关国家标准：GB/T 32620.1—2016《电动道路车辆用铅酸蓄电池　第1部分：技术条件》、GB/Z 18333.1—2001《电动道路车辆用锂离子蓄电池》。以上标准对铅酸电池和锂离子电池的性能指标做出了明确的规定。

例如，在《电动道路车辆用锂离子蓄电池》国家标准中，主要规定了20℃放电容量、-18℃放电容量、50℃放电容量、20℃时高倍率放电容量、荷电保持与恢复能力、循环寿命、耐振动性和安全性（指出现漏液、放气、爆炸、起火和产生明显形变等异常现象）等性能指标；而在《电动道路车辆用铅酸蓄电池》国家标准中，规定的性能检验指标主要有容量、快速充电能力、安全性、峰值功率、耐振动能力、水损耗、荷电保持能力、循环耐久能力和动态耐久能力等，并给出了试验方法。

不同类型的蓄电池，其性能指标及检测的方法均不尽相同，有的性能参数可使用通用的检测设备测量，有的则需要专用的设备才能检测。

2. 动力电池的行业标准

国家发改委在2006年颁布了动力电池的相关行业标准：QC/T 742—2006《电动汽车用铅酸蓄电池》、QC/T 744—2006《电动汽车用金属氢化物镍蓄电池》。以上标准对电动汽车用蓄电池的要求、试验方法、检验规则、标志、运输和贮存等均做出了规定，并区分能量型蓄电池和功率型蓄电池的差别，尤其强调了对蓄电池安全性的测试要求。安全性的测试内容包括过放电试验、过充电试验、短路试验、跌落试验、加热试验、挤压试验和针刺试验等。

二、蓄电池充放电性能的测试

1. 蓄电池充电性能的测试

蓄电池充电性能测试的项目主要是检测蓄电池的充电效率、充电可接受电流、过充电能力等。要求用作蓄电池充电性能试验的充电电源的充电电压和充电电流可调，且可自动记录充电过程的电压、电流及充电时间，以便于获取所需的蓄电池充电性能参数。

（1）充电可接受电流 蓄电池在各种荷电状态下的充电可接受电流是确定蓄电池快速充电方案的重要参数，但是，获取准确的蓄电池充电可接受电流参数比较困难。对铅酸电池而言，可以用定流充电至电解液开始冒气泡的时间大致确定其充电可接受电流。定流充电至电解液开始冒气泡的时间越短，该充电电流值就越接近充电可接受电流；如果蓄电池需要充电很长时间电解液才有冒气泡现象，则该充电电流小于充电可接受电流；如果蓄电池充电极短的时间电解液就大量冒气泡，则表明该充电电流已超出了充电可接受电流。

蓄电池在各种荷电状态下的充电可接受电流大，表明蓄电池接受快速充电的能力就强，蓄电池在使用过程中也不容易过充电。

（2）最高充电电压 蓄电池在各种充电电流下的最高充电电压也是衡量蓄电池充电性能好坏的重要参数，可由电压表测得。充电电压高，说明蓄电池充电过程中的极化现象（欧姆极化、浓差极化和电化学极化等）较为严重，蓄电池的充电效率就低。

（3）充电效率 充电效率是指蓄电池被充入的电量（还原为蓄电池的化学能量）和充电过程充电电源所消耗电能的比值。充电效率也是衡量蓄电池充电性能的一个重要指标。充入蓄电池的电量通常用蓄电池所放出的电量来度量，而充电消耗的总电量可通过充电过程中充电电流和时间的累积得到。

充电电流的大小、充电方法、充电时的环境温度等均会影响蓄电池的充电效率。蓄电池本身充电可接受电流的大小也会影响充电效率。一般而言，蓄电池充电初期的充电效率较高，充电后期因充电极化现象较为严重，充电效率较低。

（4）耐过充电能力 蓄电池的耐过充电能力是指蓄电池在非正常充电情况下，仍然保持良好状态的能力。它也是蓄电池充电性能的重要指标之一。不同类型的蓄电池，耐过充电性能的评价标准和测试方法也有所不同。例如，对于镍氢电池，通常要求在 $1C$ 充电率下充电 90min 蓄电池无泄漏，充电 6h 以内蓄电池不发生爆炸。

2. 蓄电池放电性能的测试

蓄电池的放电性能会因放电方式的不同而不同。例如，放电电流越大，蓄电池放电过程中的端电压及终止放电电压就越低，蓄电池所能放出的电量也就越低。此外，环境温度对蓄电池的放电性能也会有影响。蓄电池的放电性能通常用定电流放电法测试。

（1）定电流放电测试方法　定电流放电测试需要有一个能人工调节放电电流，且在放电过程中能自动控制放电电流的放电器。在放电过程中，需要自动或人工记录蓄电池的放电电流、端电压及放电时间。由于不同的放电电流下蓄电池的放电特性会有所差别，温度对蓄电池的放电特性也有较大的影响，因此，在做放电试验时，需要记录放电电流值和温度。蓄电池定电流放电性能测试电路如图 2-31 所示。

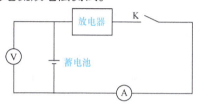

图 2-31　蓄电池定电流放电性能测试电路

（2）蓄电池放电性能的评价方法　图 2-32 所示是某蓄电池定电流放电测试时记录下的定电流放电特性曲线。从定电流放电特性曲线可知，蓄电池的放电电流越大，其端电压及放电终止电压就相对较低；温度低，蓄电池的端电压及容量均相对较低。

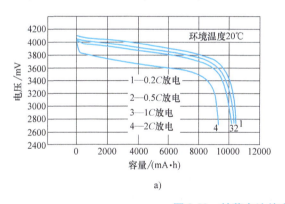

a)

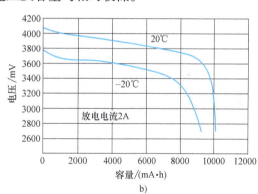

b)

图 2-32　某蓄电池的定电流放电特性曲线

a）不同电流下的放电特性曲线　b）不同温度下的放电特性曲线

放电特性曲线反映了蓄电池在整个放电过程中的电压变化。蓄电池的工作电压通常以中点电压表示，而蓄电池的中点电压可由蓄电池允许放电的中点时刻的放电电压确定。蓄电池的放电特性还可用电压特性反映。所谓电压特性是指蓄电池放电至标称电压的时间与蓄电池总放电时间的比值。如果蓄电池具有良好的电压特性，则说明其输出功率较高；如果处于正常工作电压的时间相对较长，则有利于蓄电池容量的充分发挥。

三、蓄电池容量的测定

蓄电池的理论容量是指其极板的活性物质全部参加电化学反应所放出的电量，但蓄电池工作时实际放出的电量只是其中的一部分。蓄电池的实际容量与放电电流的大小和放电时的温度均有关，因此，蓄电池所标定的额定容量是指在规定的放电电流和温度下所放出的电量。

蓄电池的实际容量通常用定电流放电法测定，也可用定电阻法测定。

1. 定电流放电法

用定电流放电法测定蓄电池的容量同蓄电池的定电流放电性能测试，其测试电路可参考图 2-31。以某定电流连续放电，直到蓄电池的电压降至放电终止电压，蓄电池的容量 C 由放电电流 I 和放电时间 t 的乘积（$C=It$）得到。

蓄电池在不同的定电流放电情况下，所能放出的电量是不同的，因此，蓄电池的实际容量必须标明其放电电流值。例如，C_3 表示蓄电池以 3 小时放电率（$I=C_3/3$）定电流放电的容量，而以 20 小时放电率（$I=C_{20}/20$）定电流放电的容量则须用 C_{20} 表示。

此外，如果蓄电池在定电流放电过程的中间有停顿，则最后测定的实际容量要比连续放电至终止电压测得的容量要高；搁置时间较长，测得的实际容量也要比搁置时间短的要高些。

2. 定电阻放电法

在容量测试的放电过程中，放电电路中的电阻恒定不变，则放电电流不是一个定值。定电阻放电过程开始时的放电电流较大，然后随着蓄电池电动势的逐渐下降，放电电流随之缓慢下降。定电阻放电过程蓄电池的容量 C 可由下式确定：

$$C = \frac{U_{av}}{R}t \tag{2-3}$$

式中　U_{av}——蓄电池在整个放电过程中的平均电压（V）；

　　　R——放电过程的定值电阻（Ω）；

　　　t——蓄电池的放电时间（h）。

相比于定电流放电法，用定电阻放电法所测定的蓄电池实际容量只是一个近似值，但对于负载固定的蓄电池来说，定电阻放电法测定的容量值却能更好地反映蓄电池在该放电条件下的放电能力。

四、蓄电池寿命的测定

1. 测定方法

蓄电池寿命的测定通常是指测定蓄电池的循环寿命。不同类型的蓄电池，其循环寿命测定的相关规定也有所不同。具体的蓄电池循环寿命测定方法可参阅我国颁布的 GB/T 32620.1—2016 和 GB/Z 18333.1—2001 等蓄电池国家标准中的蓄电池循环寿命测定规定或国际电工委员会（IEC）制定的相关标准。

采用国家标准或 IEC 标准测定蓄电池的循环寿命需要很长的测定时间。在蓄电池循环寿命的实际测定过程中，通常采用快速检测法。例如，镍氢电池的标称容量为 1200mA·h，规定其循环寿命测定条件为：以 1200mA 的电流充电 75min，充电结束的条件为电压降 10mV，搁置 10min 后，再以 1200mA 的电流放电至 1.0V，搁置 10min 后再充电，如此循环，直到蓄电池的容量衰减到标称容量的 80%。这时，记录下前面充放电循环的次数即为该蓄电池的循环寿命。

蓄电池的循环寿命测定电路与蓄电池容量测定电路完全一致，只是在做循环寿命测定时，需要反复地做，直到蓄电池的容量衰减到规定的低限时为止。对于性能良好的蓄电池，在循环寿命期内，其电压特性也应无大的衰减。

2. 影响蓄电池寿命的使用因素

不同类型、不同质量的蓄电池，由于蓄电池电极材料、电解液、隔膜、制造工艺及电化学过程等的不同，其使用寿命也会有所不同，而使用方法和环境对蓄电池的使用寿命也会有较大的影响。例如，当蓄电池放电深度不同时，其循环寿命就会有所不同，蓄电池深度放电时的循环寿命就会比放电深度低时要短，如图2-33所示；蓄电池过充电或充电不足，也会影响蓄电

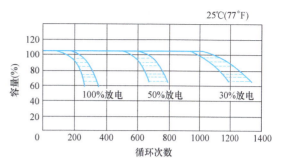

图 2-33　蓄电池放电深度对循环寿命的影响

池的循环寿命，如图2-34所示；温度对蓄电池的寿命也有较大的影响，蓄电池的温度越高，对蓄电池寿命的影响也越大，如图2-35所示。因此，在蓄电池寿命测试过程中，应该严格把握测试条件。

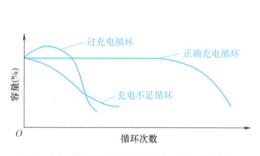

图 2-34　蓄电池的充电对循环寿命的影响

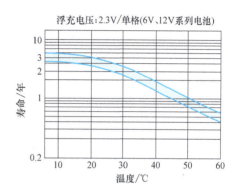

图 2-35　温度对蓄电池寿命的影响

五、蓄电池内阻及自放电的测定

1. 蓄电池内阻的测定

蓄电池的内阻包括电极在电化学反应时所表现的极化电阻和欧姆电阻。欧姆电阻则主要由极板电阻、电解液电阻、隔膜电阻及各部分零件的接触电阻所构成。蓄电池内阻的大小将会影响蓄电池的工作电压。

不同类型的蓄电池，其内阻也不同。铅酸电池的内阻较小，约为$10m\Omega$；镍氢电池的内阻为$15 \sim 50m\Omega$。由于蓄电池的内阻很小，且是有源元件，不能用普通的万用表来测量。蓄电池内阻的测量方法有方波电流法、交流电桥法、交流阻抗法、直流伏安法、短路电流法和脉冲电流法等。

用方波电流法测量电阻时，由恒电流仪控制通过电极的电流为一定值，用信号发生器调节方波的周期和幅值，并用示波器记录电压的响应（一般要求周期较短），测出的内阻值为蓄电池的欧姆内阻。

实际中，蓄电池内阻的测量通常采用各种专用的内阻检测仪。常见的内阻检测仪多采用交流法测试蓄电池内阻，即利用蓄电池可等效为一个有源电阻的特点，对被测蓄电池施加一

个恒定的交流电流（一般为1kHz，50mA），然后对其进行电压采样，并经整流、滤波等处理后，获得较为精确的蓄电池内阻值。

2. 蓄电池自放电的测定

蓄电池的自放电是指其在电极开路的情况下自行放电，使蓄电池的容量下降的现象。蓄电池自放电是客观存在的。蓄电池的自放电率也是衡量蓄电池性能好坏的一项重要指标。

（1）自放电程度的表示方法　蓄电池的自放电程度可用自放电率r_z表示。如果用t表示蓄电池存放的天数，C_1、C_2分别表示存放前后的蓄电池容量，则r_z的表达式为

$$r_z = \frac{C_1 - C_2}{C_1 t} \times 100\% \tag{2-4}$$

由式（2-4）可知，r_z表示单位时间内蓄电池容量下降的百分数，而在实际测量中，通常用指定时间内容量的保持率（或称剩余容量百分比、荷电保持能力等）r_b来表示，有

$$r_b = \frac{C_2}{C_1} \times 100\% \tag{2-5}$$

由式（2-5）可知，蓄电池的容量保持率越高，说明其自放电率就越小。

（2）自放电的测定方法　通常的自放电测定方法是，先通过定电流放电等方法测定蓄电池的容量C_1，然后将蓄电池再充足电，将蓄电池放置一定的时间，再以定电流放电法测定蓄电池的容量C_2。由于温度和放电电流等均会影响蓄电池的容量，因此，在测定C_1、C_2时的放电条件应相同。

温度较高时，蓄电池的自放电率会相对较大。图2-36所示为某蓄电池在不同温度下存放不同时间的容量保持率。一些蓄电池的开路电压与放电程度有着一一对应的线性关系（见图2-37），因此，也可通过测量蓄电池开路电压的方法来估算蓄电池存放一段时间后的剩余容量，从而可使蓄电池的自放电测定方法变得简便。

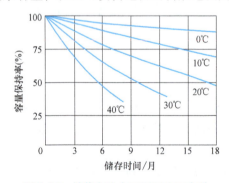

图2-36　某蓄电池在不同温度下存放
不同时间的容量保持率

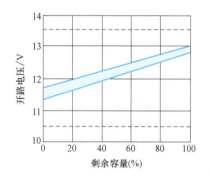

图2-37　某蓄电池剩余容量与
开路电压的关系

六、蓄电池安全性的测试

为了确保蓄电池在各种可能出现的异常情况下均不发生安全事故，需要对蓄电池进行安全性测试，以确定蓄电池的安全保障程度，提高相应的安全防范措施。蓄电池的安全性测试通常包括耐过充放电能力测试、短路测试、耐高温测试、钻孔测试、力学性能测试及耐蚀性测试等。不同类型的蓄电池，其安全性测试的项目、测试条件及方法也会有所不同。

1. 耐过充电、过放电能力测试

对于密闭性蓄电池而言，在过充电的情况下，密闭的容器内会因大量的气体积累而使压力迅速上升，如果安全阀不能及时打开，就有可能导致蓄电池内部压力过高而发生爆裂事故。如果是采用浓酸性或浓碱性电解液的蓄电池，溅出的电解液还会腐蚀周围的设备，伤及周围的人员。因此，要求蓄电池具有良好的耐过充电能力，在一定的过充电情况下，不出现蓄电池泄漏、外壳变形甚至爆裂等事故。

在进行过充电测试时，应根据不同类型、不同型号的蓄电池，选择适当的测试条件。例如，对于镍氢电池，可根据恒流源的输出功率确定过充电流；对于容量相对较小的蓄电池，可选用较大的电流倍率；对于大容量蓄电池，由于恒流源一般不能输出 $1C$ 的大电流，若要用大电流充电，应采取相应的安全防护措施。

不同类型的蓄电池，其安全性测试的方法及要求也有所不同。例如，GB/Z 18333.1—2001《电动道路车辆用锂离子蓄电池》推荐的安全性试验方法有两种，第一种是连续充电试验，即在（20±5）℃下，采用定电流、定电压的充电方法充电，控制起始电流小于或等于 $1I_1$（1h 放电率电流），当蓄电池组中的某一块蓄电池最早达到充电终止电压（最高为 4.2V）时，蓄电池组自动停止充电，重复操作 5 次。第二种是过放电和过充电法，共分两步，第一步是在（20±5）℃下，先以 $1I_3$（3h 放电率电流）放电，当蓄电池组中某一块蓄电池达到放电终止电压（2.25V）后，使用专用充电器在（20±5）℃下充电到充电终止电压（某一块蓄电池的充电电压达到 4.2V）；第二步是在（20±5）℃下，以 $1I_3$ 放电（应暂时除去放电电子保护线路），直到某块蓄电池电压为 0，然后在（20±5）℃下再以 $1I_3$ 充电，直到该块蓄电池电压达到 0.5V。该标准规定，蓄电池经过以上两种试验后，不得出现漏液、放气、爆炸、起火和产生明显的形变等异常现象。

2. 短路测试

蓄电池在短路情况下会产生很大的短路电流，瞬间就可使蓄电池的温度升高，甚至导致蓄电池电解液沸腾或使密封圈熔化。在做蓄电池短路测试时，可能会出现泄漏、喷液等情况，需要有较好的防护措施。

蓄电池短路测试常用的方法是：将蓄电池充足电，在室温下将蓄电池两电极短接 1h，允许蓄电池有泄漏发生，但蓄电池不得起火或爆炸。

3. 耐高温测试

在进行蓄电池的耐高温测试时，一般将测试温度区间分为高温区和低温区。高温区就是投入火中进行测试，低温区为 100~200℃。常见的低温区测试方法有两种，一种是将充足电的蓄电池投入沸水（100℃）中，并保持 2h，蓄电池应无爆炸、不泄漏；另一种是将充足电的蓄电池放入 150℃ 的恒温箱中，并保持 10min，蓄电池应无爆炸、不泄漏。

通过低温区测试的蓄电池，其内阻及开路电压均会有所变化，但蓄电池应能继续使用。蓄电池在高温区的测试是具有破坏性的，测试后的蓄电池不能继续使用。蓄电池投入火中，温度可达 800℃，密封圈及蓄电池内的其他塑料件均会全部熔化，并且会着火。蓄电池高温区测试允许有气体析出，但不得发生爆炸。

4. 钻孔测试

蓄电池在受到外界尖锐物体的冲击时，其外壳可能会被刺破，如果刺入物为导电体，则蓄电池的内部可能会发生短路而造成危险。因此，对一些在特殊场合下使用的蓄电池，还应进行钻孔测试。

蓄电池在进行钻孔测试前先充足电，钻孔工具可采用钻床，钻头应是导电材料。具体的测试方法为：采用 $\phi 1.0mm$ 的钻头，将蓄电池沿直径方向钻穿，钻穿后，允许蓄电池有漏液和发热，但不得发生爆炸。

5. 力学性能测试

蓄电池的力学性能测试包括耐碰撞、耐冲击和耐振动等测试。GB/Z 18333.1—2001 中规定：在（20±5）℃下，将蓄电池从 1.0m 的高度上跌落到硬木地板上，一个方向进行两次跌落试验后，蓄电池不得出现漏液、放气、爆炸、起火和产生明显的形变等异常现象。

我国电动汽车用蓄电池规定的耐振动性测试方法分为四步。第一步，使用生产厂家提供的或推荐的专用充电器，并按规定的充电方法将蓄电池充足电；第二步，将蓄电池紧固在振动试验台上，并使蓄电池以 $1I_3$ 电流放电；第三步，使蓄电池以 30~35Hz 的频率沿上下方向振动，振动的最大加速度为 $30m/s^2$，时间为 2h，同时，观察蓄电池放电电压有无异常；第四步，检查试验后的蓄电池有无机械损伤、电解液有无渗漏等。如果蓄电池在耐振动性试验中出现放电电压异常、机械损伤或电解液渗漏，则说明蓄电池的力学性能不合格。

6. 耐蚀性测试

蓄电池常用的耐蚀性测试方法有电化学测试方法和盐雾试验法等。测试时，将蓄电池暴露在测试箱中，并向测试箱中喷入经雾化的试验溶液，使试验溶液均匀地沉降在蓄电池的表面。试验溶液采用质量分数为 5% 的 NaCl 溶液，其中总固体含量不超过 $20\mu g/g$，pH 值为 6.5~7.2。测试时，测试箱内的温度应保持恒定。蓄电池在盐雾箱内放置 48h 后，其容量应无明显的差别，在蓄电池的顶部（封口处）和底部允许有少量锈迹，但应无穿孔或非常明显的点蚀，蓄电池不得有泄漏和爆炸。

七、蓄电池 SOC 的检测方法

蓄电池的 SOC 用来表示蓄电池剩余的能量。在蓄电池使用过程中，SOC 是反映蓄电池状态的重要参数。由于 SOC 受充放电倍率、温度、自放电及极板活性物质老化等因素的影响，且与某些参数之间呈非线性关系，因而很难通过单个或几个参数的测量而获得准确的 SOC 值。到目前为止，SOC 的检测方法已有很多，如放电试验法、安时计量法、开路电压法、负载电压法、内阻法、神经网络法、卡尔曼滤波法等，但各种检测方法只能对蓄电池的某种充放电情况较为适用。

1. 放电试验法

放电试验法是通过定电流放电的方法来估计蓄电池的 SOC，具体的测试方法是：将蓄电池定电流放电至终止电压，蓄电池放出的电量即为蓄电池定电流放电前的 SOC。这种方法被认为是最为可靠的 SOC 估计方法，但对于在电动汽车上使用中的蓄电池，这种 SOC 估计方法则没有实际意义。这是因为：

1）使用中的蓄电池剩余电量显示和能量管理需要当前的 SOC，而放电试验法在蓄电池放完电后才能得到放电前的 SOC。

2）在不同的定电流放电电流下，所能放出的电量也不同，因而用该方法测得的 SOC 只对某种定电流放电情况较准确，对于不同定电流放电或变电流放电的情况则误差较大。

3）使用放电试验法必须停止蓄电池的工作，且需要较长的时间才能获得结果。

因此，放电试验法通常只在实验室需要验证蓄电池当前 SOC 时采用。

2. 安时计量法

安时计量法是通过对蓄电池放电电量的累积，并按下式计算得到当前的 SOC。

$$SOC = SOC_o - \frac{1}{C_N}\int_0^t \eta I \mathrm{d}t \tag{2-6}$$

式中　SOC_o——蓄电池充放电初始的荷电状态；

C_N——蓄电池的额定容量；

I——充放电电流，充电时为负；

η——蓄电池充放电效率；

t——充放电时间。

安时计量法比较简单，但在实际应用中的主要问题是：

1）若安时计量法本身不能给出初始的 SOC 值，则使用中的蓄电池充放电起始状态是很难准确估计的。

2）在蓄电池工作过程中，如果电流测量不准确，将造成充放电电量计量误差，并导致 SOC 计算误差，且长时间积累，误差会越来越大。

3）使用安时计量法时须考虑蓄电池的充放电效率，而充放电效率与充放电电流的大小及蓄电池的技术状况等有关。

因此，安时计量法要成为简便而又准确的 SOC 检测方法还有许多工作要做。

3. 开路电压法

蓄电池的开路电压与蓄电池的静止电动势在数值上相等。对于铅酸电池来说，静止电动势与电解液的密度成比例关系，而电解液的密度与蓄电池的放电程度又有一种线性关系，因此，可以用蓄电池的开路电压来估计 SOC。镍氢电池和锂离子电池的开路电压与 SOC 之间关系的线性度不如铅酸电池，但也可用来估计 SOC。

开路电压法在实际应用中的主要问题是蓄电池需要长时间的静置。蓄电池从充放电状态中的动态电动势恢复到静止电动势需要几个小时，这给使用过程中蓄电池的 SOC 准确估计带来困难。此外，蓄电池最短需要静置多长的时间才能恢复为静止电动势也很难确定。

开路电压法通常用于电动汽车驻车时的 SOC 估计，但其准确性还不太高。由于开路电压法在蓄电池充电的初期和末期对 SOC 的估计较为准确，因此，通常与安时计量法结合，用于电动汽车蓄电池的 SOC 测量。

4. 负载电压法

蓄电池在开始放电的瞬间，其端电压立刻从开路电压下降至负载电压。如果蓄电池的负载电流保持不变，负载电压与 SOC 也有一一对应的关系，因此，可根据负载电压得到 SOC 的估计值。

负载电压法可实时估计蓄电池的 SOC，且在定电流放电时可获得较为准确的 SOC 估计值。由于在电动汽车上蓄电池的负载电流不可能保持恒定不变，通过负载电压很难获得准确的 SOC，因而在电动汽车上很少应用，但常被用作蓄电池放电终止的判断依据。

5. 内阻法

蓄电池的内阻可分为交流阻抗和直流内阻。交流阻抗和直流内阻均与 SOC 密切相关，因而可通过测量交流阻抗和直流内阻来估计 SOC。

蓄电池的交流阻抗表示蓄电池对交流电的阻碍能力，它是蓄电池电压与电流之间的传递函数，是一个复数变量，需要用交流阻抗仪来测量，且交流阻抗受温度的影响大，因而很少应用。

蓄电池的直流电阻表示对直流电的阻碍能力，可以通过一个很短的时间段里蓄电池电压变化与电流变化的比值求得直流电阻。在实际测量中，将蓄电池从开路状态到定电流充电或放电状态的电压差值除以电流值，即为蓄电池的直流内阻。

蓄电池直流内阻的大小受计算时间的长短影响，如果时间段短于10ms，则只能测到欧姆电阻；如果时间较长，则内阻的变化又极为复杂。因此，要准确地测量蓄电池的内阻较为困难，这也是直流内阻法很少实车应用的主要原因。内阻法对蓄电池放电后期的SOC估计较为准确，因此，可以与安时计量法配合使用，应用于电动汽车蓄电池的SOC测量。

6. 神经网络法

蓄电池是一个高度非线性系统，其放电过程很难建立准确的数学模型。神经网络具有非线性的基本特性，且有并行结构和学习能力，对于外部激励能给出相应的输出，因而可模拟蓄电池的动态特性来估算SOC。

估计蓄电池SOC通常采用三层典型神经网络，即输入层、中间层和输出层。输入层和输出层的神经元个数根据实际需要确定，一般为线性函数，常用电压、电流、累积放出电量、温度、内阻及环境温度等作为输入变量；中间层的神经元个数取决于问题的复杂程度及分析精度。

神经网络可适用于各种类型的蓄电池SOC估计，其缺点是需要大量的参考数据进行训练，SOC估计的准确性受训练数据和训练方法的影响很大。

7. 卡尔曼滤波法

卡尔曼滤波法是一种较新的蓄电池SOC估计方法。卡尔曼滤波理论的核心思想是对动力系统的状态作最小方差意义上的最优估计。应用于蓄电池的SOC估计时，蓄电池被看成动力系统，SOC是系统的一个内部状态。

卡尔曼滤波法的一个显著特点是用状态空间的概念来描述其数学模型，其另一个新颖之处是它的求解过程是递归计算的，而且可不加修改地应用于平稳和非平稳环境。用卡尔曼滤波法估算SOC，适用于各种类型的蓄电池。与其他方法相比，该方法特别适用于电流波动比较剧烈的混合动力电动汽车用蓄电池的SOC的估计。卡尔曼滤波法不仅给出SOC的估计值，还可给出SOC的估计误差。其缺点是对蓄电池的模型准确性和计算能力要求高。

第三章

电动汽车驱动装置

第一节　电动汽车用电动机概述

一、电动汽车用电动机的使用环境与要求

1. 电动汽车用电动机的使用环境

在电动汽车上，电动机及其控制器是将车载电源的电能转换为机械能，并通过传动机构驱动车轮转动的动力装置。与工业生产机械、家用电器等的电动机相比，电动汽车用电动机所处的工作环境和工作状态有明显的不同，主要的不同点分析如下：

（1）电动机工况变化频繁　由于电动汽车运行时工况变化频繁，经常起动/停车、加速/减速、上坡/下坡等，电动机的负载随之而变。因此，电动机作为电动汽车的驱动动力，其输出转矩和功率变化频繁。

（2）电动机在冲击、振动的环境下工作　电动汽车运行时，车辆的颠簸与振动都会传递给电动机，此外，电动机还要承受汽车在紧急制动、急转弯、急加速时的惯性力。因此，电动汽车用电动机是在冲击、振动的环境下工作的。

（3）车载电源能量有限　工业生产机械、家用电器等的电动机的电源来自电网，电能源源不断，而电动汽车电源（蓄电池、燃料电池、辅助动力单元）的能量是有限的，补充能量时需要停止电动汽车的运行，通过充电、添加燃料来恢复其消耗的能量。

（4）电动机本身也是负载　电动机作为电动汽车行驶的驱动动力源，需要随电动汽车一起运动，电动机及其控制器本身的质量也是汽车质量的一部分。因此，电动机和控制器本身也是汽车动力装置的负载，需要消耗其输出的机械能量。

2. 电动汽车对电动机的要求

由于电动汽车用电动机所处的工作环境特殊，对其有比普通电动机更高的要求，主要体现在以下几个方面。

（1）电动机的过载能力强　从减小电动机自身的质量和确保电动机工作效率的角度考虑，电动机的功率不宜过大，这就要求电动机的瞬时功率和最大转矩都要大，即要求电动机短时过载能力要强，以满足电动汽车起步、加速和上坡时的动力需要。

（2）电动机的调节性能好　为适应电动汽车行驶工况的频繁变化，要求电动机有较宽的调速范围和理想的调速特性，可实现低速恒转矩调速和高速恒功率调速。

53

（3）电动机的效率高、逆向工作性能好　电动机在整个运行范围内，均有很高的效率，以节约电能，提高电动汽车一次充电后的续驶里程；电动机可在发电状态下高效工作，以实现电动汽车制动能量回馈，进一步提高电动汽车的续驶里程。

（4）电动机工作可靠性好，且结构尺寸小、质量小　要求电动机在较为恶劣的环境下能长期稳定可靠地工作，且使用与维护方便；电动机的结构尺寸小、质量小（是普通电动机的1/3~1/2），以利于电动汽车整车的空间布置、减轻车重、提高电动汽车的动力性和经济性。

（5）其他要求　电动机的结构简单，适合于大批量生产，价格低，运行时的噪声小。

二、电动汽车用电动机的类型及特点

1. 电动汽车驱动装置的组成与类型

电动汽车驱动装置包括电动机、电动机控制器及传动机构。一些电动汽车可直接由电动机驱动车轮。在纯电动汽车、混合动力电动汽车及燃料电池电动汽车这三类电动汽车上，所采用的驱动装置均有不同的结构形式，现以不同的分类方式予以归类。

（1）按驱动装置的组成形式分类　按照驱动装置的组成形式分，电动汽车驱动装置有机械驱动方式、半机械驱动方式和纯电气驱动方式等。

1）机械驱动方式。这种驱动方式的驱动装置除电动机外，通常还包括变速器、传动轴、后桥和半轴等传动部件。这种驱动方式在并联或混联式混合动力电动汽车上有较多的应用。在纯电动汽车上采用机械驱动方式的优点是对电动机的调速控制要求相对较低，而其缺点是机械传动有能量损失，车辆的驾驶操作相对较为复杂，维修工作量也较大。因此，纯电动汽车和燃料电池电动汽车较少采用机械驱动方式。

2）半机械驱动方式。半机械驱动方式取消了传动效率低、操作烦琐的齿轮变速器，只是采用减速齿轮、差速器、半轴等一部分机械传动装置来传递动力。半机械驱动方式可充分利用电动机的无级变速和调速范围宽的特点。

3）纯电气驱动方式。纯电气驱动方式无机械传动机构，驱动装置由左右两个双联式电动机或轮毂式电动机组成，分别直接驱动左右两个驱动轮。纯电气驱动方式传动效率高，可利用的空间大，驾驶操作简便，但对电动机及控制器的要求较高，需要电动机驱动控制器具有电子差速功能。

（2）按电动机数量分类　按驱动装置所用电动机的数量分类，电动汽车驱动装置有单电动机驱动系统和多电动机驱动系统两种。

1）单电动机驱动系统。驱动系统只用一台电动机，能最大限度地减小电动机部分的体积、质量及成本，但必须配备机械传动机构。

2）多电动机驱动系统。驱动系统采用多台电动机，每台电动机单独驱动一个车轮。多电动机驱动系统能降低单台电动机的电流和功率的额定值，效率较高，容易均衡电动机的尺寸和质量，但必须安装电子差速器或采用电子控制系统实现差速控制，因而成本相对较高。

2. 电动汽车用电动机的类型

电动机是电动汽车驱动装置的核心部件。应用于各种电动汽车上的电动机的结构类型有多种，现按不同的分类方法予以概括。

（1）按电动机的工作电源分类　按电动机工作电源的不同，电动汽车用电动机可分为直流电动机、交流电动机和方波电动机三类。

1) 直流电动机：输入电动机的电流方向不变。直流电动机有励磁式和永磁式两种，励磁直流电动机的磁极有励磁绕组，通入电流后产生方向不变的磁场；永磁直流电动机的磁极为永磁体，这种形式的电动机在电动汽车上很少应用。

2) 交流电动机：通过控制器将电源的直流电转换为正弦波交流电，输入定子绕组后产生旋转磁场。交流电动机有交流异步电动机和交流同步电动机两种形式。

3) 方波电动机：通过控制器将电源的直流电转换为方波交流电或脉冲直流电。由方波或脉冲电压驱动的电动机有永磁无刷直流电动机和开关磁阻电动机两种类型。

(2) 按电动机的结构与工作原理分类 按电动机的结构与工作原理的不同，电动汽车用电动机可分为励磁直流电动机、交流异步电动机、交流同步电动机、永磁无刷直流电动机、开关磁阻电动机等。

1) 励磁直流电动机：通过电刷将直流电引入转动的电枢绕组，励磁绕组通电产生磁场，电枢产生电磁转矩。励磁直流电动机根据磁极励磁方式不同，又分为他励式、并励式、串励式和复励式四种。

2) 交流异步电动机：定子绕组输入正弦波交流电后形成旋转磁场，但转子转动速度与定子的旋转磁场速度不同。这类电动机根据转子的结构形式不同又可分为笼型异步电动机和绕线转子异步电动机两种。

3) 交流同步电动机：定子绕组也是输入正弦波交流电，并形成旋转磁场，且转子的转动速度与定子的旋转磁场速度相同。交流同步电动机根据其转子的结构形式不同，又分为永磁式和绕线式两种。

4) 永磁无刷直流电动机：转子由永磁体构成，因而无须用电刷来引入电流，通入电动机定子绕组中的电流是直流脉冲电流。

5) 开关磁阻电动机：转子和定子均为双凸极结构，转子没有绕组，定子有简单的集中绕组，其工作原理也与前面几种类型的电动机完全不同。

电动汽车用电动机的分类如图 3-1 所示。电动汽车用电动机的性能比较见表 3-1。

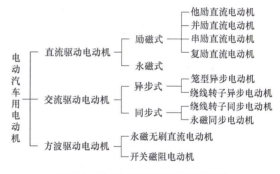

图 3-1 电动汽车用电动机的分类

表 3-1 电动汽车用电动机的性能比较

性　能	类型			
	直流电动机	交流异步电动机	永磁电动机	开关磁阻电动机
功率密度	低	中	高	中
转矩-转速性能	中	好	好	好
转速范围/(r/min)	4000~6000	9000~15000	4000~10000	>15000
功率因数（%）	—	82~85	90~93	60~65
峰值效率（%）	85~89	94~95	95~97	85~90
过载能力（%）	200	300~500	300	300~500
恒功率区比例	—	1：5	1：2.25	1：3
电动机尺寸/质量	大/大	中/中	小/小	小/小

（续）

性　　能	类型			
	直流电动机	交流异步电动机	永磁电动机	开关磁阻电动机
可靠性	差	好	优良	好
结构的坚固性	差	好	一般	优良
控制操作性能	最好	好	好	好

三、电动汽车用电动机的发展概况

最早在电动汽车使用的电动机是励磁有刷直流电动机，这种电动机具有起动转矩大、电动汽车的起步与加速性能好、调速控制比较简单等优点。因此，在 20 世纪 80 年代前，几乎所有的电动车辆均采用这种电动机。这种有刷直流电动机的缺点是：由于需要采用机械换向器使电枢电流及时换向，电动机在高速或大负荷下运行时，换向器表面会产生很强的换向火花。为避免换向器处的换向火花过大，有刷直流电动机的运转速度不能太高。另外，较大的换向火花容易使换向器烧蚀，因而其工作可靠性较差。因此，有刷直流电动机在现代电动汽车上已很少采用。

在 20 世纪 80 年代，结构简单、工作可靠的交流异步电动机开始应用于电动汽车。与此同时，永磁无刷直流电动机也逐渐替代了有刷直流电动机。与原有的有刷直流电动机相比，交流异步电动机和永磁无刷直流电动机具有明显的优势，其突出优点是体积小、质量小、效率高、基本免维护、调速范围宽。无刷交、直流电动机及其控制技术已成为现代电动汽车技术研究与开发的重点，在电动汽车上的应用也越来越多。

开关磁阻电动机打破了传统的电动机设计理论和交流电动动机正弦波电压源供电方式。开关磁阻电动机驱动系统具有许多优点，很适合电动车辆频繁变化的工况，是很有发展前途的电动汽车用电动机。

伴随着现代高科技产业的发展，电动机技术已逐渐成熟。例如，功率电子学的发展、材料领域的进步、新型永磁材料和绝缘材料的出现、网络和 IT 技术的发展、有限元等分析工具的发展等，均会促使电动汽车用电动机向着高效率、高功率密度、高可靠性、低噪声以及良好的可维修性和可替换性的方向发展。

电动机控制技术的优劣对电动机的性能影响极大。为提高电动机的性能，电动机的控制正向着智能化的方向发展。模糊控制、神经网络控制、学习控制和基于专家系统的控制等，均将广泛地运用于电动机的控制。这些智能化控制方式的最大的优点是：无须将被控对象进行精确的数学建模，而且具有很强的鲁棒性，对电动机的这种非线性、变参数对象控制非常适用。目前，比较成熟的控制技术有模糊控制，已经在一些交、直流电动机调速系统中得到应用，并取得了很好的效果。

第二节　直流电动机驱动系统

一、直流电动机的工作原理

1. 电磁转矩的产生

普通的直流电动机为有刷直流电动机，其工作原理如图 3-2 所示。

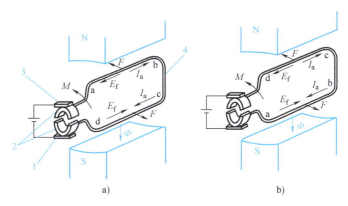

图 3-2　有刷直流电动机的工作原理

1—负极电刷　2—换向片　3—正极电刷　4—电枢绕组

电源的直流电通过电刷和换向片引入可转动的电枢绕组，电枢绕组的两匝边便受磁场力 F 的作用而形成电磁转矩 M，如图 3-2a 所示。在 M 的作用下，电枢绕组转动，当 ab 匝边转到下半平面、cd 匝边转到上半平面时，a 端换向片与 d 端换向片交换所接触的电刷，使电枢绕组的电流换向，电枢绕组两匝边受磁场力 F 作用所形成的电磁转矩 M 的方向保持不变，如图 3-2b 所示。在方向不变的电磁转矩 M 的作用下，电枢便可持续转动。

实际的直流电动机为产生足够大且稳定的电磁转矩，其电枢用多匝绕组串联而成，并由多片换向片组成换向器。有刷直流电动机的电枢总成如图 3-3 所示。

根据安培定律，可以推导出直流电动机通电后所产生的电磁转矩 M 与磁极的磁通 Φ 和电枢电流 I_a 之间的关系，即

图 3-3　有刷直流电动机的电枢总成

$$M = C_m \Phi I_a \tag{3-1}$$

式（3-1）中的 C_m 为电动机的结构常数，它与电动机的磁极对数 p、电枢绕组导线总根数 Z 及电枢绕组电路的支路对数 a 有关（$C_m = pZ/2\pi a$）。

2. 直流电动机的工作过程

（1）直流电动机工作时的电压平衡方程　通电的直流电动机的电枢在电磁转矩 M 的作用下转动起来时，电枢绕组就会因切割磁力线而产生旋转电动势，此电动势与电枢电流 I_a 的方向相反，故也被称为反电动势 E_f。E_f 与磁极的磁通 Φ 和电枢的转速 n 成正比，即

$$E_f = C_e \Phi n \tag{3-2}$$

式中　C_e——电动机的结构常数（$C_e = pZ/60a$）。

因此，电枢回路的电压平衡方程为

$$U = E_f + I_a R_a \tag{3-3}$$

式（3-3）中的 R_a 为电枢回路的电阻，它包括电枢绕组的电阻和电刷与换向器的接触电阻。

（2）直流电动机通电后的工作过程　在直流电动机刚接通电源的瞬间，其电枢转速 n 为 0，电枢反电动势 E_f 也为 0，这时，电枢绕组通过最大电流（$I_{amax} = U/R_a$），并产生最大的电磁转矩 M_{max}。如果 M_{max} 大于电动机的阻力矩 M_Z，电枢就开始加速转动起来。随着电枢

转速的上升，电枢反电动势 E_f 增大，电枢电流 I_a 便开始下降，电磁转矩 M 也随之减小。当 M 降至与 M_Z 相平衡（$M=M_Z$）时，电枢就在此转速下稳定运转。

从直流电动机的工作过程可知，直流电动机的起动转矩大，用作电动汽车电动机时，汽车的起步和加速性较好。

二、直流电动机的结构与类型

1. 直流电动机的结构

直流电动机主要由定子、转子及转向器组成，其结构如图3-4所示。

（1）定子 直流电动机的定子也称磁极，其主要构成是磁极铁心和磁极绕组。一些直流电动机磁极采用永磁体，故而磁极无需绕组；一些功率较大的直流电动机的定子上还装有换向极，用于改善换向。主磁极和换向极的位置如图3-5所示。电动机定子部分还包括电刷组件、机座等附件。

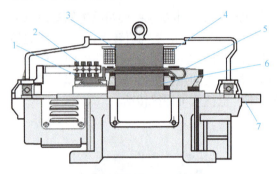

图3-4 直流电动机的结构

1—换向器 2—电刷组件 3—磁极铁心
4—磁极绕组 5—电枢绕组 6—电枢铁心
7—电枢轴

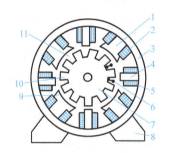

图3-5 主磁极和换向极的位置

1—磁极铁心 2—励磁绕组 3—定子磁轭 4—换向极
5—换向极绕组 6—电枢绕组 7—电枢铁心 8—底座
9—极掌 10—电枢齿 11—电枢槽

1）主磁极。主磁极的作用是在定子与转子之间的气隙中建立磁场，使通电的电枢绕组在该磁场的作用下产生电磁转矩。主磁极铁心通常由厚 $0.5\sim1mm$ 的低碳钢片叠装而成，在磁极铁心上绕有励磁绕组，用螺钉将磁极铁心固定在磁轭上构成定子。主磁极总是成对出现，通电后形成的 N 极和 S 极互相间隔排列。

2）换向极。换向极又称附加极，装在两相邻主磁极之间的几何中心线上。增设换向极是为了改善直流电动机的换向，减小或消除电刷与换向器之间的换向火花。换向极的结构与主磁极相似，由换向极铁心和绕在铁心上的绕组组成。换向极铁心一般用整块钢制成，当换向要求较高时，则用 $1\sim1.5mm$ 厚的钢片叠压而成。

3）电刷组件。电刷的作用是将直流电引向转动的电枢绕组，并与换向器配合，使电磁绕组的电流及时换向，以产生方向不变的电磁转矩。电刷组件由电刷、刷架、电刷弹簧等组成，刷架固定在端盖上。

4）机座。机座也称机壳，用于固定主磁极、换向极和端盖等，也是磁极间的磁通路。因此，机座既要导磁性好且有足够的导磁截面积，又要有足够的机械强度和刚度。

（2）转子 直流电动机的转子也称电枢，由电枢铁心和电枢绕组构成。转子总成还包括换向器。

1) 电枢铁心。电枢铁心由 0.35~0.5mm 的硅钢片叠装而成，铁心本身构成电动机主磁路的一部分，铁心上面的槽用来嵌装电枢绕组。

2) 电枢绕组。电枢绕组在磁场中通电后产生电磁转矩，转动后则产生感应电动势。多匝电枢绕组按一定的绕制方法嵌装在电枢铁心的槽中，每匝电枢绕组都与换向片连接，形成闭合回路。

3) 换向器。换向器的作用是使电枢绕组中的电流及时换向，将从电刷输入的直流电转换为电枢绕组的交流电；当直流电动机工作在发电状态时，换向器则起整流作用，将电枢绕组产生的交流电转换为直流电输出。换向器是由多片铜片组成的，各铜片之间用云母片绝缘。

2. 直流电动机的类型

如前所述，有刷直流电动机的磁极有励磁式和永磁式两种，而电动汽车上所用的电动机功率较大，基本上采用的都是励磁式直流电动机。励磁式直流电动机的励磁方式有他励、并励、串励和复励 4 种，如图 3-6 所示。

（1）他励直流电动机 他励直流电动机的电路如图 3-6a 所示。他励直流电动机的励磁绕组与电枢绕组不连接，磁极绕组的励磁电流由单独的电

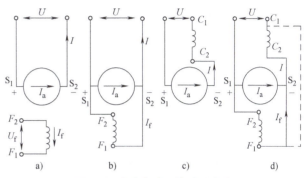

图 3-6 直流电动机的励磁方式
a）他励 b）并励 c）串励 d）复励

源提供。他励直流电动机可通过分别控制励磁电流 I_f 和电枢电流 I_a 来实现对电动机的各种控制，可以扩大其调速范围，容易实现制动能量回馈控制。

（2）并励直流电动机 并励直流电动机的电路如图 3-6b 所示。并励直流电动机的励磁绕组与电枢绕组并联，励磁电流 I_f 随电压 U 的改变而改变。如果电动机的电源电压稳定不变，就会有与永磁直流电动机相似的机械特性。

（3）串励直流电动机 串励直流电动机的电路如图 3-6c 所示。串励直流电动机的励磁绕组与电枢绕组串联，励磁电流 I_f 与电枢电流 I_a 相等。串励直流电动机单位电流下的转矩大，具有较好的起动特性以及较宽的恒功率调速范围。这种励磁方式被广泛应用于发动机的起动机，但作为电动汽车的电动机则较少采用。

（4）复励直流电动机 复励直流电动机的电路如图 3-6d 所示。复励直流电动机的主磁极上装有两个励磁绕组，一个与电枢绕组并联（称为并励绕组），另一个与电枢绕组串联（称为串励绕组）。若这两个励磁绕组产生的磁动势方向相同，则称为积复励，否则称为差复励。

三、直流电动机的特性

1. 直流电动机的工作特性

根据式（3-2）和式（3-3）可得到直流电动机的转速特性，即

$$n = \frac{U - I_a R_a}{C_e \Phi} \tag{3-4}$$

根据式（3-1）就可得到直流电动机的机械特性，即

$$n = f(M) \tag{3-5}$$

直流电动机的励磁方式不同，其性能也会有较大的差别。不同励磁方式的直流电动机的机械特性如图 3-7 所示。

（1）他励直流电动机的性能特点　他励直流电动机具有良好的线性和工作稳定性。此外，由于他励直流电动机可通过分别控制励磁电流和电枢电压来控制电动机的转速，因而其调速范围宽。他励直流电动机的另一个特点是很容易连接成发电机工作电路，实现电动汽车制动能量回馈的控制十分简单。

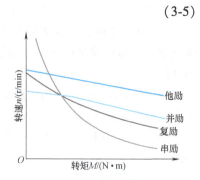

图 3-7　不同励磁方式的直流电动机的机械特性

永磁直流电动机可以看成是他励直流电动机，采用永磁体为磁极，虽然电动机的效率较高，质量减小且体积减小，但由于磁极磁场固定，电动机的机械特性不理想，在电动汽车起步和加速时，电动机不能产生足够大的转矩。

（2）并励直流电动机的性能特点　并励直流电动机的励磁电流与电枢电压相关，负载变化时转速比较稳定，具有比较硬的机械特性，与永磁直流电动机十分相似。并励直流电动机的调速范围较宽，但提供大转矩的能力较差。

（3）串励直流电动机的性能特点　串励直流电动机在低速时有很大的转矩，即其起动转矩大，能满足电动汽车起步时的大转矩要求。串励直流电动机的机械特性很软，有较宽的恒功率调速范围。其缺点是加速性能较差，因此，串励直流电动机较少用作电动汽车的电动机。

（4）复励直流电动机的性能特点　电动汽车上常用积复励直流电动机，其特点是负载变化时转速变化较大，机械特性优于并励直流电动机，适用于负载转矩变化较大的场合。

2. 直流电动机的优缺点

（1）直流电动机的优点　与交流电动机、无刷直流电动机及开关磁阻电动机等其他类型电动机相比，直流电动机的优点如下：

1）调速性能良好。直流电动机具有良好的电磁转矩控制特性，可实现均匀平滑的无级调速，且具有较宽的调速范围。

2）起动性能好。直流电动机具有较大的起动转矩，能适应电动汽车起步驱动特性的需要，可实现快速起步。

3）具有较宽的恒功率范围。直流电动机的恒功率输出范围较宽，可确保电动汽车具有良好的低速起动性能和高速行驶能力。

4）控制较为简单。可采用斩波器实现电动机的调速控制，具有控制灵活且高效、质量小、体积小、响应快等特点。

5）价格较为便宜。直流电动机的制造技术和控制技术都较成熟，虽然直流电动机本身的价格不低，但控制装置简单且价格较低，因而整个直流驱动系统的价格较便宜。

（2）直流电动机的缺点　有刷直流电动机的缺点主要有：

1）效率较低。总体上，有刷直流电动机的效率低于交流电动机和开关磁阻电动机。

2）维护工作量大。有刷直流电动机工作时，电刷与换向器之间会产生换向火花，换向

片容易被烧蚀，电刷也容易磨损，因此，电动机的工作可靠性较差，需要经常进行维护。

3）转速低。有刷直流电动机转速越高，电刷与换向器之间产生的换向火花就越大，严重时会形成火花环，这限制了直流电动机转速的提高。

4）质量和体积大。有刷直流电动机的结构较复杂、功率密度低、质量和体积都较大。

四、直流电动机的控制

1. 直流电动机的基本控制方法

由于电动汽车的行驶工况、状态经常变化，因此，电动机的转矩及转速必须频繁调整，以满足电动汽车驱动动力的需要。由式（3-1）和式（3-4）可知，直流电动机的控制方法有电枢电压调节法、磁场调节法、电枢回路电阻调节法等多种方法。

（1）电枢电压调节法　电枢电压调节法通过改变电枢电压来控制电动机的转速。他励直流电动机采用电枢电压调节法的转速控制特性如图3-8所示。

电枢电压调节法适用于电动机基速以下的调速控制。电动机电枢电压与转速之间近似于线性调节，而电动机的负载转矩不变，因而也称其为恒转矩调节。该控制方法可使直流电动机在较宽的范围内实现平滑的速度控制，调速比一般可达1∶10，如果配合磁场调节，调速比可达1∶30。

电枢电压调节法的调速过程是：当降低电枢电压时，在电动机转速、阻力矩还未改变时，电枢电流必然下降，电枢产生的电磁转矩下降，致使电枢转速下降；随着电枢转速的降低，电枢反电动势减小，电枢电流回升，电枢电磁转矩增大，直到与电动机阻力矩相一致时，电动机就会在比调压前低的转速下稳定运转。

（2）磁场调节法　磁场调节法是通过调节磁极绕组励磁电流，改变磁极磁通来调节电动机的转速。他励直流电动机带恒转矩负载时磁场调节法的转速控制特性如图3-9所示。

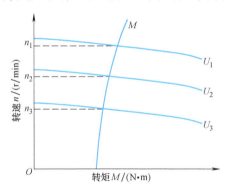 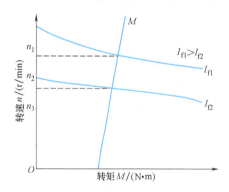

图3-8　他励直流电动机采用电枢电压调节法的转速控制特性　　图3-9　他励直流电动机带恒转矩负载时磁场调节法的转速控制特性

磁场调节法适用于电动机基速以上的转速控制。当电动机电枢电流不变时，磁场调节法具有恒功率调速的特性。磁场调节法控制效率高，但调速的范围较小（一般不超过1∶3），且响应的速度较慢。

磁场调节法的调速过程是：减小磁通时，在机械惯性力的作用下，电枢转速还未下降，而反电动势随磁极磁通的减小而下降，电枢电流随之增大。由于电枢电流增加的影响大于磁极磁通减小的影响，因而电动机电枢的电磁转矩增大。如果这时电动机的阻力矩未变，电枢的转速便会上升。随着电动机转速的上升,电枢的反电动势增大,电枢电流随之减小,直至电磁转矩与阻力矩平衡时,电动机就在比减小磁通前高的转速下稳定运转。

(3)电枢回路电阻调节法 电枢回路电阻调节法是在磁极励磁电流不变的情况下,通过改变电枢回路的电阻,使电枢电流变化来实现电动机转速的调节。电枢回路电阻调节法的转速控制特性如图3-10所示。

电枢回路电阻调节法的机械特性较软,而且电动机运转不稳定,加之电枢回路串入电阻消耗了电能,因而这种方式在电动汽车上很少被采用。

在实际的直流电动机控制中,通常是电枢电压调节和磁场调节配合应用。在电动机低于基速时,磁极磁场保持稳定,通过调节电枢电压来控制电动机的转速;而在电动机高于基速时,电枢电压恒定,用调节磁极磁通来改变电动机的转速。直流电动机电枢电压与磁极磁通配合调节时,电动机的转矩与功率随转速变化情况如图3-11所示。

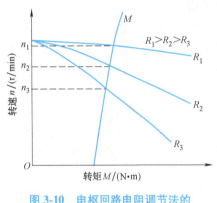

图3-10 电枢回路电阻调节法的转速控制特性

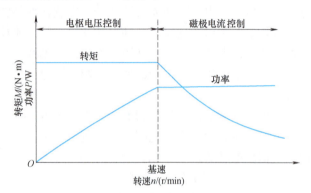

图3-11 电枢电压与磁极磁通配合调节时电动机的转矩与功率随转速变化情况

2. 直流电动机的控制原理

直流电动机通常采用斩波器(PWM)脉宽调制的方法实现调速控制,其调速控制主电路如图3-12所示。

该电路主要的控制元件是两只绝缘栅双极晶体管(IGBT)VT_1、VT_2,通过控制 VT_1、VT_2 的导通和截止,即可调节电动机的电枢电压,实现电动机的转速控制。该电路通过控制 VT_1、VT_2 的导通和截止,还可实现制动能量回馈控制。

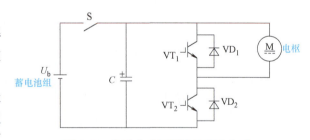

图3-12 直流电动机调速控制主电路

(1)电动机调速控制原理 控制 IGBT 通断的栅极信号为占空比信号,如图3-13a所示。占空比信号是一个周期 T 恒定而脉宽 A 可变的电压脉冲信号,占空比为 A/T。

当电动机处于运行状态时,控制器控制 VT_1 关断,VT_2 栅极输入 PWM 脉冲信号,控制 VT_2 的导通与截止。

当 VT_2 栅极在低电位时,VT_2 导通,电动机电枢绕组通电,电枢两端加上了电源电压 U_b;当 VT_2 栅极在高电位时,VT_2 截止,电动机电枢断电。电动机电枢通电时间占通断电周期的比例(占空比)增加,加在电枢上的平均电压就增大。PWM 的占空比信号在 0%~

100%范围内连续可调，能使加在电枢上的平均电压在 $0 \sim U_b$ 范围内改变，从而实现电动机的转速控制。

续流二极管 VD_1 在 VT_2 截止时通电续流（电枢电流），用以吸收电枢绕组断电时产生的自感电动势，使电枢两端的电压为0。

（2）电动汽车制动能量回馈控制原理　当电动汽车制动且需要直流电动机实现能量回收时，控制器控制 VT_2 关断，VT_1 栅极输入 PWM 脉冲信号，控制 VT_1 的导通与截止。

图 3-13　占空比信号及电动机电压波形
a）占空比信号　b）电动机电压波形

当 VT_1 栅极在低电位时，VT_1 导通，这时电动机工作在发电状态，电枢所产生的电动势通过 VT_1 形成感应电流，将汽车的动能转化为磁场能量储存于电枢绕组中；当 VT_1 栅极在高电位时，VT_1 截止，电动机电枢因电流突然消失而产生高于蓄电池电压的自感电动势，并向蓄电池充电，从而实现制动能量的回馈。

当 VT_1 截止时，电枢绕组的自感电动势 E 向蓄电池充电的电路是：$E^+ \rightarrow$ 蓄电池组 $\rightarrow VD_2 \rightarrow E^-$。

第三节　交流异步电动机驱动系统

一、交流异步电动机的工作原理

1. 转子电磁转矩的产生

交流异步电动机的基本组成部件是转子和定子。三相交流异步电动机的工作原理如图 3-14 所示。

当三相正弦交流电输入定子绕组时，就会在电动机内部形成一个旋转磁场。在这个旋转磁场的影响下，转子绕组切割磁力线而产生感应电动势，并形成感应电流。转子绕组通电后，在磁场中受电磁力的作用而产生电磁转矩，并使转子随定子旋转磁场的旋转方向转动。

从三相交流异步电动机电磁转矩产生的原理可知，只有当转子的转速 n 低于定子旋转磁场的转速 n_1 时，转子绕组才会切割磁力线而产生感应电流，才有可能产生电磁转矩而使转子转动起来。也就是说，电动机能够工作的基本条件是 $n <$

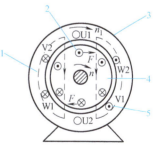

图 3-14　三相交流异步电动机的工作原理
1—磁路　2—转子绕组　3—定子
4—转子　5—定子绕组

n_1。因此，这种电动机被称为异步电动机。n_1 和 n 的差值（$\Delta n = n_1 - n$）与 n_1 的比值称为转差率 s。三相交流异步电动机转子的转速随负载的变化而改变，因此，电动机工作中的转差率 s 随负载的变化而变化。

2. 定子旋转磁场的产生

三相交流异步电动机转子产生的电磁转矩源于定子的旋转磁场，那么，定子的旋转磁场是如何产生的呢？定子绕组通入的是三相交流电（见图3-15），对称布置的三相定子绕组通电后磁场方向的变化如图3-16所示。

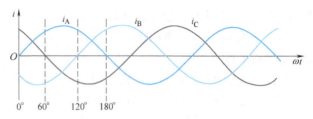

图3-15　输入定子绕组的三相交流电波形

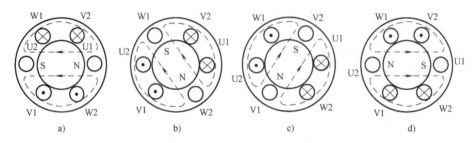

图3-16　对称布置的三相定子绕组通电后磁场方向的变化

a）$\omega t=0°$　b）$\omega t=60°$　c）$\omega t=120°$　d）$\omega t=180°$

A、B、C三相交流电分别输入U、V、W三相绕组，通过对几个特殊时刻电枢三相绕组形成的磁场的方向变化情况进行分析，就可了解定子绕组旋转磁场形成的原理。

当$\omega t=0°$时，$i_A=0$，U相绕组电流为0；$i_B<0$，V相绕组电流方向为V2→V1；$i_C>0$，W相绕组电流方向为W1→W2。于是，三相绕组产生的合成磁场的方向如图3-16a所示。

当$\omega t=60°$时，$i_C=0$，W相绕组电流为0；$i_B<0$，V相绕组电流方向为V2→V1；$i_A>0$，U相绕组电流方向为U1→U2。这时，三相绕组产生的合成磁场的方向如图3-16b所示。

当$\omega t=120°$时，$i_B=0$，V相绕组电流为0；$i_C<0$，W相绕组电流方向为W2→W1；$i_A>0$，U相绕组电流方向为U1→U2。这时，三相绕组产生的合成磁场的方向如图3-16c所示。

当$\omega t=180°$时，$i_A=0$，U相绕组电流为0；$i_C<0$，W相绕组电流方向为W2→W1；$i_B>0$，V相绕组电流方向为V1→V2。这时，三相绕组产生的合成磁场的方向如图3-16d所示。

于是，当三相交流电持续输入定子绕组时，就会形成一个按顺时针方向转动的旋转磁场。通过电动机正反转控制电路改变接入三相交流电的相序，就可使磁场旋转的方向改变，实现电动机的正反转控制。

二、交流异步电动机的结构与特点

1. 交流异步电动机的结构

交流异步电动机主要有单相和三相两种形式。家用电器采用单相交流异步电动机，电动汽车则普遍采用三相交流异步电动机。三相交流异步电动机的种类较多，但各类三相交流异步电动机的基本结构是相似的。三相交流异步电动机的典型结构如图3-17所示。

（1）定子　定子由外壳、定子铁心和定子绕组构成，其作用是通入三相交流电后产生旋转磁场。定子的构成如图3-18所示。

1）定子铁心。定子铁心构成电动机磁路的一部分，一般由0.35～0.5mm厚的硅钢片叠压而成。硅钢片的内圆冲有均匀分布的槽，用以嵌放定子绕组。

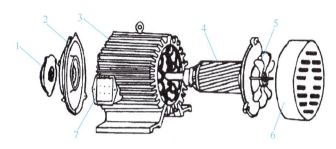

图 3-17　三相交流异步电动机的典型结构
1—轴承盖　2—端盖　3—定子　4—转子　5—风扇　6—风扇罩　7—接线盒

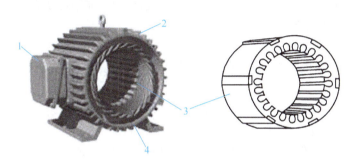

图 3-18　定子的构成
1—接线盒　2—外壳　3—定子铁心　4—定子绕组

2）定子绕组。定子绕组由 3 个彼此独立的绕组组成，每个绕组又由若干匝线圈绕制而成。每个绕组即为一相，每相绕组在空间上相差 120° 电角度，按一定规律嵌入定子铁心槽内。定子三相绕组的 6 个出线端都引至接线盒上，首端分别标为 U1、V1、W1，末端分别标为 U2、V2、W2，连接方式有星形和三角形联结两种。

（2）转子　交流异步电动机的转子主要有笼型转子和绕线转子两种。

1）笼型转子。笼型转子由铁心和绕组构成，如图 3-19 所示。去掉转子铁心，整个绕组外形像一个鼠笼，故称笼型绕组。小型交流异步电动机采用铸铝转子绕组，功率较大或有特殊要求的交流异步电动机转子采用铜条和铜端环焊接而成的笼型绕组。

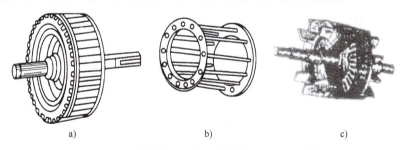

a)　　　　　　　　　　b)　　　　　　　　　　c)

图 3-19　笼型转子的构成
a）铜条转子外形　b）铜条笼形绕组　c）铸铝笼型转子

2）绕线转子。绕线转子由铁心和绕组构成。铁心用 0.5mm 厚的硅钢片叠压而成，套在转轴上，作用和定子铁心相同，即铁心本体用于导磁，外圆上均布的槽用于安放转子绕组。

转子绕组也有三相绕组，一般接成星形，三相引出线分别接到转子轴上的3个与转子轴绝缘的集电环上，通过电刷装置与外电路相连，如图3-20所示。可在转子电路中串接电阻或引入电动势，以改善电动机的运行特性。

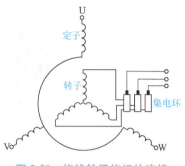

图3-20　绕线转子绕组的连接

（3）其他部分　其他部分包括端盖、风扇等。端盖除了起防护作用外，在端盖上还装有轴承，用以支撑转子轴。风扇则用来通风，以冷却电动机。三相交流异步电动机的定子与转子之间的气隙，其长度一般仅为0.2～1.5mm。若气隙太大，则电动机运行时的功率因数会降低；若气隙太小，则会使装配困难，运行不可靠，过小的气隙还会使高次谐波磁场增强，导致附加损耗增加以及使起动性能变差。

2. 交流异步电动机的特点

（1）交流异步电动机的优点　相比于有刷直流电动机，三相交流异步电动机具有以下优点：

1）效率较高。三相交流异步电动机的效率高于直流电动机，这一特点对于车载能量有限的电动汽车来说显得格外重要。

2）结构简单、体积较小、质量小。相比于直流电动机，交流异步电动机转子的结构很简单、结构尺寸小、质量小。

3）工作可靠、使用寿命长。交流异步电动机无电刷和换向器，不存在换向火花问题，因而工作可靠性较高，使用寿命也较长。

4）免维护。由于不存在换向火花问题，也无电刷磨损问题，因而使用过程无须维护。

5）电动机本身的成本低。交流异步电动机结构简单，加之技术成熟、使用广泛、大批量生产，因此，交流异步电动机本身成本低于其他类型的电动机。

（2）交流异步电动机的缺点　交流异步电动机的缺点主要有：

1）调速性能相对较差。由于转子的转速与定子旋转磁场的旋转速度存在转差率，因而调速性能较差。

2）功率因数较低。交流异步电动机工作时，从电力系统吸取无功功率以建立磁场，因而其功率因数小于1。

3）配用的控制器成本较高。交流异步电动机的控制相对较为复杂，需配用控制器，成本较高。

三、交流异步电动机的特性

1. 交流异步电动机的工作特性

交流异步电动机的工作特性是指在保持额定电压和额定频率不变的情况下，电动机的转速 n、电磁转矩 M、定子电流 I_1、效率 η 及功率因数 $\cos\varphi$ 等随输出功率 P_2 变化的规律。交流异步电动机的工作特性（见图3-21）可通过理论分析得到，而定量的交流异步电动机工作特性一般通过负载试验测得。

交流异步电动机的工作特性对正确选择和使用电动机有重要的指导作用。转速特性和转矩特性关系到电动机与机械负载匹配的合理性；根据定子电流特性曲线可了解电动机的发热情况，这关系到电动机运行的可靠性和使用寿命；效率特性曲线和功率因素特性曲线则可反映电动机运行的经济性。

2. 交流异步电动机的机械特性

交流异步电动机的机械特性是指在电动机输入电压和频率均保持不变的情况下，电动机的转速与转矩之间的关系，如图 3-22 所示。

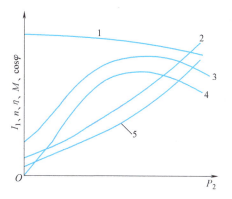

图 3-21 交流异步电动机的工作特性
1—转速特性 2—功率因数 3—效率
4—定子电流 5—转矩特性

在图 3-22 中，M_q、M_e、M_m 分别表示起动转矩、额定转矩和最大转矩，n_e 表示额定转速，n_1 表示同步转速。

当电动机接通电源，其起动转矩 M_q 大于电动机转轴上的阻力矩时，转子便开始加速转动起来，此时电磁转矩会逐渐增大（沿曲线 CB 段上升），一直到最大转矩 M_m。随后，随着转速的继续上升，电磁转矩反而减小（沿曲线 BA 段逐渐下降）。当电磁转矩等于阻力矩时，电动机就以某一转速稳定运转。

通常情况下，电动机起动后会很快进入机械特性曲线的 AB 段稳定运行，所以曲线 AB 段也称之为异步电动机的稳定运行区。电动机在 AB 段工作时，如果负载加大，就会因阻力矩大于电动机的电磁转矩而使电动机的转速下降，电磁转矩随之增大，直到电磁转矩与阻力矩重新保持平衡，电动机在稍低的转速下稳定运转。如果负载过大，电动机的阻力矩超过了最大电磁转矩 M_m，电动机的转速将很快下降，直到停止运转。

曲线 AB 段几乎是一条稍微向下倾斜的直线，这说明电动机从空载变到满载时其转速下降很少。由此可看出，三相交流异步电动机的机械特性较硬。

3. 电源电压对电动机机械特性的影响

当电源电压、电源频率、电动机的磁极对数、定子或转子回路接入的其他附属设备改变时，电动机的机械特性也会有所变化。电源电压对电动机机械特性的影响如图 3-23 所示。

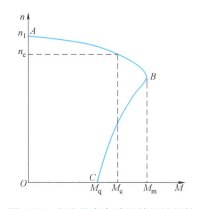

图 3-22 交流异步电动机的机械特性

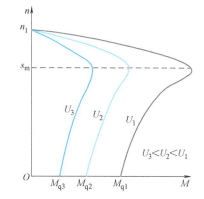

图 3-23 电源电压对电动机机械特性的影响

由于电源频率不变，在各种电源电压下的同步转速也不变。电源电压下降时，由于电动机的定子电流减小了，电磁转矩必然下降。电磁转矩与电源电压的二次方成比例关系。随着电源电压的下降，电动机负载改变对转速的影响变大（机械特性变软），但最大电磁转矩所

对应的转差率 s_m 基本不变。

四、交流异步电动机的控制

交流异步电动机是多变量输入输出系统，且各变量之间相互影响，呈非线性关系，因此其控制较为复杂。如何实现最优的控制，一直是交流异步电动机应用研究的重点。交流异步电动机最早采用变压变频调速（VVVF）控制技术。由于 VVVF 系统只是维持电动机内的磁链恒定，并没有解决磁链和电流强耦合的问题，所以其调速范围窄，调速性能也不佳。随后出现的矢量控制（FOC）和直接转矩控制（DTC）调速系统，控制特性均优于 VVVF 系统。

1. 交流异步电动机的矢量控制

矢量控制理论是在 1971 年最先由德国学者 F. Blachke 提出的。直流电动机之所以具有良好的控制特性，根本原因是被控参量只有磁极磁场和电枢电流，且这两个量互相独立。此外，电磁转矩与磁通和电枢电流之间均为线性关系。如果能够模拟直流电动机，求出与交流电动机电磁转矩对应的磁场和电枢电流，并分别加以控制，就会使交流电动机具有与直流电动机近似的控制特性。为此，必须将三相交变量（矢量）转换为与之等效的直流量（标量），建立起交流电动机的等效模型，然后按直流电动机的控制方法对其进行控制。

（1）交流异步电动机矢量控制方法　交流异步电动机矢量控制方法是基于磁场定向的控制方法，常用的控制策略有以下几种：

1）转子磁场定向矢量控制。在此种控制方式中，通过检测定子电流的 d 轴分量来观测转子磁链的幅值。当转子磁链恒定时，电磁转矩与电流的 q 轴分量成正比，忽略反电动势引起的交叉耦合，可以由电压方程的 d 轴分量控制转子磁通，q 轴分量控制转矩。转子磁场定向矢量控制方式的最大缺点是转子磁通的观测要受转子时间常数的影响。

2）转差率矢量控制。此种方法主要考虑转子磁通的稳态方程式，从转子磁通直接得到定子电流的 d 轴分量，通过对定子电流的有效控制，形成转差率矢量控制。这避免了磁通的闭环控制，不需要实际计算转子的磁链，用转差率和测量的转速相加后进行积分来计算磁通相对于定子的位置。此种方法主要应用于低速系统中，且系统性能同样也受到转子参数变化的影响。

3）气隙磁场定向矢量控制。气隙磁场定向矢量控制方式比转子磁通的控制方式复杂，但其利用了气隙磁通便于观测的优点，能够保持气隙磁通的恒定，从而使转矩与 q 轴电流分量成正比，可直接对 q 轴电流分量进行控制，达到电动机矢量控制的目的。

4）定子磁场定向矢量控制。由于转子磁通的检测容易受电动机参数影响，而气隙磁通的检测需要附加额外的检测器件，因此，又出现了定子磁场定向矢量控制方法。此种方法通过保持定子磁通不变，控制与转矩成正比的 q 轴电流分量，实现电动机的矢量控制。定子磁场定向矢量控制也比较复杂，且以定子电压作为检测量，容易受到电动机转速的影响。

转子磁场定向控制方式是应用最多的矢量控制。基于转子磁场定向矢量控制原理的交流异步电动机变频控制系统的组成框图如图 3-24 所示。

（2）交流异步电动机矢量控制的特点　交流异步电动机矢量控制的实质是通过坐标变换重建电动机数学模型，将交流异步电动机等效为直流电动机，从而像直流电动机那样对交流异步电动机进行实时的转矩和转速控制。基于磁场定向控制原理的调速系统可自动改变电

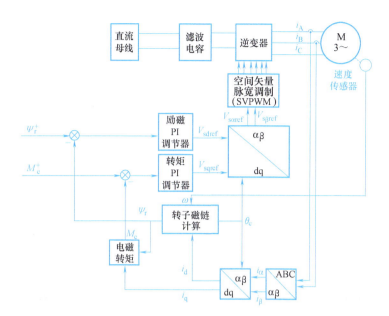

图 3-24　基于转子磁场定向矢量控制原理的交流异步电动机变频控制系统的组成框图

压和频率，使指令值和检测得到的实际值达到一致，从而实现变频调速，提高电动机静态控制精度和动态品质。其主要的特点有以下几方面：

1）可以从零转速开始进行速度控制，因此调速范围很宽。

2）转速控制响应速度快，且调速精度较高，低速特性连续。

3）可以对转矩进行较为精确地控制，电动机的加速特性也很好。

4）系统受电动机参数变化的影响较大，且计算复杂，控制相对烦琐。

目前矢量控制理论比较完善，并日趋成熟，已实际应用于交流异步电动机控制器的矢量控制，能实时准确地辨识电动机参数，控制性能良好。由于微处理器运算能力很强，控制器处理复杂算法的实时性也有保障，因此，基于矢量控制的交流异步电动机控制器的控制性能可基本满足电动汽车的动力性要求。

2. 交流异步电动机的直接转矩控制

1985 年，德国学者 M. Depenbrock 教授首次提出了基于异步电动机动态模型的直接转矩控制理论，随后日本学者 I. Takahashi 也提出了类似的控制方案。直接转矩控制在定子坐标系下，避开旋转坐标变换，直接控制转子磁链，采用转矩和磁链的 bang-bang 控制，不受转子参数随转速变化而变化的影响，简化了控制结构，动态响应快，对转子参数鲁棒性好，因而受到广泛的关注，并且已得到了实际的应用。

（1）交流异步电动机直接转矩控制方法　直接转矩控制系统主要由磁链调节器、转矩调节器、磁链和转矩观测器、转速调节器等组成。交流异步电动机直接转矩控制系统框图如图 3-25 所示。

直接转矩控制是指在定子坐标系下通过检测电动机定子电压和电流，采用空间矢量理论计算电动机的转矩和磁链，并根据与给定值比较所得到的差值，实现转矩和磁链的直接控制。直接转矩控制过程如下：

1）通过相关传感器获得定子电流和电压的 α、β 分量信号。

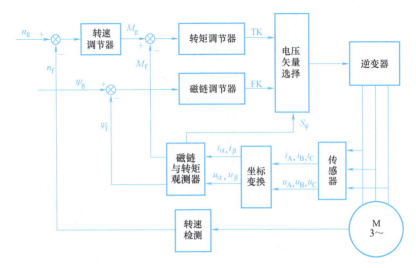

图 3-25　交流异步电动机直接转矩控制系统框图

注：TK 和 FK 分别表示转矩调节器和磁链调节器输出的转矩调节信号和磁链调节信号。

2）传感器的信号输入磁链观测器和转矩观测器，计算得到定子磁链和转矩的实际值 Ψ_f、M_f。

3）将定子磁链的实际值 Ψ_f 与给定值 Ψ_g 通过滞环比较器比较，并输入磁链调节器实现磁链的自控制。

4）将转速测量值 n_f 与给定值 n_g 比较，通过转速调节器获得转矩给定值 M_g，再将转矩给定值 M_g 和实际值 M_f 输入转矩调节器，实现转矩的自控制。

（2）交流异步电动机直接转矩控制的特点　相比于交流异步电动机的矢量控制，直接转矩控制的特点如下：

1）调速精度较高、响应速度快。

2）计算简便，而且控制思想新颖、控制结构简单、控制手段直接。

3）信号处理的物理概念明确，动、静态性能均佳。

4）调速范围较窄、低速特性有脉动现象。

从理论上分析，直接转矩控制具有矢量控制所不及的转子参数的鲁棒性和结构上的简单性。然而在技术层面上，直接转矩控制往往很难体现出其优良的特性，而相对于矢量控制的不足也制约了直接转矩控制的实用化进程。可以说，直接转矩控制具有广阔的应用前景，但还需要克服一些技术难题。

第四节　永磁电动机驱动系统

永磁电动机主要有 3 种，即定子（磁极）用永磁体的永磁有刷直流电动机、转子采用永磁体的永磁无刷直流电动机和永磁交流同步电动机。

一、永磁无刷直流电动机

1. 永磁无刷直流电动机的工作原理

永磁无刷直流电动机是在有刷直流电动机的基础上发展起来的，它是随着电动机技术和电子技术的迅速发展而出现的一种新型直流电动机。永磁无刷直流电动机的转子为永磁体，故而无需电刷。其工作原理如图 3-26 所示。

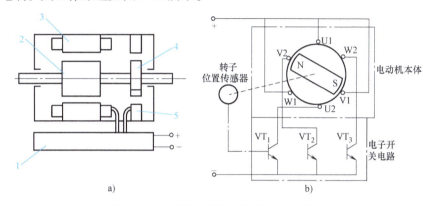

图 3-26　永磁无刷直流电动机的工作原理
a）组成结构　b）半控桥电路
1—电子开关　2—转子　3—定子　4—转子位置传感器转子　5—转子位置传感器定子

永磁无刷直流电动机的定子有对称布置的三相绕组，由电子开关控制三相定子绕组及时换向。电动机通电后，电子开关使某相定子绕组通电而产生磁场，使转子受电磁力的作用而转动起来；转子位置传感器将转子的位置转换为相应的电信号，并输入电子开关；电子开关根据转子位置传感器的信号控制电枢绕组依次通电，使定子产生磁场旋转；旋转磁场的电磁力作用于转子，使转子持续转动，产生方向不变的电磁转矩。

从永磁无刷直流电动机定子产生旋转磁场的原理可知，由于定子绕组的相数有限，产生的旋转磁场是跳跃式的，因此，此种电动机产生的电磁转矩波动比较大。

2. 永磁无刷直流电动机的结构

永磁无刷直流电动机主要由电动机本体、电子开关和转子位置传感器构成，如图 3-27 所示。

（1）电动机本体　电动机本体主要由定子和转子两部分构成。

1）定子。永磁无刷直流电动机定子的结构与三相交流异步电动机定子的结构相似，也是由定子铁心和三相定子绕组构成的，不同的是交流异步电动机通入的是三相正弦交流电，永磁无刷直流电动机定子绕组通入的是方波电压脉冲。

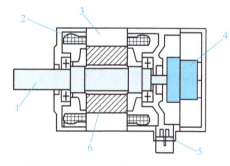

图 3-27　永磁无刷直流电动机的结构
1—电动机轴　2—定子绕组
3—定子铁心　4—转子位置传感器转子
5—转子位置传感器　6—转子

2）转子。转子有瓦片式、嵌入式和内埋式等不同的结构形式，如图 3-28 所示。瓦片式和嵌入式转子一般是用环氧树脂将永磁体直接粘在转子铁心上。这两种结构形式可将转子的直径做得较小，其惯性较小，电感也较小，有利于改善电动机的动态特性。内埋式转子机械强度高，磁路气隙小，更适用于弱磁。

（2）电子开关　电子开关也称电子换向器，与转子位置传感器相配合，起到与机械换向器相似的作用。图 3-29 所示为三相绕组全控桥电子开关电路。在每个瞬间，上、下桥臂各有一个功率管导通，使两相定子绕组通电。

在图 3-29 中，电子开关触发器的作用是将转子位置传感器的输出信号进行解调、预放大、功率放大，然后去触发末级功率晶体管，使电枢绕组按一定的逻辑程序通电，形成旋转磁场，以使电动机转子可靠运转。

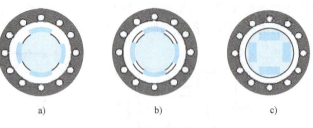

图 3-28　转子的结构形式
a）瓦片式　b）嵌入式　c）内埋式

（3）转子位置传感器　转子位置传感器用于检测转子的位置，在电动机工作时，将转子的位置转换为电信号，并输送给电子开关，使电子开关适时地通断。转子位置传感器的种类较多，有电磁式、光电式、霍尔式等。霍尔式传感器具有测量精度高、工作稳定性好、结构简单、体积小、安装灵活方便、易于机电一体化等优点，在电动机上得到了广泛的应用。

3. 永磁无刷直流电动机的控制

（1）永磁无刷直流电动机的控制方法　永磁无刷直流电动机的磁场是非正弦的，不能再用类似于交流异步电动机模型变换的矢量控制算法，而是采用与直流电动机相同的控制方法，即通过调节占空比的斩波器（PWM）控制方法实现电动机转矩与转速的控制。

永磁无刷直流电动机的主控电路参见图 3-29。电子开关触发电路每次触发两个功率管导通时，接通两相定子绕组，每隔 60°电角度换向一次，每个功率管导通 120°电角度。各次换

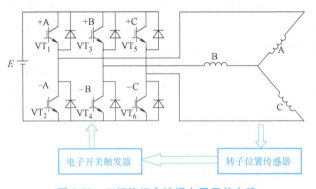

图 3-29　三相绕组全控桥电子开关电路

向功率管的导通顺序依次为+A—B、+A—C、+B—C、+B—A、+C—A、+C—B，依次记为状态 S1、S2、S3、S4、S5、S6。在每个状态中，对上桥臂功率管作用 PWM（占空比信号），控制其导通时间，而相应的下桥臂功率管则处于常导通状态。这样，控制器通过占空比信号控制定子绕组的通电时间，实现电动机的转速控制。三相无刷直流电动机控制的 6 个换向状态见表 3-2。

表 3-2　三相无刷直流电动机控制的 6 个换向状态

状态	$VT_1(+A)$	$VT_2(-A)$	$VT_3(+B)$	$VT_4(-B)$	$VT_5(+C)$	$VT_6(-C)$
S1	PWM	OFF	OFF	ON	OFF	OFF
S2	PWM	OFF	OFF	OFF	OFF	ON
S3	OFF	OFF	PWM	OFF	OFF	ON
S4	OFF	ON	PWM	OFF	OFF	OFF
S5	OFF	ON	OFF	OFF	PWM	OFF
S6	OFF	OFF	OFF	ON	PWM	OFF

（2）永磁无刷直流电动机的控制原理　永磁无刷直流电动机的控制原理如图 3-30 所示。

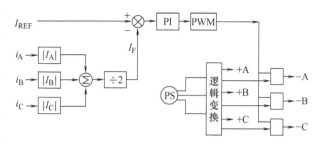

三相定子绕组电流 i_A、i_B、i_C 经绝对值处理后相加并除以 2，得到反馈电流 I_F。I_F 与给定电流 I_{REF} 进行比较，对其误差进行 PI 调节（PWM 的脉冲宽度）。调节过程为：当 $I_F < I_{REF}$

图 3-30　永磁无刷直流电动机的控制原理

时，PI 调节器使 PWM 脉冲变宽；当 $I_F > I_{REF}$ 时，使 PWM 脉冲变窄。由于调节器的响应速度很快，因而反馈电流 I_F 始终跟随给定值 I_{REF}，对 PWM 的脉冲宽度及时做出调整。

4. 永磁无刷直流电动机的特点

与有刷直流电动机相比，永磁无刷直流电动机具有以下特点：

（1）优点

1）转速高、体积小。由于没有了电刷与换向器之间的换向火花问题，电动机可高速运行，因而体积减小、质量减小。

2）可靠性高、寿命长。无刷直流电动机由于不存在换向器烧蚀和电刷磨损问题，其工作可靠性高、使用寿命长。

3）无线电干扰小。有刷直流电动机电刷与换向器之间的换向火花会造成对无线电的干扰，无刷直流电动机则避免了换向火花对无线电的干扰问题。

4）功率密度和效率较高。由于发热的绕组安放在定子上，有利于散热，便于温度监控，易得到较高的功率密度，效率也较高。

5）控制简单。相比于交流异步电动机极为复杂的控制，无刷直流电动机只是离散的六状态的转子位置控制，控制方法极为简单。

（2）缺点

1）电磁转矩波动较大。由于定子磁场换向的不连续性，电动机电磁转矩的波动比有刷直流电动机和交流异步电动机大。

2）成本较高。电动机采用了永磁体，控制器的电子元器件也相对较多，因而电动机的成本较高。

3）能耗较大。由于转子为永磁体，无法调节，弱磁调节须通过增大定子直轴去磁电流分量来削弱磁场，这增大了定子的电流，铜损较大。

4）需要用转子位置传感器。由于需要根据转子位置来控制定子绕组换向，因此，这种电动机必须要有转子位置传感器，这会增加电动机结构的复杂性和故障的概率。

二、永磁交流同步电动机

1. 永磁交流同步电动机的工作原理

永磁交流同步电动机的转子为永磁体，定子绕有均匀分布的三相绕组。其工作原理如图 3-31 所示。

与三相交流异步电动机一样，当定子绕组输入三相正弦交流电时，会产生一个旋转磁场，该磁场与转子的永磁体磁场相互作用，使转子产生电磁转矩，并随定子的旋转磁场转动。由于其转子的转动与旋转磁场同步，故而称为交流同步电动机。

由于永磁交流同步电动机的转速 n 与定子的旋转磁场同步，因此，电动机的转速可表示为

$$n = n_1 = \frac{60f}{p_n} \tag{3-6}$$

式中 n_1——同步转速（r/min）；

f——电源频率（Hz）；

p_n——电动机磁极对数。

由式（3-6）可知，对某一型号的永磁交流同步电动机来说，其转速只与电源的频率有关。

2. 永磁交流同步电动机的结构

永磁交流同步电动机的基本组成与其他类型的电动机相似，如图 3-32 所示。

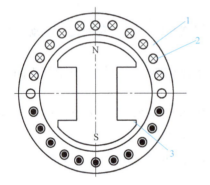

图 3-31　永磁交流同步电动机的工作原理
1—定子铁心　2—定子绕组　3—转子

图 3-32　永磁交流同步电动机的结构
1—转子　2—壳体　3—轴承
4—风扇　5—定子绕组　6—定子铁心

永磁交流同步电动机的定子也是由铁心和三相绕组构成的，其结构与无刷直流电动机及交流异步电动机均相同。永磁交流同步电动机无转子位置传感器。永磁交流同步电动机与其他类型的电动机相比，异同点如下：

（1）与永磁无刷直流电动机的异同　永磁交流同步电动机的转子与永磁无刷直流电动机的转子相同，其结构形式也有瓦片式、嵌入式和内埋式等多种。两种电动机的转子和定子结构相同，转子上均要装着永磁体，定子均有三相绕组。所不同的是，永磁交流同步电动机定子绕组输入的是三相正弦交流电，形成一个连续的旋转磁场作用于转子，吸引转子随旋转磁场一起转动；而永磁无刷直流电动机输入的是直流电，在电子开关的控制下，流经定子绕组的是脉冲电流，形成一个跳跃式的旋转磁场使转子转动。

（2）与绕线转子同步电动机的异同　两种同步电动机的定子结构相同，且均输入三相正弦交流电，形成旋转磁场作用于转子而使转子转动；不同点只是转子的结构，绕线转子同步电动机的转子由铁心和绕组构成，工作时，需要通过电刷和集电环使转子绕组通电产生磁场，而永磁交流同步电动机的转子由永磁体产生转子磁场。

（3）与交流异步电动机的异同　相同点是定子的结构和输入的电源，通电后定子绕组均会形成旋转磁场；不同之处是转子的结构和工作方式，异步电动机转子有铁心和绕组，通

过转子与定子旋转磁场的转速差使转子绕组中产生感应电流而产生磁场，永磁交流同步电动机转子是永磁体自身产生磁场。

3. 永磁交流同步电动机的特性

（1）永磁交流同步电动机的机械特性　永磁交流同步电动机稳定运行时，始终保持在同步转速，因此，其机械特性为水平的直线，如图3-33所示。永磁交流同步电动机通过调节电源的频率 f 来调节电动机转速时，转速将会随频率成正比地改变。

（2）永磁交流同步电动机的工作特性　永磁交流同步电动机的工作特性是指在电源电压恒定时，电动机的输入功率 P_1、定子电流 I_1、效率 η、功率因数 $\cos\varphi$ 等随输出功率 P_2 变化的规律，如图3-34所示。

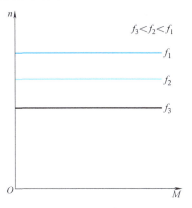

图3-33　永磁交流同步电动机的
机械特性

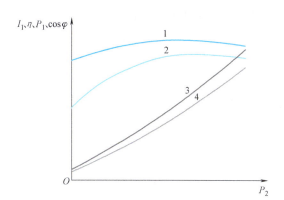

图3-34　永磁交流同步电动机的工作特性
1—功率因数　2—效率　3—输入功率　4—定子电流

从永磁交流同步电动机的工作特性可知，在正常工作范围内，电动机的功率因数比较平稳，效率能保持在较高的水平，而电动机的输入功率和定子绕组的电流随输出功率的变化近似于线性。

4. 永磁交流同步电动机的控制

相对于永磁无刷直流电动机，永磁交流同步电动机的控制较为复杂。为了使永磁交流同步电动机有直流电动机那样的优良控制特性，永磁交流同步电动机的控制如同交流异步电动机，先后提出了多种控制方法，如恒压频比开环控制、矢量控制、直接转矩控制、自适应控制、滑模变结构控制、模糊控制、神经网络控制等。

上述电动机控制方法同样可应用于交流异步电动机，但由于永磁交流同步电动机和交流异步电动机的转子结构不同，电动机的工作方式也不一样，因而其数学模型也不同，即使采用同样的恒压频比开环控制、矢量控制、直接转矩控制等控制方法，其控制的算法及控制器电路也均会有所差别。

与交流异步电动机一样，为了提高电动机的控制性能和控制精度，永磁交流同步电动机也应用了模糊控制、神经网络控制等智能化的控制技术。在智能化的电动机控制系统中，可将控制系统理解为多环结构，智能控制用于外环的速度控制，而内环的电流控制、转矩控制仍为传统的控制方法。

5. 永磁交流同步电动机的特点

永磁交流同步电动机与其他类型的电动机相比，具有以下特点：

1）与绕线转子同步电动机相比，省去了转子的励磁绕组、集电环和电刷，与永磁无刷直流电动机一样，实现了无刷运行，工作可靠性提高，且结构简单。

2）与交流异步电动机相比，永磁同步电动机不需要无功励磁电流，定子电流和定子绕组的铜损小，因而在很宽的功率输出范围内其功率因数和效率都较高。

3）由于转子无须励磁，永磁交流同步电动机可在很低的转速下保持同步运行，调速的范围宽。

4）永磁交流同步电动机具有较硬的机械特性，对于因负载的变化而引起的电动机转矩扰动，电动机具有较强的承受能力，瞬间最大转矩可达到额定转矩的3倍以上，适用于负载转矩变化较大的工作环境。

5）结构多样化，转子可以有多种结构形式，可以内置或外置，不同的结构形式有不同的性能特点和适用环境，因此，永磁交流同步电动机的应用范围广。

总体上讲，永磁交流同步电动机具有结构简单、体积小、质量小、损耗小、效率高等优点，但它与交流异步电动机相比，也有成本高、起动困难等缺点。

第五节　开关磁阻电动机驱动系统

一、开关磁阻电动机的工作原理

开关磁阻电动机无论其结构形式还是其工作原理，与其他类型的电动机相比，均有很大的不同。开关磁阻电动机的定子和转子均为双凸极结构，依据磁路磁阻最小原理使转子转动，产生电磁转矩。

1. 电磁转矩的产生

开关磁阻电动机的定子双凸极上绕有集中绕组，转子的凸极上没有绕组。其电磁转矩产生原理如图3-35所示。

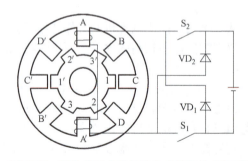

图3-35　开关磁阻电动机的电磁转矩产生原理

如图3-35所示，定子有A、B、C、D四对凸极，转子有1、2、3三对凸极。当电子开关S1、S2使A、A′定子绕组通电励磁时，通过转子形成闭合磁路，但电动机定子铁心与磁场的轴线不重合，于是转子就会受到弯曲磁力线切向分力的作用而转动，直到转子2、2′凸极轴线转至与定子A、A′凸极轴线重合（闭合磁路的磁阻最小）的位置。可见，开关磁阻电动机是以磁路磁阻最小的原理使转子受电磁力的作用而产生电磁转矩的。

2. 转子的持续转动

由开关磁阻电动机电磁转矩产生的原理可知，要使转子能持续转动，就必须按一定的旋转方向逐个改变通电的定子绕组。构成开关磁阻电动机驱动主电路的电子开关用于控制定子绕组按一定的顺序通电。电子开关的电路原理如图3-36所示。

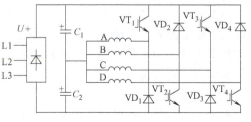

图3-36　电子开关的电路原理

电子开关 VT$_1$、VT$_2$、VT$_3$、VT$_4$ 的导通或截止由电动机控制器内的控制电路控制，各电子开关依次控制 A、B、C、D 四个定子绕组通电，转子就会不断地受电磁力的作用而持续转动。如果电子开关控制定子绕组按 D→A→B→C 的顺序通电，转子即会逆着励磁顺序以逆时针方向连续旋转；反之，若按 B→A→D→C 的顺序通电，则电动机转子就会沿顺时针方向转动。

二、开关磁阻电动机的结构

开关磁阻电动机的基本组成部件有转子、定子和电子开关，其转子和定子如图 3-37 所示。

1. 组成部件

（1）开关磁阻电动机的转子 开关磁阻电动机的转子由导磁性能良好的硅钢片叠压而成，转子的凸极上无绕组。开关磁阻电动机转子的作用是构成定子磁场磁通路，并在电场力的作用下转动，产生电磁转矩。为了避免转子单边受电磁拉力，转子的径向必须对称（双凸极），因此，转子的凸极个数为偶数。实际应用的开关磁阻电动机的转子凸极最少的有 4 个（2 对凸极），最多的有 16 个（8 对凸极）。

图 3-37 开关磁阻电动机的转子和定子

（2）开关磁阻电动机的定子 开关磁阻电动机的定子铁心也是由硅钢片叠压而成的，成对的凸极上绕有两个互相串联的绕组（称为一相），这与其他电磁感应式电动机完全不同。定子的作用是其绕组按顺序通电，产生的电磁力吸动转子转动。定子凸极的个数也为偶数，最少的有 6 个（3 对凸极），最多的有 18 个（9 对凸极）。

（3）电子开关 开关磁阻电动机的电子开关（也称功率转换器）由功率管和续流二极管组成。其作用是按顺序通断各定子绕组，将电源的电能输入电动机，使电动机产生电磁转矩。电子开关的电路结构与定子凸极的数量相对应。定子具有 4 对凸极的电子开关电路参见图 3-36。

2. 结构类型

开关磁阻电动机根据其转子和定子的凸极数不同有多种结构形式，见表 3-3。结构形式不同，步距角（通电的定子绕组每改变一次，转子所转动的角度）也不同。

表 3-3 开关磁阻电动机的结构形式

绕组相数	3	4	5	6	7	8	9
定子凸极数	6	8	10	12	14	16	18
转子凸极数	4	6	8	10	12	14	16
步距角/(°)	30	15	9	6	4.28	3.21	2.5

低于 3 相（2 对定子凸极，1 对转子凸极）的开关磁阻电动机一般没有自起动能力，故很少采用。相数多时，电动机的转矩脉动小，但其结构复杂，电子开关器件多，控制电路复杂，成本相应较高。因此，开关磁阻电动机绕组相数一般不超过 9 相。目前运用较多的开关磁阻电动机是 3 相（2 对转子凸极，3 对定子凸极）和 4 相（3 对转子凸极，4 对定子凸

极）的。

三、开关磁阻电动机的特性

1. 开关磁阻电动机的运行特性

开关磁阻电动机的运行特性可分为 3 个区，即恒转矩区、恒功率区和自然特性区，如图 3-38 所示。

在恒转矩区，由于电动机的转速较低，电动机的反电动势较小，因此需要对电流进行斩波限幅。也就是说，开关磁阻电动机在低速范围内，通过这种电流斩波控制（CCC）方式，可使电动机在恒转矩状态下工作。

在恒功率区，电动机的反电动势较大，电子开关功率管的导通时间较短，因而电流

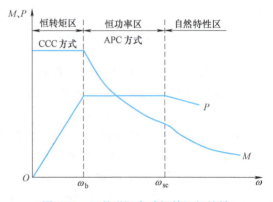

图 3-38　开关磁阻电动机的运行特性

较小。在外加电压和开关角一定的条件下，随着电动机转速的增加，其转矩会急剧下降，此时，可通过控制电子开关功率管的导通角来延缓转矩的下降速度。这种控制过程称为角度位置控制（APC）方式。

在自然特性区，电动机的可控条件都已达到极限，运行特性不再可控，电源电压、开关的导通角均固定，这时，开关磁阻电动机的运行特性与串励直流电动机的特性相似，故自然特性也称串励特性区。

开关磁阻电动机一般不在串励特性区运行，通常在恒转矩区和恒功率区运行。

2. 开关磁阻电动机的特点

（1）开关磁阻电动机的优点　相比于电磁感应式电动机，开关磁阻电动机的优点如下：

1）电动机的转子没有绕组，定子绕组整体嵌装容易、结构简单、价格便宜。

2）电动机的转子无永磁体，允许较高的温升。由于绕组均在定子上，电动机容易冷却，损耗小、效率高。

3）电动机转矩的方向与定子绕组电流的方向无关，只需控制相绕组通电的顺序即可控制电动机转动方向，因而功率转换器电路简单、工作可靠。

4）转子上没有电刷，结构坚固，转子转动惯量小，有较高的转矩惯量比，适用于高速驱动。此外，转子无明显的热量产生，延长了电动机轴承的使用寿命

5）调速范围宽、控制灵活，易于实现各种有特殊要求的转矩/速度特性。

6）起动电流小，无电磁感应式电动机在起动时所出现的冲击电流现象，起动转矩大，低速性能好，适用于频繁起动。

（2）开关磁阻电动机的缺点　开关磁阻电动机的缺点主要表现在以下几个方面：

1）电磁转矩的脉动较大，在特定频率下会产生谐振，这些都使得开关磁阻电动机的噪声和振动较大。

2）开关磁阻电动机的能量转换密度低于电磁感应式电动机。

3）当电动机的相数较多时，主接线数就多，电动机的主电路较复杂。

四、开关磁阻电动机的控制

1. 开关磁阻电动机调速的基本原理

开关磁阻电动机通过电子开关控制定子各凸极相绕组的通断和电流的大小，转子本身不产生磁场，只起导磁的作用。工作中，定子绕组的电流为方波，磁极磁通处于高饱和状态。这些结构特点和工作方式使得开关磁阻电动机的控制方式也有别于电磁感应式电动机。

由电路基本定律可得到开关磁阻电动机包括各相回路在内的主回路电压平衡方程，其中第 k 相电压平衡方程为

$$U_k = R_k I_k + \frac{\mathrm{d}\Psi_k}{\mathrm{d}t} \tag{3-7}$$

式中　U_k——加在第 k 相绕组的电压；

　　　I_k——第 k 相绕组的电流；

　　　R_k——第 k 相绕组的电阻；

　　　Ψ_k——第 k 相绕组的磁链。

在开关磁阻电动机中，由于其双凸极结构和磁场饱和效应，电动机各相绕组的磁链 Ψ_k 是转子位置角 θ_k 和绕组相电流 i_k 的函数 $[\Psi_k = \Psi_k(\theta_k i_k)]$，而电动机的磁链也可用电感和电流的乘积表示，即

$$\Psi_k = L_k(\theta_k i_k) i_k \tag{3-8}$$

式中　L_k——第 k 相绕组的电感。

将式（3-8）代入式（3-7）可得

$$U_k = R_k i_k + \left(L_k + i_k \frac{\partial L_k}{\partial i_k} \right) \frac{\mathrm{d}i_k}{\mathrm{d}t} + i_k \frac{\partial L_k}{\partial \theta_k} \frac{\mathrm{d}\theta_k}{\mathrm{d}t} \tag{3-9}$$

由式（3-9）可知，电动机工作时，电源电压与第 k 相回路中的电阻电压降 $R_k i_k$、由电流变化引起的电动势 e_i 及转子位置改变引起的电动势 e_θ 三部分电压降相平衡。其等效电路如图 3-39 所示。

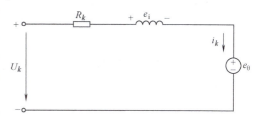

图 3-39　开关磁阻电动机的第 k 相等效电路

通过理论分析得知，电动机的电磁转矩 M 也是转子位置角 θ 和绕组相电流 i 的函数，其表达式如下：

$$M(\theta, i) = \frac{1}{2} i^2 \frac{\partial L}{\partial \theta} = \frac{1}{2} i^2 \frac{\mathrm{d}L}{\mathrm{d}\theta} \tag{3-10}$$

由式（3-10）可知，电动机转矩的方向取决于电感随转角的变化，与相电流的方向无关。当 $\mathrm{d}L/\mathrm{d}\theta > 0$ 时，如果有相电流，产生电动转矩；当 $\mathrm{d}L/\mathrm{d}\theta < 0$ 时，如果相电流方向不变，则产生制动转矩。

由此可见，通过控制加在电动机定子绕组上的电流脉冲的幅度和脉宽以及与转子的相对位置，就可控制电动机转矩的大小和方向，而在转矩方向不变的情况下，通过调节相电流就可改变电动机的平均转矩。这就是开关磁阻电动机调速控制的基本原理。

2. 开关磁阻电动机驱动控制系统的组成与基本功能

（1）控制系统的基本组成　开关磁阻电动机驱动控制系统主要由功率转换器（电子开关电路）、电子控制器和检测电路3部分组成，如图3-40所示。

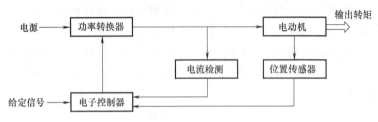

图3-40　开关磁阻电动机驱动控制系统的基本组成

电动机运行时，检测电路将定子绕组相电流的大小及转子的位置转换为相应的电信号，并反馈给电子控制器。电子控制器将反馈信号与给定的信号进行比较，然后输出控制信号，控制功率转换电路开关管的导通角和关断角的大小，并通过功率变转器控制电动机定子相绕组通电的顺序，从而实现电动机电磁转矩、转速及转向的控制。

（2）控制系统的基本功能　对于不同的使用环境，不一样的设计目标，电动机控制系统的性能及具体的结构形式会有所不同，但一般均应包含以下功能：

1）接收操作指令功能。具有接收起动、加速、转向、停机等操作指令的功能，即电子控制器需要配置操作信号的处理与接收功能电路。

2）检测电动机状态功能。通过相关的传感器及检测电路，检测电动机的转速、角位移、电流及电压等参数，用以判断电动机当前的工作状态，实现对电动机的实时控制。

3）控制方式选择功能。根据当前的电动机工作状态，自动选择电动机控制方式，以实现电动机的最佳工作状态控制。

4）比较控制功能。根据设定的算法将当前状态参量与给定量进行分析比较，并输出相应的控制信号。

5）驱动控制功能。根据电子控制器输出的控制信号，产生相应的控制脉冲，控制功率开关的导通与关断，使电动机运行在控制状态。

6）安全保护功能。当系统中某些物理变量（如电压、电流等）超过极限值时，电子控制器可自动采取相应的保护措施，以确保电动机和控制电路的安全。

7）显示与报警功能。该功能包括显示系统的工作状态（如转速、电压等），系统极限状态的显示与报警（如高温极限、高速极限和故障报警等）。

3. 开关磁阻电动机的控制方法

目前，开关磁阻电动机的基本控制方法有多种，常见的有角度位置控制（APC）、电流斩波控制（CCC）和电压斩波控制（VCC）等。

（1）角度位置控制方式　如前所述，角度位置控制方式是在绕组电压不变的情况下，通过控制绕组通断电功率管的导通角度（开通角 θ_{on}、关断角 θ_{off}），改变相电流波形、电流波形与绕组电感波形的相对位置，从而实现电动机的转速闭环控制。角度位置控制方式尤其适用于电动机转速较高、旋转电动势较大、电动机绕组电流相对较小的场合。

由于开通角 θ_{on} 和关断角 θ_{off} 均可调节，因此，角度位置控制方式有调节开通角 θ_{on}、调

节关断角 θ_{off}、同时调节开通角 θ_{on} 和关断角 θ_{off} 三种。

1）调节开通角 θ_{on}。在相电压不变的情况下，固定关断角 θ_{off}，调节开通角 θ_{on}，可以改变相电流的波形宽度、电流波形的峰值和有效值大小以及电流波形和电感波形的相对位置，从而实现电动机转速与转矩的调节。

2）调节关断角 θ_{off}。固定开通角 θ_{on}，调节关断角 θ_{off}，一般不会影响电流峰值，但可以改变电流波形宽度以及与电感波形的相对位置，使电流有效值随之变化，从而改变相电流的有效值。

3）同时调节开通角 θ_{on} 和关断角 θ_{off}。实际应用中，一般采用固定关断角 θ_{off}、改变开通角 θ_{on} 的控制方式。而且在实际调速系统中，某相的 θ_{on} 和 θ_{off} 值也将决定与该相电流相临相的互感电动势大小，因此，调节某一相的 θ_{on} 和 θ_{off} 不仅影响该相的电流波形，而且也影响相邻两相的电流波形。就一对特定的 θ_{on} 和 θ_{off} 组合而言，也许对某相电流是最优的，但对其他相可能并非最佳。因此，要实现开关磁阻电动机角度位置控制方式的最佳运行，必须对每一相的 θ_{on} 和 θ_{off} 分别进行调节。

对式（3-9）分析可知，当相电流波形主要位于电感的上升区时，电动机电磁转矩为正，即电动机工作在电动状态（向外输出转矩）；当电流波形主要位于电感的下降区时，产生的平均电磁转矩为负，电动机工作在制动状态。由于调节 θ_{on} 和 θ_{off} 可使相电流波形处在绕组电感波形的不同位置，因此，可以通过调节 θ_{on} 和 θ_{off} 的方式使电动机工作在不同的状态。

角度位置控制方式的特点是：

1）转矩调节范围大。在角度位置控制下的电流占空比的变化范围几乎是 0%～100%。

2）同时导通相数可变。同时导通相数越多，则电动机输出转矩越大，转矩脉动也就越小。因此，当电动机的负载变化时，可以通过自动增加或减少同时导通相数来平衡电动机负载。

3）电动机效率高。通过角度优化能使电动机在不同的负载下保持较高的效率。

4）不适用于低速。在角度位置控制中，电流峰值主要由旋转电动势限制。当转速降低时，由于旋转电动势减小，容易使相电流峰值超过允许值。因此，角度位置控制一般适用于较高的转速。

（2）电流斩波控制方式　在电动机低速运行状态下，尤其是在起动时，由于转速较低，电动机定子导通相绕组中的旋转电动势较小，可能产生过大的冲击相电流，对电动机及电子开关器件造成损害。采用电流斩波控制方式可限制可能出现的过电流和较大的电流尖峰。电流斩波控制过程是：将检测到的相电流与给定电流的上限值进行比较，当导通相绕组的电流达到设定的上限值时，使功率开关关断，相电流下降；当电流降至设定的下限值时，再重新导通功率开关，使绕组电流上升。这样反复通断功率开关，形成在给定电流峰值附近上下波动的斩波电流波形。

电流斩波按实际的控制方式不同，又可分为起动斩波、定角度斩波和变角度斩波 3 种模式。

1）起动斩波模式。该模式通常在开关磁阻电动机起动时采用，通过调节开通角 θ_{on} 和关断角 θ_{off} 来控制导通角 θ_c，使 θ_c 相对较大，以满足电动机起动时转矩大的要求，同时又可限制相电流峰值。

2）定角度斩波模式。该模式通常在电动机起动以后的低速运行状态下采用，将导通角

θ_c 限定在一定的范围内，且保持不变。

3）变角度斩波模式。该模式通常在电动机中速运行时采用，此时通过对电流斩波、开通角 θ_{on}、关断角 θ_{off} 的同时调节来对电动机的转矩进行控制。

电流斩波控制方式的特点：

1）适用于低速和制动运行。电动机在低速运行时，绕组中旋转电动势小，电流上升快；而在制动运行时，旋转电动势的方向与绕组端电压方向相同，电流的上升速率比低速运行时更快。电流斩波控制方式可以有效地限制峰值电流，使电动机获得恒转矩输出的机械特性。

2）电动机的转矩平稳。电流斩波时电流波形呈较宽的平顶状，因此，电动机产生的转矩也较平稳，合成转矩的脉动明显比其他控制方式小。

3）用作调速系统时，抗负载扰动性的动态响应慢。在电流斩波控制方式中，由于电流峰值被限制，当电动机转速在负载扰动的作用下发生突变时，电流峰值无法自适应，系统在负载扰动下的动态响应十分缓慢。

（3）电压斩波控制方式 电压斩波控制方式是在开通角 θ_{on} 和关断角 θ_{off} 保持不变的前提下，使功率开关按 PWM 方式开通和关断。通过调节 PWM 波形的占空比，使加在绕组两端的电压的平均值变化，相应的绕组电流也发生变化，以此实现电动机转矩和转速的调节。

按照续流方式的不同，电压斩波控制方式可分为单管斩波和双管斩波两种。

1）单管斩波方式。控制每相绕组通断的上、下桥臂两个电子开关，只有一个处于斩波状态，另一个电子开关一直导通。

2）双管斩波方式。在双管斩波方式中，连接于每相绕组的上、下桥臂两个电子开关同时工作在斩波状态。

考虑到系统效率等因素，实际应用中以单管斩波方式最为常见。

电压斩波控制方式的特点：

1）该控制方式可以控制斩波频率和占空比两个参数，可控性能好。一般情况下，斩波频率是固定的，通过选择适当的斩波频率，也就控制了相电流频率。

2）占空比与相电流最大值之间有较好的线性关系，调节 PWM 波形的占空比即可调节相电流的最大值。

3）电压 PWM 控制方式通过 PWM 方式调节绕组电压平均值，间接地调节和限制过大的绕组电流。因此，该控制方式既能用于高速运行，也适合于低速运行。

4）该控制方式适合于转速调节系统，抗负载扰动的动态响应快；缺点是转矩脉动较大，调速范围有限。

（4）组合控制方式 实际的开关磁阻电动机控制可根据不同的实际情况，结合上述控制方式的优缺点，选用其中的几种控制方式组合，使开关磁阻电动机调速系统的性能更好。目前比较常用的两种组合控制方式是高速角度控制与低速电流斩波控制组合，以及变角度电压 PWM 控制组合。

1）高速角度控制与低速电流斩波控制组合。高速时采用角度位置控制方式，低速时采用电流斩波控制方式，这有利于发挥二者的优点。这种控制方式的缺点是中速时的过渡不容易掌握。一般要求在升速时的转换点和降速时的转换点之间要有一定的回差，应使前者略高于后者，且要避免电动机速度切换点频繁转换控制方式。

2）变角度电压 PWM 控制组合。通过电压 PWM 调节电动机的转速和转矩，通过调节开关角来解决相电流变化滞后问题。在这种工作方式下，转速和转矩的调节范围大，高速和低速均有较好的电动机控制特性，且不存在两种不同控制方式互相切换的问题。因此，该控制组合目前已经得到了广泛应用。

五、功率转换器

功率转换器（电子开关）是开关磁阻电动机调速系统的主电路，起着控制定子绕组通断电，并将电源的电能传递给电动机的作用。和其他类型的电动机调速系统主电路一样，功率转换器的性能和形式对电动机调速系统的效率、成本和可靠性均有较大的影响。

1. 对功率转换器的要求

为提高开关磁阻电动机调速系统的效率，降低成本，提高系统工作的可靠性，对功率转换器的要求如下：

1）所用的主开关元件尽可能少，以降低电动机驱动系统的成本。

2）能实现能量回馈控制，且系统本身的能量损耗小。

3）电动机驱动系统通过开关元件进行调制，能有效控制相绕组电流的大小。

4）功率电路要具备迅速增加相绕组电流的能力，并且延迟尽可能小。

5）系统本身的电压降小，使电源电压尽可能地提供给电动机绕组。

2. 功率转换器的类型

开关磁阻电动机调速系统的功率转换器有多种类型，较为常见的有双开关型、双绕组型、电容分压型、H 桥型等。

（1）双开关型功率转换器　双开关型功率转换器对每相绕组的控制均采用两只主开关管（VT_1 和 VT_2）和两只续流二极管（VD_1 和 VD_2）。其电路原理如图 3-41 所示。

当 VT_1 和 VT_2 同时导通时，电源 U_S 向定子绕组供电；当 VT_1 和 VT_2 同时关断时，该相定子绕组产生自感电动势，相电流沿虚线箭头方向经续流二极管 VD_1 和 VD_2 续流，向蓄电池充电，将定子绕组的磁场能量以电能形式迅速回馈给电源。

这种双开关型电路结构的电动机主电路，开关元件对电压容量要求较低，特别适用于高压、大容量的场合，且各相绕组可以独立控制，控制简单。双开关型功率转换器的缺点是所需开关元件数量较多，成本较高。

（2）双绕组型功率转换器　双绕组型功率转换器适用于每相均有主、副两个绕组的电动机。其电路原理如图 3-42 所示。

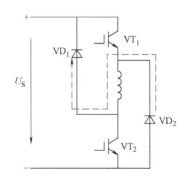

图 3-41　双开关型功率转换器的电路原理

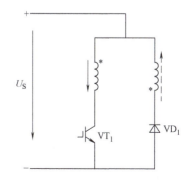

图 3-42　双绕组型功率转换器的电路原理

当主开关 VT_1 导通时，电源对主绕组供电，形成图 3-41 中实线方向的电流；当 VT_1 关断时，主绕组的电流迅速消失，通过磁耦合使副绕组产生感应电流，通过二极管 VD_1 续流（虚线箭头方向），向电源回馈电能。

双绕组型功率转换器的电路简单，每相只需要一个开关管，开关元件少。此外，这种主电路可适用于任意相数的开关磁阻电动机，尤其适用于低压直流电源供电的场合。但是，这种电路结构的主开关除了要承受电源电压外，还要承受副绕组的互感电动势。此外，由于电动机定子凸极上需绕制主、副两个绕组，定子铁心槽及铜线利用率低，会使铜损增加，电动机的体积增大。

（3）电容分压型功率转换器　电容分压型主电路也被称为电容裂相型主电路或双电源型主电路，是开关磁阻电动机广泛采用的一种功率转换电路。4 相电容分压型功率转换器的电路原理如图 3-43 所示。

采用电容分压型主电路的开关磁阻电动机，其每相绕组均连接一个功率开

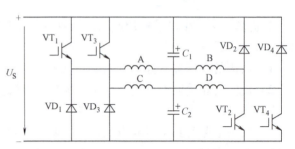

图 3-43　4 相电容分压型功率转换器的电路原理

关 VT 和一个续流二极管 VD，各相的主开关和续流二极管依次上下交替排列，电源 U_S 通过两个大电容 C_1 和 C_2 分压。当 VT_1 导通时，上侧电容 C_1 对 A 相绕组放电，电源对 A 相供电，经下侧电容 C_2 构成回路；当 VT_1 关断时，A 相产生自感电动势，其感应电流经 VD_1 续流，向下侧电容 C_2 充电。当 VT_2 导通时，绕组 B 从 C_2 吸收电能；当 VT_2 关断时，B 相绕组的剩余能量经 VD_2 回馈给 C_1。由此可见，为了保证上、下两个电容的工作电压对称，电容分压型主电路仅适用于偶数相开关磁阻电动机。

（4）H 桥型功率转换器　H 桥型主电路比 4 相电容分压型主电路少了两个串联的分压电容，增设了储能电容 C。H 桥型功率转换器的电路原理如图 3-44 所示。

H 桥型主电路由于没有分压电容，当主开关 VT_1 关断时，定子绕组 A 换相的磁场能量中的一部分回馈给

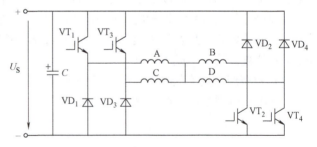

图 3-44　H 桥型功率转换器的电路原理

电源，另一部分注入导通相绕组，这会引起中点电位的较大浮动。H 桥型主电路要求每一瞬间上、下桥臂必须各有一相导通。

H 桥型主电路的特别之处是可以实现零电压续流，从而提高系统的控制性能。但是，H 桥型主电路只适用于 4 相或 4 的倍数相的开关磁阻电动机。这种主电路也是 4 相开关磁阻电动机应用较多的电路形式。

上述四种常用的开关磁阻电动机功率转换器的特点见表 3-4。

表 3-4　四种常用的开关磁阻电动机功率转换器的特点

类型	双开关型	双绕组型	电容分压型	H 桥型
适用相数	3~9	3~9	≥4 的偶数	4 的倍数
主开关额定工作电压	U_S	>$2U_S$	U_S	U_S
续流二极管工作电压	U_S	>$2U_S$	U_S	U_S
U_S/U_m	1	1	2	1
U_C/U_m	1	1	1	浮动
相主开关数	1	2	1	1
相是否独立控制	是	是	否	否
缺点	元器件数量多	电动机槽及铜线利用率低	须限制中点电位漂移	每一瞬间必须上、下桥臂各有一相导通

3. 功率转换器与开关磁阻电动机的匹配

开关磁阻电动机在实际应用中需要选择合适的主电路与之匹配，才能使其正常工作，并发挥最大的效率。一般情况下，可从以下几个方面来选择功率转换器的类型。

（1）适用的相数　不同类型的主开关电路，适用的电动机相数是不同的。在表 3-4 所示的 4 种常用的功率转换器主电路中，双开关型和双绕组型主电路从理论上可适用于各种相数的开关磁阻电动机，实际应用相配的相数为 3~9；电容分压型只适用于相数为偶数的开关磁阻电动机，如 4 相、6 相、8 相开关磁阻电动机；H 桥型仅适用于相数为 $4K（K = 1，2，3，4）$ 的开关磁阻电动机，如 4 相、8 相开关磁阻电动机。

（2）电源有效利用率　反映功率转换器主电路电源有效利用率的参数有 U_S/U_m 和 U_C/U_m 两个。

1）U_S/U_m 即功率转换器的直流电源供电电压 U_S 与相绕组最大供电电压 U_m 之比。U_S/U_m 为 1 时，开关磁阻电动机的相电流较小、铜损小、功率转换器能量转换的效率高。因此，在其他条件允许的情况下，最好选择 U_S/U_m 为 1 的功率转换器。

2）U_C/U_m 即相绕组的换相电压 U_C 与相绕组最大供电电压 U_m 之比。从主开关和续流二极管额定工作电压的合理性和系统快速换相的要求出发，U_C/U_m 为 1 最好。

（3）相控独立性　多相开关磁阻电动机要使每相绕组均衡工作，使系统具有较强的容错能力，避免受其他相的影响，各相绕组的供电电压和换相最好是独立控制的。由表 3-4 可知，选择双开关型和双绕组型功率转换器可以做到各相独立控制，且控制也较为简单。

4. 主电路开关元件性能简介

应用于电动机主电路的开关元件有多种类型，不同类型的开关元件具有不同的工作参数和性能特点，开关磁阻电动机可根据自身的功率等级、供电电压、峰值电流、性能及成本要求等选择适当的开关元件。目前，可供选择的功率开关元件主要有普通晶闸管（SCR）、门极关断晶闸管（GTO）、电力晶体管（GTR）、MOS 场效应晶体管（MOSFET）和绝缘栅双极晶体管（IGBT）等。

（1）SCR　SCR 成本低、容量大，电流峰值和平均电流定额比值高，电流、电压过载能力强，能承受很大的浪涌电流，但无自关断能力，需要设置专门的换相电路，会造成功率转换器系统线路复杂、效率低、体积大。因此，在开关磁阻电动机的调速系统中很少使用 SCR。

（2）GTO GTO 具有 SCR 的全部优点，如耐压高、电流大、承受浪涌能力强和造价低等，同时 GTO 又具有自关断能力和工作频率高等 SCR 不具备的特点。在大功率的应用场合，GTO 具有较明显优势。但 GTO 也有很多缺点，如管压降比 SCR 高、工作频率低于 GTR、缓冲电路的损耗较大、门极控制电路较复杂等。因此，GTO 在小功率、高性能的电动机调速系统中应用较少。

（3）GTR GTR 的突出特点是开关频率很高、正向压降小、导通及关断方便。近年来，GTR 更是向着高频化、模块化的方向发展，并在中、小功率的电动机调速系统中得到广泛应用。GTR 的缺点是电压、电流过载能力差，容易因二次击穿而损坏，保护较困难。由于 GTR 属于电流控制器件，其驱动电路要求有较大的输出电流，因而驱动电路功率消耗较大，这也限制了 GTR 在高压、大功率场合的应用。

（4）MOSFET MOSFET 是一种单极型的电压控制器件，具有驱动功率小、驱动电路简单、开关速度快、无二次击穿、安全工作区宽等优点。但由于种种原因，MOSFET 的单管功率很难做到很大，因此一般只在较小功率的电动机主电路上使用。

（5）IGBT IGBT 兼有 GTR 和 MOSFET 的优点。IGBT 为电压驱动器件，开关频率高且抗干扰能力强，因而损耗小，性能好且工作可靠。此外，大功率 IGBT 模块本身绝缘，外壳不带电，冷却方便，系统结构简单，目前已取代了原来 GTR 的市场，成为开关磁阻电动机及其他类型电动机调速系统的主导功率器件。

第四章

纯电动汽车

第一节　纯电动汽车概述

一、纯电动汽车的特点

纯电动汽车（Battery Electric Vehicle，BEV）是指以蓄电池为车载电源，以电动机为唯一驱动力的电动汽车，通常简称为 EV。与传统的内燃机汽车和其他类型的电动汽车相比，纯电动汽车具有以下特点：

1. 无污染，噪声低

纯电动汽车在使用过程中没有内燃机汽车工作时产生的废气，不产生排气污染，是真正意义上的零污染汽车。由于纯电动汽车没有内燃机产生的噪声，而电动机运转时的噪声又比内燃机小，因而纯电动汽车行驶时的噪声很小，大大提高了汽车的乘坐舒适性。

2. 能源效率高，且多样化

对纯电动汽车的研究表明，其总的能源效率已超过汽油机汽车。特别是在城市街道运行时，汽车走走停停，行驶工况变化频繁，而纯电动汽车停驶时不消耗电能，在制动过程中又可以实现制动能量的回收利用，所以节能优势更加明显。

纯电动汽车以蓄电池为车载电源，向蓄电池充电的电力可以由煤炭、天然气、水力、核能、太阳能、风力、潮汐等多种能源转化。因此，纯电动汽车的应用可有效地减少对石油资源的依赖，可将有限的石油用于其他更重要的地方。除此之外，还可以在夜间电网用电低谷向蓄电池充电，有利于电网均衡负荷，提高电力资源的利用率，降低汽车的使用成本。

3. 结构简单，使用维修方便

与内燃机汽车、混合动力电动汽车和燃料电池电动汽车相比，纯电动汽车的结构简单，动力传动部件减少，维护保养工作量小。当电动机采用永磁无刷直流电动机、交流异步电动机或开关磁阻电动机时，电动机本身无须维护保养。此外，纯电动汽车的动力驱动系统、电子控制系统的故障检修比发动机及其电子控制系统的故障检修要简单得多，纯电动汽车的驾驶操纵也更为简单。

4. 动力电源使用成本高，续驶里程短

目前，作为纯电动汽车唯一动力电源的蓄电池，其多项技术性能指标还远未达到人们设想的目标，且价格高、使用寿命短，不仅提高了纯电动汽车本身的价格，而且其使用成本也

高。此外，由于蓄电池的能量密度低，储存的能量有限，一次充电后的续驶里程还不理想，并且充电的时间太长。纯电动汽车的这些不足使其还不足以与燃油汽车相抗衡。

二、纯电动汽车的基本结构

纯电动汽车的基本结构大体上可分为主能源子系统、电力驱动子系统和辅助控制子系统3部分，如图4-1所示。

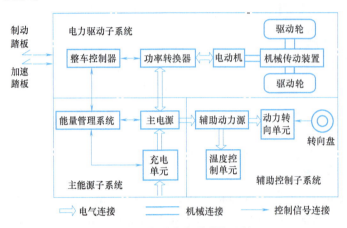

图 4-1　纯电动汽车的基本结构

1. 主能源子系统

纯电动汽车的主能源子系统包括主电源和能量管理系统，对于带有车载充电设备的纯电动汽车，则还应包括充电单元。

（1）主电源　主电源是纯电动汽车的能量来源，通过功率转换器向电动机提供电能，同时，也是能量管理系统和整车电子控制系统的电源。目前纯电动汽车的主电源通常采用铅酸电池、镍氢电池、锂离子电池等蓄电池。有些纯电动汽车配备超级电容或飞轮电池等辅助储能装置，以提高能量源的瞬时供电能力和能量回馈的效率。

（2）能量管理系统　能量管理系统的主要作用是对蓄电池进行监测与管理，包括对蓄电池 SOC、电压、电流、温度等参数的监测，以及存电量显示、终止放电显示与报警、能量回馈控制、充放电控制等。对于配备辅助储能装置的纯电动汽车，能量管理系统还具有能量协调控制的功能。

（3）车载充电设备　车载充电设备用于向主电源充电，充电的电源为工业或民用电力电网的电源插座。因此，车载充电设备应具有变压、调压、整流、滤波等基本功能。功能较为完备的车载充电设备还接受能量管理系统的控制，可自动进行充电方式选择（定压、定流、均衡充电等）、充电终了判别、自动停止充电控制、充电异常（温度、电压、电流异常）判别、自动停充保护控制等。

车载充电设备是纯电动汽车的选装件，目前在纯电动汽车上并不多见。

2. 电力驱动子系统

电力驱动子系统由整车控制器、功率转换器、电动机、机械传动装置和驱动轮等部分组成，其中机械传动装置因纯电动汽车的结构类型不同而差别较大。

（1）整车控制器　整车控制器根据从制动踏板和加速踏板输入的信号，发出相应的控制指令来控制功率转换器中功率开关的通断，对电动机的转速和转矩进行控制。整车控制器通过对能量管理系统和功率转换器的协调控制，实现能量回馈控制和能量匹配控制。

（2）功率转换器　功率转换器的主要功能是控制电动机和电源之间的功率流。当电动汽车在驱动工况时，功率转换器的功率开关在控制器输出的控制信号触发下适时地通断，以控制电动机的转矩、转速及转向；当电动汽车制动时，功率转换器使功率流的方向反向，电动机工作在发电状态，将再生制动的动能转换为电能，并被主电源吸收。

3. 辅助控制子系统

辅助控制子系统包括辅助动力源和车载用电设备两部分。

（1）辅助动力源　辅助动力源用于向电动汽车上的电器和电子控制装置提供电力。辅助动力源通常配备 DC/DC 功率转换器，以便将主电源的电压转换为车载用电设备所需的电压。

（2）车载用电设备　车载用电设备除了照明、信号、仪表等汽车必须装备的电器外，还包括刮水器、电动车窗、电动门锁、收放机等辅助电器。现在的纯电动汽车的安全性和舒适性能与燃油汽车相媲美，因此，汽车空调装置、动力转向系统、防抱装置等也构成了车载用电设备的一部分。

三、纯电动汽车的种类

纯电动汽车发展至今，种类较多，通常按用途、车载电源数目以及驱动系统的组成和布置形式进行分类。

1. 按用途分类

按照用途不同，纯电动汽车可分为电动轿车、电动货车和电动客车 3 种。

（1）电动轿车　电动轿车是目前最常见的纯电动汽车，除了一些概念车，纯电动轿车已经大批量生产，并已进入汽车市场。

（2）电动货车　用作公路长途运输的电动货车目前还比较少，而在城乡用作短途运输的纯电动货车则日渐增多。

（3）电动客车　目前，纯电动的小型客车也较少见，纯电动大客车多用作公共汽车，在一些城市的公交线路以及世博会、世界性的运动会上，纯电动大客车已经有了良好的表现。

2. 按车载电源数目分类

按车载电源数目不同，纯电动汽车可分为单电源纯电动汽车和蓄电池加辅助储能装置的多电源纯电动汽车两种。

（1）单电源纯电动汽车　单电源纯电动汽车上的主电源就是蓄电池，蓄电池有铅酸电池、镍氢电池、锂离子电池等多种。由于单电源纯电动汽车的结构较为简单，控制也比较简便，因而目前的纯电动汽车普遍采用此种结构形式。单电源纯电动汽车的主要缺点是主电源的瞬时输出功率容易受蓄电池性能的影响，制动能量的回馈效率也会受制于蓄电池的最大可接受电流及蓄电池的荷电状态。

（2）多电源纯电动汽车　采用蓄电池加超级电容或蓄电池加飞轮电池的电源组合，可以降低对蓄电池的容量、比能量、比功率等的要求。在汽车起步、加速、爬坡等行驶工况下，辅助储能装置（超级电容、飞轮电池）可在短时间内输出大功率，协助蓄电池供电，使纯电动汽车的动力性大为提高；在汽车制动时，则利用辅助储能装置可接受大电流充电的特点，提高制动能量回馈的效率。

配备了超级电容或飞轮电池的多电源纯电动汽车，可充分利用超级电容或飞轮电池比功率大、充电可接受电流大、循环寿命长的优势，弥补蓄电池的不足，使自身的性能得到有效的改善。由于多电源纯电动汽车的结构较为复杂，要实现最优化控制的难度很大，因而目前还处于研究与开发的过程中。

3. 按驱动系统的组成和布置形式分类

按电力驱动子系统的组成和布置形式分，纯电动汽车分为机械传动型、无变速器型、无差速器型和电动轮型4种类型，如图4-2所示。

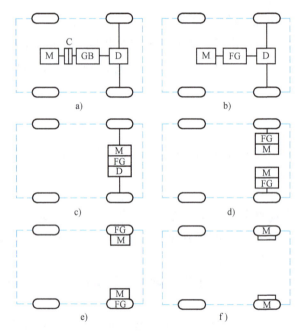

图 4-2　纯电动汽车的类型

a）机械传动型　　b）无变速器型（纵向布置）　　c）无变速器型（横向布置）

d）无差速器型　　e）电动轮型（带轮边减速器）　　f）电动轮型

GB—变速器　M—电动机　FG—固定速比减速器　C—离合器　D—差速器

（1）机械传动型纯电动汽车　机械传动型纯电动汽车如图4-2a所示。由发动机前置、后轮驱动的燃油汽车发展而来，保留了内燃机汽车的传动系统，只是把内燃机换成了电动机。这种结构形式可以提高纯电动汽车的起动转矩及低速时的后备功率，对驱动电动机要求低，可选择功率较小的电动机。

（2）无变速器型纯电动汽车　无变速器型纯电动汽车如图4-2b所示。这种汽车的驱动系统的最大特点是取消了离合器和变速器，采用固定速比减速器，通过电动机的控制实现变速功能。这种结构的优点是机械传动装置的质量、体积较小，但对电动机的要求较高，要求其有较高的起动转矩和较大的后备功率，以保证纯电动汽车的起步、爬坡、加速等动力性能。

无变速器型纯电动汽车的另外一种结构如图 4-2c 所示。这种结构与发动机横向前置、前轮驱动的燃油汽车的布置方式类似，把电动机、固定速比减速器和差速器集成为一个整体，两根半轴连接驱动轮。这种结构在小型电动汽车上应用很普遍。

（3）无差速器型纯电动汽车　无差速器型纯电动汽车如图 4-2d 所示。这种结构采用两个电动机，通过固定速比减速器分别驱动两个车轮，每个电动机的转速可以独立调节，汽车转向时由电子控制系统通过分别控制两侧电动机的转速来实现两侧车轮的差速（电子差速）。由于无差速器型纯电动汽车需要有电子差速功能，因而其电子控制系统的电动机控制比较复杂。

（4）电动轮型纯电动汽车　电动轮型纯电动汽车如图 4-2e 所示。将电动机直接装在驱动轮内（也称轮毂电动机），可进一步缩短电动机到驱动轮之间的动力传递路径，但需要增设减速比较大的行星齿轮减速器，以便将电动机转速降低到理想的车轮转速。这种结构对控制系统控制精度和可靠性的要求较高。

电动轮型纯电动汽车的另一种结构如图 4-2f 所示。该结构采用低速外转子电动机，去掉了减速齿轮，将电动机的外转子直接安装在车轮的轮缘上。这种结构的电动机与驱动轮之间无任何机械传动装置，无机械传动损失，空间利用率最大。这种电动机直接驱动车轮的形式对电动机的性能要求最高，要求其具有较高的起动转矩和较大的后备功率。

第二节　纯电动汽车的性能指标

一、纯电动汽车的经济性

燃油汽车的经济性指标是百公里油耗，而纯电动汽车的经济性是通过一次充电后的续驶里程来衡量的。纯电动汽车在不同的行驶工况下，其续驶里程会有很大的差异。

1. 试验循环行驶工况

为了合理地评价纯电动汽车的性能，人们制定了相应的试验循环行驶工况。试验循环行驶工况是指预先确定的行驶速度与时间的变化关系图线。电动汽车在试验时必须按规定的速度、时间、程序行驶。

由于不同国家或地区的驾驶条件差异很大，各个国家分别制定了自己的循环工况，例如美国城市循环工况（UDDS）如图 4-3 所示，联合国欧洲经济委员会（ECE）的 ECE-R15 循环工况如图 4-4 所示，日本电动汽车协会的 10-15 城市循环工况如图 4-5 所示，美国汽车工程协会（SAE）的 J227a 试验循环工况如图 4-6 所示。J227a 试验循环工况的参数见表 4-1。

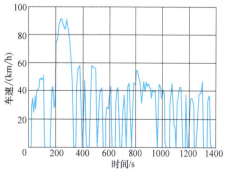

图 4-3　美国城市循环工况（UDDS）

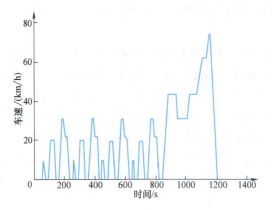

图 4-4 ECE-R15 循环工况

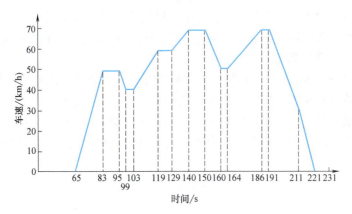

图 4-5 10-15 城市循环工况

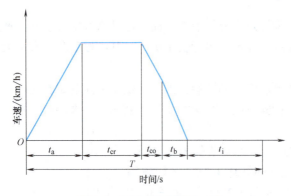

图 4-6 J227a 试验循环工况

表 4-1 J227a 试验循环工况的参数

循环模式	A	B	C	D
v(车速)/(km/h)	16.5 ± 1.5	32 ± 1.5	48 ± 1.5	72 ± 1.5
t_a(加速度)/s	4 ± 1	19 ± 1	18 ± 1	28 ± 2
t_{cr}(等速段)/s	0	19 ± 1	20 ± 1	50 ± 2
t_{co}(滑行段)/s	2 ± 1	4 ± 1	8 ± 1	10 ± 1

（续）

循环模式	A	B	C	D
t_b(制动段)/s	3 ± 1	5 ± 1	9 ± 1	9 ± 1
t_i(零速度)/s	30 ± 2	25 ± 2	25 ± 2	25 ± 2
T(循环总时间)/s	39 ± 2	72 ± 2	80 ± 2	122 ± 2

我国的试验循环由 4 个市区循环和 1 个市郊循环程序组成（见图 4-7），理论试验距离为 11.022km，时间为 19min40s。同时，允许只采用市区循环进行试验，但所采用的试验循环要在试验报告中进行说明。

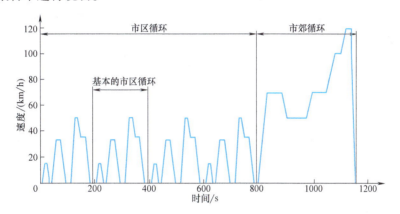

图 4-7　我国的试验循环工况

2. 续驶里程

纯电动汽车在蓄电池充足电的状态下，按一定的行驶工况，能连续行驶的最大距离（单位为 km）称为续驶里程。这个续驶里程就是纯电动汽车的经济性指标。对于某型号的纯电动汽车，需要通过相应的测试来得到续驶里程参数。

纯电动汽车续驶里程的测试方法有工况法和等速法两种。

（1）工况法测试续驶里程　工况法测试纯电动汽车的续驶里程是在底盘测功机上完成的。测试过程中，按图 4-7 所示的某种试验循环工况进行。在试验时，应将试验车辆加载到规定的试验质量，在工况试验循环结束时，记录试验车辆驶过的距离（km），该距离即为工况法测量的续驶里程。

电动汽车的试验质量是指电动汽车整车整备质量与试验所需附加质量之和，而附加质量分别为：

1）最大允许装载质量（包括驾驶员质量）小于或等于 180kg，最大允许装载质量即为附加质量。

2）最大允许装载质量大于 180kg，但小于 360kg，附加质量为 180kg。

3）最大允许装载质量大于 360kg，附加质量为最大允许装载质量的 1/2。

（2）等速法测试续驶里程　等速法测试续驶里程是在道路上进行的，车辆以(60±2)km/h 或 (40±2)km/h 等速行驶，当蓄电池达到一定放电深度时，车辆驶过的距离（km）即为等速法测得的续驶里程。

一些电动汽车通常标有"等速续驶里程"这一性能参数，但此参数不能真实地反映电动汽车的实际使用性能，故 GB/T 18386.1—2021《电动汽车能量消耗量和续驶里程试验方法 第1部分：轻型汽车》中，已经删除了等速法测试续驶里程的相关内容。

3. 能量消耗率

（1）能量消耗率的定义　能量消耗率是指电动汽车经过规定的试验循环后，对动力蓄电池重新充电至试验前的容量，从电网上得到的电能除以行驶里程所得的值（单位为 kW·h/100km）。电动汽车的能量消耗率与燃油汽车的百公里油耗（L/100km）相对应。

（2）能量消耗率限值　国家市场监督管理总局与中国国家标准化管理委员会联合发布了 GB/T 36980—2018《电动汽车能量消耗率限值》，对电动汽车能耗指标提出了具体的技术标准。该标准旨在为消费者降低电动汽车用电成本，并促进新能源汽车产业健康发展。

GB/T 36980—2018《电动汽车能量消耗率限值》包含两个阶段的限值，第一阶段限值是为了淘汰部分技术落后的车型，可用于新车型准入和现有新能源汽车国家财政补贴政策；第二阶段限值是为了促进技术先进车型的发展与应用。汽车整备质量所对应的能量消耗率限值见表4-2。

表 4-2　汽车整备质量对应的能量消耗率限值

汽车整备质量 CM/kg	车型能量消耗率限值 （第一阶段）/（kW·h/100km）	车型能量消耗率限值 （第二 阶段）/（kW·h/100km）
$CM \leqslant 750$	13.1	11.2
$750 < CM \leqslant 865$	13.6	11.6
$865 < CM \leqslant 980$	14.1	12.1
$980 < CM \leqslant 1090$	14.6	12.5
$1090 < CM \leqslant 1205$	15.1	13.0
$1205 < CM \leqslant 1320$	15.7	13.4
$1320 < CM \leqslant 1430$	16.2	13.9
$1430 < CM \leqslant 1540$	16.7	14.3
$1540 < CM \leqslant 1660$	17.2	14.8
$1660 < CM \leqslant 1770$	17.8	15.2
$1770 < CM \leqslant 1880$	18.3	15.7
$1880 < CM \leqslant 2000$	18.8	16.1
$2000 < CM \leqslant 2110$	19.3	16.6
$2110 < CM \leqslant 2280$	20.0	17.1
$2280 < CM \leqslant 2510$	20.9	17.9
$CM > 2510$	21.9	18.8

虽然纯电动汽车的经济性指标是续驶里程，但作为消费者只关注续驶里程是不够的。若只是为了单纯地提高电动汽车的续驶里程，可以通过提高电池容量、使用能量密度高的动力电池来实现。采用这种方式增加续驶里程，可以理解成"传统燃油汽车通过加大燃油箱容积来提升满箱油的续驶里程"。能量消耗率反映了电动汽车百公里的能量消耗，能量消耗率限值可以理解为"燃油汽车通过减少油耗的方式来增加续驶里程"。

4. 续驶里程的影响因素分析

（1）整车参数对续驶里程的影响　电动汽车低速行驶和质量小时功率消耗少，有助于增加电动汽车的续驶里程。提高蓄电池组总能量是加大续驶里程的有效办法。但是，随着蓄电池数量的增加，又会引起整车质量的增加，加大了阻力功率，同时也需要更大的空间来安装蓄电池组，因此，需要通过优化设计来实现最佳蓄电池组匹配。

（2）蓄电池均匀性的影响　为提高电源的电压和增大容量，通常采取将多个蓄电池串联成一组，然后再将各组蓄电池并联的办法。当蓄电池组各个蓄电池性能不一致时，容易造成性能差的蓄电池在充放电循环中过充电或过放电，使其性能迅速下降，导致蓄电池的不一致性扩大，蓄电池组的整体容量和端电压均会降低，其放电能力也随之下降。可见，蓄电池的均匀性对电动汽车的续驶里程也有较大的影响。

（3）环境温度影响　电动汽车的续驶里程与环境温度也有关。当环境温度下降时，蓄电池的内阻会有所增大，其容量则会下降，这会使蓄电池的放电能力下降，从而导致电动汽车续驶里程缩短。

二、纯电动汽车的动力性

1. 电动机的特性

在纯电动汽车中，牵引电动机的性能对其动力性起着至关重要的作用。现通过典型实例来进一步了解电动机的特性。

（1）电动机的工作特性　变速电动机通常具有图 4-8 所示的工作特性：在低速区域（低于基速），电动机具有恒转矩特性；在其高速区域（高于基速），电动机具有恒功率特性。这一特性一般采用转速比 x 予以描述，该转速比 x 定义为最高转速与基速的比值。在低速运行情况下，随着转速增高，由功率转换器向电动机供电的电压升高，而磁通保持不变；在基速运行点处，电动机端电压到达电源电压；超过基速后，电动机端电压保持不变，而磁通衰减（随着转速增加呈双曲线下降），因此其转矩也随着转速增加呈双曲线下降。

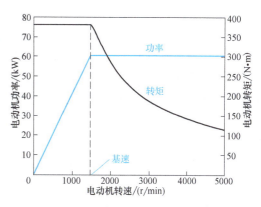

图 4-8　典型变速电动机的工作特性

（2）电动机的机械特性　图 4-9 所示是一台具有不同转速比 x（$x=2$、4 和 6）的 60kW 电动机的机械特性。显然，具有大范围恒功率区域的电动机，其最大转矩能显著提高。因此，车辆的加速和爬坡性能得以改善，而传动装置也可简化。但是，不同形式的电动机都有其固有最高转速比的限值。例如，由于有永久磁体，磁场难以衰减，因此永磁电动机具有小转速比（$x<2$）；开关磁阻电动机的转速比可以达到 $x>6$；异步电动机的转速比 $x=4$。

2. 动力性指标

纯电动汽车的动力性指标主要是最高车速、最大加速能力、爬坡能力。

（1）最高车速　汽车的最高车速是指汽车在无风的条件下，在水平良好的硬路面上所能到达的最高车速。纯电动汽车的最高车速分为 1km 最高车速和 30min 最高车速。1km 最高车速通常简称为最高车速，是指纯电动汽车能够往返各持续行驶1km以上距离的最高平均车速。30min最高车速是指纯电动汽车能够持续行驶30min以上的最高平均车速。在测试纯电动汽车最高车速时，需要将试验车辆加载到试验质量。

（2）最大加速能力　汽车的加速能力用汽车原地起步的加速能力和超车加速能力来表示。通常采用汽车加速过程中所经过的加速时间或加速距离作为评价汽车加速能力的指标。纯电动汽车的加速能力用

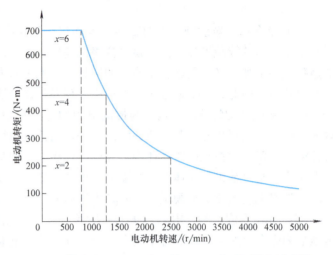

图4-9　转速比 $x=2$、4和6的60kW电动机的机械特性

从速度 v_1 加速到速度 v_2 所需的最短时间（s）来评价。对于M1、N1类纯电动汽车，采用0~50km/h原地起步加速时间和50~80km/h超车加速时间；对于M2、M3类纯电动汽车（M、N类车以外的纯电动汽车可参照执行），采用0~30km/h原地起步加速时间和30~50km/h超车加速时间。在测试纯电动汽车最大加速能力时需要将试验车辆加载到试验质量。

车辆分类代号说明如下：

1）M1类车辆——至少有4个车轮，或有3个车轮，且厂定最大总质量超过1t，除驾驶员座位外，乘客座位不超过8个的载客车辆。

2）M2类车辆——至少有4个车轮，或有3个车轮，且厂定最大总质量不超过5t，除驾驶员座位外，乘客座位超过8个的载客车辆。

3）M3类车辆——至少有4个车轮，或有3个车轮，且厂定最大总质量超过5t的载客车辆。

4）N1类车辆——至少有4个车轮，或有3个车轮，且厂定最大总质量不超过3.5t的载货车辆。

5）N2类车辆——至少有4个车轮，或有3个车轮，且厂定最大总质量超过3.5t，但不超过12t的载货车辆。

6）N3类车辆——至少有4个车轮，或有3个车轮，且厂定最大总质量超过12t的载货车辆。

（3）爬坡能力　汽车的爬坡能力是指汽车在良好道路上以最低行驶车速上坡行驶的最大坡度。纯电动汽车的爬坡能力用坡道起步能力和爬坡车速来评价。坡道起步能力是指纯电动汽车加载到最大设计总质量时在坡道上能够起动且1min内向上行驶至少10m的最大坡度。爬坡车速是指加载到最大设计总质量后，纯电动汽车在给定坡度（4%和12%）的坡道上能够持续行驶1km以上的最高平均车速。

3. 动力性指标的计算

（1）电动汽车最高车速的计算　电动机发出的功率全部消耗于车辆阻力，若电动机的额定功率为 P_e（kW），则汽车的功率平衡方程为

$$P_e = \frac{1}{\eta_T}(P_f + P_w) = \frac{1}{\eta_T}\left(\frac{fGv_{\max}}{3600} + \frac{C_D A v_{\max}^3}{76140}\right) \tag{4-1}$$

式中　η_T——传动系统机械效率；

　　　P_f——克服滚动阻力所需功率（kW）；

　　　P_w——克服空气阻力所需功率（kW）；

　　　f——轮胎滚动阻力系数；

　　　G——整车重力（N）；

　　$v_{\max}$——最高车速（km/h）；

　　　C_D——空气阻力系数；

　　　A——迎风面积（m^2）。

根据电动机功率曲线与负载功率曲线的交点，就可以求出最高车速 $v_{\max}$。

需要指出的是，通常在选用较大功率的牵引电动机或大传动比的某些设计中，并不存在这样的交点。此时，最高车速由电动机的最高转速 $n_{\max}$（r/min）决定，即

$$v_{\max} = 0.377\frac{n_{\max}r}{i_{\text{tmin}}} \tag{4-2}$$

式中　r——车轮半径（m）；

　　i_{tmin}——传动系统最小传动比。

（2）电动汽车爬坡能力的计算　电动汽车的爬坡能力是指车辆在良好的路面上克服滚动阻力和空气阻力之后，其后备功率在稳定车速条件下全部用来爬坡（克服坡度阻力）时所能爬上的最大坡度。汽车行驶方程为

$$F_t = F_f + F_i + F_w \tag{4-3}$$

式中　F_t——汽车驱动力（N）；

　　　F_f——滚动阻力（N）；

　　　F_i——坡道阻力（N）；

　　　F_w——空气阻力（N）。

根据汽车行驶方程可计算出最大坡度角 α 为

$$\alpha = \arcsin\frac{F_t - F_f - F_w}{G} \tag{4-4}$$

但是，在低速时，爬坡能力要大得多，基于式（4-4）的计算结果将产生显著偏差，故而应按下式计算：

$$\alpha = \arcsin\frac{D - f\sqrt{1 + f^2 - D^2}}{1 + f^2} \tag{4-5}$$

式中　D——汽车的动力因数，$D = \dfrac{F_t - F_w}{G}$。

（3）电动汽车加速能力的计算　电动车辆的加速能力是指车辆在良好、平坦的路面上，克服滚动阻力和空气阻力之后，其后备功率全部用来提高车辆速度的能力。下面以无变速器型纯电动汽车从静止加速到某一个车速 v_n（km/h）时所需要的时间（原地起步加速时间）为例，说明加速能力的计算方法。

汽车加速时的行驶方程为

$$F_t = F_f + F_w + F_j$$

式中 F_j——加速阻力（N）。

其具化后为

$$\frac{T_m i_t \eta_T}{r} = fG + \frac{C_D A v^2}{21.15} + \delta m \frac{\mathrm{d}v}{\mathrm{d}t} \qquad (4\text{-}6)$$

式中 T_m——电动机转矩（N·m）；

$\quad\quad i_t$——传动系统传动比；

$\quad\quad r$——车轮半径（m）；

$\quad\quad \delta$——旋转质量换算系数；

$\quad\quad m$——整车质量（kg）；

$\quad\quad \dfrac{\mathrm{d}v}{\mathrm{d}t}$——汽车的加速度（m/s²）。

δ 的计算式为

$$\delta = 1 + \frac{1}{m}\frac{\sum I_w}{r^2} + \frac{1}{m}\frac{I_f i_t^2 \eta_T}{r^2} \qquad (4\text{-}7)$$

式中 I_w——车轮的转动惯量；

$\quad\quad I_f$——电动机的转动惯量。

在不同车速下加速时的加速度为

$$\frac{\mathrm{d}v}{\mathrm{d}t} = \frac{1}{\delta m}\big[F_t - (F_f + F_w)\big] \qquad (4\text{-}8)$$

若最终车速位于恒转矩区，则加速时间 $t(\mathrm{s})$ 为

$$t = \int_0^{v_n/3.6} \frac{\delta m}{1000 P_t/v - fG - 0.6128 C_D A v^2}\mathrm{d}v \qquad (4\text{-}9)$$

若最终车速位于恒功率区，则

$$t = \int_0^{v_b/3.6} \frac{\delta m}{3600 P_t/v_b - fG - 0.6128 C_D A v^2}\mathrm{d}v + \int_{v_b/3.6}^{v_n/3.6} \frac{\delta m}{1000 P_t/v - fG - 0.6128 C_D A v^2}\mathrm{d}v$$

$$(4\text{-}10)$$

式中 v_b——电动机基速时的汽车车速（km/h）；

$\quad\quad P_t$——驱动功率（kW）。

第三节　纯电动汽车驱动系统设计

一、电动机类型和性能参数的选择

电动机是纯电动汽车的唯一动力源，其性能与电动汽车整车性能密切相关，因此，电动机的选择及参数匹配是研究设计纯电动汽车动力系统的关键之一。

1. 电动机的类型选择

（1）纯电动汽车对电动机的基本要求　由于车辆行驶的工况复杂多变，作为产生唯一驱动力的电动机，其工作特性必须能适应车辆行驶工况的频繁变化。纯电动汽车对电动机的

基本要求如下：

1）较大的起动转矩，保证纯电动汽车良好的起动和加速性能。

2）较宽的恒功率范围，保证纯电动汽车具有高速行驶的能力，电动机的过载系数应达到 2~3。

3）较大范围的调速功能，在低速时具有较大的转矩，在高速时具有高功率，能够根据驾驶员对加速踏板的控制，及时调整纯电动汽车的行驶速度和相应的驱动力。

4）电动机的外形尺寸要尽可能小，质量尽可能小。

5）电动机的可靠性好，耐温和耐潮性能强，能够在较恶劣的环境下长期工作，运行时噪声低，维修方便。

（2）纯电动汽车适用的电动机 电动机的性能直接决定着纯电动汽车驱动系统的性能。目前纯电动汽车采用较多的电动机主要是有刷直流电动机、交流异步电动机，永磁交流同步电动机、永磁无刷直流电动机和开关磁阻电动机，各种类型的电动机的工作原理、结构与性能特点等在第三章已经介绍。

（3）纯电动汽车电动机类型选择的依据 选择何种类型的电动机，不仅要考虑电动机本身的性能特点，还需要根据驱动系统的结构、电动汽车的总体设计目标、电动汽车的成本等进行综合考虑。

1）依据驱动系统的结构。电动机驱动系统的结构不同，对电动机的起动转矩、调速范围、储备功率等的要求也不相同，下面举例说明。

① 电动机直接驱动系统。由于电动机直接驱动车轮的电动轮型驱动系统，对电动机的起动转矩、调速范围、储备功率等有很高的要求，而轮毂式电动机空间结构的局限又要求电动机的结构尺寸要小，因此可首选永磁电动机或开关磁阻电动机。

② 机械传动型驱动系统。由于机械传动装置具有增矩减速及变速功能，对电动机的起动转矩、调速范围、储备功率等要求不高，安装位置空间的限制也较小，因此，可考虑选择控制简单且成本较低的有刷直流电动机。

2）依据电动汽车的总体设计目标。电动汽车的总体设计目标参数有载重量（承载人数）、最高车速、加速性能、爬坡能力、续驶里程等，这些设计目标参数的不同，对电动汽车驱动系统的结构、蓄电池类型及容量、电动机的类型选择都会有所影响。

3）考虑电动汽车的成本。电动机本身的成本也会影响到电动汽车整车的成本，在性能参数满足要求的情况下，应尽可能选用低成本的电动机。此外，考虑成本因素时，不要忘记不同类型的电动机所匹配的控制器的成本也有较大的差异。

（4）各类电动机的使用情况 在纯电动汽车上，各种类型的电动机都有使用，具体使用情况如下：

1）有刷直流电动机。有刷直流电动机是最早在电动汽车上应用的电动机，如今，由于有刷直流电动机驱动系统的成本低、技术成熟、控制简单，因而在一些小功率、采用机械传动的纯电动汽车上仍有使用。

2）交流异步电动机。相比于有刷直流电动机，交流异步电动机的最大优点是效率高、结构简单、工作可靠、价格低廉，但缺点是控制复杂、控制器的成本高。随着功率半导体器件性能的不断提高和价格的降低，交流异步电动机驱动系统的性价比优势越发明显，在最近开发的纯电动汽车上应用较多，且最值得在纯电动汽车上优先推广应用。

3）永磁无刷直流电动机。永磁无刷直流电动机的最大优势是转速高、体积小、功率密度高、可靠性高，且其控制比异步电动机简单，因此在纯电动汽车上有较多的应用。

4）永磁交流同步电动机。在一些纯电动汽车上选用永磁交流同步电动机，是因为永磁交流同步电动机具有结构简单、体积小、质量小、损耗小、效率高的特点。随着其成本的降低和可靠性的进一步提高，在纯电动汽车上的应用还会增加。

5）开关磁阻电动机。开关磁阻电动机的结构简单、运行速度范围宽，是一种极具潜力的驱动电动机，但开关磁阻电动机的噪声和转矩波动比较大，在纯电动汽车上的应用还不是很多。

2. 电动机功率的选择

电动机具有一定的效率特性，即一定的转速和功率对应一定的效率。由于纯电动汽车的能量源是有限的，在选择电动机功率时，应尽量使电动机在实际运转过程中能够经常处于高效率的范围，以获得较高的能量转化效率。

（1）根据纯电动汽车的最高车速选择　电动机功率选择的基本原则是既要使整车具有一定的车速，又要根据整车的使用条件，使电动机经常在接近满负载的状态下运行。选择的电动机功率必须满足纯电动汽车最高车速的要求，且保证纯电动汽车在良好的工况下或空载时，能以较高的车速行驶。主要作为城市交通工具的纯电动汽车，在大多数情况下是以中低速行驶的，因此，电动机的功率不宜选得过大，否则会使其经常处于部分负荷下工作，导致电动机效率大大下降，浪费蓄电池有限的电能。若给出了期望的最高车速，选择的电动机功率应大体上等于车辆以最高车速行驶时所需的功率 $P_u(\mathrm{kW})$，即

$$P_u = \frac{1}{\eta_T}\left(\frac{mgf}{3600}v_{\max} + \frac{C_D A}{76140}v_{\max}^3\right) \tag{4-11}$$

（2）根据纯电动汽车的加速性能要求选择　电动机的功率越大，则纯电动汽车的后备功率就越大，其加速性能也就越好。但过大的后备功率又会增加纯电动汽车不必要的能量消耗。电动汽车在 $t_a(\mathrm{s})$ 时间内，在水平路面上，车速从零加速到 $v_f(\mathrm{km/h})$ 所需的功率 P_a 可由式（4-12）估算：

$$P_a = \left[\frac{\delta m}{2t_a}\left(\frac{v_b^2 + v_f^2}{3.6}\right) + \frac{2}{3}mgfv_f + \frac{2}{5}\times\frac{C_D A}{21.15}v_f^3\right]/3600 \tag{4-12}$$

（3）根据车辆的爬坡性能要求来选择　电动汽车以某一车速 $v_a(\mathrm{km/h})$ 爬上一定坡度 i 消耗的功率 P_i 为

$$P_i = \frac{1}{\eta_T}\left(\frac{mgf}{3600}v_a + \frac{C_D A}{76140}v_a^3 + \frac{mgi}{3600}v_a\right) \tag{4-13}$$

电动汽车电动机的最大功率应能同时满足汽车对最高车速、加速度及爬坡度的要求。所以，电动汽车电动机的额定功率 P_e 为

$$P_e = \max\{P_u, P_a, P_i\} \tag{4-14}$$

电动机的峰值功率为

$$P_{e\max} = \lambda P_e \tag{4-15}$$

式中　λ——电动机的过载系数，一般为 2～3。

3. 电动机额定电压的选择

额定电压是电动机的一个重要性能参数。作为纯电动汽车用电动机，其额定电压的选择

与电动汽车蓄电池组的电压密切相关。在相同输出功率条件下,蓄电池组电压高则电流小,对导线和开关等电气元件要求较低,但较高的电压需要数量较多的蓄电池串联,虽然单个蓄电池的容量可适当减小,但是从总体上看蓄电池的成本及整车质量会有所增加,对动力性也会有所影响。此外,动力电池组串联的蓄电池越多,对蓄电池不均匀性的影响也越大;同时,车载设备的安全保护级别也需要提高,这些也会增加电动汽车的成本。电动机的额定电压如果选得太低,则要求导线截面积更大、功率开关元件额定电流更大,连接导线变粗会增大安装布局的难度,功率开关元件额定电流增大后成本也随之增加。另外,电流的增大也带来了功率设备额外损耗的增加,从而会影响电动汽车的使用寿命。

由此可见,选择合理的电动机额定电压对设计合理的电动机驱动系统和提高整车性能意义重大。通常情况下,微型电动汽车电动机的额定电压范围为48~288V,普通电动汽车电动机的额定电压一般在300V左右,电动大客车电动机的额定电压范围为400~600V。

二、蓄电池数量和容量的选择

1. 纯电动汽车蓄电池的类型

蓄电池是纯电动汽车唯一的电源,所以要求蓄电池具有高的比能量和比功率,以延长续驶里程,提高加速性能和爬坡能力。此外,还要求蓄电池循环寿命长、安全可靠、免维护、对环境污染小、充电效率高及成本低廉。几种常用蓄电池的主要性能比较见表4-3。

表4-3　几种常用蓄电池的主要性能比较

项目	铅酸电池	镍镉电池	镍氢电池	锂离子电池
单体工作电压/V	2	1.2	1.2	3.6
质量比能量/(W·h/kg)	35~40	40~60	60~80	90~160
体积比能量/(W·h/L)	70	150	200	270
充放电寿命/次	300~500	500~1000	500~1000	600~1200
自放电率/(%/月)	5	25~30	30~50	6~9
记忆效应	无	有	无	无
环境污染	污染	严重污染	无污染	无污染
成本/($/kW·h)	75~150	100~200	230~500	120~200

选择哪种类型的蓄电池,同样需要综合考虑纯电动汽车的总体设计目标、驱动系统的类型、电动汽车的成本,再根据蓄电池的功率密度、能量密度、可靠性、寿命和价格等因素选择适合的蓄电池。

动力电池可分为功率型与能量型两种。功率型蓄电池对纯电动汽车的动力性很重要,而对于目前的纯电动汽车来说,其续驶里程更受关注,因此,可选用能量型蓄电池,匹配时主要考虑其能量要求,以增加车辆的续驶里程。若要同时满足动力性要求,可匹配超级电容或飞轮电池,利用这些辅助储能装置比功率大、短时间可大电流放电的特点,协助蓄电池供电,提高电动汽车的起动、加速及爬坡性能。

2. 蓄电池数量的选择

蓄电池需要串联起来为电动机供电，蓄电池组中动力电池模块的最小数量为

$$N_{Bmin} = \frac{U_{mmin}}{U_{bmin}}$$ (4-16)

式中　N_{Bmin}——动力电池模块的最小数量；

　　　U_{mmin}——电动机的最小工作电压（V）；

　　　U_{bmin}——动力电池模块的最小电压（V）。

蓄电池组需向电动机提供足够的功率以满足电动机的峰值功率要求，故蓄电池组中动力电池模块数量的最大值为

$$N_{Bmax} = \frac{P_{mmax}}{D_{power}\eta_{mc}m_{mod}}$$ (4-17)

式中　N_{Bmax}——动力电池模块的最大数量；

　　　P_{mmax}——电动机的最大功率（kW）；

　　　D_{power}——动力电池的功率密度（kW/kg）；

　　　η_{mc}——电动机及其控制系统的效率；

　　　m_{mod}——动力电池模块的质量（kg）。

3. 蓄电池容量的选择

动力电池的容量主要是由纯电动汽车的续驶里程决定的，故动力电池容量的限值可由设计的纯电动汽车的续驶里程范围得到，即

$$C_b = \frac{Se}{3.6U_b\eta_T\eta_{mc}\eta_{DOD}\eta_q}$$ (4-18)

式中　C_b——动力电池组的容量（A·h）；

　　　S——续驶里程（km）；

　　　e——单位行驶里程消耗的能量（kJ/km）；

　　　U_b——动力电池组的工作电压（V）；

　　η_{DOD}——蓄电池的放电深度，在实际使用中，为保护电池，防止其因完全放电而受损，保证电池的寿命，一般要求 $\eta_{DOD} \leqslant 75\%$；

　　　η_q——蓄电池的平均放电效率。

在选择蓄电池的容量时，既要满足汽车续驶里程的设计要求，又要考虑整车的空间结构与底盘承载能力。选择的蓄电池容量越大，蓄电池组所储存的电能越多，续驶里程也相应越长，但蓄电池组的质量增加，整车的整备质量增加，导致行驶阻力也增加，反过来又影响纯电动汽车的续驶里程。

三、传动系统参数的选择

非电动轮型纯电动汽车涉及机械传动部分的传动比选择。在选择变速器传动比的时候，存在单档或多档两种方案，主要根据所选电动机的性能和动力性的要求来确定。如果所选电动机的调速范围足够宽，能够达到动力性和最高车速的要求，就可以直接采用固定速比减速器，这样不仅可以减轻纯电动汽车的质量，而且驾驶时无需换档，驾驶更为轻松。

1. 传动系统的传动比

（1）最小传动比的选择　普通的汽车没有分动器或副变速器，而变速器的最小传动比为直接档或超速档。当变速器的最小传动比为直接档时，传动系统的最小传动比就是主减速器的传动比 i_0。最小传动比应满足车辆最高行驶速度的要求，设传动系统的最小传动比为 i_{tmin}，由最高车速 $v_{max}(km/h)$ 与电动机最高转速 $n_{max}(r/min)$ 可确定最小传动比，即

$$i_{tmin} = \frac{0.377 n_{max} r}{v_{max}} \tag{4-19}$$

（2）最大传动比的选择　确定最大传动比时，要考虑两方面的因素，即最大爬坡度和附着条件。对于配备多档变速器的纯电动汽车传动系统，其最大传动比 i_{tmax} 为变速器 I 档的传动比 i_{g1} 与主减速器的传动比 i_0 的乘积。确定传动系统的最大传动比就是确定变速器 I 档的传动比 i_{g1}。

1）最大爬坡度。汽车爬坡时车速低，可不计空气阻力，汽车的最大驱动力应为

$$F_{tmax} = F_f + F_{imax} \tag{4-20}$$

即

$$\frac{T_m i_{g1} i_0 \eta_T}{r} = Gf\cos\alpha_{max} + G\sin\alpha_{max} \tag{4-21}$$

I 档的传动比 i_{g1} 应为

$$i_{g1} \geqslant \frac{G(f\cos\alpha_{max} + \sin\alpha_{max})r}{T_m i_0 \eta_T} \tag{4-22}$$

2）附着条件。确定最大传动比后应验证是否满足附着条件，即

$$F_{tmax} = \frac{T_m i_{g1} i_0 \eta_T}{r} \leqslant F_z \varphi \tag{4-23}$$

式中　F_z——驱动轮受到的地面垂直反力；

　　　　φ——附着系数，验算时可取 $\varphi = 0.5 \sim 0.6$。

2. 传动系统的档位数

传动装置选择单档还是多档，主要取决于电动机的转速-转矩特性。如果给定的电动机额定功率有大范围的恒功率区，则单档传动装置就足以在低转速情况下产生高牵引力。也就是说，若在给定的电动机额定功率下其恒功率范围大，就可选择单档传动装置；否则，必须选用多档传动装置。

图 4-10 所示为配置有 $x=2$ 的电动机和三档传动装置的纯电动汽车的驱动力图。其第一档覆盖了 a-b-c 的车速区间，第二档覆盖了 d-e-f 的车速区间，第三档覆盖了 g-f-h 的车速区间。

图 4-11 所示为配置有 $x=4$ 的电动机和两档传动装置的纯电动汽车的驱动力图。其第一档覆盖了 a-b-c 的车速区间，第二档覆盖了 d-e-f 的车速区间。

图 4-12 所示为配置有 $x=6$ 的电动机和单档传动装置的纯电动汽车的驱动力图。

这三种设计具有同样的驱动力随车速变化的特性曲线，因而对应的车辆将具有同样的加速和爬坡性能。

由此可以看出，当电动机的转速比足够大（如 $x \geqslant 5$）时，单档传动装置就能满足汽车的动力性要求；否则，需要采用多档变速器。汽车变速器各档的传动比应该按等比级数分配，一般比值不大于 1.7。根据最大传动比与最小传动比之间的比值，由各档之间的公比 q

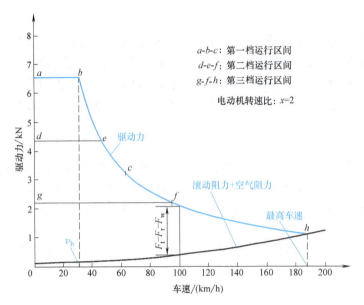

图 4-10　配置有 $x=2$ 的电动机和三档传动装置的纯电动汽车的驱动力图

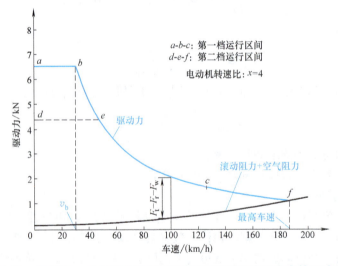

图 4-11　配置有 $x=4$ 的电动机和两档传动装置的纯电动汽车的驱动力图

可以确定档位数 n，即

$$q = \sqrt[n-1]{\frac{i_{\text{tmax}}}{i_{\text{tmin}}}} \qquad (4\text{-}24)$$

式中　q ——各档之间的公比。

　　值得注意的是，在分配各档的传动比时，为充分利用牵引电动机的功率，应保证各档的功率曲线互相衔接。图 4-13 所示为电动汽车功率平衡曲线。图 4-13a 中I档和Ⅱ档的功率曲线在等功率区段相互衔接，传动比分配比较合理，而图 4-13b 中在等功率区段车速无法衔接起来。在这种情况下，当车速达到电动机最高转速点，由I档换入Ⅱ档后，会进入等转矩工作区，然后再经过加速后才进入等功率区段工作。这时，可以考虑调整传动比或增加一个档位。

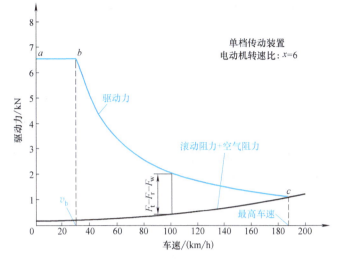

图4-12　配置有 $x=6$ 的电动机和单档传动装置的纯电动汽车的驱动力图

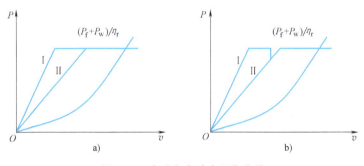

图4-13　电动汽车功率平衡曲线

第四节　纯电动汽车蓄电池管理系统

一、蓄电池管理系统概述

1. 蓄电池管理系统的作用

在电动汽车上，蓄电池需要成组使用。在蓄电池组中，单个蓄电池损坏的主要原因是使用不当或管理失控，而蓄电池组的使用寿命有时连单个蓄电池寿命的一半都不到。蓄电池在使用过程中如果温度异常，不但会严重影响蓄电池的使用寿命，还有可能导致安全事故，所以要正确合理地使用蓄电池。若想让蓄电池在充分发挥最大效率的同时，尽可能延长使用寿命，就必须对蓄电池进行管理。

蓄电池管理系统（Battery Management Systems，BMS）通过对蓄电池性能状态进行监测，实现对蓄电池的充放电控制、热管理、安全警报等，以防止蓄电池出现过充电和过放电，延长其使用寿命，最大限度地提高蓄电池的能量利用率。蓄电池管理系统的作用主要体现在以下三个方面：

（1）保障蓄电池系统稳定工作　蓄电池管理系统通过对蓄电池电压、电流及温度等进行监测，以对蓄电池进行放电电流及终止放电控制、充电电流及充电方式控制、温度执行器工作状态及温度报警控制、SOC显示等，可使蓄电池系统在设定的状态下稳定工作。

（2）提高蓄电池能量利用率 蓄电池管理系统通过SOC控制、制动回馈控制、蓄电池放电比率控制、蓄电池温度控制等，使蓄电池的能量利用率得以提高。

（3）确保蓄电池系统的使用安全 蓄电池管理系统通过对蓄电池温度、绝缘电阻等进行监测，实现危险报警，并使危险状态下的蓄电池停止供电，确保蓄电池的使用安全。

蓄电池管理系统是电动汽车上极为重要的一部分，蓄电池管理技术也是电动汽车进一步发展的关键技术。随着蓄电池管理技术的不断成熟，蓄电池管理系统的功能会越来越完善，蓄电池管理系统所起的作用也会更加突出。

2. 蓄电池管理系统的系统构成

蓄电池管理系统主要包括信号采集系统、电子控制器（ECU）、执行器与通信系统三大部分。

（1）信号采集系统 布置在蓄电池处的温度传感器、电压采样电路、电流传感器、A/D转换器等部件及其线路连接，组成了蓄电池管理系统的信号采集系统。信号采集系统可使蓄电池管理系统实时获取蓄电池的电压、电流及温度等参数。

（2）电子控制器 电子控制器是电子控制系统的核心（ECU）。ECU的基本组成如图4-14所示。

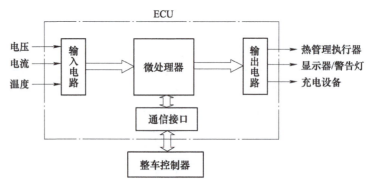

图4-14　ECU的基本组成

1）输入电路。输入电路包括温度传感器电源、信号处理电路、A/D转换电路等，其作用是将各传感器输入的温度、电压及电流等信号进行处理，转换为二进制数字信号，并通过输入/输出（I/O）接口输送给微处理器。

2）微处理器。微处理器包括中央微处理器（CPU）、程序与数据存储器（ROM与RAM）、I/O接口等，是蓄电池管理系统ECU的核心部件。其作用是运行ROM中的控制程序，对输入信号进行分析处理后输出控制信号，通过输出电路控制各执行器工作，并通过通信接口与整车控制器进行双向数据通信，实现各种行驶工况下的蓄电池管理协调控制。

3）输出电路。输出电路包括译码器、D/A转换电路及执行器驱动电路等。其作用是将微处理器输出的二进制控制指令代码转换为相应的控制脉冲，并驱动各执行器工作。

（3）执行器与通信系统 蓄电池管理系统通过热管理执行器实现蓄电池的热管理，通过与充电设备及整车控制器的通信，实现均衡充电、制动能量回馈、电能输出及输出比率、

SOC 显示等的控制。

二、蓄电池管理系统的基本功能与硬件构成

在纯电动汽车上，蓄电池管理系统性能的高低，对整车的安全运行、整车控制策略选择、充电模式的选择以及运营成本都有很大的影响。无论在车辆运行过程中还是在充电过程中，蓄电池管理系统都要完成对电池状态的实时监控和故障诊断，并通过总线的方式告知车辆集成控制器或充电器等，以便采取相应的控制策略，达到高效利用蓄电池的能量且保障使用安全的目的。

1. 纯电动汽车蓄电池管理系统的基本功能

纯电动汽车的蓄电池管理系统要根据实际运行和蓄电池安全有效使用的需要来设置基本功能。蓄电池管理系统通常具备以下基本功能：

1）蓄电池组端电压及单体蓄电池电压的检测。对蓄电池组端电压及单体蓄电池电压进行监测，用以对蓄电池终止放电及蓄电池不一致性进行判断。

2）蓄电池温度的检测。对蓄电池的温度进行监测，为蓄电池温度管理提供蓄电池的实时温度。

3）蓄电池组工作电流的检测。对蓄电池的充放电电流进行监测，据此实现蓄电池的能量管理。

4）蓄电池绝缘电阻的检测。对蓄电池的绝缘电阻进行监测，用于电动汽车的安全管理。

5）冷却风机的控制。使蓄电池组的温度在正常范围之内，并使蓄电池组中各个蓄电池的温度趋于一致。

6）蓄电池组 SOC 的估计。对蓄电池的荷电状态进行监测与估计，用于 SOC 的显示和能量管理。

7）蓄电池故障分析和在线报警。根据监测到的蓄电池电压和温度等参数，判断蓄电池的状态。

8）与整车控制器实现数据通信。为整车控制器提供必要的蓄电池状态信息（如 SOC、蓄电池组电压等），以实现最佳的能量控制。

9）为车载显示设备提供信息。向车载显示设备提供蓄电池状态和故障等相关信息，以显示蓄电池的状态和故障报警。

10）与充电设备通信。与充电设备进行通信，实现蓄电池组的安全充电管理。

2. 蓄电池管理系统的硬件构成

一种集散式蓄电池管理系统的硬件构成如图 4-15 所示。

由于纯电动汽车上蓄电池数量较多，且以箱为单位布置在车上，较为分散。为了避免箱体之间出现高压连接导线，通常采用集散式系统设计，由一个中央控制模块（见图 4-16）和多个测控模块（见图 4-17）组成，每个蓄电池箱配备 1 个蓄电池测控模块。测控模块的硬件系统主要实现电压测量、温度测量及热管理和通信等功能；中央控制模块则包括电流测量、绝缘检测和通信接口部分。本例中央控制模块和测控模块通过 RS-485 总线进行蓄电池管理系统内部的通信。在中央控制模块上，有两路 CAN 接口，CAN1 用于车辆行驶时与整车控制器、电动机控制器进行通信，CAN2 用于中央控制模块与车载监控显示系统以及充电

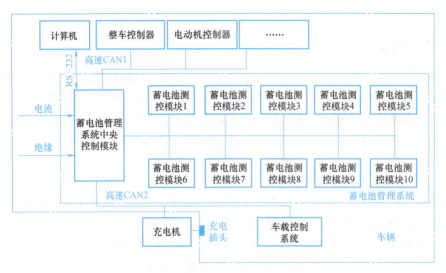

图 4-15　一种集散式蓄电池管理系统的硬件构成

过程中与充电机进行通信。此外，为了实现计算机监控和参数修正、程序下载等功能，中央控制模块上还有 RS-232 接口。在测控模块上，除了和中央控制模块通信的 RS-485 接口外，还有一路 CAN 接口，以便与手动检测设备进行通信。

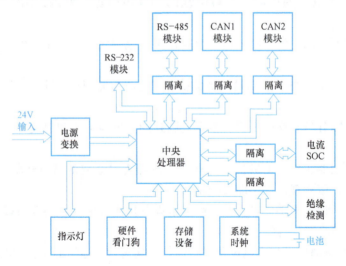

图 4-16　中央控制模块硬件原理图

在蓄电池管理系统中，电压测量、温度测量、电流测量和绝缘检测等部分直接与蓄电池组相连接，属于高压系统；串口通信、CAN 通信及其供电电源属于低压系统。为了确保人身安全和系统的可靠稳定运行，需要将高压系统和低压系统进行电气隔离。

三、蓄电池的热管理

1. 蓄电池热管理的必要性

蓄电池在使用过程中能否发挥出应有的性能，与其温度有着密切的关系。

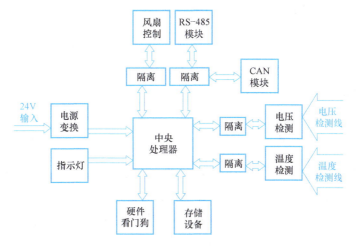

图 4-17 测控模块硬件原理图

（1）蓄电池温度过高、过低的影响 蓄电池温度过高或过低的影响如下：

1）蓄电池温度过高的影响。蓄电池长时间工作在高温环境下，其寿命会明显缩短；当蓄电池的温度太高时，还会出现严重损坏的现象。

2）蓄电池温度过低的影响。蓄电池在低温时，活性明显降低，欧姆内阻和极化内阻增加，放电能力下降，使得蓄电池的实际可用容量减小，能量利用效率下降。对锂离子电池而言，在低温状态下充电时，由于蓄电池的活性差，特别是蓄电池负极石墨的嵌入能力下降，正极反应放出的锂离子可能在负极沉积下来，容易形成锂枝晶，使得可用的锂离子减少，严重时还会造成蓄电池内部短路。

（2）蓄电池热管理的作用 蓄电池在充放电过程中，内部的电化学反应过程会有热量产生，如果不对其进行热管理，就会使蓄电池的温度失控。蓄电池的热管理就是对蓄电池温度进行控制，使蓄电池的温度保持在正常的范围之内。因此，蓄电池热管理的作用就是保持蓄电池的化学活性，在确保蓄电池能量得到充分利用的同时，使其寿命和使用安全不受影响。

（3）蓄电池温度的控制方法 当蓄电池的温度或者温度的上升率达到预先设置的高限值时，蓄电池管理系统启动热管理功能，对蓄电池进行散热处理。蓄电池热管理控制系统通过起动风冷或水冷执行器，将蓄电池的温度和温升控制在一定的范围内。如果蓄电池的温度管理失效或有其他异常情况发生而使蓄电池的温度达到最高允许值时，蓄电池热管理控制系统会中断蓄电池的电流输出，以确保蓄电池的使用安全。

2. 蓄电池热管理的原理

以锂离子电池为例，其工作的温度范围为 $-10 \sim 45 ℃$（充电）和 $-30 \sim 55 ℃$（放电）。锂离子电池的热管理就是要实施相应的管理措施，以确保锂离子电池的工作温度基本上都在这一范围之内。

（1）蓄电池高温控制原理 通常采取强制风冷的方法来降低蓄电池的温度。蓄电池管理系统通过实时温度监测，得到蓄电池组中各蓄电池的温度参数。当蓄电池温度达到设定的高限值时，蓄电池管理系统便起动风机对蓄电池进行降温；当蓄电池温度降到设定的低限值时，蓄电池管理系统立即关闭风机。蓄电池管理系统的风机控制原理如图4-18所示。

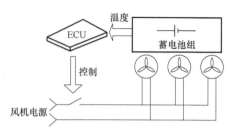

图4-18　蓄电池管理系统的风机控制原理

热管理系统设置了安全保障功能，如果因某种原因而使蓄电池温度达到故障的极限值，蓄电池管理系统就会发出警告信号，并会控制蓄电池停止充放电，以确保蓄电池的安全。

（2）蓄电池低温控制原理　在低温时，蓄电池的活性差。对锂离子电池来说，由于负极石墨的嵌入能力下降，这时候大电流充电很可能出现蓄电池热失控甚至引发安全事故。

为了避免这一问题，当蓄电池管理系统监测到蓄电池的温度过低时，会向充电装置发出控制信号，充电装置根据蓄电池管理系统的控制信号，转入小电流充电。低温状态下蓄电池的内阻增大，在充电过程中，蓄电池的欧姆极化增大，充电效率下降，而这部分能量转化为热量，使得蓄电池的温度逐渐升高。当蓄电池管理系统监测到蓄电池温度正常时，就向充电装置发出控制信号，使充电装置恢复至正常电流模式充电。

对于锂离子电池而言，低温主要是对蓄电池的充电有负面影响，对蓄电池的放电则影响不大。因为蓄电池放电过程释放热量，再加上低温下增大的内阻产生的热量也增大，蓄电池的工作温度会很快上升到适宜温度，呈现负反馈的机制。因此，锂离子电池在低温状态下往往不需要对其进行热管理。

3. 热管理系统散热结构的设计

蓄电池组安放在箱体内通过风机降温，如果通风不当，容易造成箱内各蓄电池的温度不一致，导致蓄电池的容量、内阻的不一致。在蓄电池使用过程中，容量较小的蓄电池容易产生过充电和过放电，进而影响其性能和寿命，并造成安全隐患。因此，蓄电池箱体内蓄电池的布置、散热风道的布局，均要尽量保证蓄电池组的散热均匀性。

根据散热通风系统结构形式的不同，蓄电池组的通风分为串行通风和并行通风两种方式。

（1）串行通风方式　串行通风方式如图4-19所示。当蓄电池需要散热时，风机工作，空气从一侧进，从另一侧出。冷空气进入后，在经过蓄电池时不断地被加热。这样，在空气入口一侧的蓄电池被空气带走的热量

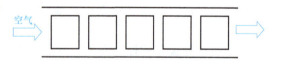

图4-19　串行通风方式

相对较多，而在空气出口一侧的蓄电池，其散热效果要差于空气入口一侧的蓄电池。采用串行通风方式的蓄电池，其温度会沿空气的流向逐渐升高。因此，采用串行通风方式时，蓄电池的散热均匀性不太理想，故这种通风方式目前已较少采用。

（2）并行通风方式　并行通风方式如图4-20所示。通过对蓄电池的布置以及对楔形进排气通道的合理设计，可确保进入每个蓄电池之间缝隙的空气流量均匀，蓄电池组各蓄电池散热一致，蓄

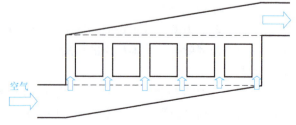

图4-20　并行通风方式

电池温度的一致性好。并行通风方式是目前采用较多的蓄电池散热结构形式。

四、蓄电池组的绝缘检测

1. 蓄电池组绝缘检测的意义

在纯电动汽车上，动力电池组的电压一般在 200V 以上，较高的电压可减小电动汽车电气设备的工作电流，使电气设备和整车的质量减轻。但是，蓄电池组的电压高，对其连接线路、功率转换器、电动机等与车辆底盘之间的绝缘性能要求也更高。在较高的电压下，电缆线绝缘介质容易老化，加之受潮湿环境及其他因素的影响，容易导致高压系统线路和车辆底盘之间的绝缘性能下降，致使蓄电池组通过不良的绝缘层漏电，使底盘电位升高。这不仅会危及车上乘员的人身安全，而且还会影响低压电器和车辆电子控制器的正常工作。因此，实时监测蓄电池组相对车辆底盘的电气绝缘性能，对保证车上乘员的安全、蓄电池组和电气设备的正常工作、车辆的安全运行都具有重要意义。

2. 蓄电池组绝缘检测的方法

对于封闭回路的高压直流电气系统，其绝缘性能通常用电气系统中电源对地漏电流的大小来表征。常见的漏电流检测方法有辅助电源法、电流传感法和变阻抗网络法等多种，目前在电动汽车上实际应用的方法则是变阻抗网络法。

（1）辅助电源法 辅助电源法是在漏电检测装置中，使用一个电压为 110V 的检测用辅助蓄电池，将辅助蓄电池的正极与待测直流电源的负极相连，辅助蓄电池的负极连接车辆底盘，线路中串接一个电流表，即可检测蓄电池组与车辆底盘之间的漏电流。在被测系统绝缘性能良好的情况下，辅助蓄电池没有电流回路，漏电流为零；在电源电缆绝缘层老化或环境潮湿等情况下，电池通过电缆绝缘层形成通路，产生漏电流，检测装置根据漏电流的大小报警，并关断待测系统的电源。

辅助电源方法不仅需要 110V 的辅助直流电源，增加了系统结构的复杂程度，而且难以区分绝缘故障源是来自电源正极引线电缆还是负极引线电缆。因此，这种绝缘检测方法很少在电动汽车上采用。

（2）电流传感法 电流传感法采用霍尔式电流传感器进行漏电检测。将待测系统中电源的正极和负极一起同方向穿过电流传感器，当没有漏电流时，从电源正极流出的电流等于返回到电源负极的电流，因此，穿过电流传感器的总电流为零，电流传感器输出电压为零。当发生漏电现象时，电流传感器输出电压不为零。根据该电压的正负可以进一步判断漏电流的来源是来自电源正极引线电缆还是电源负极引线电缆。

电流传感法是在待测电源处于工作状态，有工作电流流出和流入时才能检测是否有漏电流，它无法在电源空载状态下监测和评价系统的对地绝缘性能。对于电动汽车而言，要求在车辆行驶之前、蓄电池电源空载条件下，也能够检测电源对车辆底盘的绝缘性能，而且还要求能够分别定量地检测电源正极引线电缆和负极引线电缆对底盘的绝缘性能。综上所述，电流传感法也不适合检测电动汽车蓄电池组与底盘之间的绝缘。

（3）变阻抗网络法 在一些电动汽车上，已经采用一种变阻抗网络法来测量电池组对底盘的绝缘电阻，其测量原理如图 4-21 所示。

假设蓄电池的总电压为 U_0，待测的正、负母线与电底盘之间的绝缘电阻分别为 R_p、R_n，正、负母线与电底盘之间的电压分别为 U_p、U_n，则待测蓄电池系统的等效模型如

图 4-21 中的点画线框内部分所示。图 4-21 中，R_{c1}、R_{c2} 为测量用的已知电阻值的标准电阻。

当开关 S_1、S_2 全部断开时，测量正、负母线与电底盘之间的电压分别为 U_{p1}、U_{n1}，由电路定律得

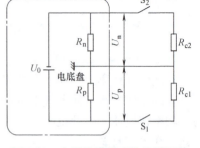

图 4-21　变阻抗网络法的检测原理

$$\frac{U_{p1}}{R_p} = \frac{U_{n1}}{R_n} \tag{4-25}$$

当开关 S_1 闭合、S_2 断开时，在正母线与电底盘之间接入标准偏置电阻 R_{c1}，测量正、负母线与电底盘之间的电压分别为 U_{p2}、U_{n2}，同样可得

$$\frac{U_{p2}}{R_p} + \frac{U_{p2}}{R_{c1}} = \frac{U_{n2}}{R_n} \tag{4-26}$$

由式（4-25）和式（4-26）联合求解，可得

$$R_p = R_{c1} \left(\frac{U_{p1} U_{n2}}{U_{n1} U_{p2}} - 1 \right) \tag{4-27}$$

$$R_n = R_{c1} \frac{U_{p1} U_{n2} - U_{n1} U_{p2}}{U_{p1} U_{p2}} \tag{4-28}$$

同样，绝缘电阻在以下两种情况也可以得到：

① S_1、S_2 全部断开，S_1 断开、S_2 闭合。

② S_1 闭合、S_2 断开，S_1 断开、S_2 闭合。

这种方法虽然能够满足电动汽车上蓄电池组的绝缘测量要求，但缺点也很明显，检测芯片及其隔离电路的庞杂造成整个检测装置体积过大，不利于电动汽车上仪表盘的安装。

对上述方法略作改进，由双边切换电阻改为单边切换固定电阻，也可实现绝缘电阻的检测。其工作原理如图 4-22 所示。

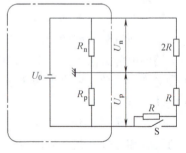

图 4-22　单边切换固定电阻
方案的工作原理

当 S 断开的时候，测量正、负母线与电底盘之间的电压分别为 U_{p1}、U_{n1}，则有

$$\frac{U_{n1}}{R_n} + \frac{U_{n1}}{2R} = \frac{U_{p1}}{R_p} + \frac{U_{p1}}{2R} \tag{4-29}$$

当 S 闭合时，测量正、负母线与电底盘之间的电压分别为 U_{p2}、U_{n2}，则有

$$\frac{U_{n2}}{R_n} + \frac{U_{n2}}{2R} = \frac{U_{p2}}{R_p} + \frac{U_{p2}}{R} \tag{4-30}$$

联立式（4-29）和式（4-30），求解得到

$$R_p = \frac{2R(U_{n2} U_{p1} - U_{n1} U_{p2})}{2U_{n1} U_{p2} - U_{n2} U_{p1}} \tag{4-31}$$

$$R_n = \frac{2R(U_{n2} U_{p1} - U_{n1} U_{p2})}{U_{p1} U_{p2} - U_{n2} U_{p1} + U_{n1} U_{p2}} \tag{4-32}$$

这种方法只使用一个开关管，在检测过程中减少了开关切换的次数，增加了检测的可靠性，同时也降低了成本。

五、蓄电池组的充电管理

蓄电池充电模式和方法对蓄电池容量的有效利用和安全性有着重要影响。蓄电池管理系统对蓄电池组的充电管理，就是选择科学、合理的充电模式和方法，以保障蓄电池充电过程的安全，提高电池能量利用效率，减缓蓄电池性能的下降速率。

1. 车载充电器的充电模式

（1）蓄电池的充电方法 蓄电池管理系统通常选择智能化的充电方法，以定压、定流、脉冲等基本充电方法组合成智能化的快速充电过程。在充电过程中，需要进行定压、定流及停充等的自动转换，这就需要实时地检测充电电压和充电电流参数。因此，车载充电器的充电模式实际上是按设定的程序进行的，通过电压、电流闭环控制完成充电过程。下面以最为常见的定流-定压充电模式为例，说明其充电控制过程。

当充电电压低于设定的限制电压时，采用定流充电，随着充电的进行，充电电压逐渐上升；当充电电压达到设定的限制电压时，转为定压充电；在定压充电过程中，随着蓄电池电动势的上升，充电电流逐渐减小；当充电电流达到停止电流时，判定为蓄电池已充足电，充电过程结束。

（2）充电电压的检测方法 由车载充电器的充电方法可知，充电电压是控制充电过程的重要参数。充电电压可选择充电器的输出电压，也可选择蓄电池组的端电压。蓄电池组充电电路的工作原理如图 4-23 所示。

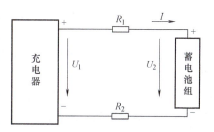

图 4-23 蓄电池组充电电路的工作原理

在蓄电池组实际充电的过程中，由于充电电流较大，电缆本身的电阻及电缆线端与蓄电池极桩的接触电阻不可忽略。设蓄电池组正、负极桩与充电器之间的线路电阻分别为 R_1、R_2，当充电电流为 I 时，充电器的输出电压 U_1 与蓄电池组的端电压 U_2 之间存在如下关系：

$$U_1 = U_2 + I(R_1 + R_2) \tag{4-33}$$

由式（4-33）可知，由于 $U_1 > U_2$，如果采用 U_1 作为反馈量进行充电电流控制的话，蓄电池的充电过程会在未达到充电截止电压之前进入定压充电阶段，使得充电电流减小，充电时间延长。

解决上述问题的方法是，通过实时检测蓄电池组的端电压，并将其作为充电电压参数进行充电过程控制。检测蓄电池组端电压需要在充电器与蓄电池组正、负极桩之间连接两根检测线。

这种充电电压检测方法的缺点是，当这两根检测线的任何一根出现连接松脱或线路断路故障时，就会使充电器因得不到充电电压反馈信号而不能正常工作。解决这一问题的方法是，在车载充电器中设置安全保障功能，即在充电过程中，如果来自蓄电池端电压检测线的电压信号异常或丢失，就立即将充电器的输出电压作为充电电压控制参数，以使充电过程不受影响。

（3）蓄电池组中各蓄电池性能不均匀问题的处理　从上述充电过程可以看出，充电控制没有考虑到蓄电池组中各个蓄电池性能的不一致性。由于蓄电池在生产和使用过程中的差异，各蓄电池之间的不一致性是在所难免的，因此，在充电过程中，就会出现一部分蓄电池先于其他蓄电池充满电或者到达充电电压上限。而蓄电池组端电压反映的是所有蓄电池的平均电压，某些蓄电池虽已处于过充电状态，但并不能从蓄电池组的端电压上反映出来，其结果是充电器仍会按照原来的模式充电，致使这些蓄电池出现明显的过充电而损坏，甚至有可能引发安全事故。

在纯电动汽车用的各种蓄电池中，锂离子电池的抗过充电能力较差。因为锂离子电池的充电是锂离子在正、负极之间的嵌入和脱出，当出现过充电时，过量的锂离子从蓄电池的正极脱出，并最终以原子态的形式沉积在蓄电池的负极表面，轻则造成可循环的锂离子数量减少，使电池性能下降；严重时，沉积的锂原子可能刺破电池内部的隔膜，造成蓄电池内部短路，出现热失控并最终引发安全事故。因此，过充电对锂离子电池的影响最大。即便是铅酸电池，长时间的过充电也会导致电池内部大量发热，使得电池性能下降速度加快，并最终导致电池寿命缩短。

由此看来，只是以蓄电池端电压作为充电过程控制参数，容易使蓄电池的不均匀性问题越来越严重，并最终导致蓄电池的性能迅速下降、使用寿命缩短，甚至引发安全事故。因此，全面地监控蓄电池组中各个蓄电池的电压，并将其作为充电控制依据，才能有效地防止各蓄电池性能差异的扩大，保证充电过程的安全并减缓蓄电池性能的下降。

2. 蓄电池管理系统的充电管理

蓄电池管理系统（BMS）通过对蓄电池状态的实时监测，获得所有蓄电池的电压和温度数据，实现蓄电池充电过程控制的智能化，并确保充电过程的安全。蓄电池管理系统充电管理的基本原理如图4-24所示。

BMS通过对充电过程中蓄电池状态的在线监测，获得蓄电池组中各蓄电池的温度、电压、工作电流、电池和电池箱（架）之间的绝缘电阻等参数，即可进行蓄电池状态分析。蓄电池状态分析通常包括：

1）SOC估算并分析SOC是否过高或过低。

2）蓄电池的温度是否过高或过低。

3）各蓄电池电压是否过高或过低。

4）蓄电池的温升是否过快。

5）绝缘是否良好。

6）充、放电电流是否过大。

7）蓄电池的不一致性程度。

8）蓄电池组是否存在故障。

9）是否有通信故障。

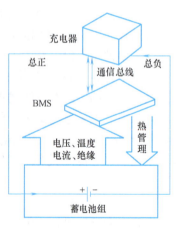

图4-24　BMS充电管理的基本原理

蓄电池管理系统根据蓄电池状态分析的结果实施相应的热管理、SOC显示或报警、充电过程管理、蓄电池故障的报警等控制。车载充电器的主要任务是电源电压变换、输出电压和电流的闭环控制、必要的保护以及与蓄电池管理系统通信，实现蓄电池状态的实时监控和输出电流的动态调节。

　　蓄电池管理系统与车载充电器之间通过总线连接，实现了数据共享，在整个充电过程中使得蓄电池的电压、温度以及绝缘性能等与安全性相关的参数都能参与蓄电池的充电控制和管理，使得充电器能根据蓄电池当前的状态及时地改变充电电流，有效地防止了蓄电池组中各蓄电池的过充电和过热现象，大大提高了蓄电池充电的安全性。

　　蓄电池管理系统的智能化充电管理功能，不但提高了蓄电池充电的速度、效率和安全性，还简化了充电时设置充电参数、选择充电模式等烦琐的操作。当电动汽车需要充电时，只要将车载充电器插入电源插座，蓄电池管理系统就会根据当前的蓄电池状态向充电器输出相应的控制信号，帮助充电器自动选择充电模式，设置充电参数；当蓄电池组不一致性程度已达到设定的极限时，充电器还会自动进入均衡充电模式，以减小或消除蓄电池的不一致性，提高蓄电池的性能，延长蓄电池的使用寿命。

六、制动能量回馈控制

　　车辆在减速或制动时，将其中一部分动能或势能转化为电能并储存在能量储存装置中的过程称为制动能量回馈。电动汽车采用电力制动时，通过将驱动电动机转变为发电状态，驱动电动机转子转动的转矩转为车辆的制动转矩，而转子转动发电，将车辆的动能转换为电能储存到蓄电池中，从而有效地回收了制动能量，延长了续驶里程。电动汽车的制动能量回馈对纯电动汽车尤为重要，特别是在城市工况中，汽车减速制动频繁，制动能量回馈的作用更加明显。有关研究表明，如果能有效地回收制动能量，纯电动汽车的续驶里程可以提高 $10\% \sim 30\%$。

1. 制动能量回馈的基本原理

　　电动汽车的制动方式可分为机械制动（液压或气压）和电力制动两大类，其制动系统实质上是一种混合制动系统。有两种典型的混合制动系统：一种是并联式的混合制动系统，其结构和控制简单，且保留了所有常规制动系统的主要部件；另一种是全可控的混合制动系统，其特点是各个车轮的制动力能独立控制，因此极大地增强了车辆在各种路面上的制动性能。

　　电动汽车的制动工况大致可分为三种，在不同工况下制动系统应采用不同的制动策略。

　　1）紧急制动：指急刹车时对应的制动减速度绝对值大于 $2m/s^2$ 的工况。出于安全性方面的考虑，在这种情况下应以机械制动为主，电力制动同时作用，但起辅助制动作用。

　　2）中轻度制动：指汽车在正常行驶工况下的制动过程，可分为减速过程与停车过程。通常由电力制动完成减速过程，机械制动完成停车过程。两种制动的过渡点由电动机发电特性确定，应避免充电电流过大或充电时间过长。

　　3）下长坡时制动：此种工况下对制动力的要求不大，可完全由电力制动提供，制动过程中回馈电流小，充电时间长。

　　制动能量回馈的控制原理如图 4-25 所示。制动踏板提供制动信号，信号传递到整车控制器。整车控制器根据车辆运行状况及其他控制模块的状态，决定是否进行制动能量回馈，并分配能量回馈制动力矩的大小。在能量回馈制动过程中，电动机控制器在对电动机实施回馈制动控制的同时，需要与能量管理系统实时进行双向信息交流，在保证蓄电池安全充电的同时，实现最大的制动能量回馈效果。

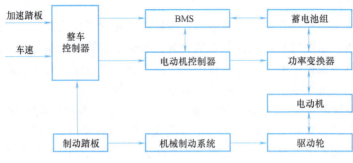

图 4-25 制动能量回馈的控制原理

电动汽车上的能量回馈制动给其制动系统的设计带来两个基本问题：一是如何在回馈制动和摩擦制动之间分配所需的制动力，以尽可能多地回收制动能量；二是如何在前后轴上分配总制动力，以实现稳定的制动性能。通常，回馈制动仅对驱动轴有效。为尽可能多地回收制动能量，必须控制电动机产生特定量的制动力；同时，为满足来自驾驶员的车辆减速指令，必须有足够的总制动力。

2. 制动能量回馈的控制策略

电动汽车制动系统控制策略的基本原则是，在满足制动安全性的前提下，最大限度地吸收制动过程中的能量。目前主要有三种不同的制动控制策略，即理想制动力分配控制策略、最佳制动能量回馈控制策略和前后制动力固定比值控制策略。

（1）理想制动力分配控制策略　理想制动力分配控制策略以使车辆的制动距离最小化为控制目标，控制施加在前后轮上的制动力，同时给驾驶者最佳的制动方向稳定性感觉。要想实现这两个目的，要求施加在前后轮上的制动力遵循理想的制动力分配曲线。理想的制动力分配策略能充分利用地面附着条件，而且制动距离最短，制动时汽车方向稳定性也好，并且回收制动能量的效果相当好，但控制系统较复杂，适用于全可控的混合制动系统。

（2）最佳制动能量回馈控制策略　在符合制动要求的条件下，最佳制动能量回馈控制策略的原理是在满足对应于给定减速度指令的总制动力情况下，向前轮分配更多的制动力。因而，对于能量回馈制动，将有更多的制动能量可得到回收。这种控制策略对并联式的混合制动系统与全可控的混合制动系统均适用。

（3）前后制动力固定比值控制策略　常规机械制动系统前后轮制动力的分配比例是固定的，对电动汽车的混合制动系统而言，前后制动力固定比值控制策略是指前轮（前轮驱动）的总制动力（摩擦制动力与电力制动力之和）与后轮摩擦制动力的比值在一定的制动减速度范围内是固定的。为了获得较大的制动能量回馈，这种控制策略主要用于前轮驱动汽车并联式的混合制动系统，即在制动主缸中安装检测主缸液压的压力传感器，施加在驱动轮上的电动机制动力与制动主缸中的液压力成正比。前后制动力固定比值控制策略使前后轮上的实际制动力接近理想的制动力分配曲线，有较短的制动距离，并在危急情况下可更多地依靠强有力的机械制动。

3. 直流电动机制动能量回馈方式

电动汽车的驱动电动机有多种类型，不同类型的驱动电动机制动能量回馈的控制方式是不一样的，这里以直流电动机为例，介绍驱动电动机制动能量回馈的工作原理。图 4-26 为他励直流电动机制动能量回馈原理图。在制动能量回馈过程中，将电动机电枢驱动电流断开，电枢两端接入一个开关电路，并使其处于高频通断状态。电动机具有电感特性，感应电动势 E 与感应电流 I 有如下关系：

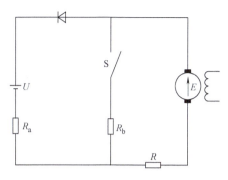

$$E = -L\frac{\mathrm{d}I}{\mathrm{d}t} \tag{4-34}$$

式中　L——电动机电枢的电感。

图4-26　他励直流电动机制
动能量回馈原理图

当开关闭合时，由电动机感应电动势引起的感应电流经开关形成回路，感应电流 I_b 为制动电流，则

$$I_b = -\frac{E}{R_b + R} \tag{4-35}$$

式中　R——电枢电阻；

　　　R_b——制动限流电阻。

在制动电流 I_b 的作用下，直流电动机产生一制动转矩作用于驱动轮，形成电力制动。根据他励直流电动机的机械特性，电力制动力矩为

$$T_b = -\frac{C_e C_m \Phi^2 n}{R_b + R} \tag{4-36}$$

式中　C_e——磁场常数；

　　　C_m——电动机转矩常数；

　　　Φ——磁场磁通；

　　　n——电动机转速。

当开关断开时，感应电动势迅速上升，直至感应电动势大于电源电动势时，形成回馈电流，从而把机械能转化为电能回馈到蓄电池。回馈电流 I_a 的计算式为

$$I_a = -\frac{E - U}{R_a + R} \tag{4-37}$$

式中　R_a——回馈电路的等效电阻。

117

第五章　混合动力电动汽车

第一节　混合动力电动汽车概述

一、混合动力电动汽车的基本概念及特点

1. 混合动力电动汽车的基本概念

混合动力电动汽车（Hybrid Electric Vehicle，HEV）是指同时配备有电力驱动系统和辅助动力单元（Auxiliary Power Unit，APU）的汽车，其中 APU 是燃烧某种燃料的原动机或由原动机驱动的发电机组。

从广义上讲，在特定工作条件下，由两种或两种以上的储能器、能源或能量转换器作驱动能源，其中至少有一种能提供电能的车辆称为混合动力电动汽车。若按此概念，则配备储能装置的燃料电池电动汽车，以及同时匹配蓄电池和超级电容的纯电动汽车也可称为混合动力电动汽车。

从狭义上讲，只将既有内燃机又有电动机驱动的车辆称为混合动力电动汽车，即通常所说的燃料（汽油、柴油等）和电能混合的油-电混合动力汽车。狭义的混合动力电动汽车概念将液压储能式混合动力汽车、不同电储能器组成的电-电混合动力汽车排除在外。通常将配备储能装置的燃料电池电动汽车称为混合型燃料电池电动汽车；将同时匹配蓄电池和超级电容的纯电动汽车称为复合电源纯电动汽车。

2. 混合动力电动汽车的特点

混合动力电动汽车由于同时配备了电力驱动系统和辅助动力单元，可充分地发挥传统的内燃机汽车和纯电动汽车的优点，并最大限度地克服它们各自的缺点。综合来看，混合动力电动汽车的特点如下。

1）与纯电动汽车相比，混合动力电动汽车的续驶里程延长了 2~4 倍，能快速添加汽油或柴油。

2）与传统燃油车相比，内燃机能以较高效的模式工作，在相同行驶里程的条件下，燃油消耗和排放减少，在需要时可以纯电动的方式工作，实现零排放。总体上讲，混合动力电动汽车的热效率可提高 10% 以上，废气排放可减少 30% 以上。

3）结构和控制复杂，在有内燃机参与工作的情况下，仍然存在废气排放问题。

二、混合动力电动汽车的分类

到目前为止，混合动力电动汽车有多种结构形式，现以不同的分类方法予以归类。

1. 根据内燃机和电动机的能量流动及连接关系分类

按照内燃机与电动机的能量流动及两者在结构上的连接关系，可以将混合动力电动汽车分为串联式、并联式和混联式三类。

（1）串联式混合动力电动汽车 串联式混合动力电动汽车（Series Hybrid Electric Vehicle，SHEV）的驱动方式如图 5-1 所示。发动机带动发电机发电，其电能通过传输线路及控制器直接输送到电动机，由电动机产生驱动力矩驱动汽车。

（2）并联式混合动力电动汽车 并联式混合动力电动汽车（Parallel Hybrid Electric Vehicle，PHEV）的驱动方式如图 5-2 所示。汽车可由发动机和电动机共同驱动或各自单独驱动。当电动机作为辅助驱动系统时，其功率可以比较小。

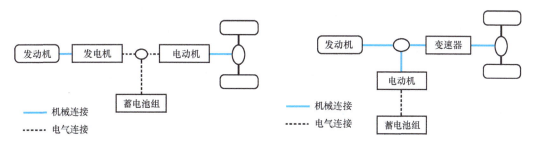

图 5-1 串联式混合动力电动汽车的驱动方式　　图 5-2 并联式混合动力电动汽车的驱动方式

（3）混联式混合动力电动汽车 混联式混合动力电动汽车（Series and Parallel Hybrid Electric Vehicle，SPHEV）有时也称为复杂混合或复合混合动力电动汽车（Complex Hybrid Electric Vehicle，CHEV），其驱动方式如图 5-3 所示。

混联式混合动力电动汽车的驱动系统是串联式与并联式的综合。发动机发

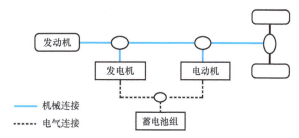

图 5-3 混联式混合动力电动汽车的驱动方式

出的功率一部分通过机械传动输送给驱动桥，另一部分则驱动发电机发电。发电机发出的电能输送给电动机或蓄电池组。电动机产生的电磁转矩通过动力合成装置传送给驱动桥。

2. 根据车辆的主要动力源及能量补充方式分类

根据主要动力源是内燃机还是电动机，是自身补充能量还是使用电网充电，可将混合动力电动汽车分为电量维持型和电量消耗型两类。

（1）电量维持型（内燃机主动型）混合动力电动汽车 在电量维持型混合动力电动汽车中，内燃机功率占整个系统功率的百分比较大，电动机功率占整个系统功率的百分比较小，蓄电池组仅提供车辆行驶时的峰值功率。蓄电池组容量一般较小，车辆行驶前后的蓄电池组荷电状态主要依靠内燃机带动电动机发电或能量回馈来维持，一般不需外界能量源给蓄

电池组补充充电。

（2）电量消耗型（电力主动型）混合动力电动汽车　在电量消耗型混合动力电动汽车中，蓄电池组容量较大，电动机功率占整个系统功率的百分比较大，内燃机功率占整个系统功率的百分比较小，不足以维持蓄电池组荷电状态。车辆行驶后的蓄电池组荷电状态低于初始值，需外界能量源给蓄电池组补充充电。

在第一种分类法中提到的串联式混合动力电动汽车与并联式混合动力电动汽车既可以是电量维持型也可以是电量消耗型。

直接使用车载充电设备从电网补充能量的电量消耗型混合动力电动汽车又称插电式混合动力电动汽车（Plug-in HEV 或 Vehicle-to-Grid）。

3. 根据内燃机和电动机的功率大小及混合程度分类

按照内燃机与电动机的额定功率及混合程度，可以将混合动力电动汽车分为微度混合、轻度混合和深度混合三类。

（1）微度混合动力电动汽车　微度混合动力电动汽车（Micro Hybrids）也称起-停（Stop-Start）混合动力电动汽车。在微度混合动力电动汽车中，电动机仅作为内燃机的起动机/发电机使用，不为汽车行驶提供持续的动力。通常是在传统内燃机的起动机（一般为12V）上加装带驱动起动电机（Belt-alternator Starter Generator，BSG）。该电动机为发电/起动一体式电动机，用来控制发动机的起动和停止，从而取消发动机的怠速，降低了油耗和排放。

（2）轻度混合动力电动汽车　轻度混合动力电动汽车（Mild Hybrids）也称辅助驱动混合动力电动汽车。与微度混合动力电动汽车相比，驱动车辆的两种动力源中，依靠电池-电动机功率的比例增大，内燃机功率的比例相对减少。通常，此种混合动力系统采用集成起动电机（Integrated Starter Generator，ISG；或 Integrated Motor Assist，IMA），车辆以发动机为主要动力来源，辅助电机被安装在发动机和变速器之间，作为辅助动力源与主要动力相连。当行驶中需要更大的驱动力时，被用作电动机；当需要重新起动发动机时，被用作起动机；在减速制动，进行能量回收时，被用作发电机。

（3）深度混合动力电动汽车　深度混合动力电动汽车也称全面混合（Full Hybrids）或强混（Strong Hybrids）动力电动汽车。深度混合动力电动汽车通常采用大容量电池，以供给电动机以纯电动模式运行，同时还具有动力切换装置，用于发动机、电动机各自动力的耦合和分离。在起步、倒车、起步-停车、低速行驶等情况下，车辆可以纯电动模式行驶；急加速时，电动机和内燃机一起驱动车辆，并具有制动能量回收的能力。与轻度混合动力电动汽车相比，驱动车辆的两种动力源中，电动机的功率更大。

这一分类方法主要针对并联式混合动力电动汽车。为更好地区分并联式混合动力电动汽车的混合程度，引入了混合度（Degree Of Hybridization，DOH）的概念。

假设并联式混合动力电动汽车中内燃机与电动机的额定功率分别为 P_{eICE} 和 P_{eMOT}，则混合度的表达式为

$$DOH = 1 - \frac{|P_{eICE} - P_{eMOT}|}{P_{eICE} + P_{eMOT}} \tag{5-1}$$

如果以内燃机和电动机额定功率之差与额定功率之和的比值为横坐标，混合度为纵坐标，可以得到图5-4所示的混合动力电动汽车的混合度分布。

由图 5-4 可以得出以下结论：

1）当 $P_{eMOT} = 0$ 时，DOH = 0，对应传统内燃机汽车。

2）当 $P_{eICE} = 0$ 时，DOH = 0，对应纯电动汽车。

3）当 $P_{eICE} = P_{eMOT}$ 时，DOH = 1，对应深度混合动力电动汽车。

4）当横坐标为正时，内燃机额定功率大于电动机额定功率。

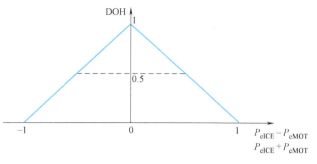

图 5-4　混合动力电动汽车的混合度分布

5）当横坐标为负时，内燃机额定功率小于电动机额定功率。

6）DOH 越大，内燃机与电动机的额定功率越接近。

7）一般地，当 DOH<0.1 时，混合动力电动汽车为微度混合型；当 $0.1 \leqslant DOH < 0.5$ 时，混合动力电动汽车为轻度混合型；当 DOH≥0.5 时，混合动力电动汽车为深度混合型。

关于混合度问题，有如下两点需要说明：

1）关于混合度的概念，还存在其他定义，如将混合度定义为电动机的功率与两动力源总功率的比值。这种定义也是从动力源功率大小的角度来区分混合动力类型的。根据这种混合度定义，混合度在 30% 及以下的为轻度混合动力电动汽车，混合度在 30% 以上的为深度混合动力电动汽车。

2）有的将插电式混合动力电动汽车也划入按混合度分类的混合动力车型中。

第二节　串联式混合动力电动汽车

一、串联式混合动力电动汽车的组成

串联式混合动力电动汽车由发动机、发电机、蓄电池组（或其他类型的动力电池）、牵引电动机、机械传动装置等组成，如图 5-5 所示。如果蓄电池组可外插电网充电，则属于插电式串联混合动力电动汽车，如图中所示。发动机和发电机之间是机械连接，牵引电动机与机械传动装置（主减速器、差速器等）之间是机械连接，燃油箱与发动机之间是管路连接，其余部分是电缆连接。

发动机和发电机组被称为辅助动力单元，其主要功能是将发动机输出的机械能通过发电机转化为电能，转化的电能或用于蓄电池充电，或经牵引电动机和机械传动装置驱动车辆行驶。

图 5-5 中带箭头的实线和虚线表达了车辆在行驶过程中能量的流动情况。从燃油箱、发动机、发电机、整流器流出的能量是单向的，可以经电动机控制器、牵引电动机直到机械传动装置，提供车辆行驶所需要的能量，也可以经 DC/DC 转换器流向蓄电池组，通过向蓄电池组充电以维持其 SOC。从蓄电池组、DC/DC 转换器、电动机控制器、牵引电动机直到机械传动装置，能量流动可以是双向的。根据行驶工况及控制策略，可控制牵引电动机工作在电动状态或发电状态：车辆在行驶中，牵引电动机工作在电动状态，将电能转换为电磁转矩，提供车辆行驶所需要的驱动力；车辆停车或减速制动时，牵引电动机工作在发电状态，

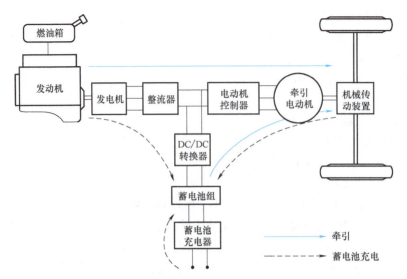

图 5-5　串联式混合动力电动汽车的组成

将车辆的一部分动能转化为电能，经 DC/DC 转换器给蓄电池组充电，实现电动汽车减速制动能量的回馈。

二、串联式混合动力电动汽车的工作模式与运行工况分析

1. 串联式混合动力电动汽车的工作模式与对应的行驶工况

（1）串联式混合动力电动汽车的工作模式　串联式混合动力电动汽车根据行驶负荷的不同，有以下几种工作模式：

1）纯粹的电驱动模式：发动机关闭，车辆仅由蓄电池组向电动机供电，车辆驱动所需能量全部来自蓄电池组。有这种工作模式的串联式混合动力电动汽车对蓄电池容量和能量的匹配要求较高。

2）纯粹的发动机驱动模式：车辆驱动功率仅源于发动机-发电机组，而蓄电池组既不供电也不从传动系统中获取任何能量。

3）混合驱动模式：驱动功率由发动机-发电机组和蓄电池组共同提供。

4）发动机驱动和蓄电池充电模式：发动机-发电机组除提供车辆行驶所需的功率外，还向蓄电池组充电。

5）再生制动模式：发动机-发电机组关闭，而牵引电动机运行在发电状态，通过消耗车辆的动能产生电功率，用于向蓄电池组充电。

6）蓄电池停车充电模式：牵引电动机不接收功率，车辆停驶，发动机-发电机组仅向蓄电池组充电。

7）蓄电池混合充电模式：发动机-发电机组和运行在发电状态下的牵引电动机两者都向蓄电池组充电。

（2）行驶工况与相对应的工作模式

1）在低负荷行驶时，串联式混合动力电动汽车可采用纯粹的电驱动模式或纯粹的发动机驱动模式。纯粹的电驱动模式由蓄电池组提供电能，发动机处于关闭状态，主要用于对排

放要求较高的市区道路环境；纯粹的发动机驱动模式下，蓄电池组不提供电能，电动机的电能由发动机-发电机组提供。

2）在高负荷行驶（如超车或满载爬坡）时，串联式混合动力电动汽车则采用混合驱动模式，电能来自于发动机-发电机组和蓄电池组。

3）在正常行驶时，如果发电机的输出功率大于车辆行驶所需功率，串联式混合动力电动汽车一般采用发动机驱动和蓄电池充电模式。此时，发动机可以始终工作在效率较高、排放较低的某一稳定工况，带动发电机发出的电能主要供给电动机，用于驱动汽车行驶。如果发电机发出的电能有富余，同时蓄电池 SOC 较低，发电机还可同时向蓄电池组充电，直到蓄电池 SOC 达到预定的限值。

4）在汽车减速制动时，则采用再生制动模式，电动机控制器控制牵引电动机工作在发电状态，将车辆的动能转换为电能，并向蓄电池组充电。

5）在汽车停驶时，如果蓄电池组 SOC 低，又没有充电电源可用，可采用停车充电模式。此模式下，发动机-发电机组工作，发出的电能通过功率转换器向蓄电池组充电。

2. 串联式混合动力电动汽车的运行工况分析

结合汽车运行工况，对工作模式和能量流动的具体分析如下：

（1）起动/正常行驶/加速运行工况　发动机通过发电机和蓄电池组一起输出电能并传递给功率转换器，然后驱动电动机，通过机械传动装置驱动车轮。起动/正常行驶/加速运行工况下的能量流动如图 5-6 所示。

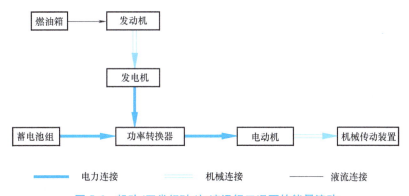

图 5-6　起动/正常行驶/加速运行工况下的能量流动

（2）低负荷工况　发动机发出的功率大于车辆所需功率，多余的能量通过发电机给蓄电池组充电，直到 SOC 达到预定的限值。低负荷工况下的能量流动如图 5-7 所示。

（3）减速/制动工况　电动机把驱动轮的动能转化为电能，并通过功率转换器给蓄电池组充电。减速/制动工况下的能量流动如图 5-8 所示。

（4）停车充电工况　停车时，发动机可通过发电机和功率转换器给蓄电池组充电。停车充电工况下的能量流动如图 5-9 所示。

三、串联式混合动力电动汽车的特点

1. 串联式混合动力电动汽车的结构特点

（1）发动机与发电机组成辅助动力单元整体　发动机和发电机组成的辅助动力单元一

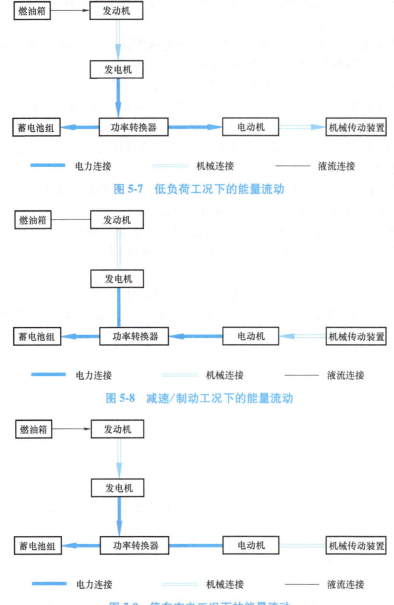

图 5-7　低负荷工况下的能量流动

图 5-8　减速/制动工况下的能量流动

图 5-9　停车充电工况下的能量流动

起工作产生所需的电能，发动机和发电机之间的机械连接装置中不需要离合器。

（2）辅助动力单元的电能输出有两条支路　发动机输出的机械能首先通过发电机转化为电能，电能的供给对象有两个，一个是电动机，由电动机产生电磁转矩，通过机械传动装置驱动车轮；另一个是蓄电池，用于保持或提高蓄电池的SOC。

（3）发动机与车轮之间无机械连接　发动机仅用于带动发电机发电，与驱动轮无机械连接，不直接驱动车辆。

（4）电动机为唯一驱动装置　与纯电动汽车一样，由电动机产生汽车唯一的驱动力。

（5）属于内燃机辅助型的混合动力电动汽车　串联式混合动力电动汽车匹配辅助动力

单元的主要目的是增加电动汽车的续驶里程。

2. 串联式混合动力电动汽车的优点

（1）可实现零排放行驶　以蓄电池组为基本能源时，可实现"零污染"状态的行驶。发动机-发电机组所发出的电能向蓄电池组充电，用于补充蓄电池组的电能，或直接供给电动机，以延长续驶里程。

（2）发动机的排放低　发动机-发电机组中的发动机与驱动轮之间没有机械连接，因此能够保持在稳定、高效、低污染的状态下运转，将有害气体的排放控制在最低范围。还可采用燃气轮机、转子发动机等其他类型的发动机，进一步降低燃料消耗和有害气体排放。

（3）机械传动装置结构简单、成本低　串联式混合动力电动汽车趋近于纯电动汽车，只由电动机驱动车辆，因而可充分利用电动机所具有的较为理想的转矩-转速特性，使驱动系统无须采用多档机械传动装置，其结构大为简化；也可采用电动机集中驱动系统或电动轮驱动系统，以降低成本。

（4）总体结构简单，易于布置和控制　发动机与车轮之间在机械上完全解耦，总体结构较简单，易于控制。发动机-发电机组和电动机之间没有机械联系，因而在车上布置时有较大的自由度。

3. 串联式混合动力电动汽车的缺点

（1）动力装置的功率大　串联式混合动力电动汽车的发动机、发电机、电动机的功率均较大，蓄电池组的容量也较大，原因如下：

1）由于只由电动机提供车辆的驱动力，电动机驱动功率必须能够克服车辆在行驶过程中的最大阻力，故要求电动机功率较大，外形尺寸较大，质量较大。这种功率配置导致电动机在车辆运行中不可避免地经常在部分负荷状态下工作，故而电动机的效率较低。

2）由于车辆需要在纯电动状态下行驶，故而要求蓄电池组的容量要足够大。

3）辅助动力单元的输出功率须满足电动机的功率需求，因此，发动机和发电机的功率必须接近或等于电动机的功率。

相比之下，串联式混合动力电动汽车的电动机、发动机-发电机组、蓄电池组的结构尺寸较大、质量大，这导致了整车外形尺寸较大、质量较大。因此，采用串联方式的汽车动力装置在中小型车上布置有困难，较适合应用于大型客车。

（2）能量转换综合效率低　发动机-发电机-电动机系统在机械能-电能-机械能的能量转换过程中，能量损失较大；在蓄电池组的充、放电过程中存在能量损耗，车辆也不是经常在满负荷状态下运行，能量转换的综合效率比内燃机汽车低。

（3）动力匹配要求严格　发动机-发电机组与蓄电池组之间的匹配要求较严格，应能根据蓄电池组 SOC 的变化，自动起动或关闭发动机，以避免蓄电池组过放电和过充电，因此需要更大容量的蓄电池组。

第三节　并联式混合动力电动汽车

一、并联式混合动力电动汽车的组成

并联式混合动力电动汽车由发动机、电动机、电动机控制器、蓄电池组（或其他类型动力电池)、动力合成器、机械传动装置等组成，如图 5-10 所示。如果蓄电池组可外插电网充电，则属于插电式并联混合动力电动汽车。发动机与电动机的输出轴分别与转矩耦合器输入端机械连接，输出动力通过动力合成器输出轴传递到机械传动装置（变速器、主减速器、差速器等），驱动车辆行驶。燃油箱与发动机之间是管路连接，电动机与控制器、蓄电池组之间分别是电缆连接。

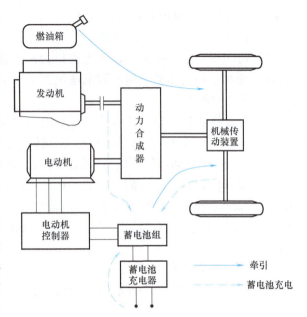

并联式混合动力电动汽车与串联式混合动力电动汽车的最大区别在于发动机与机械传动装置存在机械连接，直接参与车辆的驱动。图 5-10 中带箭头的实线和虚线分别表达了车辆在行驶过程中能量的流动，与串联式混合动力电动汽车情况类似。

图 5-10　并联式混合动力电动汽车的组成

二、并联式混合动力电动汽车的工作模式与运行工况分析

1. 并联式混合动力电动汽车的工作模式与对应的行驶工况

（1）并联式混合动力电动汽车的工作模式　并联式混合动力电动汽车根据行驶负荷状态的不同，有以下几种工作模式：

1）纯粹的电驱动模式：发动机关闭，离合器分离，电动机从蓄电池组获得电能，通过动力合成器驱动汽车行驶。

2）纯粹的发动机驱动模式：车辆的驱动功率完全来自发动机，而蓄电池组既不供电也接受充电。此时，电动机处于关闭状态，车辆的驱动方式与燃油汽车相似。

3）混合驱动模式：驱动功率由发动机和蓄电池组共同提供，发动机的驱动转矩和电动机的电磁转矩通过动力合成器合成后，向机械传动装置提供驱动力。

4）发动机驱动和蓄电池充电模式：发动机除提供车辆行驶所需的功率外，还向蓄电池组充电。此时，发动机的功率由动力合成器分成两路，一路用于驱动汽车，一路用于带动运行在发电状态的电机发电。

5）再生制动模式：发动机关闭，而牵引电动机工作在发电状态，将车辆的动能转换为电能，并向蓄电池组充电，实现减速制动时的能量回馈。

6）停车充电模式：车辆停驶，发动机通过动力合成器带动电机运转发电，并向蓄电池组充电。此时，机械传动装置应备有空档或在动力合成器与机械传动装置之间装有离合器。

（2）行驶工况与相对应的工作模式

1）在汽车低负荷行驶时，并联式混合动力电动汽车可采用纯粹的电驱动模式或纯粹的发动机驱动模式。纯粹的电驱动模式主要用于对排放要求较高的市区道路环境；纯粹的发动机驱动模式则主要用于公路稳速行驶工况，以提高能量转换效率。

2）在汽车高负荷行驶（如超车或满载爬坡）时，并联式混合动力电动汽车可采用混合驱动模式，发动机和电动机同时工作，分担驱动车辆所需的动力。

3）在汽车正常行驶时，一般采用发动机驱动和蓄电池充电模式运行。此时，发动机的工作效率与工作区间随负荷的变化而不断变化，不能像串联式混合动力电动汽车那样工作在单一工况。当发动机输出的功率有富余时，可以同时向蓄电池组充电。

4）在汽车减速制动时，通常工作在再生制动模式，以提高汽车的能量利用率。

5）在汽车停驶时，如果蓄电池组 SOC 低，又没有充电电源可用，可启用停车充电模式。此模式下，发动机通过动力合成器驱动电机发电，并通过功率转换器向蓄电池组充电。

2. 并联式混合动力电动汽车的运行工况分析

结合汽车运行工况，对工作模式和能量流动的具体分析如下：

（1）起动/加速工况 车辆起动或节气门全开加速时，发动机和电动机同时工作，共同分担驱动车辆所需的动力，如发动机和电动机分别承担总功率的 80% 和 20%。起动/加速工况下的能量流动如图 5-11 所示。

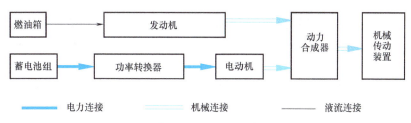

图 5-11 起动/加速工况下的能量流动

（2）正常行驶工况 车辆正常行驶时，电动机关闭，仅由发动机工作提供车辆行驶所需动力。正常行驶工况下的能量流动如图 5-12 所示。

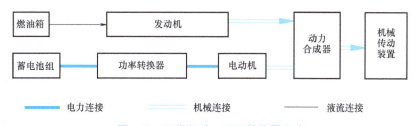

图 5-12 正常行驶工况下的能量流动

（3）减速/制动工况 车辆减速行驶或制动时，电动机工作于发电机模式进行再生制动，通过功率转换器给蓄电池组充电。减速/制动工况下的能量流动如图 5-13 所示。

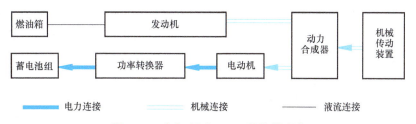

图 5-13 减速/制动工况下的能量流动

（4）行驶中给蓄电池组充电工况　当车辆轻载时，发动机输出功率驱动车辆行驶，同时，发动机输出的多余功率驱动以发电状态工作的电动机发电而向蓄电池组充电。行驶中给蓄电池组充电工况下的能量流动如图5-14所示。

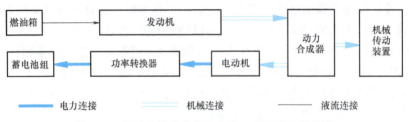

图5-14　行驶中给蓄电池组充电工况下的能量流动

三、并联式混合动力电动汽车的特点

1. 并联式混合动力电动汽车的结构特点

1）两条驱动线路。有内燃机和电动机两条驱动线路，经动力合成器合成后驱动车轮。

2）三种基本驱动模式。发动机单独驱动、电动机单独驱动和发动机加电动机混合驱动。

3）属于电力辅助型的燃油汽车。并联式混合动力电动汽车匹配电力驱动系统的主要目的是降低排放和燃油消耗。

4）电动机兼作发电机。当发动机提供的功率大于驱动车辆所需的功率或者再生制动时，电动机工作在发电状态，将多余的能量充入蓄电池组。也就是说，并联式混合动力电动汽车没有专用的发电机。

2. 并联式混合动力电动汽车的优点

1）动力总成的质量和体积小。只有发动机和电动机两个动力总成，两者的功率等于车辆驱动功率的50%～100%，比串联式混合动力电动汽车三个动力总成的功率、质量和体积小很多。

2）能量的转换效率高。可采用发动机直接驱动车辆，没有串联式混合动力电动汽车发动机的机械能—电能—机械能的转换过程，能量转换的综合效率比串联式混合动力电动汽车高。当车辆需要最大输出功率时，电动机可以给发动机提供额外的辅助动力，因此发动机功率可选择得较小，燃油经济性比串联式混合动力电动汽车好。

3）匹配的蓄电池组容量较小。与电动机匹配的蓄电池组容量较小，可使整车质量减小。

4）发动机的效率高、污染小。当轻度混合时，电动机可带动发动机起动，调节发动机的输出功率，使发动机基本稳定在高效率、低污染状态下工作。发动机也可带动电动机发电向蓄电池组充电，以延长续驶里程。

3. 并联式混合动力电动汽车的缺点

相比于串联式混合动力电动汽车，并联式混合动力电动汽车存在以下缺点：

（1）发动机的工况受车辆行驶工况的影响　并联式混合动力电动汽车需要配备与内燃机汽车相同的传动系统，总布置基本与内燃机汽车相同，动力性能接近内燃机汽车。发动机工况会受到车辆行驶工况的影响，有害气体排放高于串联式混合动力电动汽车。

（2）动力传动系统结构复杂 需要装置离合器、变速器、传动轴和驱动桥等总成，还有电动机、蓄电池组和动力合成器等装置，因此动力系统结构复杂，布置和控制更困难。

四、并联式混合动力电动汽车的动力合成器

1. 动力合成器的作用

并联式混合动力电动汽车必须匹配动力合成器（也称为动力分配器），其作用主要是动力合成和动力分配，分别对应于不同的控制策略或工作模式。

（1）动力合成 将发动机和电动机的两条动力传递路线合成为一条动力传递路线，最后驱动汽车行驶。

（2）动力分配 将发动机的转矩分解为两条路线，一条路线用于驱动车辆行驶，一条路线用于向蓄电池组充电。

2. 动力合成器的分类

根据动力合成器耦合方式的不同，可将其分为转矩耦合器和转速耦合器。转矩耦合器按结构形式的不同，又分为圆柱齿轮传动式、锥齿轮传动式、带/链传动式和传动轴传动式等多种。

图 5-15 和图 5-16 分别为转矩耦合器与转速耦合器的原理图，其中 1、2 为输入端，3 为输出端。

图 5-15 转矩耦合器的原理图   **图 5-16 转速耦合器的原理图**

在图 5-15 中，分别存在如下转矩、转速关系：

$$T_3 \omega_3 = T_1 \omega_1 + T_2 \omega_2 \tag{5-2}$$

$$T_3 = k_1 T_1 + k_2 T_2 \tag{5-3}$$

$$\omega_3 = \omega_1 / k_1 = \omega_2 / k_2 \tag{5-4}$$

在图 5-16 中，分别存在如下转矩、转速关系：

$$T_3 \omega_3 = T_1 \omega_1 + T_2 \omega_2 \tag{5-5}$$

$$\omega_3 = k_1 \omega_1 + k_2 \omega_2 \tag{5-6}$$

$$T_3 = T_1 / k_1 = T_2 / k_2 \tag{5-7}$$

式中 T_1、T_2、T_3——各端口部件的转矩；

     ω_1、ω_2、ω_3——各端口部件的转速；

     k_1 与 k_2——与动力合成器实际结构有关的常数。

3. 转矩耦合器的典型结构

（1）圆柱齿轮传动结构 图 5-17 所示为圆柱齿轮传动转矩耦合器。在图 5-17a 中，$k_1 = z_3 / z_1$，$k_2 = z_3 / z_2$；在图 5-17b 中，$k_1 = z_2 / z_1$，$k_2 = 1$。z_1、z_2、z_3 分别为圆柱齿轮齿数。

（2）锥齿轮传动结构 图 5-18 所示为锥齿轮传动转矩耦合器。对于螺旋锥齿轮，有

$k_1 = z_2/z_1$，$k_2 = 1$。z_1、z_2 分别为锥齿轮齿数。

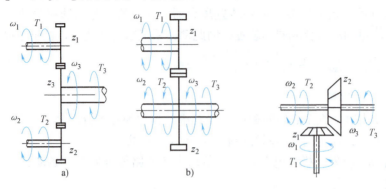

图 5-17 圆柱齿轮传动转矩耦合器　　图 5-18 锥齿轮传动转矩耦合器

（3）带/链传动结构　图 5-19 所示为带/链传动转矩耦合器。在图 5-19a 中，$k_1 = r_2/r_1$，$k_2 = r_3/r_4$；在图 5-19b 中，$k_1 = r_2/r_1$，$k_2 = 1$。r_1、r_2、r_3、r_4 分别为带轮或链轮半径。

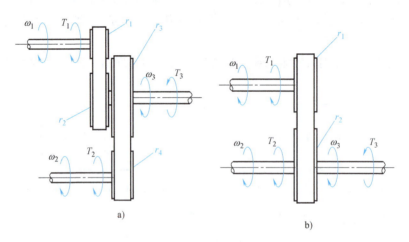

图 5-19 带/链传动转矩耦合器

（4）传动轴结构　图 5-20 所示为传动轴转矩耦合器，电动机的转子轴起到转矩耦合的作用。图 5-20 中，$k_1 = k_2 = 1$。

4. 转速耦合器的典型结构

典型的转速耦合器是图 5-21 所示的行星齿轮机构。在图 5-21 中，z_1、z_2 分别为太阳轮和齿圈齿数，r_1、r_2 分别为太阳轮和齿圈半径。设 $\alpha = z_2/z_1 = r_2/r_1$，则根据行星齿轮机构的传动关系，得

$$\omega_1 + \alpha\omega_2 - (1+\alpha)\omega_3 = 0 \tag{5-8}$$

$$T_3 = \alpha T_1 = \frac{1+\alpha}{\alpha}T_2 \tag{5-9}$$

$$k_1 = \frac{1}{1+\alpha}, k_2 = \frac{\alpha}{1+\alpha} \tag{5-10}$$

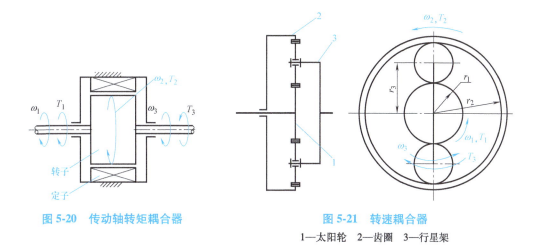

图 5-20 传动轴转矩耦合器　　　　　图 5-21 转速耦合器

1—太阳轮　2—齿圈　3—行星架

五、并联式混合动力电动汽车驱动系统的布置分析

根据内燃机、电动机动力合成的方式及有无离合器等情况，并联式混合动力电动汽车的驱动系统存在较大差别。

动力合成器单独采用转矩耦合时，并联式混合动力驱动系统可采用两轴式、单轴式和分离轴式三种布置形式。动力合成器单独采用速度耦合或同时采用转矩耦合与速度耦合时，并联式混合动力驱动系统主要采用两轴式布置形式。

1. 转矩耦合的混合动力驱动系统

（1）两轴式结构的混合动力驱动系统　发动机和电动机通过动力合成器的两输入轴进行动力合成，再经过机械传动装置驱动汽车行驶。图 5-10 所示为典型的两轴式混合动力驱动系统。变速器与动力装置的布置形式多样，使得驱动系统的结构也多样化，主要有如下两种结构：

1）变速器位于转矩耦合器之前的两轴式混合动力驱动系统。图 5-22 所示的变速器位于转矩耦合器之前的两轴式混合动力驱动系统应用了两个变速器，变速器 1 位于发动机和转矩耦合器之间，变速器 2 位于电动机和转矩耦合器之间。两个变速器可以是单档或多档的，多档变速器能形成多种牵引力-转速特性曲线。两个多档变速器为发动机和电动机驱动系统运行于各自的最佳区域提供了更多的可能性，使该混合动力驱动系统的性能和整体效率可超过其他类型的混合动力驱动系统。但两个多档变速器将使混合动力驱动系统复杂化，且两个变速器换档复杂。为此，常见的布置形式是变速器 1 为多档的，变速器 2 为单档的，或者变速器 1 与变速器 2 均为单档的。变速器 1 为单档而变速器 2 为多档的布置形式是不合适的，因为这种布置方案不能充分发挥发动机和电动机的优势。

2）变速器位于转矩耦合器之后的两轴式混合动力驱动系统。图 5-23 所示的变速器位于转矩耦合器之后的两轴式混合动力驱动系统只有一个变速器，且变速器位于转矩耦合器之后，能以相同速比提高发动机和电动机的转矩。转矩耦合器的传动比 k_1 和 k_2 的合理选择，将使电动机和发动机能工作在各自的额定转速范围内且最大限度地发挥两者的动力优势。这种布置形式适用于采用小型发动机和电动机的情况。多档变速器的作用是增大低速时混合动

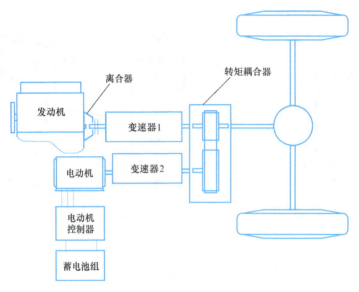

图 5-22 变速器位于转矩耦合器之前的两轴式混合动力驱动系统

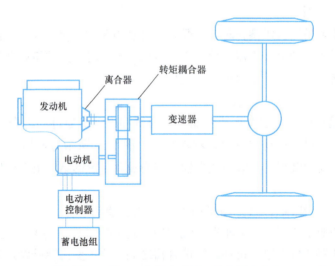

图 5-23 变速器位于转矩耦合器之后的两轴式混合动力驱动系统

力驱动系统的牵引力。

（2）单轴式结构的混合动力驱动系统 对于转矩耦合的并联式混合动力驱动系统，其简单且紧凑的构造是单轴式结构，其中电动机转子起着转矩耦合器的作用。变速器位于电动机之后的单轴式混合动力驱动系统如图 5-24 所示。变速器位于电动机之前的单轴式混合动力驱动系统如图 5-25 所示。

1）变速器位于电动机之后。在变速器位于电动机之后的结构中，发动机转矩和电动机传递到驱动桥的转矩、转速均由变速器调节，此时，发动机和电动机必须有相同的转速范围。这一结构常用于小型电动机的情况，属于轻度混合动力驱动系统。其中，电动机起着起动机、发电机、发动机的辅助动力和再生制动的多重集成作用。

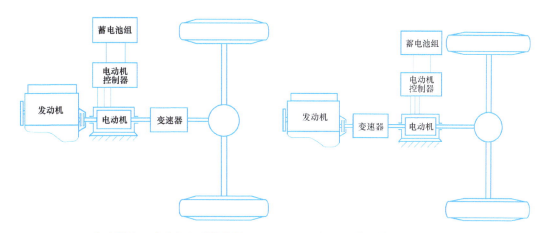

图 5-24 变速器位于电动机之后的单轴
式混合动力驱动系统

图 5-25 变速器位于电动机之前的单轴
式混合动力驱动系统

2）变速器位于电动机之前。在变速器位于电动机之前的结构中，当电动机转矩直接传递给主减速器时，变速器仅能调节发动机转矩。这一结构可用于有大范围恒功率区的大型电动机的混合动力驱动系统。变速器仅用于改变发动机的运行工作点，以改进车辆性能和发动机的运行效率。应该注意，当车辆停止并且电动机刚性地连接到驱动轮时，发动机不能带动电动机使其作为发电机向蓄电池组充电。

（3）分离轴式结构的混合动力驱动系统　另一种并联式混合动力驱动系统是分离轴式结构，其中一个轴由发动机驱动，而另一轴则由电动机驱动，牵引力通过前、后驱动轮在路面上合成。分离轴式混合动力驱动系统如图 5-26 所示。

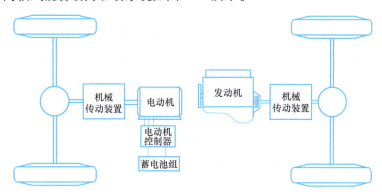

图 5-26 分离轴式混合动力驱动系统

分离轴式结构可以保持原始发动机和传动装置不变，只是在另一轴上加装一套电动机驱动系统，成为四轮驱动形式。但这种结构势必占用原有车辆的大量空间，使装载乘客和行李的有效空间减小。

2. 速度耦合的混合动力驱动系统

图 5-27 所示为速度耦合的两轴式混合动力驱动系统。

发动机通过离合器和变速器与行星齿轮机构的太阳轮连接，变速器用来调整发动机的转矩特性，以满足动力匹配的要求。电动机通过一对齿轮与齿圈连接，制动器 1 和制动器 2 将

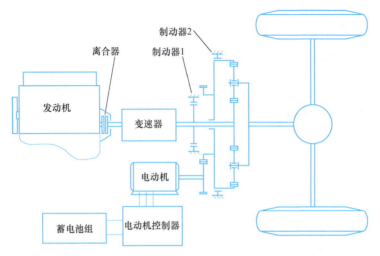

图 5-27 速度耦合的两轴式混合动力驱动系统

太阳轮和齿圈与静止的车架锁定。各驱动模式下驱动系统的工作原理如下：

（1）混合驱动模式 当制动器 1 和制动器 2 被释放时，太阳轮和齿圈可以旋转，发动机和电动机都向驱动轮供给正向转速和转矩。此时，由行星齿轮机构的行星架提供的输出转速是太阳轮与齿圈转速的加权和，满足式（5-8）；行星架输出的转矩正比于发动机转矩和电动机转矩，满足式（5-9）。

（2）纯粹的发动机驱动模式 当制动器 2 将齿圈锁定在车架上，而制动器 1 被释放时，发动机通过太阳轮和齿圈单独向驱动轮提供动力。此时，通过一对齿轮与齿圈相连的电动机不工作。

（3）纯粹的电驱动模式 当制动器 1 将太阳轮锁定在车架上，而制动器 2 被释放时，电动机通过齿圈和行星架向驱动轮提供动力。此时，与太阳轮相连的发动机关闭。

（4）再生制动模式 制动器 1 和制动器 2 的工作状态与纯粹的电驱动模式相同。此时，发动机也关闭，电动机工作在发电状态，按再生制动模式予以控制，实现能量回收。

（5）发动机驱动和蓄电池充电模式 发动机的离合器和制动器 1、制动器 2 的工作状态与混合驱动模式相同。此时，发动机通过行星齿轮机构的转速分解，将其功率分离为两部分，一部分用于驱动，一部分用于带动电动机发电，向蓄电池组充电。

3. 既有转矩耦合又有速度耦合的混合动力驱动系统

图 5-28 所示为转矩耦合与速度耦合同时采用的两轴式混合动力驱动系统。

当选择转矩耦合运行模式时，制动器 2 将行星齿轮机构的齿圈锁定在车架上，同时离合器 1 和离合器 3 接合，而离合器 2 脱开。发动机和电动机的动力经由耦合齿轮、离合器 3 直到太阳轮轴，实现转矩合成。在这样的情况下，行星齿轮机构仅起减速器的作用，为典型的转矩耦合的并联式混合动力驱动系统。

当选择转速耦合运行模式时，离合器 1 和离合器 2 接合，而离合器 3 分离，同时，制动器 1 和制动器 2 释放。此时，连接到驱动轮的行星架的转速是发动机转速和电动机转速的组合，发动机转矩、电动机转矩以及作用于驱动轮上的转矩保持为固定不变的关系，分别满足式（5-8）和式（5-9）。

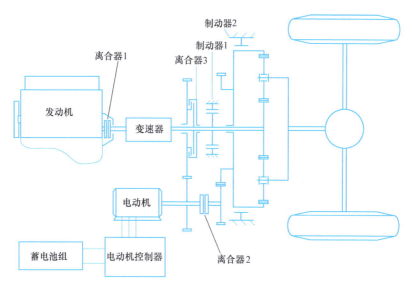

图 5-28　转矩耦合与速度耦合同时采用的两轴式混合动力驱动系统

　　动力合成器转矩耦合或转速耦合的选择，使得动力装置将有更多的可供选择的运行模式和运行区域，以便优化其性能。例如在低车速时，转矩耦合模式将适合于高加速性能和爬坡能力的需求；在高车速时，则应采用转速耦合模式，以保持发动机转速处于其最佳运行区。

第四节　混联式混合动力电动汽车

一、混联式混合动力电动汽车的组成

　　混联式混合动力电动汽车是在串联式混合和并联式混合的基础上综合而成的一种混合动力形式。其结构示意图如图 5-29 所示。

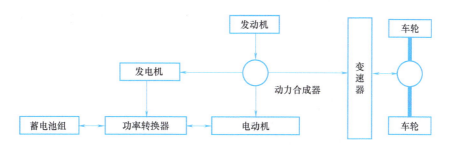

图 5-29　混联式混合动力电动汽车的结构示意图

　　在混联式混合动力系统中，动力合成器一般也称为动力分配器或功率分配器。发动机输出的功率一部分通过动力分配器分配给传动装置，驱动汽车行驶，另一部分功率则分配给发电机发电。发电机发出的电能输送给电动机或蓄电池组。电动机从蓄电池组或发电机获取电能，产生驱动力，通过动力合成器传递给驱动桥。

混联式混合动力电动汽车的动力分配器一般采用行星齿轮机构。如图 5-30 所示，行星齿轮机构将发动机、发电机、电动机连接起来，太阳轮与发电机相连，齿圈与电动机及机械传动装置相连，行星架与发动机相连。发动机的一部分动力通过行星齿轮传给齿圈，然后通过机械传动装置传给驱动轮，另一部分动力传给太阳轮，然后经发电机转化为电能。电动机的动力直接通过与齿圈一体的齿轮传给驱动装置。

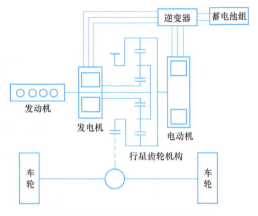

图 5-30　行星齿轮机构作为动力
分配器的混联式混合动力电动汽车

二、混联式混合动力电动汽车的工作模式与运行工况分析

1. 混联式混合动力电动汽车的工作模式

混联式混合动力电动汽车根据行驶负荷的变化，有以下几种工作模式：

1）纯粹的电驱动模式。发动机、发电机关闭，电动机通过动力分配器提供动力，驱动汽车行驶。

2）纯粹的发动机驱动模式。车辆驱动功率仅源于发动机，蓄电池组既不供电也不从传动系统中获取任何能量，而发电机、电动机均处于关闭状态。

3）混合驱动模式。驱动功率由发动机和蓄电池组共同提供，并通过动力分配器合成，向机械传动装置提供动力。

4）发动机驱动和蓄电池充电模式。发动机除提供车辆行驶所需的功率外，还向蓄电池组充电。此时，发动机的功率由动力分配器分成两路，一路用于驱动汽车，一路用于带动发电机发电。

5）再生制动模式。发动机关闭，而牵引电动机运行在发电状态，通过消耗车辆的动能产生电功率，用于向蓄电池组充电。

6）停车充电模式。车辆停驶，发动机通过动力分配器带动发电机发电，并向蓄电池组充电。

2. 混联式混合动力电动汽车的工况分析

结合汽车运行工况，根据混联式混合动力电动汽车是发动机主动型还是电力主动型，其工作模式是有区别的。具体分析如下：

（1）发动机主动型混联式混合动力电动汽车　以发动机驱动为主、电力驱动为辅的混联式混合动力电动汽车在各工况下的能量流动分析如下：

1）起动工况。此时发动机处于停转状态，由蓄电池组给电动机提供电能来驱动车辆。发动机主动型混联式混合动力电动汽车起动工况下的能量流动如图 5-31 所示。

2）加速工况。节气门全开而车辆加速行驶时，发动机和电动机同时运转，共同分担车辆行驶所需的动力。发动机主动型混联式混合动力电动汽车加速工况下的能量流动如图 5-32 所示。

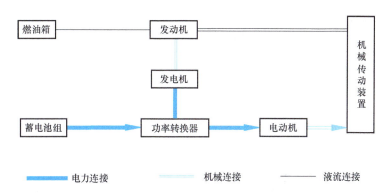

图 5-31　发动机主动型混联式混合动力电动汽车起动工况下的能量流动

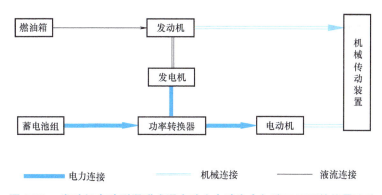

图 5-32　发动机主动型混联式混合动力电动汽车加速工况下的能量流动

3）匀速工况。电动机处于关闭状态，发动机运转，提供车辆所需动力。发动机主动型混联式混合动力电动汽车匀速工况下的能量流动如图 5-33 所示。

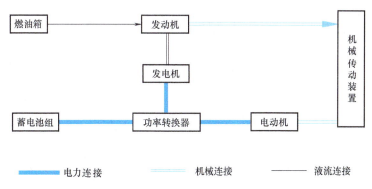

图 5-33　发动机主动型混联式混合动力电动汽车匀速工况下的能量流动

4）减速/制动工况。电动机工作在发电状态，产生的电能通过功率转换器给蓄电池组充电。发动机主动型混联式混合动力电动汽车减速/制动工况下的能量流动如图 5-34 所示。

5）行驶中给蓄电池充电工况。发动机一部分动力用于驱动车辆，另一部分动力由发电机经功率转换器给蓄电池组充电。发动机主动型混联式混合动力电动汽车行驶中给蓄电池充电工况下的能量流动如图 5-35 所示。

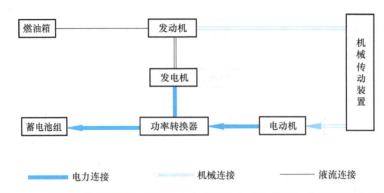

图 5-34　发动机主动型混联式混合动力电动汽车减速/制动工况下的能量流动

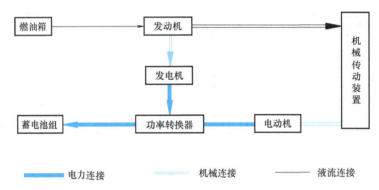

图 5-35　发动机主动型混联式混合动力电动汽车行驶中给蓄电池充电工况下的能量流动

6）停车充电工况。当停车时，发动机可通过发电机给蓄电池组充电。发动机主动型混联式混合动力电动汽车停车充电工况下的能量流动如图 5-36 所示。

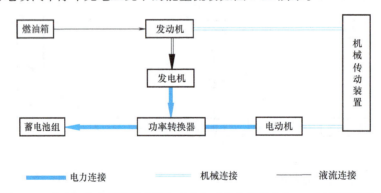

图 5-36　发动机主动型混联式混合动力电动汽车停车充电工况下的能量流动

（2）电力主动型混联式混合动力电动汽车　电力主动型与发动机主动型混联式混合动力电动汽车的能量流动在匀速工况和加速工况下是有区别的，在其他工况下是一样的。

在匀速和加速行驶时，电力主动型混联式混合动力电动汽车的发电机发电，提供电动机所需的电能。电力主动型混联式混合动力电动汽车加速、匀速工况下的能量流动分别如图 5-37、图5-38 所示。

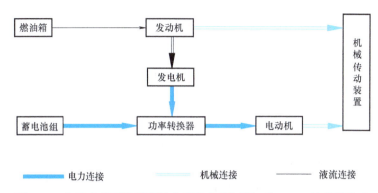

图 5-37　电力主动型混联式混合动力电动汽车加速工况下的能量流动

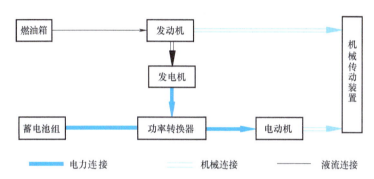

图 5-38　电力主动型混联式混合动力电动汽车匀速工况下的能量流动

三、混联式混合动力电动汽车的特点

1. 混联式混合动力电动汽车的结构特点

1）将串联式和并联式混合动力电动汽车相结合，具有两者的优点。

2）与串联式混合动力电动汽车相比，增加了机械动力的传递路线。

3）与并联式混合动力电动汽车相比，增加了电能的传输路线，并增加了发电机。

2. 混联式混合动力电动汽车的优点

1）动力总成的质量和体积小。与串联式混合动力电动汽车相比，由于可采用双动力，三个动力总成的功率、质量和体积相对较小。

2）节能最佳，排放最低。混联式混合动力电动汽车有多种工作模式，可根据需要工作在纯粹的电驱动、纯粹的发动机驱动等工作模式。例如，在城市道路采用纯粹的电驱动模式以减少污染，在高速公路采用纯粹的发动机驱动模式以提高能量效率。因此，混联式混合动力电动汽车节能最佳，有害气体排放达到"超低污染"。

3）能量转换效率高。相比于串联式混合动力电动汽车，发动机可直接驱动车辆，没有机械能—电能—机械能的转换过程，能量转换的综合效率比内燃机汽车高。

4）燃料的经济性好。电动机可独立驱动车辆行驶。电动机利用低速、大转矩的特性，带动车辆起步，可在城市中实现"零污染"行驶。当车辆需输出最大功率时，电动机可给发动机提供辅助动力，因此发动机可选择较小功率，燃料经济性比串联式混合动力电动汽车好。

3. 混联式混合动力电动汽车的缺点

1）有害气体排放高于串联式混合动力电动汽车。对于发动机主动型混联式混合动力电动汽车，由于发动机驱动是基本驱动模式，电动机驱动是辅助驱动模式，动力性更接近内燃机汽车。因此，发动机工况受到车辆行驶工况的影响，有害气体排放高于串联式混合动力电动汽车。

2）动力系统结构复杂。需要配备两套驱动系统；发动机传动系统需要配置离合器、变速器、传动轴和驱动桥等传动总成；另外，还有电动机、减速器、蓄电池组，以及多能源动力（发动机动力与电动机动力）组合或协调专用装置。因此，多能源动力系统结构复杂，总体布置困难。

3）控制系统较为复杂。多能源动力系统的工作模式有多种形式，需依靠复杂地多能源动力总成控制系统，才能达到高经济性和"超低污染"。

第五节　插电式混合动力电动汽车

插电式混合动力电动汽车（Plug-in HEV）是可从电网充电的混合动力电动汽车，与上述三种基本型混合动力电动汽车相比，其增设了车载充电设备。

一、插电式混合动力电动汽车的特点

插电式混合动力电动汽车是在上述三种基本型混合动力电动汽车的基础上派生出来的，因此，也可以是串联插电式、并联插电式和混联插电式三种形式。插电式混合动力电动汽车的基本组成如图5-39所示。

插电式混合动力电动汽车有以下几个突出的特点：

1）可以直接由电网充电。基本型混合动力电动汽车大多数通过发动机或能量回馈的方式为电池充电，需要消耗燃油，产生排放。插电式混合动力电动汽车由于有车载充电设备，可直接利用电网充电。

2）电动驱动所占的比例高。多能源驱动要实现最佳的动力匹配，其控制策略极为复杂，控制难度较大。而插电式混合动力电动汽车的电力驱动所占比例较高，动力驱动对发动机的依赖较少，控制策略相对简单。

3）蓄电池组容量较大。为保证足够的纯电动里程，插电式混合动力电动汽车所配置的蓄电池组容量较大。

4）发动机的功率较小。插电式混合动力电动汽车所配置的发动机功率较小，其主要的功能是带动发电机工作，发出的电能对蓄电池组充电，用以提高续驶里程。因此，插电式混合动力电动汽车也被称为增程式混合动力电动汽车。

根据纯电动里程的大小，也可以将插电式混合动力电动汽车分为Plug-in HEV0，Plug-in HEV20，Plug-in HEV60等，分别对应0km、20km和60km纯电动里程。图5-40所示为Plug-in HEV60的发动机、电动机、燃油箱及蓄电池组的配置。纯电动里程越大，蓄电池组和发电机功率越大，发动机功率和燃油箱容积则相对越小。

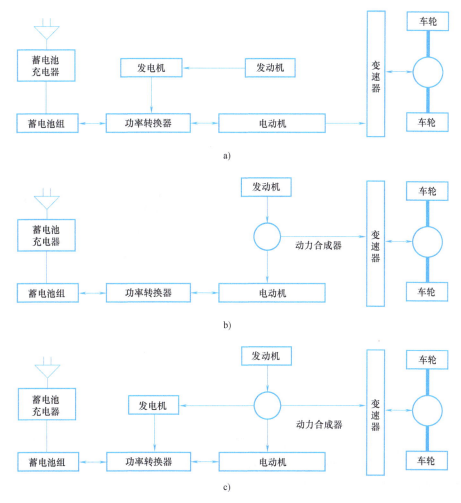

图 5-39　插电式混合动力电动汽车的基本组成

a）串联插电式混合动力电动汽车　b）并联插电式混合动力电动汽车　c）混联插电式混合动力电动汽车

二、插电式混合动力电动汽车的工作模式

根据蓄电池组 SOC 的变化特点，插电式混合动力电动汽车的工作模式可分为电量消耗模式、电量保持模式和常规充电模式三种。

（1）电量消耗模式　此模式又分为电量消耗-纯电动模式和电量消耗-混合动力模式两种。在电量消耗-纯电动模式中，发动机关闭，蓄电池组是唯一的能量源，蓄电池组的 SOC 会逐渐降低。该模式适合于起动、低速和低负荷等工况。

在电量消耗-混合动力模式中，发动机和电动机同时工作，蓄电池组提供整车功率需求的主要部分，蓄电池组的 SOC 也会降低，发动机用来补充蓄电池组输出功率不足的部分，直至蓄电池组的 SOC 达到所允许的最低限值。该模式适合于加速、大负荷等工况。

（2）电量保持模式　在电量保持模式下，插电式混合动力电动汽车的工作模式与基本型混合动力电动汽车的工作模式类似，发动机通过发电机给蓄电池组充电以维持其 SOC 基

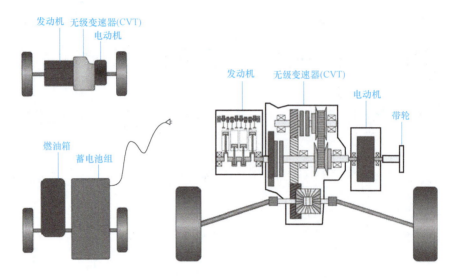

图 5-40　Plug-in HEV60 根据纯电动里程的配置

本不变。

（3）常规充电模式　常规充电模式就是用电网，通过车载充电器给蓄电池组充电。

第六节　混合动力电动汽车驱动系统设计

混合动力电动汽车的驱动系统包括发动机、电动机等动力装置，蓄电池等储能装置，以及变速器、减速器、万向节及传动轴等传动装置。本节主要介绍动力装置和储能装置的功率匹配，对机械传动装置设计的阐述从略。

一、串联式混合动力电动汽车驱动系统设计

1. 牵引电动机的功率选择

串联式混合动力电动汽车的基本驱动方式是电动机驱动，发动机-发电机组起辅助动力单元的作用。由此可见，电动机的功率应能满足汽车的起步、加速、爬坡等动力性能。因此，其电动机功率的选择与纯电动汽车电动机的选择方法类似，可根据汽车的最高车速、最大爬坡度及最佳加速性能进行估算，并取其中的最大值作为初选值。在估算时，应注意电动机的过载系数，见式（4-15）。

选定电动机的功率以后，需要对汽车的动力性能进行校核计算。

（1）加速性能的校核　加速时间可由下式计算：

$$t_a = \int_{v_1}^{v_2} \frac{M_v \delta}{\dfrac{T_m i_g \eta_t}{r} - M_v g f - \dfrac{1}{2} C_D A \rho v^2} \, dv \tag{5-11}$$

加速距离可用下式计算：

$$S_a = \int_{v_1}^{v_2} \frac{M_v \delta v}{\dfrac{T_m i_g \eta_t}{r} - M_v g f - \dfrac{1}{2} C_D A \rho v^2} \mathrm{d}v \tag{5-12}$$

图 5-41 所示为某串联式混合动力电动汽车的加速性能校核。

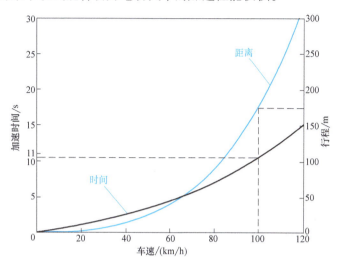

图 5-41　某串联式混合动力电动汽车的加速性能校核

（2）爬坡能力校验　车辆的牵引力可由下式计算：

$$F_t = \frac{T_m i_g \eta_t}{r} \tag{5-13}$$

车辆的行驶阻力可由下式计算：

$$F_r = M_v g f_r \cos\alpha + M_v g \sin\alpha + \frac{1}{2} C_D A_f \rho_a v^2 \tag{5-14}$$

式（5-13）和式（5-14）中，T_m 为电动机转矩，α 为坡度（°）。由电动机转矩-转速特性、齿轮传动比以及车辆的参数，应用式（5-13）和式（5-14）可得牵引力和阻力与车速的关系。某串联式混合动力电动汽车的爬坡性能校核如图 5-42 所示。

2. 发动机-发电机组的功率计算

发动机-发电机组额定功率的设计要求能满足车辆在平坦路面或某一较小坡道上，以某一稳定车速行驶的运行需要。另一个需要考虑的方面在于：发动机-发电机组的功率应能满足车辆以某种典型的停车—起动方式行驶时所对应的平均功率。平均功率可以根据道路循环进行预测。所需发动机-发电机组的功率可按下式计算：

$$P_e = \frac{M_v g f_r \cos\alpha + M_v g \sin\alpha + \dfrac{1}{2} C_D A_f \rho_a v^2}{\eta_t \eta_m \eta_g} v \tag{5-15}$$

其中，传动装置、电动机、发电机的效率分别为 η_t、η_m 和 η_g。在平坦路面和 5% 坡度路面上，某发动机-发电机组所需的功率与车速之间的关系如图 5-43 所示。

图 5-43 表明了车辆以 130km/h 这一稳定车速行驶的情况下，所需发动机-发电机组的功率为 32.5kW，同时也表明了在此功率下，发动机-发电机组有能力承载车辆在 5% 坡度路面

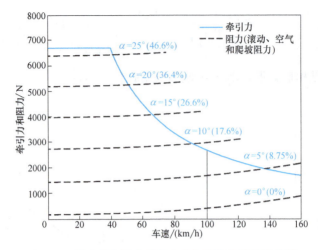

图 5-42　某串联式混合动力电动汽车的爬坡性能校核

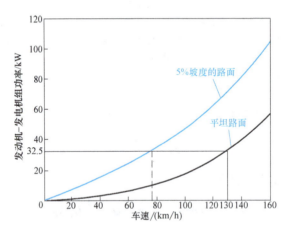

图 5-43　在平坦路面和 5%坡度路面上，某发动机-发电机组所需的功率与车速之间的关系

上以 78km/h 的稳定车速行驶。

3. 蓄电池组功率的计算

蓄电池组的输出功率应大于或等于牵引电动机的输入功率与发动机-发电机组功率之差，即

$$P_{pps} = \frac{P_{motor}}{\eta_{motor}} - P_{e\text{-}g} \tag{5-16}$$

式中　P_{motor}——电动机的最大功率；

　　　η_{motor}——电动机的效率；

　　　$P_{e\text{-}g}$——发动机-发电机组的功率。

串联式混合动力电动汽车的相关参数确定之后，可以通过软件仿真进行计算，以预测混合动力的性能。图 5-44 为某串联式混合动力电动汽车在 FTP75 市区循环中的仿真结果。

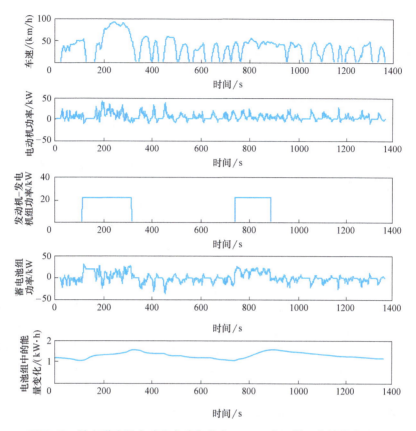

图 5-44 某串联式混合动力电动汽车在 FTP75 市区循环中的仿真结果

二、并联式混合动力电动汽车驱动系统设计

1. 发动机功率的选择

并联式混合动力电动汽车的基本驱动方式是发动机驱动，应能保证在没有电辅助的情况下，满足汽车以某一稳定车速行驶在良好平路或较小坡道的路面上。为此，可按下式计算发动机功率：

$$P_{\mathrm{e}} = \frac{1}{\eta_{\mathrm{T}}}\left(\frac{mgf}{3600}v_{\mathrm{a}} + \frac{C_{\mathrm{D}}A}{76140}v_{\mathrm{a}}^3 + \frac{mgi}{3600}v_{\mathrm{a}}\right) \tag{5-17}$$

2. 电动机的功率计算

电动机在加速工况下参与工作，故电动机的功率可根据车辆的加速性能进行估算。由下式可以计算得到电动机的转矩：

$$\frac{T_{\mathrm{m}}i_{\mathrm{t}}\eta_{\mathrm{t}}}{r} = \delta m_{\mathrm{a}}\frac{\mathrm{d}v}{\mathrm{d}t} \tag{5-18}$$

式中　i_{t}——传动系统传动比；

　　η_{t}——传动效率；

　　δ——质量转移系数；

　　m_{a}——整车质量；

r——车轮半径。

3. 蓄电池组的功率计算

蓄电池组的功率应大于电动机的输入功率，即

$$P_e \geq \frac{P_m}{\eta_m} \tag{5-19}$$

三、混联式混合动力电动汽车驱动系统设计

混联式混合动力电动汽车的发动机、电动机和电动机通过行星齿轮机构耦合，齿圈、行星架、太阳轮的转矩之间满足如下关系：

$$T_s \omega_s + T_r \omega_r + T_p \omega_p = 0 \tag{5-20}$$

下标 s、r、p 分别代表太阳轮、齿圈和行星架。由式（5-9）可知

$$T_p = \alpha T_s = \frac{1 + \alpha}{\alpha} T_r \tag{5-21}$$

可见，由于 $\alpha > 1$，故太阳轮上的转矩最小，行星架上的转矩最大，齿圈上的转矩介于两者之间。在丰田 Prius 这样的混合动力电动汽车中，电动机承担的转矩较小，该转矩通过动力合成器传递到传动系统。对于给定的电动机转矩，较大的传动比将导致传动系统上有较大的转矩，进而需要较大的发动机转矩。因此，发动机的功率选择主要根据发动机驱动情况下需满足的动力性指标进行初选，再根据式（5-21）及汽车车速分别计算电动机和发电机的转矩和功率。

蓄电池组功率的计算方法与串联式混合动力电动汽车类似。

第六章 燃料电池电动汽车

第一节 燃料电池概述

一、燃料电池的基本概念及特点

1. 燃料电池的定义

燃料电池是直接将燃料的化学能转化为电能的发电装置。将燃料和空气分别送入燃料电池后，就可从其正极和负极输出电能。从外表上看，燃料电池与蓄电池一样，有正、负极和电解质等，但燃料电池不能通过充电的方法"储电"，只是一个通过消耗燃料来输出电能的发电装置。

2. 燃料电池与蓄电池的区别

燃料电池实际上就是一个电化学反应器，虽然也是通过活性物质（燃料及氧化剂）的电化学反应产生电能，但它与普通化学蓄电池的不同之处如下：

1）通过电化学反应转化为电能的活性物质不在燃料电池的内部，而是从外部输入的。

2）燃料电池放电过程中所消耗的活性物质无须通过充电来还原，只需向电池内不断输入燃料及氧化剂，并将电化学反应产物及时排出即可持续提供电能。

3）燃料电池本体只决定电池的输出功率，其能量的大小取决于外部输入的燃料和氧化剂。因此，燃料电池的比能量可以很高，而续驶里程主要取决于燃料的储备容量。

4）燃料电池的内部结构和系统的控制比较复杂，尤其是放电控制不如普通化学电池方便。

3. 燃料电池与原动机辅助动力单元的区别

由燃油发动机和发电机组成的辅助动力单元（APU），在能量转换形式上与燃料电池一样，也是输入燃料，输出电能。但其能量转换过程为：燃料的化学能通过燃烧转化为热能，再由热机转化为机械能，最后通过发电机转化为电能。燃料电池则是将燃料和氧化剂直接转化为电能。相比于原动机辅助动力单元，燃料电池具有如下特点：

1）燃料电池的燃料通过电化学反应直接转化为电能，没有燃烧转化为热能的过程，因而无燃料燃烧排放物，对环境污染很小。

2）燃料电池的氧化还原反应不在同一地点，在负极进行氧化反应，在正极进行还原反应；而发动机燃料燃烧所进行的氧化还原反应在同一地点，反应后释放热能。由于燃料电池的能量转换过程不受卡诺循环的限制，也无机械能转换为电能的过程，因而其能量转换效率高。

3）燃料电池工作时其内部无燃烧过程，也无机械运动，故而无热机的工作噪声，也无机械传动装置的工作噪声，因此，燃料电池本身的工作噪声很小。

4）燃料电池不能直接使用汽油、柴油等燃料，需要用氢作燃料，或以经过重整的富氢燃料气为间接燃料，故其对燃料的要求较高，燃料的成本也较高。

二、燃料电池的发展概况

燃料电池自出现至今已有一百多年的历史，其发展过程可归纳为实验室研究开发和实际应用开发两个不同的阶段。

1. 实验室研究开发阶段

早在 1839 年，英国人 William Grove 就提出了氢和氧反应可以发电的原理。他在一次偶然的电解实验中，发现了将电解器的两个电极连接时，有反向的电流产生，同时消耗氢气和氧气。这种以铂丝为电极，浸入稀硫酸中能产生 1V 电动势的发电装置被公认为是现代燃料电池的雏形。此后的一百多年里，人们采用铂片作电极，以 HOK 作电解质，并用氢作燃料，重复着燃料电池创始人 William Grove 的燃料电池发电实验。这一阶段的燃料电池输出的电流有限，不具有实际应用的价值。直到另一个英国人培根（Francis T. Bacon）研究出了具有实用意义的培根电池，这才使燃料电池走出实验室，服务于人类的生产活动。

2. 实际应用开发阶段

1952 年，英国人培根研制出 5kW 的碱性燃料电池组，该燃料电池可用作小型机械的动力。20 世纪 60 年代，美国 IFC（International Fuel Cell）公司制造的燃料电池为阿波罗登月飞船提供电力和宇航员的饮用水。此后，燃料电池技术得到了迅速的发展，燃料电池的应用也从航天扩展到了军事、发电、电动汽车等领域。美国、日本、加拿大、俄罗斯、德国及我国等都致力于燃料电池的研究与开发，燃料电池也从几瓦发展到了兆瓦级的大型装置。1968 年，美国通用汽车公司推出了第一辆燃料电池电动汽车。自此之后，燃料电池电动汽车作为一种清洁能源汽车，被世界各国所重视。人们也把燃料电池在汽车上的运用称为汽车动力的一场革命。

三、燃料电池的分类

目前，实用型的燃料电池已有多种类型，现以不同的分类方法加以概括。

1. 按工作温度分类

按燃料电池的工作温度高低不同，可将其分为低温、中温和高温三种类型。

（1）低温燃料电池 低温燃料电池的工作温度低于 200℃，可采用水溶液或其浓缩液为电解质，但由于工作温度低，需要采用铂作催化剂才能达到实用的高电压及高电流密度，所用的燃料必须是氢或经纯化及重整的富含氢的燃料气。

（2）中温燃料电池 中温燃料电池的工作温度为 200~750℃。中温固态燃料电池兼有高温固态氧化物燃料电池和低温质子交换膜燃料电池的优点，同时摒弃了它们的某些缺点。工作温度在 200~750℃之间的中温燃料电池可大幅提高贵金属催化剂的一氧化碳耐受能力，并且使金属和合成树脂等材料用作电池（堆）的连接和密封材料成为可能，从而降低了燃料电池的成本，并延长了燃料电池的使用寿命。

（3）高温燃料电池　高温燃料电池的工作温度高于750℃，须采用熔融盐或固体氧化物电解质。由于这类燃料电池内部的工作温度高，可以在不采用特殊催化剂的情况下获得实用性的高电压及高电流密度。所用的燃料除氢外，还可采用煤制气、天然气、甲烷、沼气等。

2. 按燃料的来源分类

按燃料电池的燃料来源不同，可将其分为直接式、间接式和再生式三种。

（1）直接式燃料电池　直接式燃料电池的燃料是液态或气态纯氢，工作时内部不需要进行复杂的汽化产生氢气过程，但需要铂、金、银等贵重金属作催化剂。直接甲醇燃料电池也无须预先重整，可直接用甲醇在阳极转换成二氧化碳和氢，但需要比纯氢燃料消耗更多的铂催化剂。

（2）间接式燃料电池　间接式燃料电池可用天然气、甲烷、汽油、LPG、二甲醚等作为燃料，经过重整和纯化后转变为氢或富含氢的燃料气再供给燃料电池。

（3）再生式燃料电池　再生式燃料电池可将燃料电池生成的水用适当方法分解成氢和氧，再重新输送给燃料电池进行发电。

3. 按燃料电池采用的电解质分类

按燃料电池所采用的电解质不同，可将燃料电池分为碱性燃料电池（Alkaline Fuel Cell，AFC）、磷酸燃料电池（Phosphoric Acid Fuel Cell，PAFC）、质子交换膜燃料电池（Proton Exchange Membrane Fuel Cell，PEMFC）、熔融碳酸盐燃料电池（Molten Carbonate Fuel Cell，MCFC）、固体氧化物燃料电池（Solid Oxide Fuel Cell，SOFC）等。

（1）碱性燃料电池　碱性燃料电池以石棉网作为电解质的载体，氢氧化钾（KOH）水溶液为电解质，工作温度在70~200℃之间。高温（约200℃）时采用高含量（85%，质量分数）的氢氧化钾作电解质，在较低温度（<120℃）时用低含量（35%~50%，质量分数）的氢氧化钾作电解质。AFC必须以纯氢作为阳极燃料气体，以纯氧作为阴极氧化剂，催化剂使用铂、金、银等贵重金属，或者镍、钴、锰等过渡金属。AFC电解质的腐蚀性较强，因而其寿命较短。与其他燃料电池相比，AFC的优点是起动快，功率密度较高，性能较为可靠，是目前技术最成熟的燃料电池之一。AFC的应用涉及航天、军事、电动汽车、发电等领域。

（2）磷酸燃料电池　磷酸燃料电池以磷酸水溶液为电解质，其工作温度为150~200℃，电极上也需加铂催化剂来加速反应。PAFC低温时的离子电导率较差，而且阳极上的铂容易受到CO毒化，目前的发电效率仅能达到40%~45%，燃料必须进行外重整改质，而且气体燃料中CO的体积分数必须小于0.5%。由于酸性电解质的腐蚀作用，使PAFC的寿命难以超过40000h。PAFC技术已趋成熟，且已经商品化。PAFC的低温工作特性使其可用于汽车，但因其起动时间较长，不适用于轿车动力；而城市公交车的行驶线路稳定，又无须频繁起动，故而PAFC用作公共汽车的动力已有成功的实例。PAFC较适合用作特殊用户的分散式电源，现场可移动电源以及备用电源等。

（3）质子交换膜燃料电池　质子交换膜燃料电池的电解质为质子交换膜，工作温度约为80℃。在这样的低温下，需要通过电极上的一层薄的铂进行催化，以确保电化学反应能正常缓慢地进行。PEMFC内唯一的液体为水，因此腐蚀程度较低，使用寿命较长。PAFC即使在低温状态下也具有起动时间短的特性，可以在几分钟内达到满载运行，电流密度和功率密度较高，发电效率在45%～50%，且运行可靠，因而是电动汽车动力电源的首选。此外，PEMFC也可用作移动电源、军用野外小型电力装置、便携式电器的不间断电源等，但不适合用于大容量集中型电厂。

（4）熔融碳酸盐燃料电池　熔融碳酸燃料电池的电解质为分布在多孔陶瓷材料中的碱性碳酸盐，其工作温度为600～800℃。碱性碳酸盐电解质在高温下呈现熔融状态，其离子电导率极佳，在高温下电极反应不需要贵重金属催化剂（如铂），可以采用镍与氧化镍分别作为阳极与阴极的触媒，且具有内重整改质能力，天然气和石油的碳氢化合物等均可以直接作为燃料，发电效率较高。如果余热可以回收或与燃气轮机结合组成联合发电系统，则可使发电容量和发电效率进一步提高。由于MCFC在高温下工作，需要较长的时间才能达到工作温度，因此不能用于电动汽车。因其电解质的温度和腐蚀特性，MCFC也不适用于移动电源和便携式电器的不间断电源。由于MCFC所具有的技术特点及较高的发电效率，所以将其用作分散型电站和集中型电厂的大规模发电则是较理想的选择之一。

（5）固体氧化物燃料电池　固体氧化物燃料电池的电解质是固态非多孔金属氧化物，工作温度为650～1000℃。SOFC电极也无须铂等贵重金属作催化剂，且无电解质蒸发和电池材料的腐蚀问题，电池的寿命较长。目前，SOFC可以连续工作达70000h。SOFC也可以用天然气和石油的碳氢化合物等作为燃料，燃料在其内部可以进行重整改质。由于SOFC工作温度很高，金属与陶瓷材料之间不易密封，起动时间较长，不适合作紧急电源，但较适合于替代石油和煤等火电厂发电，既可用作中小容量的分散型电源（500kW～50MW），也可以用作大容量的集中型电厂（>100MW）。

各种燃料电池的特点比较见表6-1。

表6-1　各种燃料电池的特点比较

种类	碱性燃料电池	磷酸燃料电池	质子交换膜燃料电池	熔融碳酸盐燃料电池	固体氧化物燃料电池
电解质	KOH水溶液	磷酸水溶液	质子交换膜	碱性碳酸盐	氧化锆陶瓷
工作温度/℃	70～200	150～200	50～100	600～800	650～1000
燃料	H_2	H_2	H_2、甲醇、天然气等	CO、H_2	CO、H_2
氧化剂	O_2	空气	空气或O_2	空气	空气
起动时间	几分钟	2～4h	几分钟	>10h	>10h
主要优点	起动快，效率高，可在室温下工作	对CO不敏感	起动快，比功率高，工作温度低，寿命长	效率高，无须贵重金属作催化剂	效率高，无须贵重金属作催化剂
主要缺点	需用纯氧作氧化剂，有腐蚀	效率较低，有腐蚀	对CO敏感，成本较高	工作温度较高，控制复杂，有腐蚀	工作温度高，控制复杂，有腐蚀
主要应用领域	航天、军事	大客车、中小电厂	航天、军事、电动汽车	大型电厂	大型电厂

质子交换膜燃料电池工作温度低、起动时间短、效率较高，因此，是电动汽车用燃料电池的最佳选择。

四、燃料电池的发电原理

1. 燃料电池的基本原理

燃料电池的核心部分是燃料（阳极）、电解质、氧化剂（阴极）。其发电原理如图 6-1 所示。工作时，向阳极供给燃料（氢），向阴极供给氧化剂（空气），其内部产生电化学反应。

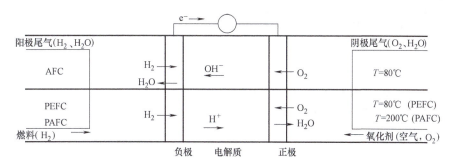

图 6-1　燃料电池的发电原理

（1）阳极进行氧化反应　进入阳极的氢（燃料）在催化剂的作用下分解成氢离子 H^+ 和电子 e。H^+ 进入电解质中，其电化学反应为

$$H_2 \rightarrow 2H^+ + 2e$$

（2）阴极进行还原反应　在阴极，进入的空气（氧化剂）进行还原反应，空气中的氧与电解质中的氢离子吸收抵达阴极的电子而生成水。这正是水的电解反应的逆过程。其电化学反应如下：

$$\frac{1}{2}O_2 + 2H^+ + 2e \rightarrow H_2O$$

（3）外电路电子运动形成电流　当在正、负极之间连接外电路后，电子就沿外电路移向正极，形成电流，向连接在外部电路中的电气负载提供电能。

燃料电池的总反应为

$$H_2 + \frac{1}{2}O_2 + 2e \rightarrow H_2O$$

2. 燃料电池的电动势及工作电压

（1）燃料电池的电动势　燃料电池内部阳极和阴极的电化学反应，使正极电位和负极电位发生改变，正、负电极之间产生的电位差（电动势 E）为

$$E = \varphi_e^+ - \varphi_e^- \tag{6-1}$$

式中　φ_e^+——正极平衡电极电位；

φ_e^-——负极平衡电极电位。

无论是哪种电解质，氢氧燃料电池的电动势 $E = 1.229V$；如果反应产物水为气态，则

$E = 1.18V$。

（2）燃料电池的工作电压　工作时，燃料电池通过外电路形成放电电流，这时燃料电池正、负极之间的电位差（工作电压 U）为

$$U = E - \Delta\varphi^+ - \Delta\varphi^- - IR$$

式中　$\Delta\varphi^+$——正极极化电位差；

　　　$\Delta\varphi^-$——负极极化电位差；

　　　IR——电池内电阻电压降。

电极产生的极化包括活化能极化和浓差极化。活化能极化是由于电极反应所必需的活化能所产生的极化；浓差极化是指反应物的供应速度或生成物的排出速度缓慢所产生的极化。

燃料电池工作时，随着放电电流 I 的增大，正、负电极的极化电位差会加大，电池内阻上的电压降也随之增加。燃料电池的放电特性如图6-2所示。

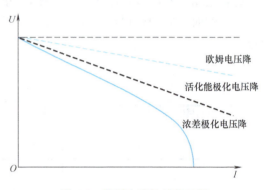

图6-2　燃料电池的放电特性

第二节　质子交换膜燃料电池

一、质子交换膜燃料电池的组成

1. 质子交换膜燃料电池的工作原理

质子交换膜燃料电池主要由膜电极和集流板组成。其工作原理如图6-3所示。

经增湿后的 H_2 和 O_2 分别进入阳极室和阴极室，经电极扩散层扩散到达催化层和质子交换膜的界面，在催化剂的作用下分别发生氧化反应和还原反应。阳极反应生成的质子（H^+）通过质子交换膜的传导到达阴极，阳极反应产生的电子则经外电路到达阴极，形成放电电流；生成的水（H_2O）以水蒸气或冷凝水的形式随过剩的阴极反应气体从阴极室排出。

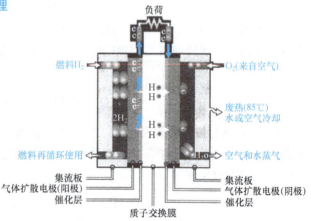

图6-3　质子交换膜燃料电池工作原理示意图

2. 质子交换膜燃料电池单体的组成部件

质子交换膜燃料电池单体的主要组成部件如图6-4所示。

（1）膜电极　膜电极（MEA）是质子交换膜与两侧的气体扩散层（阴、阳电极）通过热压而成的复合体。膜电极是质子交换膜燃料电池的核心部件，其结构如图6-5所示。

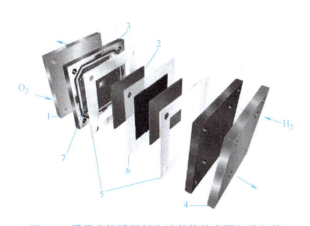

图 6-4　质子交换膜燃料电池单体的主要组成部件

1、4—端板　2—气体扩散层　3—双极板　5—密封垫片

6—质子交换膜　7—气体通道

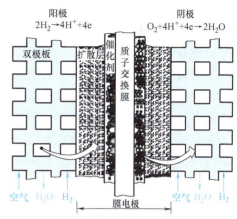

图 6-5　膜电极的结构

质子交换膜是一种厚度为 $50 \sim 180 \mu m$ 的极薄膜片，是电极活性物质（催化剂）的基底。质子交换膜的特点是：在一定的温度和湿度下，可使 H^+（质子）通过，而不允许 H_2 及其他离子通过。质子交换膜是质子交换膜燃料电池的核心技术，其化学、物理性质对质子交换膜燃料电池性能的影响极大。对质子交换膜的要求如下：

1）具有良好的离子导电性能。

2）应有适度的含水率。

3）在电池工作时具有良好的化学稳定性。

4）在极薄结构尺寸下仍具有足够的机械强度。

5）膜表面与催化剂有良好的结合性能。

由于结构、工艺和生产批量等方面的原因，质子交换膜的成本很高。

催化剂是质子交换膜燃料电池的另一项核心技术。为加速正极氢的氧化反应和负极氧的还原反应，在气体扩散电极上都含有一定量的催化剂。目前的催化剂采用金属铂（Pt），铂是价格昂贵的稀缺资源。早期的膜电极是将铂直接热压到电解质膜的两侧。这种方法使铂的载量较高，导致燃料电池的成本过高。后采用碳载铂技术，并先后开发出涂膏法、浇注法、滚压法、电化学催化法等制备工艺，使铂的利用率提高，单位面积铂的使用量下降，从而使燃料电池的成本得到了有效的控制。

气体扩散电极也是膜电极的重要组成部分。性能良好的气体扩散电极应同时具有适度的亲水性和疏水性，以确保催化剂在最佳湿化环境发生作用，同时又能让反应生成的水及时排出，以避免电极被水淹没。

（2）双极板　双极板又称集流板，放置在膜电极的两侧。双极板作用示意图如图 6-6 所示。

双极板的作用如下：

1）导电和串联各单体电池。双极板的两侧分别与相邻两电池单体的阳极和阴极接触，这样，无需导线就可将各电池单体串联起来。

2）导流燃料、氧气及冷却水。双极板面向膜电极一侧的表面刻有沟槽（称为流道），用于导流燃料和氧气（空气），而双极板中间的沟槽则是冷却水的通道，用于带走反应生成的富余热量。

双极板的材质和结构设计主要考虑其具有良好的导电性和密封性，反应气体能均匀分布于电极各处，水与热的排出顺畅。目前制作双极板的材料主要有石墨、表面改性的金属、炭黑-聚合物合成材料等，通过精密铣床加工或直接模压成型制成双极板的沟槽网（流场）。有的双极板则是由网状结构的流场板与极板组合而成。

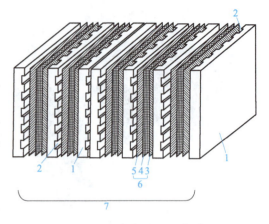

图 6-6 双极板作用示意图

1—双极板 2—导流槽 3、5—气体扩散电极
4—质子交换膜 6—膜电极 7—燃料电池组

3. 质子交换膜燃料电池系统

对于由单体燃料电池通过串联的方式组成的燃料电池堆（简称电堆），必须持续地供给燃料和氧化剂，并及时处理电化学反应产生的水和热才能使其正常工作。因此，一个能持续向外供电的燃料电池必须配备燃料供给与循环系统、氧化剂供给系统、水/热管理系统及协调各系统工作的电子控制系统。

典型的质子交换膜燃料电池系统如图6-7所示。

（1）燃料电池堆 燃料电池堆由多个单电池以串联方式层叠组合而成，其结构示意图如图6-8所示。将双极板与膜电极交替叠合，各单电池之间嵌入密封件，经前、后端板压紧后用螺杆紧固拴牢，即构成质子交换膜燃料电池堆。

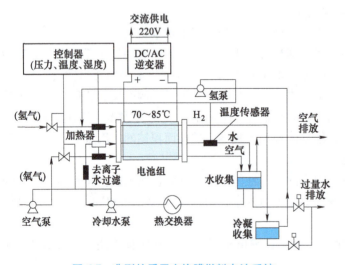

图 6-7 典型的质子交换膜燃料电池系统

图 6-8 燃料电池堆结构示意图

当燃料电池堆工作时，氢气和氧气分别由进口引入，经气体主通道分配至各单电池的双极板，经双极板流道的导流均匀分配至电极，通过电极支撑体与催化剂接触进行电化学反应。

（2）燃料及其循环系统 质子交换膜燃料电池用纯氢作燃料，也可用甲醇、天然气等碳氢化合物作燃料。以纯氢为燃料的循环系统，由氢源、稳压阀和循环回路组成。其中，氢源可以采用压缩氢气、液氢或金属氢化物储氢；稳压阀的作用是控制燃料氢气的压力；循环回路用以循环利用过量的燃料气，通常是用一个循环泵或喷射泵将过量的氢气送回到电池燃料气的入口处，因此，氢源所提供的氢几乎 100% 被用来发电。

如果质子交换膜燃料电池以碳氢化合物为燃料，其燃料循环系统则至少还应包括一个燃料处理器，用来将燃料或燃料与水的混合物转换成气体。由燃料转换而来的气体中，包括大部分氢、二氧化碳、水和微量的一氧化碳。转换气中的惰性气体和其他气体都将在不同程度上影响燃料电池的性能，而低温下 CO 很容易吸附在铂催化剂上，引起催化剂中毒，导致电池性能下降。为防止 CO 中毒，必须将转换气中的 CO 的质量分数控制在 0.01% 以下，通常用一个转换器或一个选择氧化器来实现。

（3）氧化剂及其循环系统 质子交换膜燃料电池的氧化剂采用纯氧或空气，如果用纯氧作氧化剂，其系统组成及控制与纯氢燃料循环系统类似。实际运用的质子交换膜燃料电池均采用空气作氧化剂，根据不同的应用需要，有常压空气和压缩空气两种。

采用常压空气作氧化剂，其燃料电池系统的结构较为简单。由于燃料电池性能随氧压力的增大而提高，因而在获得同等电池性能的前提下，采用常压空气作氧化剂的质子交换膜燃料电池系统的结构尺寸较大，制造成本也相对更高。此外，采用常压空气的循环系统增加了燃料电池系统水/热管理的难度。

采用压缩空气作氧化剂的循环系统则要复杂一些，通常包含一个由质子交换膜燃料电池驱动的压缩机和一个可以从排放气中回收部分能量的涡轮热膨胀器。

采用何种形式的氧化剂，需要综合权衡特定应用场合下系统的效率、燃料电池质量及制造成本。

（4）水/热管理系统 水/热管理系统也是质子交换膜燃料电池系统的重要组成部分。图 6-7 所示是以压缩空气为氧化剂的质子交换膜燃料电池系统，在其水/热管理系统中，大部分的反应物水随着过量的空气流从阴极排出。通常，氧化剂的流量是质子交换膜燃料电池发生反应所需化学计量流量的 2 倍。由于质子交换膜燃料电池的最佳工作温度为 70～90℃，反应产物均以液态形式存在，易于收集，因而其水管理系统相对较为简单。对于其他类型的燃料电池，反应产物水也可由阳极排出。

在多数质子交换膜燃料电池系统中，反应产物水被用于系统的冷却和部分用来加湿燃料气和氧化剂。反应产物水首先通过燃料电池堆的反应区冷却电堆本身，在冷却的过程中水蒸气被加热至燃料电池的工作温度，被加热的水再与反应气体接触，起到增湿的效果。除了在增湿过程中部分热量被反应气体带走外，还需要通过进一步的热交换过程，将水中多余的热量带走，防止质子交换膜燃料电池系统热量逐渐积累而造成电池温度上升、性能下降。这个热交换过程是通过水/空气热交换器来完成的。一些特殊的质子交换膜燃料电池系统中，这部分过多的热量也可用作空调（加热）和饮用热水来使用。

（5）控制系统 由图 6-7 可知，质子交换膜燃料电池系统由众多子系统组成，每个子系统既独立，又相互联系。因此，任何一个子系统工作失常都将直接影响燃料电池的性能。为确保整个系统可靠地运行，需要由控制系统对各子系统进行协调控制。控制系统由各种传感器、电子控制器及控制执行器（阀、泵、调节装置等）组成。随着燃料电池堆技术的日趋成熟，控制系统已成为决定燃料电池系统性能和制造成本的关键因素之一。

二、质子交换膜燃料电池的工作特性及影响因素

反映质子交换膜燃料电池工作性能好坏的重要参数有工作电压、输出电流及输出功率等。在燃料电池工作过程中，影响其工作特性的因素主要有燃料电池堆本身的技术状况、燃料电池的工作条件及燃料电池系统的水/热管理。

1. 燃料电池堆本身技术状况的影响

燃料电池堆本身的技术状况对质子交换膜燃料电池的工作性能起着关键的作用，而影响电堆性能的主要因素有：

1）膜电极的结构、制备方式和条件。

2）质子交换膜的类型、厚度、预处理情况、传导质子的能力、机械强度、化学和热稳定性。

3）催化剂的含量和制备方法。

4）双极板的结构形式和流场的结构与布置。

2. 燃料电池工作条件的影响

（1）输出电流的影响　质子交换膜燃料电池的电压、功率与输出电流之间的关系如图6-9所示。由图6-9可知，燃料电池的工作电压随输出电流的增大而下降，但其功率却增大。由于燃料电池的效率主要与其工作电压有关，因此，当燃料电池电压高而能量效率高时，其功率却较低。最优化的燃料电池堆设计，是使电堆在较大的输出电流时能有较高的电压，以使电堆既有高的功率输出，又有高的能量效率。对于电动汽车用燃料电池，要求燃料电池有高的功率密度和较低的成本。这在大电流输出的状态下才能实现。

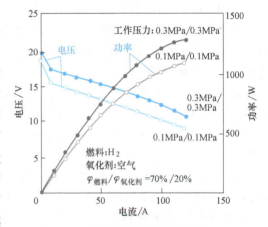

图6-9　质子交换膜燃料电池的电压、功率与输出电流之间的关系

（2）工作压力的影响　由图6-9可知，H_2 与空气压力的比值为 0.3MPa/0.3MPa 时的工作电压及输出功率要高于 0.1MPa/0.1MPa 时的工作电压及输出功率。显然，质子交换膜燃料电池反应气体的压力越高，其性能也就越好，阴极反应物（氧气或空气）压力对燃料电池性能的影响尤为明显。为了减少氢气通过质子交换膜互相扩散，以避免产生氢氧混合物而引发危险，应尽可能减少膜两侧的压力差。

（3）工作温度的影响　质子交换膜燃料电池的工作温度对其工作电压的影响如图6-10所示。由图6-10可知，质子交换膜燃料电池的工作温度高时，在各种电流密度下的工作电压也高。这说明工作温度高时，燃料电池的输出功率也大，效率也有所提高。发生这种情况的原因是随着温度的升高，反应气体向催化剂层的扩散速度及质子从阳极向阴极的运动速度均提高了。

质子交换膜燃料电池在工作时，其质子交换膜必须保持适当的湿润状态，以确保质子交换膜具有良好的质子传导性，这需要反应生成的水应尽量为液态。因此，在常压下，质子交

换膜燃料电池的工作温度不能超过80℃，在0.4~0.5MPa压力下工作温度不高于102℃。

（4）燃料气中杂质的影响　燃料气中的杂质主要有CO、CO_2、N_2等，其中CO对燃料电池性能的影响极大，如图6-11所示。燃料气中的CO_2、N_2等气体对燃料电池性能的影响见表6-2。

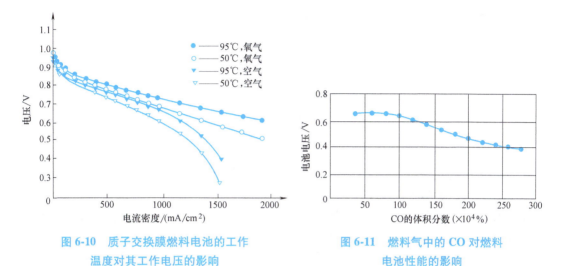

图 6-10　质子交换膜燃料电池的工作
温度对其工作电压的影响

图 6-11　燃料气中的 CO 对燃料
电池性能的影响

表 6-2　燃料气中的 CO_2、N_2 等气体对燃料电池性能的影响

燃料气组成	纯 H_2	75%H_2，25%CO_2	75%H_2，25%N_2	98%H_2，2%CO_2
单电池电压/V	0.6	0.31	0.58	0.51

注：1. 电流密度为1000mA/cm^2。

2. 表中的百分数均为体积分数。

由表6-2可知，高含量的CO_2对燃料电池性能的影响很大。这是因为在阳极的催化剂Pt上吸附的H_2和CO_2互相作用会引起CO中毒。

（5）空气对燃料电池的影响　从图6-10中可看出，用空气作氧化剂时，燃料电池的工作电压下降了，并在低电流密度时出现了电压-电流线性区的偏离。这主要是由氮障碍层效应和空气中氧分压较低造成的。

3. 燃料电池系统水/热管理的影响

（1）水管理的影响　质子交换膜燃料电池工作时，为了同时能获得高的能量转换效率及功率密度，就必须使质子交换膜的导电性保持在最佳状态，而这需要通过水管理来维持燃料电池内部的水平衡，使质子交换膜始终保持在适宜的湿润状态的同时，阴极又不会被水淹渍。影响水管理的主要因素有电流密度、进入燃料气的增湿程度、工作温度、气室压力及气体流速等。

为了实现最佳的水管理，国内外均开展了大量的研究与试验工作，并提出了实现有效水管理的各种途径，比如：

1）膜电极和电堆结构的优化设计。

2）对质子交换膜燃料电池的电流密度、反应气体湿度、反应气体流速及压力、工作温度等工作参数进行综合调控。

3）选择合适的质子交换膜及炭纸或炭布。

（2）热管理的影响　热管理的作用是控制燃料电池的工作温度。质子交换膜燃料电池是低温型燃料电池，但其工作温度仍然高于环境温度。燃料电池工作时会产生大量的热，需要采取适当的冷却措施，并通过适当的控制使燃料电池保持在适宜的温度。质子交换膜燃料电池的工作温度不能高于 $100℃$ （温度上限由质子交换膜的特性决定）。如果工作温度过高，则会影响质子交换膜的热稳定性和其他性能；如果温度过低，会导致各种极化增大，使质子交换膜燃料电池性能恶化。

第三节　燃料电池电动汽车概述

一、燃料电池电动汽车的特点

燃料电池电动汽车（Fuel Cell Electric Vehicle，FCEV）采用燃料电池作为动力源。相比于内燃机汽车，燃料电池电动汽车主要有以下优点：

1）因燃料直接通过电化学反应产生电能，无热能转换过程，故不受卡诺循环限制，能量转换效率高，实际能量转换效率在 $50\% \sim 70\%$。

2）燃料电池使用氢燃料时，其排放的是水，无污染；使用甲醇、汽油等其他燃料时，排放的 CO_2 比汽油机少 $1/2$。

3）燃料电池堆可由若干个单电池串、并联而成，可根据重量分配均衡和空间有效利用的原则，机动灵活地配置。

4）燃料电池无运动部件，振动小、噪声低，零部件对机械加工精度要求不高。

虽然燃料电池电动汽车有上述优点，但由于燃料电池电动汽车的价格高，在安全、高效地储氢、运氢等方面还存在着问题，燃料电池电动汽车的产业化尚需时日。

二、燃料电池电动汽车的类型

虽然燃料电池电动汽车的历史虽然不长，但与纯电动汽车相比，燃料电池电动汽车无须依赖蓄电池技术性能的完善，与内燃机汽车相比，则具有的环保、节能的优势。因此，燃料电池电动汽车已成为世界范围内新能源汽车开发的热点，且不断地涌现出不同结构的燃料电池电动汽车。

1. 按有无储能装置分类

根据燃料电池电动汽车是否配备储能装置，可把燃料电池电动汽车分为纯燃料电池电动汽车和混合型燃料电池电动汽车两大类。

（1）纯燃料电池电动汽车　纯燃料电池电动汽车的燃料电池是电动汽车上的唯一电能来源。这种类型的燃料电池电动汽车，要求燃料电池的功率大，且无法回收汽车制动能量。因此，纯燃料电池电动汽车目前应用较少。

（2）混合型燃料电池电动汽车　混合型燃料电池电动汽车上除燃料电池外，同时配备了储能装置（如蓄电池、超级电容和飞轮电池等）。由于储能装置可协助供电，因而可适当减小燃料电池的功率，且储能装置还可用于汽车制动时的能量回收，可提高燃料电池电动汽车的能量利用率。因此，燃料电池电动汽车多采用混合型结构。

2. 按燃料电池与蓄电池的结构关系分类

根据混合型燃料电池电动汽车中燃料电池和蓄电池的电路结构，可将混合型燃料电池电动汽车分为串联式和并联式两种，如图 6-12 所示。

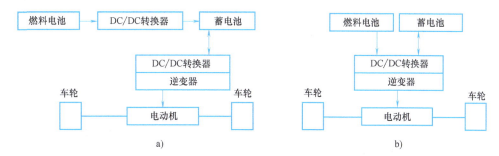

图 6-12 串联式和并联式燃料电池电动汽车动力系统示意图

a）串联式 b）并联式

（1）串联式燃料电池电动汽车 串联式燃料电池电动汽车动力系统的构成如图 6-12a 所示。燃料电池相当于车载发电装置，通过 DC/DC 转换器进行电压转换后对蓄电池充电，再由蓄电池向电动机提供驱动车辆的全部电力。串联式燃料电池电动汽车的特点与普通的串联式混合动力电动汽车相似，其优点是可采用小功率的燃料电池，但要求蓄电池的容量和功率要足够大，且燃料电池发出的电能需要经过蓄电池的电化学转换过程，会有能量转换损失。目前，串联式燃料电池电动汽车较为少见。

（2）并联式燃料电池电动汽车 并联式燃料电池电动汽车动力系统的构成如图 6-12b 所示，由燃料电池和蓄电池共同向电动机提供电力。根据燃料电池与蓄电池能量大小的配置不同，又可将其分为大燃料电池型和小燃料电池型两种。大燃料电池型主要由燃料电池提供电力，蓄电池的容量较小，只是在电动汽车起步、加速、爬坡等行驶工况时协助供电，并在车辆减速与制动时进行能量回收；小燃料电池型则必须采用大容量的蓄电池，由蓄电池提供主要的电力，而燃料电池只是协助供电。并联式是目前燃料电池电动汽车采用较多的形式。

3. 按提供的燃料不同分类

根据燃料电池所提供的燃料不同，燃料电池电动汽车又可分为直接燃料电池电动汽车和重整燃料电池电动汽车两大类。

（1）直接燃料电池电动汽车 直接燃料电池电动汽车的燃料主要是纯氢，也可以用甲醇等燃料。采用纯氢作燃料的燃料电池电动汽车，氢燃料的储存方式有压缩氢气、液态氢和合金（碳纳米管）吸附氢等几种。

（2）重整燃料电池电动汽车 重整燃料电池电动汽车采用间接燃料电池，其燃料主要有汽油、天然气、甲醇、甲烷、液化石油气等。重整燃料电池电动汽车的结构要比氢燃料电池电动汽车复杂得多。比如，甲醇重整燃料电池电动汽车需要对甲醇进行 200℃ 左右的加热以分解出氢，汽油重整燃料电池电动汽车也需要对汽油进行 1000℃ 左右的加热以分解出氢。无论采用什么燃料，重整燃料电池电动汽车均需设置重整装置，将其他燃料转化为燃料电池所需的氢。

第四节　燃料电池电动汽车的构成

燃料电池电动汽车与普通的燃油汽车相比，其外形和内部空间几乎没有什么区别，不同之处在于其动力系统。燃料电池电动汽车动力系统的基本组成部分有燃料电池系统、电子控制系统、辅助储能装置及电动机。燃料电池电动汽车动力系统的布置如图6-13所示。

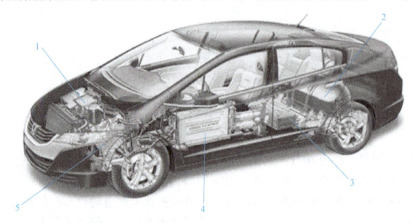

图6-13　燃料电池电动汽车动力系统的布置

1—电子控制器　2—燃料储存装置　3—储能装置　4—燃料电池堆　5—驱动电动机

一、直接燃料电池电动汽车

典型的直接燃料电池电动汽车动力系统的基本构成如图6-14所示。

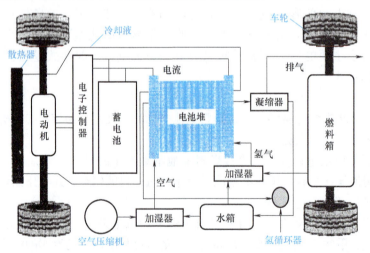

图6-14　直接燃料电池电动汽车动力系统基本构成

1. 燃料电池系统

燃料电池系统的核心是燃料电池堆，此外，还配备了氢气供给、氧气供给、气体加湿、水循环及反应物生成处理等系统，用以确保燃料电池堆正常工作。

（1）氢气供给系统　氢气供给系统的功能包括氢的储存、管理和回收。气态氢需要采用高压压缩的方式储存，因而对储氢气瓶品质的要求较高。储气瓶的容量决定了一次充氢的行驶里程。轿车一般采用 2~4 个高压储气瓶，大客车上通常采用 5~10 个高压储气瓶来储存所需的氢气量。

液态氢比气态氢需要更高的储存压力，且要保持低温，因此，使用液态氢时对储气瓶的要求更高，还需要有较复杂的低温保温装置。

不同的储氢压力，需要采用相应的减压阀、调压阀、安全阀、压力表、流量表、热量交换器、传感器及管路等组成氢气供给系统。从燃料电池堆排出的水中含有少量的氢，可通过氢气循环器将其回收。

（2）氧气供给系统　氧气供给方式有纯氧和空气两种。纯氧供给方式需要用氧气罐；从空气中获得氧气则需要用压缩机来提高压力，以确保供氧量，增加燃料电池反应的速度。空气供给系统除了需要有体积小、效率高的空气压缩机外，还需配备相应的空气阀、压力表、流量表及管路，并对空气进行加湿处理，以确保空气具有一定的湿度。

（3）水循环系统　燃料电池反应过程中会产生水和热量，需要通过水循环系统中的凝缩器加以冷凝并进行气水分离处理，部分水可用于反应气体的加湿。水循环系统还用于燃料电池的冷却，以使燃料电池保持在正常的工作温度。

2. 辅助储能装置

混合式燃料电池电动汽车还配备有辅助储能装置。辅助储能装置可采用蓄电池、超级电容和飞轮电池中的一种，组成双电源的混合动力系统，或采用蓄电池+超级电容、蓄电池+飞轮电池的三电源系统。

燃料电池电动汽车配备辅助储能装置的作用是：

1）在燃料电池电动汽车起动时，由辅助储能装置提供电能，带动燃料电池起动或带动车辆起步。

2）在燃料电池电动汽车运行过程中，当燃料电池输出的电能大于车辆驱动所需的能量时，辅助储能装置可用于储存燃料电池剩余的电能。

3）在燃料电池电动汽车加速和爬坡时，辅助储能装置可协助供电，以弥补燃料电池输出功率的不足，使电动机获得足够的电能，产生满足车辆加速和爬坡所需的电磁转矩。

4）向车辆的各种电子设备、电器提供工作所需的电能。

5）车辆在制动时，电动机转换为发电工作状态，将车辆的动能转换为电能，并向辅助储能装置充电，以实现车辆制动时的能量回收。

3. 电动机

电动机用于将电源所提供的电能转换为电磁转矩，并通过传动装置驱动车辆行驶。与纯电动汽车和混合动力电动汽车一样，燃料电池电动汽车用电动机也可采用有刷直流电动机、交流异步电动机、交流同步电动机、永磁无刷直流电动机和开关磁阻电动机等。

不同类型的电动机具有不同的性能特点，燃料电池电动汽车通常是结合整车的开发目标，综合考虑各种电动机本身的结构与性能特点、电动机驱动控制方式及控制器结构特点等，选择适宜的电动机。

4. 电子控制系统

直接燃料电池电动汽车的电子控制系统包括燃料电池系统控制、DC/DC 转换器控制、辅助储能装置能量管理、电动机驱动控制及整车协调控制等控制功能，各控制功能模块通过总线连接，如图6-15所示。

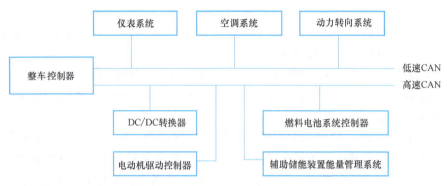

图6-15 燃料电池电动汽车电子控制系统构成

（1）燃料电池系统控制 燃料电池系统控制器用来控制燃料电池的燃料供给与循环系统、氧化剂供给系统、水/热管理系统，并协调各系统工作，以使燃料电池系统能持续向外供电。

（2）DC/DC转换器控制 DC/DC转换器用于改变燃料电池的直流电压。DC/DC转换器由电子控制器控制，电子控制器的作用是通过调节DC/DC转换器的输出电压，将燃料电池堆较低的电压上升至电动机所需的电压。DC/DC转换器的作用不仅仅是升压和稳压，在工作时，通过电子控制器的实时调节，可使其输出电压与蓄电池的电压相匹配，以协调燃料电池和蓄电池负荷，起到限制燃料电池最大输出电流和最大功率的作用，可避免燃料电池因过载而损坏。

（3）辅助储能装置能量管理 辅助储能装置能量管理系统对蓄电池的充电、放电、存电状态等进行监控，使辅助储能装置能正常地起作用，在车辆起动、加速、爬坡等工况下协助供电，并在车辆运行时储存燃料电池的富余电能，在汽车制动时实现能量回馈。蓄电池能量管理系统通过对蓄电池电压、电流、温度等参数的监测，还可实现蓄电池的过充电、过放电控制，以及蓄电池荷电状态的估计与显示。

（4）电动机驱动控制 不同类型的电动机，其驱动控制系统的电路结构和工作原理也有所不同。总体上，电动机驱动控制系统的主要控制功能有电动机的转速与转矩调节、转换为发电机工作模式控制（设有制动能量回馈的电动汽车）、电动机过载保护控制等。

（5）整车协调控制 整车协调控制系统基于设定的控制策略对各控制功能模块进行协调控制。一方面，控制器根据加速踏板传感器、制动踏板传感器、档位开关送入的电信号判断驾驶员的驾车意图，并输出控制信号，通过相关控制功能模块实现车辆的行驶工况控制；另一方面，控制器根据相关传感器和开关输入的电信号，获取车速、电动机转速、是否制动、蓄电池和燃料电池的电压和电流等信息，判断车辆的实际行驶工况和动力系统的状况，并按设定的多电源控制策略输出相应的控制信号，通过相应的功能模块实现能量分配调节控制。此外，整车协调控制还包括整车故障自诊断功能。

直接以纯氢为燃料的直接燃料电池电动汽车对储氢装置的要求较高，但相比于重整燃料电池电动汽车，直接燃料电池电动汽车的结构简单，质量小，能量效率高，成本低。因此，目前的燃料电池电动汽车大都以纯氢为车载氢源。

二、重整燃料电池电动汽车

1. 动力系统的构成

重整燃料电池电动汽车与直接燃料电池电动汽车的主要区别在于使用汽油、天然气、甲醇、甲烷、液化石油气等燃料，在汽车上通过重整器产生氢，再将氢提供给燃料电池堆。重整燃料电池电动汽车动力系统的基本组成如图 6-16 所示。

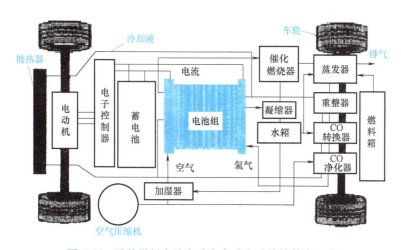

图 6-16　重整燃料电池电动汽车动力系统的基本组成

重整燃料电池系统中的氧气供给及管理系统、反应生成的水和热量处理系统及电力管理系统等与直接燃料电池系统基本相同，只是增加了重整器、蒸发器、CO 转换与净化器等装置，用以将汽油、天然气、甲醇、甲烷、液化石油气等燃料转换为纯氢。

2. 重整燃料电池氢气产生的过程

重整燃料电池电动汽车采用的燃料不同，其制氢过程（重整技术）也会有所不同。

（1）车载醇类制氢过程　醇类燃料（甲醇、乙醇、二甲醚等）的车载制氢过程大体相同，均需经重整、变换、CO 脱除等几个步骤。以甲醇为燃料的车载制氢过程如图 6-17 所示。

储存在普通容器中的甲醇在进入重整器以前，通过加热器加热，使甲醇和纯水的混合物在高温（621℃）下变成混合气，然后进入重整器分离出氢。重整器产生的氢气中含有少量 CO，因此，需要通过转换器中的催化剂将 CO 转换为 CO_2 后排出，使之最终进入燃料电池的 H_2 中。CO 的含量不能超过规定的低限值（0.001%）。

（2）车载烃类制氢过程　烃类燃料（汽油、柴油、LPG 及天然气等）的车载制氢过程通常包括氧化重整、高温变换、脱硫、低温变换、CO 净化及燃烧等过程。以汽油为燃料的车载制氢过程如图 6-18 所示。

烃类车载制氢需要高温和脱硫，因此，其重整过程比醇类难度大。由于天然气是气体燃料，车载储运较为困难，因而很少用作燃料电池电动汽车的燃料。

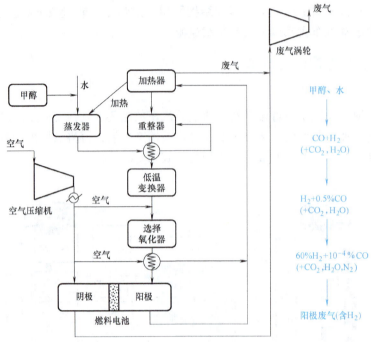

图 6-17 以甲醇为燃料的车载制氢过程

注：图中的百分数为体积分数。

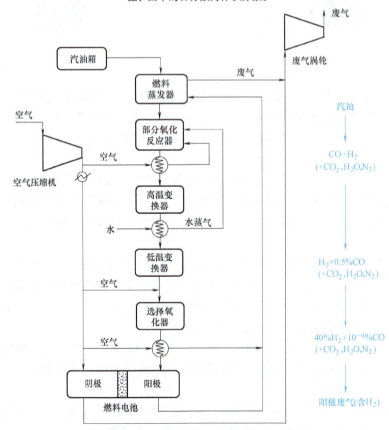

图 6-18 以汽油为燃料的车载制氢过程

3. 重整燃料电池电动汽车的优缺点

使用车载重整器制氢的燃料电池电动汽车，其主要优点是燃料存储方便，只需要普通的容器，也不需要加压或冷藏。但是，重整器制氢也存在着一些问题，主要有：

1）燃料电池系统起动时间较长，动态响应也较慢。当然，对于配备辅助储能装置的重整燃料电池电动汽车来说，辅助储能装置可很好地解决这一问题。

2）重整装置不仅需要复杂的控制过程，而且其体积和质量会减少车辆可利用的空间，增加更多的能量消耗。

3）制取的氢气纯度不高时，可能会使催化剂中毒并会产生一些污染。

由于重整燃料电池电动汽车有上述不足，所以在已推出的燃料电池电动汽车中，大都为直接燃料电池电动汽车。

第五节　燃料电池电动汽车的工作方式与动力匹配

一、燃料电池电动汽车的储氢方式

目前的燃料电池电动汽车大都以纯氢为燃料，为使燃料电池电动汽车能达到所需的续驶里程，在车上就需要有一定储量的氢。车载储氢主要有压缩氢气、液态氢和金属储氢三种形式，其中高压压缩储氢方式最为常见。

1. 压缩氢气形式

氢气的密度小，需要通过压缩来增加其储存量。压缩氢气的压力一般在20~30MPa或更高，因而要求储氢气瓶能承受高压，且质量小、使用寿命长。高压储氢气瓶的材料用铝或石墨材料，通常制成环形压力容器。这有助于提高容积效率，满足续驶里程的要求，而且便于在车上安装。

不同类型的燃料电池电动汽车，高压储氢气瓶的布置形式也有所不同。燃料电池电动轿车的高压储氢气瓶通常安装在后座椅或行李舱下，而大客车的储氢气瓶通常安装在车辆的顶部或裙部。图6-19所示为某种燃料电池大客车储氢气瓶的布置方式。

2. 液态氢形式

相对于气态氢，液态氢具有较高的能量密度，可显著提高单位容积氢的质量，有利于降低运输成本，提高燃料电池电动汽车的续驶里程。车载液态氢储存罐如图6-20所示。液态氢储存罐需要有良好的绝热性能，因此，其外壳通常用绝热材料包裹，其内部设有液位计和压力调节（控制）装置。

液态储氢方式的不足总结如下：

1）氢气液化过程时间长，消耗的能量大。液态氢需要将气态氢冷却到-253℃才能得到，氢气的液化过程时间较长，而且需要消耗大量的能量。

2）液态氢的储存和运输难度大。液态氢难于较长时间储存，只能储存在供应站，且在运输时需要专用运输车辆。

3）供氢系统结构复杂。液态氢需要转换为氢气再提供给燃料电池，而液态氢汽化过程需要吸收热量，因此，供氢系统中还需要设置热交换器和压力调节系统。

由于液态储氢方式的上述不足，现有的燃料电池电动汽车采用这种储氢方式并不多见。

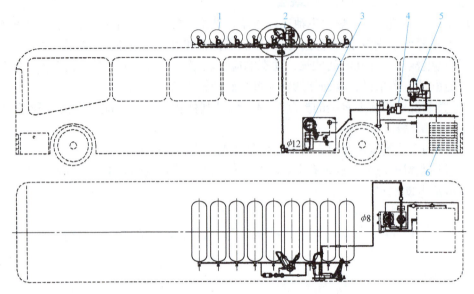

图 6-19 某种燃料电池大客车储氢气瓶的布置方式

1—储氢气瓶 2—车顶控制气路 3—压力表 4—滤清器 5—减压阀 6—燃料电池

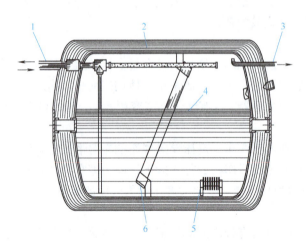

图 6-20 车载液态氢储存罐

1—液氢进出口 2—绝热材料 3—安全排气口 4—液态氢 5—压力仪表 6—液位计

3. 金属储氢形式

利用金属氢化物储氢，就是将氢气加压至 3~6MPa，使进入容器的氢在高压下附在金属小颗粒上，完成氢与金属的结合，同时放出热量。从金属小颗粒中释放出氢时，需要吸收外部的热量，因此，金属储氢容器不仅需要有一定的耐压强度，还要有足够的换热面积，以满足充氢和放氢时的热量传递。为了尽可能多地储存氢，需要储氢合金表面呈小颗粒状，并在适当的温度范围和压力范围内能够储存或释放氢气。

金属储氢通常被认为是最安全的储氢方式。相比于高压储氢罐储氢方式，金属储氢的特点如下：

1) 单位体积的储氢容量有所提高，但单位质量的储氢量并不高。金属储氢罐包括容器和储氢材料，其单位质量的储氢量要低于高性能材料制成的高压储氢气瓶。

2）储氢的压力较低（1~2MPa），远低于压缩储氢气瓶的压力，因而其安全性较高，降低了充氢设备的要求，充氢的能耗也较小。

3）金属氢化物对氢气中的少量杂质（如 O_2、H_2O、CO 等）的敏感度高于燃料电池电极催化剂的敏感度，因此，对氢的纯度要求更高了。

4）金属氢化物的机械强度较低，反复充放氢后会出现粉碎现象。目前的金属储氢装置的金属氢化物反复充放的次数不多，而且价格较高。

总体上看，燃料电池电动汽车采用金属储氢方式的运行成本很高，因此，目前采用这种车载储氢方式的燃料电池电动汽车很少。

二、燃料电池电动汽车的工作方式

目前燃料电池电动汽车多采用燃料电池+蓄电池的混合动力模式，在电动汽车起步、加速、匀速、滑行、减速、制动等不同的行驶工况时，燃料电池的工作方式是不同的，大体可分为燃料电池模式、混合动力模式、蓄电池模式、能量回馈模式等。燃料电池电动汽车的工作方式如图 6-21 所示。

1. 燃料电池模式

燃料电池电动汽车工作在燃料电池模式时，电动机的电力全由燃料电池提供。当蓄电池在非充足电状态（SOC 值<1），且燃料电池的电能供给电动机后尚有富余时，燃料电池还可向蓄电池充电，如图 6-21a 所示。当燃料电池电动汽车在低负荷行驶、匀速、滑行等行驶工况时，通常工作在燃料电池模式。

2. 混合动力模式

混合动力模式是指燃料电池和蓄电池共同提供电动机所需电力的工作方式，如图 6-21b 所示。燃料电池电动汽车在加速行驶、高速行驶、上坡、超车或重载的情况下，当燃料电池输出的电功率已不能满足驱动车辆所需的功率时，由蓄电池提供瞬时能量来补充燃料电池电动汽车加速、上坡的动力需要，或由蓄电池持续地协助燃料电池供电，以满足燃料电池电动汽车在持续高速或重载下对电源持续电功率输出的需求。

3. 蓄电池模式

蓄电池模式是指燃料电池停止输出电能，车辆单独由蓄电池提供电力，如图 6-21c 所示。当燃料电池还未启动，而蓄电池的 SOC 值大于最小临界值时，由蓄电池提供电动汽车起步时的电能。此外，当燃料耗尽或燃料电池堆发生故障时，若蓄电池的 SOC 值大于最小临界值，则也可由蓄电池在短时间内独立供电。工作在蓄电池模式的燃料电池电动汽车，对蓄电池容量和输出功率的要求相对较高。

4. 能量回馈模式

能量回馈模式是指电动机工作在发电状态，将车辆的动能转换为电能，并向蓄电池充电的工作方式，如图 6-21d 所示。在燃料电池电动汽车下坡、遇红灯减速及非紧急制动等情况下，当蓄电池又处于非充足电状态（SOC 值在最大临界值以下）时，控制器就将电动机转换为发电机工作方式，将车辆的动能转换为电能，通过向蓄电池充电来实现电动汽车减速制动的能量回馈。

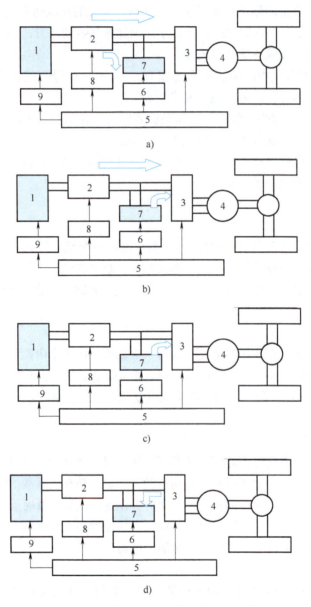

图 6-21　燃料电池电动汽车的工作方式

a）燃料电池模式　b）混合动力模式　c）蓄电池模式　d）能量回馈模式

1—燃料电池　2—DC/DC 转换器　3—电动机控制器　4—电动机　5—整车控制器

6—蓄电池能量管理　7—蓄电池　8—DC/DC 电子控制器　9—燃料电池控制器

三、燃料电池电动汽车动力系统参数的匹配

燃料电池电动汽车动力系统的最佳匹配，就是要在确保车辆有良好动力性的前提下，有最优的经济性。

1. 燃料电池电动汽车动力系统参数匹配的基本思路

燃料电池电动汽车动力系统的构型方式、各系统参数的匹配、整车的控制策略均是影响燃料电池电动汽车动力性和经济性的重要因素，且三者之间相互关联、互相影响。当燃料电池电动汽车采用不同的构型方式、不同的控制策略、不同的参数匹配时，整车的动力性和经济性将会有明显的差异。燃料电池电动汽车动力系统参数匹配的基本思路和步骤如下：

1）选定燃料电池电动汽车动力系统的构型方式。根据预定的目标，选定混合型燃料电池电动汽车（通常均采用混合型）辅助储能装置的类型（蓄电池、超级电容或飞轮电池），以及辅助储能装置与燃料电池的结构关系（串联或并联）。

2）选定某种能量分配策略。针对所选定的动力系统构型方式，选择电源系统电路的拓扑结构（图6-22），并设定某种能量分配策略。

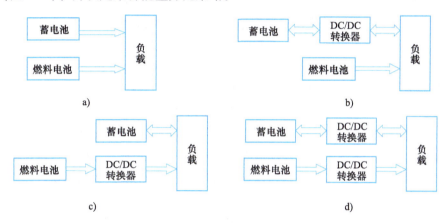

图 6-22 蓄电池与燃料电池组合电源系统常用电路的拓扑结构

a）蓄电池与燃料电池直接并联 b）蓄电池与双向 DC/DC 转换器串联再与燃料电池并联

c）燃料电池与单向 DC/DC 转换器串联再与蓄电池并联

d）蓄电池与双向 DC/DC 转换器串联，燃料电池与单向 DC/DC 转换器串联，然后两者并联

3）动力系统参数匹配。以已知的整车参数、目标工况、基本能量分配策略为条件，以满足车辆动力性为前提，以最佳经济性为目标，进行动力系统的参数匹配。

按照上述步骤，通过改变构型方式，就可得到不同构型方式下的动力系统参数匹配，并最终得到理想的系统选型设计的方案。

2. 实用的动力系统参数优化匹配方法

可将燃料电池电动汽车的动力系统分为动力源和动力驱动系统两部分，如图6-23所示。

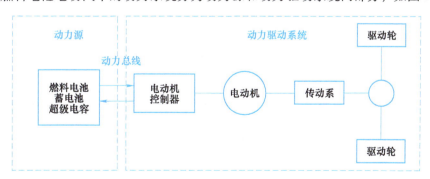

图 6-23 燃料电池电动汽车动力系统的组成

动力驱动系统的参数匹配需要考虑的主要因素有电动机的相关参数（额定功率与最大功率、最大转矩、最高转速等）、变速器的速比、主减速器的速比及直流总线电压等。其主要的目标是满足车辆的动力性和工作的可靠性要求。

混合型燃料电池电动汽车的动力源包括燃料电池系统、蓄电池及超级电容（有的话）等。动力源参数的匹配涉及各动力电源的混合方式和混合比。动力源的参数优化匹配目标主要是整车的燃料经济性最优和制造成本最低，主要考虑的因素有燃料电池的额定功率、蓄电池的容量、蓄电池的串联数量及蓄电池的初始 SOC 值等。

实现燃料电池电动汽车动力系统参数匹配过程的具体方法有：

（1）理论计算法　理论计算法是根据给定的整车参数和动力性指标要求，运用汽车理论相关的公式进行计算，得到动力系统各动力总成的参数。

（2）工况分析法　工况分析法的主要目的是获取车辆的动力和功率需求信息，从而得到整车对各动力总成的动力性能和系统能量的最低需求。工况分析主要包括典型工况分析、特征工况分析及工况适应性分析。典型工况分析是指针对所设计车辆的典型使用循环工况进行分析，例如城市公交车的典型工况可选择城区公交、城郊公交等循环工况；特征工况分析包括最高车速、最大爬坡度、起步及加速等工况分析；工况适应性分析是指设计车辆对除典型工况之外的其他要求的适应性分析，以判断该车辆是否具有更广泛的用途。

（3）仿真分析法　仿真分析法是借助于 ADVISOR、MATLAB/Simulink 等仿真软件，针对车辆的整体设计要求与部件信息，搭建整车及各部件的仿真模型，并编制相应的程序和输入数据文件，通过仿真来确定各部件参数对整车性能的影响，从而进行各总成参数的设计与匹配。仿真分析法在程序运行时需要输入的信息中，包括了目标工况信息，工况选择可参照工况分析法。

3. 能量管理策略与优化

对于具有两个或两个以上能量源的混合型燃料电池电动汽车，能量的管理策略对车辆能量的消耗和能量源的使用寿命均有着重要的影响。能量管理策略主要包括功率分配策略、速比控制和制动能量回馈策略三部分，其核心是功率分配。只有三者有机配合并实现最优化管理，才能在有效降低能量消耗的同时，延长燃料电池和蓄电池的使用寿命。

（1）能量管理的主要任务　对于燃料电池+蓄电池的混合型燃料电池电动汽车，如何协调这两个动力源的功率输出比例，对提高能量的利用率及整车的经济性至关重要。能量管理的主要任务有以下几点：

1）要在不损害蓄电池，并且蓄电池处于合理的工作状态的情况下，满足车辆动力性的设计要求，以确保车辆良好的驾驶性能。

2）根据驾驶员的驾驶操作判断其转矩需求，再根据管理子系统的限制条件来确定转矩控制指令。

3）确定燃料电池系统的运行状态（包括开启与关闭），以便通过能量管理获得最大的燃料经济性。

4）确定动力系统的驱动模式和各模式之间的转换机制，确定传动系统的速比。

在上述能量管理的任务中，蓄电池工作状态的控制是能量管理策略所要解决的基本问题，需要考虑以下几个因素：

1）蓄电池的充放电效率与其本身的内阻密切相关，且是 SOC 的函数。因此，能量管理必须考虑选择蓄电池的最佳工作区域，以降低蓄电池的充放电损失，同时保留额外的吸收峰值功率的空间。

2）蓄电池所存储的能量在整个循环工况下要达到平衡。

3）蓄电池的充放电深度会影响其循环寿命，因此，能量管理须控制蓄电池的充放电深度。

（2）能量管理系统的构成　燃料电池电动汽车能量管理系统的基本结构如图 6-24 所示。能量管理系统通过相关传感器、开关及电压信号获取当前的状态（包括车速、蓄电池的 SOC 等）及驾驶员的转矩需求信息，进行汽车最佳档位、燃料电池开启/关闭、制动能量回馈、功率分配等控制。

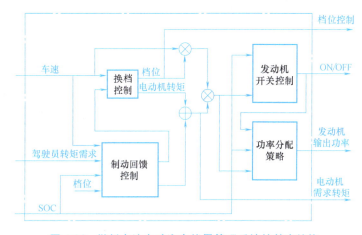

图 6-24　燃料电池电动汽车能量管理系统的基本结构

第六节　燃料电池电动汽车的安全系统

由于目前的燃料电池电动汽车大都采用氢气作燃料，而氢气的泄漏将会造成危险。因此，燃料电池电动汽车必须考虑针对氢气的安全措施。通常采用两种措施：一是储氢装置和输送管路选用不易造成泄漏的材料和结构形式；二是实时监测燃料电池系统中氢气的泄漏情况。

一、燃料电池系统的安全保护措施

1. 氢气源切断保护装置

当汽车发生碰撞时，氢气的泄漏将会引发严重的安全事故。为此，一些燃料电池电动汽车设置了相应的保护装置。当汽车发生碰撞事故时，保护装置会根据碰撞传感器的信号及时切断电源和气源，以避免因氢气泄漏而造成更为严重的事故。

2. 用吸能车架保护燃料电池系统

一些燃料电池电动汽车的车身、车架采取了特殊的结构措施，以保护燃料电池系统在汽车发生碰撞时不受损。本田燃料电池电动汽车 FCX 的纵梁结构如图 6-25 所示。

该车架的结构特点是：从前面碰撞时，前纵梁可吸收冲击能量，减少了驾驶室的变形；如果侧面发生了碰撞，则地板梁可吸收能量，也减少了驾驶室的变形和对燃料电池系统的影响。

3. 储氢气瓶的安全措施

储氢气瓶压力高达 25～35MPa，当汽车发生碰撞时，如果高压储氢气瓶受损破裂，后果不堪设想。为此，除了选用高强度的气

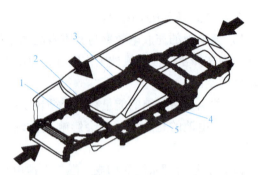

图 6-25　本田燃料电池电动汽车 FCX 的纵梁结构
1—前纵梁　2—横梁　3—地板梁
4—侧门框　5—横悬梁

瓶外，在汽车的结构上还要考虑尽可能减小汽车碰撞时对储氢气瓶的冲击。图 6-26 所示为本田燃料电池电动汽车 FCX 后端的双层车架结构。

图 6-26　本田燃料电池电动汽车 FCX 后端的双层车架结构
1—储氢气瓶　2—后车架　3—后副车架

二、燃料电池电动汽车氢气监测系统

燃料电池电动汽车氢气监测系统通常由氢传感器、控制器、报警及安全处理装置等组成，如图 6-27 所示。传感器将周围氢气浓度参数转换为电信号，并输送给控制器，然后控制器根据氢传感

图 6-27　燃料电池电动汽车氢气监测系统

器的信号判断是否有氢气泄漏及泄漏的严重程度，并输出相应的控制信号，使危险报警装置发出危险警报，或使安全保险电路工作（切断高压电路或关闭氢气源），及时排除安全隐患。

1. 车上氢安全控制系统

一些燃料电池电动汽车的氢安全控制系统配备有多个氢传感器。例如，某燃料电池电动客车在车顶部的储氢气瓶舱、乘客舱、燃料电池舱和水箱附近各安装了一个氢传感器，监测周围空气中氢气的含量。当任何一个氢传感器检测到氢气浓度达到爆炸下限（氢的体积分数为 4%）的 10%、30% 和 50% 时，控制器就会发出Ⅰ级、Ⅱ级或Ⅲ级报警控制信号，使危险报警装置工作（声光报警继电器线圈通电，其触点吸合），发出相应的声光报警信号。驾

驶员可通过手动开关立即停止燃料电池工作，并关闭储氢气瓶出口电磁阀，以避免造成安全事故。

对于装有自动安全保险装置的车载氢安全控制系统，控制器在启动危险报警装置工作的同时，使安全保险控制电路通电工作，自动关闭燃料电池及氢源出口，以确保安全。

2. 车库氢安全控制系统

存放燃料电池电动汽车的车库也存在氢气泄漏的安全隐患，因而安装车库氢安全控制系统也十分必要。

车库氢安全控制系统通常由氢传感器、控制器、报警装置及排/送风装置等组成。氢传感器安装在车库的顶部，当任何一个氢传感器监测到周围空气中氢气的体积分数超过了爆炸下限的10%、30%或50%时，氢监测系统就会发出Ⅰ级、Ⅱ级或Ⅲ级报警信号，启动车库外报警装置，同时，自动开启排风扇或打开换气窗，以避免车库内氢气的浓度过高而引发安全事故。

三、燃料电池电动汽车的其他安全措施

燃料电池电动汽车通常还采取防静电和防爆措施，并制定严格的氢操作规程，以确保安全。

1. 燃料电池电动汽车的防静电措施

在燃料电池电动汽车加氢或行车过程中，不可避免地会产生静电，这极易引发氢气燃烧或爆炸。为此，一些燃料电池电动汽车的车体底部通常设有接地导线，可及时将静电释放回大地，以确保燃料电池电动汽车的安全。

2. 燃料电池电动汽车的防爆措施

燃料电池电动汽车的防爆措施主要是防止电路中产生电火花，以避免电火花点燃氢气而产生燃烧或爆炸事故。防爆措施主要有：

1）采用防爆型氢传感器，不用触点式传感器。触点式传感器在氢气含量达到设定的浓度时通过触点的动作输出信号，容易产生触点火花而引发事故。

2）氢安全控制系统中采用防爆固态继电器，这也是为了防止继电器触点动作时产生的电弧放电点燃氢气。

3）当氢安全控制系统发出报警时，禁止进行开关电气设备的操作，以避免相关的电源插座、接触器、继电器及开关触点产生电火花而点燃氢气。

4）当燃料电池电动汽车储氢气瓶存有氢气时，严禁在车上进行电焊等会产生电弧的相关操作。

3. 燃料电池电动汽车氢安全操作规程

为确保安全，燃料电池电动汽车在调试、起动、进库、出库过程中均应严格执行氢安全操作规程。燃料电池电动汽车氢安全操作规程主要有：

1）严禁在车库内进行大规模的加氢操作。

2）在燃料电池起动前，应检查燃料电池系统管路的气密性，确保无泄漏。

3）在调试及燃料电池起动前，用氮气吹扫管路，且调试时须由专人配备便携式氢浓度

探测仪检查氢气泄漏情况。

4）雷雨天气禁止做系统的调试及其他相关的操作。

5）当发现安全问题时，必须立即停止调试。

第七节　燃料电池电动汽车的性能与存在的问题

一、燃料电池电动汽车的性能与关键技术

对于燃料电池电动汽车而言，最被关注的性能指标主要有续驶里程、最高车速、最大爬坡度、最大转矩、功率及最大功率等。而这些性能指标的高低，除了与燃料电池的性能这一关键因素有关外，还与车载储氢技术、辅助储能装置、电动机及其控制技术、动力系统的构型与整车的布置、整车的控制技术等密切相关。

1. 燃料电池电动汽车的主要性能

目前，燃料电池电动汽车的部分性能指标还不如普通燃油汽车。典型燃料电池电动汽车的性能指标见表6-3，从中可大体了解燃料电池电动汽车的性能状况。采用不同燃料的燃料电池电动汽车的性能比较见表6-4。

表6-3　典型燃料电池电动汽车的性能指标

车辆名称		丰田 FCHV	本田 FCX	丰田 FCHV-BUS2
长×宽×高		4735mm×1815mm×1685mm	4165mm×1760mm×1645mm	10515mm×2490mm×3360mm
车辆质量/kg		1860	1680	—
乘坐人数/人		5	4	60
续驶里程/km		300	355	250
最高车速/(km/h)		155	150	80
燃料电池	种类	PEMFC	PEMFC	PEMFC
	功率/kW	90	78	90×2
电动机	种类	交流同步电动机	交流同步电动机	永磁同步电动机
	最大转矩/N·m	260	272	—
	最大功率/kW	80	60	80×2
燃料	种类	纯氢	纯氢	纯氢
	储存方式	压缩氢气	压缩氢气	压缩氢气
	储气压力/MPa	35	34.4	35
辅助储能装置		镍氢电池	超级电容	镍氢电池

表 6-4 采用不同燃料的燃料电池电动汽车的性能比较

燃料	制造厂	车名	FC 功率 /kW	最高车速 /(km/h)	续驶里程 /km	辅助储能装置
氢气 25MPa	丰田公司	FCHV-4	90	>150	>250	蓄电池
	丰田公司	FCHV-BUS1	90	>80	>300	蓄电池
	本田公司	FCX-V3	60	130	180	超级电容
	大发公司	Move FCV-K-Ⅱ	30	105	120	蓄电池
氢气 30MPa	福特公司	Focus FCV	67(电动机)	>128	160	蓄电池
	戴姆勒-克莱斯勒公司	NeCar 1	50	90	130	无
氢气 35MPa	丰田公司	FCHV	90	>155	300	蓄电池
	本田公司	FCX-V4	78	140	315	超级电容
	本田公司	FCX	85	150	355	超级电容
	戴姆勒-克莱斯勒公司	Citaro	>200	80	>200	无
	戴姆勒-克莱斯勒公司	F-Cell (A 级)	85	140	145	蓄电池
氢气 70MPa	铃木公司	MR WAGON-FCV	38	110	200	—
液态氢	通用公司	HydroGen 1	80	140	400	蓄电池
	通用公司	HydroGen 3	94	150	400	无
	大众公司	Hymotion	75	140	350	无
	戴姆勒-克莱斯勒公司	NeCar 4	70	145	450	无
金属氢化物	马自达公司	Demio	20	90	170	超级电容
	戴姆勒-克莱斯勒公司	Natrium	40	129	483	蓄电池
	丰田公司	FCHV-3	90	150	300	蓄电池
甲醇	戴姆勒-克莱斯勒公司	NeCar 5	85	150	450	无
	马自达公司	PREMACY FC-EV	65(电动机)	124	-	无
汽油	丰田公司	FCHV-5	90	—	—	蓄电池
	通用公司	Chevrolet 5-10	25	102	386	蓄电池

2. 燃料电池电动汽车的关键技术

（1）燃料电池系统　燃料电池是燃料电池电动汽车最关键的技术之一。燃料电池堆的净输出功率、耐久性、低温起动性及成本等，直接影响着燃料电池电动汽车的性能和发展。

目前，降低燃料电池的成本是燃料电池电动汽车研究的最重要目标，而控制燃料电池成本最有效的手段是降低燃料电池材料（电催化剂、电解质膜及双电极等）的成本，降低加工（膜电极制作、双电极加工和系统装配等）费用。在降低燃料电池成本的同时，进一步提高燃料电池的性能，是目前燃料电池电动汽车技术研究的重点。此外，燃料电池系统也还有许多需要攻克的工程技术问题，如系统的起动与关闭时间、系统的能量管理与变换操作、电堆水/热管理模式以及低成本高性能的辅助装置（空气压缩机、传感器及控制模块）等。

（2）车载储氢装置　目前燃料电池电动汽车大都采用纯氢为燃料，车载储氢装置对燃料电池电动汽车的动力性及续驶里程影响很大。如前所述，常见的车载储氢装置有高压氢气瓶、低温液氢瓶及金属氢化物储氢装置三种。除液态储氢方式外，目前的车载储氢装置的质量储氢密度和体积储氢密度均较低，而液态储氢需要很低的温度条件，其成本和能耗都很高。如何有效地提高体积储氢密度和质量储氢密度，是车载储氢装置研究的重点。

储氢气瓶采用质量小、机械强度大的材料，通过减小储氢气瓶的质量和提高储氢气体的压力来提高储氢装置的体积储氢密度和质量储氢密度，这是通常的研究方案。另一个比较理想的方案是，采用储氢材料与高压储氢复合的车载储氢新模式，即在高压储氢容器中装填质量较小的储氢材料。这种储氢装置与纯高压储氢方式（>40MPa）相比，既可以降低储氢压力（约10MPa），又可提高储氢的能力。复合式储氢装置的技术难点是如何开发吸放氢性能好、成形加工工艺性好、质量小的储氢材料。

（3）辅助储能装置　对于混合型燃料电池电动汽车而言，辅助储能装置性能的好坏、能量控制策略的优劣等对燃料电池电动汽车的动力性和经济性都影响很大。因此，研究与开发高性能的辅助储能装置，也是燃料电池电动汽车发展所必需的。

目前，燃料电池电动汽车用辅助储能装置主要有蓄电池、超级电容和飞轮电池三种。对于燃料电池电动汽车用蓄电池来说，功率密度高、短时间内大电流充放电能力强尤为重要。目前燃料电池电动汽车采用镍氢电池较多。锂离子电池由于具有比能量大、比功率高、自放电少、无记忆效应、循环特性好、可快速放电等特点，已被一些燃料电池电动汽车用作辅助储能装置。

与蓄电池相比，超级电容具有短时间内大电流充放电性能好（可达蓄电池的10倍）、充放电效率高、循环寿命长等许多优点。作为唯一的辅助储能装置（FC+C）或作为辅助储能装置之一（FC+B+C），超级电容在燃料电池电动汽车上的应用将会逐渐增多。

（4）电动机及其控制技术　电动机用于产生驱动车轮转动的电磁转矩，其性能对燃料电池电动汽车的动力性和经济性影响极大。与工业用电动机相比，燃料电池电动汽车用电动机在最大功率、最高转矩、工作效率、调速性能等方面均有较高的要求。目前，燃料电池电动汽车上使用较多的主要是永磁无刷直流电动机、交流异步电动机、交流同步电动机及开关磁阻电动机等。研究与开发出功率更大、更加高效且体积小、质量小的电动机，并配以更加先进可靠的电动机控制技术，也是燃料电池电动汽车发展所要解决的关键技术之一。

（5）系统管理策略与电子控制技术　显而易见，整车动力系统的优化设计、能量管理策略、整车热管理及整车电子控制（动力控制、能量管理、热管理及制动能量回馈等自动协调控制）等，对燃料电池电动汽车的动力性、经济性也起到了关键的作用。因此，整车动力系统参数的选择与最优化设计、多动力源的能量管理策略与最优化控制、整车热管理的最优化控制、整车各控制系统的协调控制等，均是燃料电池电动汽车发展必须面对的关键课题。

二、燃料电池电动汽车存在的主要问题

燃料电池电动汽车有燃油汽车无法比拟的优势，但是，由于燃料电池电动汽车的性能、成本及燃料的供给配套设施等问题尚待解决，因此完全替代燃油汽车尚需时日。

1. 燃料电池电动汽车的性能还有待提高

与燃油汽车相比，燃料电池电动汽车的动力性、耐久性、起动性能（起动时间及低温起动）、续驶里程等均需要提高。

燃料电池是燃料电池电动汽车的核心部件，必须解决的问题是提高功率密度、耐久性和起动性能。

重整器是燃料电池电动汽车能使用纯氢以外燃料的关键部件。提高重整器的工作可靠性、循环寿命、起动性和负荷响应性，以及实现小型化和轻量化，是重整燃料电池电动汽车必须解决的问题。此外，开发实用型的汽油重整器具有极为重要的意义，因为当汽油重整器在燃料电池电动汽车上大规模使用时，燃料电池电动汽车燃料供给的基础设施可以与燃油汽车共用，燃料电池电动汽车氢燃料相关的基础设施投入大的问题就迎刃而解了。

氢储存技术的提高是解决以纯氢为燃料的燃料电池电动汽车续驶里程问题的关键，目标是一次加氢的续驶里程能达到 500km 以上。

2. 制造成本和运行成本过高

制造成本和运行成本过高是制约燃料电池电动汽车商用化的最大障碍，而燃料电池电动汽车制造成本居高不下的最主要原因就是燃料电池价格昂贵。

在燃料电池中，无孔石墨双极板的成本（包括石墨板材料成本和流场加工的费用）占整个燃料电池系统成本的 50% 以上。石墨板的优点是导电性好、质量小、耐腐蚀，缺点是机械强度低、不易加工且难以薄片化。如今世界上正在研究改用金属板或复合板作双电极，这不仅可降低材料的费用，还可减薄双极板，降低流场加工的难度，实现大批量生产，从而可较大幅度地降低燃料电池的成本，提高燃料电池的比功率。

质子交换膜的费用也较高，其成本排在燃料电池系统的第二位。目前广泛采用的质子交换膜的工作温度极限是 85℃，为确保燃料电池正常工作，就必须消耗燃料电池 51% 的能量来移走燃料电池工作所产生的热量，这就大大降低了燃料电池的比能量。提高质子交换膜材料的工作温度极限、降低膜的厚度，是提高燃料电池的比能量、降低成本的有效途径。

催化剂铂是昂贵的金属，减少其用量可有效降低燃料电池的成本。但现在燃料电池催化剂铂的用量已减至很低的水平，因此，单纯通过减少铂的用量来降低燃料电池成本已较困难。提高铂的回收技术或寻求铂的替代品，已成为降低燃料电池成本的最有效措施。

目前的燃料电池制造成本已降至每千瓦数百美元，但距离商用化还很远。据比较分析，只有当燃料电池的生产成本降至 50 美元/kW 左右时，燃料电池电动汽车的价格才能与燃油汽车相抗衡。

对氢燃料电池电动汽车而言，氢气的制备、储藏和运输成本要远高于汽油和柴油，因而燃料电池电动汽车的运行成本也较高。降低氢燃料的成本，或研究与开发高效的汽油重整器也是燃料电池电动汽车能被市场接受所要努力的方向。

3. 燃料供给体系的建立尚需时日

目前，燃料电池电动汽车的燃料供给体系尚未建立，加氢站、加甲醇站等基础网络设施建设几乎为零。目前全球范围内投入使用的加氢站仅有 100 多家，并且大都不具有商业用途。燃料电池电动汽车要想实现商用化，氢燃料的供应及燃料供给基础设施建设必须同步进行。

当大规模地使用燃料电池电动汽车时，如何较为经济地获取氢，就成了燃料电池电动汽车应用必须解决的首要问题。虽然通过重整技术可将天然气、汽油等转化为燃料电池所需的氢燃料，但这要消耗大量的能量，且未能摆脱对有限资源的依赖，也不能完全消除对环境的污染。通过热分解或电解的方法可从水中获取氢，这虽然是一种取之不尽的制氢方法，但需要消耗较多的能源，不具备实用性。利用太阳能制氢是较有前途的制氢方法。太阳能发电后电解水制氢，或利用太阳能直接分解水制氢等技术均处于研究与开发之中。此外，生物制氢技术也是获取氢源的有效途径。只有到了能以太阳能或其他再生能源获取廉价氢燃料时，燃料电池电动汽车的燃料问题才算从根本上解决了。

由于气态氢密度很低，需要通过加压的方式储藏，而液态氢又需要低温存储。因此，氢燃料生产基地的储存设备、运输装备和充氢站等，相比于汽油和柴油的储存设备均要复杂得多。加氢站的技术要求和费用也要比加油站高得多，这需要国家给予政策扶持。在美国及欧洲一些国家，有关加氢站建设的法规早已成型，我国也正积极在做相关的工作。

只有当燃料电池电动汽车的性能及成本能与燃油汽车相抗衡，又有完备的燃料供给体系时，燃料电池电动汽车才能真正实现商用化。

第七章　电动汽车控制技术基础理论

本章将介绍应用于电动汽车控制的各种控制技术的基本概念、系统的构成、控制原理等，从中可了解这些控制理论及其在电动汽车控制系统中的作用。

第一节　状态空间分析法

线性控制理论是系统与控制理论中最为成熟和最为基础的一个组成分支，是现代控制理论的基石。系统与控制理论的其他分支，都不同程度地受到线性控制理论的概念、方法和结果的影响和推动。建立在状态空间分析法基础上的线性系统的分析和综合方法通常称为现代线性系统理论。

一、基本概念

1. 状态

系统的状态就是系统过去、现在和将来的状况。系统的状态可以定义为信息的集合，表征系统运动的信息。

2. 状态变量

系统的状态变量是指可以完全表征系统运动状态的最少个数的一组变量（如 x_1、x_2、$\cdots$、x_n），并且满足下列两个条件：

1）在任何时刻 $t=t_0$，这组变量的值 $x_1(t_0)$、$x_2(t_0)$、$\cdots$、$x_n(t_0)$ 都表示系统在该时刻的状态。

2）当系统在 $t \geqslant t_0$ 时的输入和上述初始状态确定的时候，状态变量应完全能表征系统在将来的行为。

3. 状态矢量

设一个系统有 n 个状态变量 x_1、x_2、$\cdots$、x_n，用这 n 个状态变量作为分量所构成的矢量 X，称为该系统的状态矢量。

4. 状态空间

状态矢量所有可能值的集合称为状态空间。系统在任一时刻的状态都可用状态空间中的一点表示。

5. 状态方程

系统状态变量与系统输入之间关系的一阶方程组称为状态方程。

【例 1】 某机械动力系统简图如图 7-1 所示。

质量-弹簧-阻尼系统的微分方程式为

$$M \frac{\mathrm{d}^2 x}{\mathrm{d}t^2} + f \frac{\mathrm{d}x}{\mathrm{d}x} + Kx = F(t) \qquad (7\text{-}1)$$

等式两边同除以 M 得

$$\frac{\mathrm{d}^2 x}{\mathrm{d}t^2} + \frac{f}{M} \frac{\mathrm{d}x}{\mathrm{d}t} + \frac{K}{M} x = \frac{1}{M} F(t) \qquad (7\text{-}2)$$

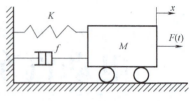

图 7-1 某机械动力系统简图

选择位移 $x_1(t)$ 和速度 $x_2(t)$ 作为系统的状态变量，可把上述方程化为两个一阶微分方程，即

$$\begin{cases} \dot{x}_1 = x_2 \\ \dot{x}_2 = -\frac{K}{M} x_1 - \frac{f}{M} x_2 + \frac{1}{M} F \end{cases} \qquad (7\text{-}3)$$

若用矢量矩阵的形式表示，则可写成

$$\begin{pmatrix} \dot{x}_1 \\ \dot{x}_2 \end{pmatrix} = \begin{pmatrix} 0 & 1 \\ -\dfrac{K}{M} & -\dfrac{f}{M} \end{pmatrix} \begin{pmatrix} x_1 \\ x_2 \end{pmatrix} + \begin{pmatrix} 1 \\ \dfrac{1}{M} \end{pmatrix} F \qquad (7\text{-}4)$$

写成矢量矩阵形式的标准型，即

$$\dot{X} = AX + bu \qquad (7\text{-}5)$$

这就是系统的状态方程。

6. 输出方程

在指定系统输出的情况下，该输出与状态变量间的函数关系式称为系统的输出方程。

例如：在上述系统中，指定 $x_1 = x$ 作为输出，一般输出符号用 y 表示，则有 $y = x_1$，写成矢量矩阵形式为

$$y = \begin{pmatrix} 1 & 0 \end{pmatrix} \begin{pmatrix} x_1 \\ x_2 \end{pmatrix} \qquad (7\text{-}6)$$

写成标准式为

$$Y = CX \qquad (7\text{-}7)$$

7. 状态空间表达式

状态方程和输出方程构成对一个系统性能的完整描述，称为系统的状态空间表达式。

若系统是 $r \times m \times n$ 维空间，即

$$\boldsymbol{u} = \begin{pmatrix} u_1 \\ u_2 \\ \vdots \\ u_r \end{pmatrix}, \quad \boldsymbol{Y} = \begin{pmatrix} y_1 \\ y_2 \\ \vdots \\ y_m \end{pmatrix}, \quad \boldsymbol{X} = \begin{pmatrix} x_1 \\ x_2 \\ \vdots \\ x_n \end{pmatrix} \qquad (7\text{-}8)$$

若是线性系统，可写成

$$\dot{X} = AX + Bu$$
$$Y = CX + Du \qquad (7\text{-}9)$$

式中　A——$n×n$ 系数矩阵；

　　　B——$n×r$ 控制矩阵；

　　　C——$m×n$ 输出矩阵；

　　　D——$m×r$ 直接传递矩阵。

8. 状态空间表达式的系统框图

状态空间表达式的系统框图如图 7-2 所示。

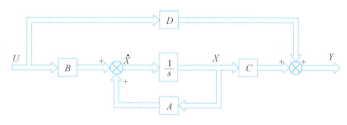

图 7-2　状态空间表达式的系统框图

二、线性系统的能控性和能观测性

1. 能控性的概念

设系统为：

$$\dot{X} = AX + Bu$$
$$Y = CX$$

（7-10）

如果用一个适当的控制信号，在有限的时间内（$t_0 \leq t \leq t_1$）使初始状态 $x(0)$ 转移到任一终止状态 $x(t_1)$，那么 $\dot{X} = AX + Bu$ 所代表的系统就称为状态能控的；如果对任意初始状态都能控，这个系统就称为状态完全能控的。

2. 能控性判定准则

线性定常系统 $\dot{X} = AX + Bu$ 状态完全能控的充分必要条件是：矢量 B、AB、$A^2 B$、$\cdots$、$A^{n-1} B$ 是线性无关的，或者 $n×n$ 矩阵 $M = [B \vdots AB \vdots A^2 B \vdots \cdots \vdots A^{n-1} B]$ 的秩为 n（即满秩）。

3. 能观测性的概念

系统的状态方程和输出方程为

$$\dot{X} = AX$$
$$Y = CX$$

（7-11）

式中：X——n 维矢量；

　　　Y——m 维矢量；

　　　A——$n×n$ 矩阵；

　　　C——$m×n$ 矩阵。

如果在有限时间内，每个初始状态 $x(0)$ 都能由 $y(t)$ 的观测值确定，那么系统就称为完全能观测的。

4. 能观测性判定准则

线性定常系统完全能观测的充分必要条件是矩阵

$$V = \begin{pmatrix} C \\ CA \\ CA^2 \\ \vdots \\ CA^{n-1} \end{pmatrix} \qquad (7\text{-}12)$$

的秩为 n。

下面举例说明如何判断系统的能控性和能观测性。

【例 2】　已知系统的状态方程为

$$\begin{pmatrix} \dot{x}_1 \\ \dot{x}_2 \\ \dot{x}_3 \end{pmatrix} = \begin{pmatrix} 1 & 1 & 0 \\ 0 & 1 & 0 \\ 0 & 1 & 1 \end{pmatrix} \begin{pmatrix} x_1 \\ x_2 \\ x_3 \end{pmatrix} + \begin{pmatrix} 0 & 1 \\ 1 & 0 \\ 0 & 1 \end{pmatrix} \begin{pmatrix} u_1 \\ u_2 \end{pmatrix}$$

$$\begin{pmatrix} y_1 \\ y_2 \end{pmatrix} = \begin{pmatrix} 1 & 0 & 1 \\ 0 & 1 & 0 \end{pmatrix} \begin{pmatrix} x_1 \\ x_2 \\ x_3 \end{pmatrix}$$

试判断系统的能控性和能观测性。

解：（1）构造能控性判别矩阵 Q_C，有

$$Q_C = (B \quad AB \quad A^2B) = \begin{pmatrix} 0 & 1 & 1 & 1 & 2 & 1 \\ 1 & 0 & 1 & 0 & 1 & 0 \\ 0 & 1 & 1 & 1 & 2 & 1 \end{pmatrix}$$

因为 $\text{rank}(Q_C) = 2 < n$，所以系统是状态不完全能控的。

（2）构造能观测性判别矩阵 Q_0，有

$$Q_0 = \begin{pmatrix} C \\ CA \\ CA^2 \end{pmatrix} = \begin{pmatrix} 1 & 0 & 1 \\ 0 & 1 & 0 \\ 1 & 2 & 1 \\ 0 & 1 & 0 \\ 1 & 4 & 1 \\ 0 & 1 & 0 \end{pmatrix}$$

因为 $\text{rank}(Q_0) = 2 < n$，所以系统是状态不完全能观测的。

三、状态空间方程的能控标准型和能观测标准型

1. 能控标准型

如果系统的状态方程和输出方程

$$\dot{X} = AX + Bu$$
$$Y = CX + Du \qquad (7\text{-}13)$$

可写为

$$X = \begin{pmatrix} x_1 \\ x_2 \\ x_3 \\ \vdots \\ x_n \end{pmatrix}, \quad A = \begin{pmatrix} 0 & 1 & 0 & \cdots & 0 \\ 0 & 0 & 1 & \cdots & 0 \\ \vdots & \vdots & \vdots & & \vdots \\ 0 & 0 & 0 & \cdots & 1 \\ -a_n & -a_{n-1} & -a_{n-2} & \cdots & -a_1 \end{pmatrix}$$

$$B = \begin{pmatrix} 0 \\ 0 \\ 0 \\ \vdots \\ 1 \end{pmatrix}, \quad C = \begin{pmatrix} b_m & b_{m-1} & \cdots & b_0 & \underbrace{0 \cdots 0}_{n-m-1} \end{pmatrix}$$

则这种形式的状态方程称为能控标准型。

2. 能观测标准型

如果系统的状态方程和输出方程

$$\dot{X} = AX + Bu$$
$$Y = CX + Du \tag{7-14}$$

可写为

$$\begin{pmatrix} \dot{x}_1 \\ \dot{x}_2 \\ \dot{x}_3 \\ \vdots \\ \dot{x}_{n-1} \\ \dot{x}_n \end{pmatrix} = \begin{pmatrix} 0 & 0 & 0 & \cdots & 0 & -a_n \\ 1 & 0 & 0 & \cdots & 0 & -a_{n-1} \\ 0 & 1 & 0 & \cdots & 0 & -a_{n-2} \\ \vdots & \vdots & \vdots & & \vdots & \vdots \\ 0 & 0 & 0 & \cdots & 0 & -a_2 \\ 0 & 0 & 0 & \cdots & 1 & -a_1 \end{pmatrix} \begin{pmatrix} x_1 \\ x_2 \\ x_3 \\ \vdots \\ x_{n-1} \\ x_n \end{pmatrix} + \begin{pmatrix} b_m \\ \vdots \\ b_0 \\ 0 \\ \vdots \\ 0 \end{pmatrix} u \left.\vphantom{\begin{pmatrix}0\\0\\0\end{pmatrix}}\right\} n-m-1$$

$$Y = \begin{pmatrix} 0 & 0 & 0 & \cdots & 0 & 1 \end{pmatrix} \begin{pmatrix} x_1 \\ x_2 \\ x_3 \\ \vdots \\ x_{n-1} \\ x_n \end{pmatrix}$$

则这种形式的状态方程称为能观测标准型。

这里不作证明，仅给出以下结论：

1）只要是完全能控或完全能观测的系统，必可通过非奇异变换化为能控标准型或能观测标准型。

2）能控标准型和能观测标准型的关系：它们的系数矩阵互为转置关系，而前者的 B 为后者的 C^{T}，前者的 C^{T} 为后者的 B。具有这种结构关系的称为互有对偶关系。

第二节 模糊控制

对于复杂系统，采用一般的控制方法很难实现控制，主要原因是系统的模型非常复杂，阶数很高或根本无法得到合理的数学模型。那些以数学模型为基础的方法对这样的控制问题无能为力。然而，一个熟练的操作控制人员却能够比较好地操作、控制这样的复杂系统。模糊控制就以操作人员的经验为基础，它并不是从精确的数学表达的角度来了解受控制系统，而是根据操作者经验的语言表达来确定各个参数和控制规律，然后在实际系统中进行调试和整定。

操作人员实现复杂系统控制的经验，实际是由自然语言总结出的若干规则。要想用计算机完成类似的工作，就必须把这些语言表示的经验总结进行数学处理，然后再根据有关的推理和控制法则做出决策。模糊控制就是要实现这种控制方法。下面简要介绍模糊控制系统的工作原理和模糊控制器的设计问题。

一、模糊控制系统原理

1. 概述

模糊系统是一个被精确定义的系统，模糊控制也是一种被精确定义的特殊的非线性控制。线性系统与控制中"线性"一词用于界定"系统与控制"，类似的，模糊系统与模糊控制中的"模糊"一词也是用于界定一类特殊的"系统与控制"。从本质上看，尽管模糊系统理论描述的现象可能是模糊的，但理论本身却是精确的。

研究模糊系统理论的原因有两类：

1）现实世界太复杂以至于无法做到精确描述，所以为了得到一个合理的且可跟踪的模型，就必须引入近似性（即模糊性）概念。

2）随着人类向信息时代迈进，人类的知识变得日益重要，这样就需要一种理论，希望它能系统地描述人类知识并将其同其他信息（如数学模型和感官测量）一起嵌入工程系统中。

第一类原因虽然正确，但它并未概括出模糊系统理论独一无二的性质。实际上，几乎工程中的所有理论都是以一种近似的方法来描述现实世界的。举例来说，大多数实际系统都是非线性的，但我们都对线性系统的研究做了大量的努力。一个好的工程理论应该是精确的，应既能概括出现实世界的关键性质，又便于用数学分析的方法跟踪研究。在此方面，模糊系统理论同其他工程理论是没有区别的。

第二类原因描述了模糊系统理论的独有特征，并证明了它是作为工程学中的一个独立分支而存在的。根据一般性原则，一个好的工程理论应该能够有效利用所有可得的信息。对于大多数实际系统来说，有两个重要的信息来源：一个是用自然语言描述系统性能的专家；另一个是传感器提供的测量数据和根据自然法则推导出来的数学模型。因此，一项重要的任务就是怎样将这两类信息整合到系统设计中去。实现这种整合的关键在于怎样将人类知识整合到同传感器测量结果及数学模型类似的"框架"中。换句话说，关键问题在于怎样把一个人类知识库转换成一个数学公式。为了理解模糊系统如何实现这种转换，首先必须了解什么是模糊系统。

模糊系统是一种基于知识或基于规则的系统。它的核心就是由所谓的 IF-THEN 规则所组成的知识库。一个模糊的 IF-THEN 规则就是一个用连续隶属函数对所描述的某些句子所做的 IF-THEN 形式的陈述。例如，IF 一辆汽车的速度快，THEN 施加给加速踏板的力较小。这就是一个模糊 IF-THEN 规则。

　　模糊系统就是通过组合模糊 IF-THEN 规则构造而成的。下面再看一个例子：

　　【例3】　设想设计一个可以自动控制汽车速度的控制器。从概念上讲，有两种设计控制器的方法：第一种方法是采用传统的控制理论，比如设计一个 PID 控制器；第二种方法是模仿驾驶员，也就是把驾驶员所采用的规则转换到自动化控制器中来。现在，让我们看一下第二种方法。粗略地讲，驾驶员在一般环境下按照以下三类规则来驾驶汽车：

　　1）IF 速度慢，THEN 施加给加速踏板较大的力。

　　2）IF 速度适中，THEN 施加给加速踏板正常大小的力。

　　3）IF 速度快，THEN 施加给加速踏板较小的力。

　　这里"慢""较大""适中""正常大小""快""较小"都是可用连续隶属函数来描述的。当然，实际情况可能需要更多的规则。我们可以根据这些规则来构造模糊系统。当把模糊系统作为控制器来使用时，也可以把这种控制器称为模糊控制器。

　　图 7-3 所示为人-机控制系统示意图。操作者首先通过传感器和仪表显示设备知道系统的输出量及其变化的模糊信息，然后，操作者就用这些信息，根据已有的经验来分析判断，得出相应的控制决策，实现对被控对象的控制。

图 7-3　人-机控制系统示意图

　　一般说来，当人进行控制时，必须根据输入的偏差及偏差的变化率综合地进行权衡和判决。操作者在对受控过程进行控制时，测量或观测到的偏差值和偏差的变化率是一些清晰的量，经过模糊化以后得到偏差和偏差变化率大、中、小的某个模糊量，再经过操作者的模糊决策后，得到决策的控制输出模糊量。当按照已定的模糊决策去执行具体的动作时，所执行的动作又必须以清晰的量表现出来。因此，图 7-3 所示的控制过程可归结为：将偏差 e、偏差变化率 ec 的清晰量经模糊化得到模糊量 E 和 EC，经模糊近似推理分析得到模糊控制量输出 U，然后经模糊决策判断，得到清晰值的控制量输出 μ 去执行控制动作。

　　由于一个模糊概念可以用一个模糊集合来表示，因此，模糊概念的确定问题就可以直接转换为模糊集隶属函数的求取问题。因此，对于一类缺乏精确数学模型的被控对象，可以用模糊集合的理论，将人对系统的操作和控制的经验，总结成用模糊条件语句的形式写出的控制规则，通过必要的数学处理，来确定一定的推理法则。这样就可以根据输入的模糊信息，按照控制规则和推理法则，做出模糊决策，完成控制动作。具有上述功能的模糊控制系统的框图如图 7-4 所示。

图 7-4　模糊控制系统的框图

2. 模糊控制原理及组成

（1）模糊控制原理　最基本的模糊控制系统结构如图7-5所示。图7-5中，R为设定值，Y为系统输出值，它们都是清晰量。

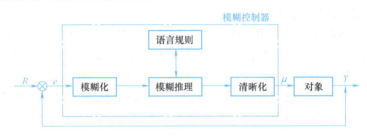

图7-5　最基本的模糊控制系统的结构

由图7-5可以看出，模糊控制器的输入量是系统的偏差e，它是确定数值的清晰量。通过模糊化处理，用模糊语言变量E来描述偏差。模糊推理输出U是模糊变量，在系统中要实施控制时，模糊量U还要转化为清晰值，因此要进行清晰化处理，得到可操作的确定值μ，这就是模糊控制器的输出值，通过μ的调整控制作用，使偏差e尽量小。

（2）模糊控制器的组成　模糊控制器的基本组成如图7-6所示。它包含模糊化接口、规则库、模糊推理、清晰化接口等部分。输入变量是过程实测变量与系统设定值的差值。输出变量是系统的实时控制修正变量。模糊控制的核心部分是包含语言规则的规则库和模糊推理。模糊推理就是一种模糊变换，它将输入变量模糊集变换为输出变量模糊集，实现论域的转换。

图7-6　模糊控制器的基本组成

1）模糊化接口。模糊化是将模糊控制器输入量的确定值转换为相应模糊语言变量值的过程。此相应语言变量均由对应的隶属度来定义。

若以偏差e为输入，通过模糊化处理，用模糊语言变量E来描述偏差，若以$T(E)$记作E的语言值集合，则有

$$T(E) = \{负大，负中，负小，零，正小，正中，正大\}$$

或用其英文字头缩写表示成

$$T(E) = \{NB,\ NM,\ NS,\ ZE,\ PS,\ PM,\ PB\}$$

过程参数的变化范围是各不相同的，为了统一到指定的$T(E)$论域中来，模糊化的第一个任务是进行论域变换。过程参数的实际变化范围称为基本论域。可以通过变换系数（量化因子）实现由基本论域到$T(E)$论域的变换。

模糊化的第二个任务是求得输入对应于语言变量的隶属度。语言变量的隶属函数有两种表示方式，即离散方式和连续方式。离散方式是只取论域中的离散点（整数值）及这些点的隶属度来描述一个语言变量。例如取$T(E) = [-6, +6]$，则模糊子集PB可以写成

$$PB = \frac{0.2}{4} + \frac{0.7}{5} + \frac{1}{6}$$

式中的 0.2、0.7、1 就是相应 4、5、6 三个元素属于模糊子集 PB 的隶属度。连续方式将隶属度表示成论域变量的连续函数，最常见的函数形式有三角形、正态型、梯形等。

2）规则库。规则库是由若干条模糊语言控制规则所组成的。这些控制规则可以来自现场操作人员或专家等，是对过程操作的经验性总结。规则库中的控制规则可以用语言规则形式给出。

用语言规则形式描述的规则库的格式如下：

如果（条件）则（结论）

条件是输入，结论是输出，条件可以是多个条件的组合，结论也可以不唯一。

若有 n 个模糊语言控制规则，则可写成

R_1：IF 条件 P_1，THEN 结论 C_1

R_2：IF 条件 P_2，THEN 结论 C_2

$\vdots$

R_n：IF 条件 P_n，THEN 结论 C_n

3）模糊推理。利用模糊推理，可以由输入的模糊集合 E 得到输出的模糊集合 U。推理是从一些模糊前提条件推导出某一结论，这种结论可能存在模糊和确定两种情况。目前，模糊推理有十几种方法，大致分为直接法和间接法两大类。把隶属函数的隶属度值视为真值进行推理的方法是直接推理法，其中最常用的是 Mamdani 的 max-min 的合成法。

4）清晰化接口。清晰化又称去模糊和解模糊。根据规则经过推理得到的是模糊集合（单点集合除外），它仍然无法被执行机构识别和执行，因此需要将模糊集合变成清晰值，这个过程称为清晰化。清晰化的方法很多，其中最简单的一种是最大隶属度法。

（3）模糊控制器的结构

1）单变量模糊控制器。在模糊控制系统中，具有一个输入变量和一个输出变量的系统称为单变量模糊控制系统，一个单变量模糊控制系统所采用的模糊控制器称为单变量模糊控制器。通常把模糊控制器的输入量个数称为模糊控制器的维数。单变量模糊控制器框图如图7-7 所示。

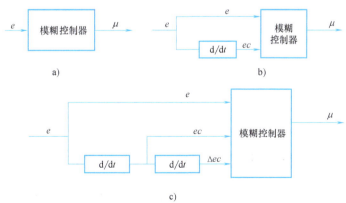

图 7-7　单变量模糊控制器框图

a）一维模糊控制器　b）二维模糊控制器　c）三维模糊控制器

一维模糊控制器如图 7-7a 所示，它的输入变量是系统的偏差 e，输出变量是系统的控制量的变化值 μ。由于仅采用偏差控制，所以系统的动态控制性能不佳，一般用于一阶被控对象。

二维模糊控制器如图 7-7b 所示，它的输入量是偏差 e 和偏差变化率 ec，以控制量的变化值 μ 作为输出量。它比一维控制器有更好的控制效果，且易于计算机实现，是目前广泛采用的一类模糊控制器。

三维模糊控制器如图 7-7c 所示，它的 3 个输入变量分别为系统偏差 e、偏差变化率 ec 和偏差变化的变化率 Δec，以控制量的变化值 μ 作为输出量。由于这类模糊控制器结构较复杂，推理运算时间长，所以一般较少采用。

2) 多变量模糊控制器。在模糊控制系统中，多于一个输入变量和输出变量的系统称为多变量模糊控制系统。多变量模糊控制系统所采用的模糊控制器往往具有多变量结构，称为多变量模糊控制器，如图 7-8 所示。

图 7-8　多变量模糊控制器框图

多变量模糊控制器有 m 个输入 $v_k (k = 1, 2, \cdots, m)$ 和 n 个输出 $\mu_i (i = 1, 2, \cdots, n)$。要设计一个多输入多输出 (MIMO) 的模糊控制器，通常将其分解成若干个多输入单输出 (MISO) 的模糊控制器，再进行设计。其分解结构如图 7-9 所示。

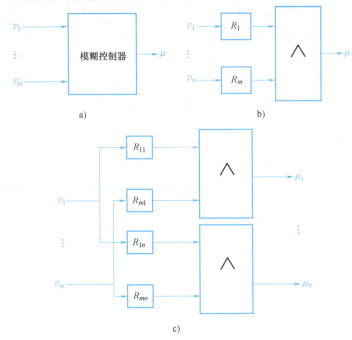

图 7-9　多变量模糊控制器的分解结构

a）MISO 结构（一）　b）MISO 结构（二）　c）MIMO 结构

图 7-9b 所示结构是图 7-9a 所示结构的等效结构，是多变量模糊控制器的一个子系统。控制输出量为

$$\mu = v_1 \cdot R_1 \wedge v_2 \cdot R_2 \wedge \cdots \wedge v_m \cdot R_m \tag{7-15}$$

其中，模糊关系定义为

$$R = \bigcup_{i=1}^{l} (v_{ki} \times \mu_1); \quad k = 1, 2, \cdots, m \tag{7-16}$$

式中　l——模糊控制规则数。

对应于图 7-9c，多变量模糊控制器的输出为

$$\mu_1 = v_1 \cdot R_{11} \wedge v_2 \cdot R_{21} \wedge \cdots \wedge v_m \cdot R_{m1}$$
$$\mu_2 = v_1 \cdot R_{12} \wedge v_2 \cdot R_{22} \wedge \cdots \wedge v_m \cdot R_{m2}$$
$$\vdots$$
$$\mu_n = v_1 \cdot R_{1n} \wedge v_2 \cdot R_{2n} \wedge \cdots \wedge v_m \cdot R_{mn}$$

其中，模糊关系定义为

$$R_{kj} = \bigcup_{i=1}^{l} (v_{ki} \times \mu_{ji}); \quad k = 1, 2, \cdots, m; \quad j = 1, 2, \cdots, n \tag{7-17}$$

二、模糊控制器设计

模糊控制是由计算机实现的，因此模糊控制器的硬件就是规模不同的计算机系统。所谓设计是指实现模糊控制的软件设计。涉及模糊控制算法的设计有下面几项内容：

1）确定模糊控制器的输入变量和输出变量。

2）设计模糊控制器的控制规则。

3）确立模糊化和非模糊化方法。

4）选择模糊控制器的输入变量及输出变量的论域并确定模糊控制器的参数（如量化因子、比例因子）。

5）编制模糊控制算法的应用程序。

6）合理选择模糊控制算法的采样时间。

1. 清晰量的模糊化

（1）语言变量和语言变量值　语言变量是以自然或人工语言的词、词组或句子作为值的变量，如温度、水位、速度等都可以作为语言变量。

模糊控制器的输入语言变量多取系统偏差 e 及其变化率 ec，输出语言变量取控制量的变化。这种结构反映模糊控制器具有非线性 PD 控制规律，从而有利于保证系统的稳定性，并可减少响应过程的超调量以及削弱其振荡现象。

语言变量的取值称为语言变量值，例如可以将"温度"划分成"高""较高""中""较低""低"等 5 个等级，温度的"高""较高""中""较低""低"称为"温度"这个语言变量的语言值。语言值可用模糊集来描述。

一般在设计模糊控制器时，人们对于偏差、偏差变化率和控制量的变化等语言变量，常用"正大"（PB）、"正中"（PM）、"正小"（PS）、"零"（0 或 ZE）、"负小"（NS）、"负中"（NM）和"负大"（NB）这 7 个语言值来描述。有时将"零"分为"正零"（$P0$）和"负零"（$N0$）两个值，以表示偏差的变化在当前是"增加"趋势还是"减小"趋势。这样，就构成了 8 个语言变量值 $\{PB, PM, PS, P0, N0, NS, NM, NB\}$。

一般来说，每个语言值宜选用 2~10 个值，语言值多了会使控制规则变得复杂，制定起来也比较困难。因此，在选取语言变量值时，既要考虑到控制规则的灵活与细致性，又要兼顾其简单与易行的要求。

（2）语言变量隶属函数的设定　过程参数的变化范围即模糊控制器输入量的实际范围，称为基本论域，它是一个连续域。在设计模糊控制器时，需将输入语言变量的基本论域转换成指定的有限整数的离散论域。

设输入语言变量的基本论域为 $X = [x_L, x_H]$，x_L 表示低限值，x_H 表示高限值。把此论域转换成离散论域 $N = [-n, -n+1, \cdots, -1, 0, 1, \cdots, n-1, n]$。其中，$n$ 是在 $x_L \sim x_H$ 范围内连续变化的输入语言变量离散化后分成的档数，一般常取 6 或 7。这需经过转换系数来实现。两个论域间的转换系数为

$$k = \frac{2n}{x_H - x_L} \tag{7-18}$$

k 称为量化因子，若在论域 X 中有 a，则可以找到论域 N 中的元素 y 与之对应，即

$$y = ka$$

如果求出的 y 含有小数，则可采用四舍五入的方法对 y 取整数。

设偏差的基本论域为 $[-e_L, e_H]$，偏差所取的离散域即模糊子集的论域，有 $E = \{-n, -n+1, \cdots, -1, 0, 1, \cdots, n-1, n\}$，则偏差的量化因子可表示为

$$k_e = \frac{2n}{e_H - e_L} \tag{7-19}$$

同理，偏差变化率的量化因子可表示为

$$k_{ec} = \frac{2n}{ec_H - ec_L} \tag{7-20}$$

对于系统控制量的变化 μ，基于量化因子的概念，定义 k_μ 为比例因子，即

$$k_\mu = \frac{\mu_H - \mu_L}{n} \tag{7-21}$$

其中，$[\mu_L, \mu_H]$ 为控制量变化的基本论域；n 为基本论域 $[\mu_L, \mu_H]$ 的量化档数。由式（7-21）可见，比例因子 k_μ 与量化档数 n 之积便是实际加到被控过程上去的控制量的变化 μ。

语言变量论域上的模糊子集由隶属函数 $\mu(x)$ 来描述。隶属函数 $\mu(x)$ 可以通过总结操作者的操作经验或采用模糊统计方法来确定。其中，对于常采用的论域 $\{-6, -5, -4, -3, -2, -1, -0, +0, +1, +2, +3, +4, +5, +6\}$ 来说，在其上定义的 8 个语言变量值（PB，PM，PS，$P0$，$N0$，NS，NM，NB）的模糊子集中，具有最大隶属度"1"的元素习惯上取为

$$\mu_{PB}(x) = 1 \qquad x = +6$$

$$\mu_{PM}(x) = 1 \qquad x = +4$$

$$\mu_{PS}(x) = 1 \qquad x = +2$$

$$\mu_{P0}(x) = 1 \qquad x = +0$$

$$\mu_{N0}(x) = 1 \qquad x = -0$$

$$\mu_{NS}(x) = 1 \qquad x = -2$$

$$\mu_{NM}(x) = 1 \qquad x = -4$$

$$\mu_{NB}(x) = 1 \qquad x = -6$$

图 7-10 所示为一种具有三角形分布的隶属函数图。其中，各个值的范围分别为

$$NB（负大）\qquad -6 \sim -4$$

$$NM（负中）\qquad -6 \sim -2$$

$$NS（负小）\qquad -4 \sim 0$$

$$ZE（零）\qquad -2 \sim 2$$

$$PS（正小）\qquad 0 \sim 4$$

$$PM（正中）\qquad 2 \sim 6$$

$$PB（正大）\qquad 4 \sim 6$$

在各个值的给定范围外，它们的隶属度均为零。

隶属函数还常采用正态函数：

$$\mu(x) = e^{-\left(\frac{x-a}{b}\right)^2} \tag{7-22}$$

其中参数 a 对应于模糊集合 PB、PM、PS、$P0$、$N0$、NS、NM、NB 分别取 $+6$、$+4$、$+2$、$+0$、-0、-2、-4 和 -6；参数 b 取大于零的正数。若 b 值大，则 $\mu(x)$ 曲线宽；若 b 值小，则 $\mu(x)$ 曲线窄。

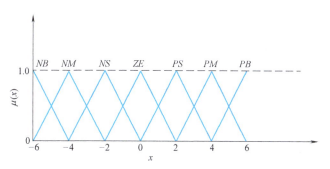

图 7-10　一种具有三角形分布的隶属函数图

确定语言变量的模糊子集的隶属函数 $\mu(x)$ 时应注意：

1）一个语言变量的各个模糊子集（语言值）之间并没有明确的分界线，反映在模糊集的隶属函数曲线上，就是这些隶属函数必定是相互重叠的。在一个模糊控制系统中，隶属函数之间的重叠程度直接影响着系统的性能。一般重叠率在 0.2~0.6 之间选取。图 7-11 所示为隶属函数的重叠情况。

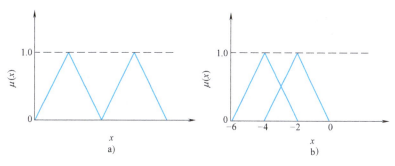

图 7-11　隶属函数的重叠情况

a）重叠率=0　b）重叠率=$\dfrac{-2-(-4)}{0-(-6)} \approx 0.3$

2）隶属函数在整个论域上可以是均匀对称分布的，也可以是非均匀或不对称分布的，如图 7-12 所示。可将三角形模糊子集的"零"（ZE）固定在所谓的"工作区"上，而其他

模糊子集则向"零"靠拢，这种分布有助于提高系统的控制精度。

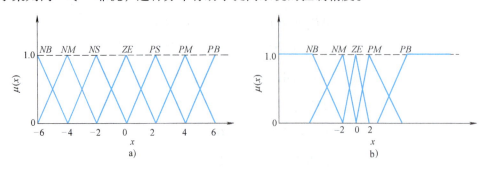

图 7-12　隶属函数的分布

a）均匀分布　b）不均匀分布

3）在定义某一语言变量，如偏差、偏差变化率和控制量的变化的全部模糊集合（如 PB，…，NB）时，要考虑它们对论域 $[-n, +n]$ 的覆盖程度，应使论域中的任何一点对这些模糊集合的隶属度的最大值都不能太小，否则在这样的点上会出现"空档"，从而引起失控。为此，语言变量的全部模糊集合所包含的非零隶属度对应的论域元素个数，应当是模糊集合总数的 3~4 倍。

4）隶属函数 $\mu(x)$ 的形状对控制效果影响较大。图 7-13 中的 $\mu_A(x)$ 是窄型隶属函数，反映模糊集合 A 具有高分辨率特性。如果系统偏差 e 采用高分辨率模糊集合 A，则偏差控制的灵敏度就高。图 7-13 中 $\mu_B(x)$ 是宽型隶属函数，反映模糊集合 B 具有低分辨率，控制灵敏度低。

（3）清晰量转换为模糊量　图 7-4 所示的模糊控制系统，是最为普遍和典型的模糊控制系统。它含有偏差 e、偏差变化率 ec 这两个输入量和一个控制量 μ。它们都是清晰量。这三个物理量都要从基本论域通过量化转换到离散论域，再在离散论域给出若干语言变量值，同时用隶属函数说明各语言

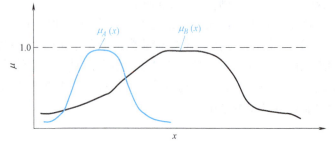

图 7-13　隶属函数

变量值从属于各自论域的程度，从而实现整个论域元素的模糊化过程。

在选定模糊控制器的语言变量（如偏差 E、偏差变化率 EC 和控制量变化 U）及其所取的语言值（如 PB，…，0，…，NB），并确定了语言变量（如 E、EC 和 U）在各自论域上的模糊子集（如 PB，…，0，…，NB）之后，可为语言变量（如 E、EC 和 U）分别建立用以说明各语言值从属于各自论域程度的表格，称此表格为语言变量的赋值表。

对于偏差 e，可把基本论域通过量化变换到离散论域 {-6, -5, -4, -3, -2, -1, -0, +0, +1, +2, +3, +4, +5, +6}，并取正大、正中、正小、正零、负零、负小、负中、负大（PB、PM、PS、$P0$、$N0$、NS、NM、NB）8 个语言变量档次。各个语言变量值的隶属函数可写成表 7-1 中所列的值，表 7-1 即为语言变量偏差 E 的赋值表。

同理，可写出关于语言变量偏差变化率 EC 及模糊控制量 U 的赋值表，分别见表 7-2 和

表 7-3。

表 7-1　语言变量偏差 E 的赋值表

语言值	E												
	−6	−5	−4	−3	−2	−1	−0	+0	+1	+2	+3	+4	+5	+6
NB	1	0.8	0.4	0.1	0	0	0	0	0	0	0	0	0	0
NM	0.2	0.7	1	0.7	0.2	0	0	0	0	0	0	0	0	0
NS	0	0	0.1	0.5	1	0.8	0.3	0	0	0	0	0	0	0
N0	0	0	0	0	0.1	0.6	1	0	0	0	0	0	0	0
P0	0	0	0	0	0	0	0	1	0.6	0.1	0	0	0	0
PS	0	0	0	0	0	0	0	0.3	0.8	1	0.5	0.1	0	0
PM	0	0	0	0	0	0	0	0	0	0.2	0.7	1	0.7	0.2
PB	0	0	0	0	0	0	0	0	0	0	0.1	0.4	0.8	1

表 7-2　语言变量偏差变化率 EC 的赋值表

语言值	EC												
	−6	−5	−4	−3	−2	−1	0	+1	+2	+3	+4	+5	+6
NB	1	0.8	0.4	0.1	0	0	0	0	0	0	0	0	0
NM	0.2	0.7	1	0.7	0.2	0	0	0	0	0	0	0	0
NS	0	0	0.2	0.7	1	0.9	0	0	0	0	0	0	0
0	0	0	0	0	0	0.5	1	0.5	0	0	0	0	0
PS	0	0	0	0	0	0	0	0.9	1	0.7	0.2	0	0
PM	0	0	0	0	0	0	0	0	0.2	0.7	1	0.7	0.2
PB	0	0	0	0	0	0	0	0	0	0.1	0.4	0.8	1

表 7-3　语言变量模糊控制量 U 的赋值表

语言值	U												
	−6	−5	−4	−3	−2	−1	0	+1	+2	+3	+4	+5	+6
NB	1	0.8	0.4	0.1	0	0	0	0	0	0	0	0	0
NM	0.2	0.7	1	0.7	0.2	0	0	0	0	0	0	0	0
NS	0	0.1	0.4	0.8	1	0.4	0	0	0	0	0	0	0
0	0	0	0	0	0	0.5	1	0.5	0	0	0	0	0
PS	0	0	0	0	0	0	0	0.4	1	0.8	0.4	0	0
PM	0	0	0	0	0	0	0	0	0.2	0.7	1	0.7	0.2
PB	0	0	0	0	0	0	0	0	0	0.1	0.4	0.8	1

2. 模糊控制规则及控制算法

对于一个典型的模糊控制系统，控制规则的条件部分使用两个变量——偏差 e 和偏差变化率 ec，结论部分可以是控制量或其变化量。根据结论输出的不同，将模糊控制器分为位置式和速度式两种类型。

位置式模糊控制器表示为

$$R_i: \text{IF} \quad e(k) \quad \text{is} \quad A_i \quad \text{and} \quad ec(k) \quad \text{is} \quad B_i \quad \text{THEN} \quad \mu(k) \quad \text{is} \quad C_i$$

上式中的 R_i 表示第 i 条控制规则。位置式模糊控制器是以控制量的值作为输出的。

速度式模糊控制器表示为

$$R_i: \text{IF} \quad e(k) \quad \text{is} \quad A_i \quad \text{and} \quad ec(k) \quad \text{is} \quad B_i \quad \text{THEN} \quad \Delta\mu(k) \quad \text{is} \quad C_i$$

位置式模糊控制器相当于 PD（比例、微分）控制器，而速度式模糊控制器相当于 PI（比例、积分）控制器。图 7-14 所示为速度式模糊控制器框图。图 7-14 中，各量的关系为

$$e(k) = r - y(k)$$
$$ec(k) = e(k) - e(k-1)$$
$$\mu(k) = \mu(k) - \mu(k-1)$$

图 7-14 中，k_e、k_{ec} 分别为偏差 e、偏差变化率 ec 的量化因子，$k_{\Delta\mu}$ 为控制量比例因子。速度式模糊控制器的输出值是控制量的变化量。实际设计系统时常采用速度式模糊控制器。

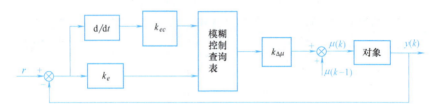

图 7-14 速度式模糊控制器框图

（1）模糊控制规则的确定 模糊控制规则的设计是模糊控制器设计的关键部分。模糊控制规则的确定通常有以下几种途径：

1）来自操作者的经验。针对某一具体过程，将长期的操作经验归纳成一组规则。

2）来自现场实验。在条件许可的情况下，通过人工设定控制作用，经过实验数据的综合和归纳，得到控制规则。

3）来自对过程的认识和推理。根据对过程特征（如阶跃响应的共同特点）及其与输入变量的关系，推断出一组控制规则。

现介绍两种获得控制规则的方法。

1）根据过程知识生成控制规则。一个典型系统的单位阶跃响应如图 7-15 所示，在曲线上可以找到若干个特征点，如 a、b、c、d、e、f、g、h 等，每一个点都表示了偏差和偏差变化率的一个特征状态。

这里设 $e = SV-AV$，e 为偏差，SV 为给定值，AV 为测量值；$ec = e(k) - e(k-1)$，k 表示采样时刻。如果设定 e 有 8 个模糊变量，即 PB、PM、PS、$P0$、$N0$、NS、NM、NB，ec 有 7 个模糊变量，即 PB、PM、PS、0、NS、NM、NB，并且将控制输出也分为 PB、PM、PS、0、NS、NM、NB 共 7 档，则可以根据响应曲线的形状确定控制规则。

在响应的起始点 a 处，偏差 e 很大且为正，偏差的一阶差分几乎等于零。为了得到快速的系统响应，必须加大被控对象的输入量，即操作量，因此操作量的增量必须为最大。此时的语言控制规则可写成

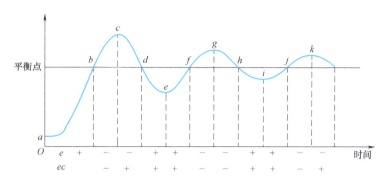

图 7-15 典型系统的单位阶跃响应

$$\text{IF } e \text{ is } PB \text{ and } ec \text{ is } 0 \text{ THEN } \mu \text{ is } PB$$

在 b 处，为了减小系统的超调量，必须最大限度地减小操作量，因此控制规则可写成

$$\text{IF } e \text{ is } N0 \text{ and } ec \text{ is } NB \text{ THEN } \mu \text{ is } 0$$

$$\text{IF } e \text{ is } P0 \text{ and } ec \text{ is } NB \text{ THEN } \mu \text{ is } PS$$

同样，可以写出 c、d 等点处的控制规则，共有 16 条规则。如果只取这几条控制规则进行模糊推理的话，就会出现"未定义的盲区"。这样的控制效果是很差的，因此要扩充控制规则，进而补全所有控制规则（见表 7-4）。这样生成的规则对这一类系统有普遍意义。

表 7-4 由阶跃响应生成的模糊控制规则

μ		e							
		NB	NM	NS	N0	P0	PS	PM	PB
	PB	NB	NB	NM	NS(d)	0(d)	0	0	0
	PM	NB	NB	NM	NS(h)	0(h)	0	0	0
	PS	NB	NM	NM	0	0	0	PS	PM
ec	0	NB(c)	NM(g)	NS(k)	0	0	PS(i)	PM(e)	PB(a)
	NS	NM	NS	0	0(j)	0(j)	PS	PM	PB
	NM	0	0	0	0(f)	PS(f)	PM	PB	PB
	NB	0	0	0	0(b)	PS(b)	PM	PB	PB

2）根据系统测量数据生成控制规则。对实际的控制系统，可根据系统的输入、输出测量数据生成模糊控制规则。

设有一二维模糊控制系统，输入量有偏差 e 和偏差变化率 ec，输出量为控制量 μ。它们的测量值分别用 a、b、c 来表示。如果对系统进行 n 次测量，则会得到 n 组数据对：

$$(a_1, b_1, c_1), (a_2, b_2, c_2), \cdots, (a_i, b_i, c_i), \cdots, (a_n, b_n, c_n)$$

利用这 n 组数据便可生成控制规则。具体做法如下：

① 确定语言变量值及隶属函数。设 e、ec 和 μ 的取值范围分别为

$$a_i \in [a^-, a^+], \quad b_i \in [b^-, b^+], \quad c_i \in [c^-, c^+] \quad (i = 1, 2, \cdots, n)$$

将上述取值范围分成若干语言变量等级，例如 PB、PM、PS、ZE、NS、NM、NB，并确定相应的隶属函数。图 7-16 所示为测量值的语言变量值及隶属函数。

② 从测量的数据对生成控制规则。从数据对生成控制规则的步骤如下：

第一步，确定数据对 (a_i, b_i, c_i) 对语言变量值的隶属度。

以图 7-16 为例，在图 7-16a 中，a_1 对 NM 的隶属度为 0.8，对 NS 的隶属度为 0.2，对其他语言变量的隶属度为 0，即

$$\mu_{NM}(a_1) = 0.8$$

$$\mu_{NS}(a_1) = 0.2$$

由图 7-16b 可知

$$\mu_{NM}(b_1) = 0.1$$

$$\mu_{NS}(b_1) = 0.7$$

由图 7-16c 可知

$$\mu_{NB}(c_1) = 0.4$$

$$\mu_{NM}(c_1) = 0.6$$

第二步，取数据对 (a_i, b_i, c_i) 对语言变量值的最大隶属度，分别用 $\max\mu(a_i)$、$\max\mu(b_i)$、$\max\mu(c_i)$ 表示。

由第一步可知

$$\max\mu(a_1) = \mu_{NM}(a_1) = 0.8$$

$$\max\mu(b_1) = \mu_{NS}(b_1) = 0.7$$

$$\max\mu(c_1) = \mu_{NM}(c_1) = 0.6$$

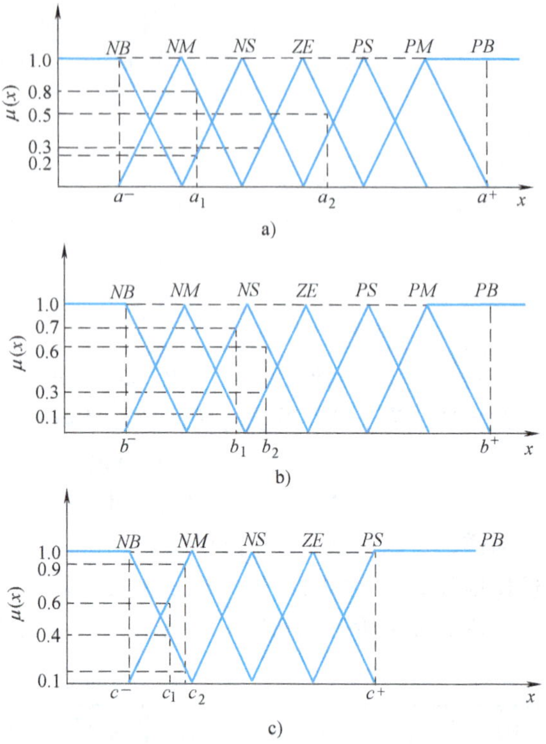

第三步，由最大隶属度生成控制规则。

由第二步可知，在图 7-16 中，数据对 (a_1, b_1, c_1) 相应的最大隶属度为

$$[\max\mu(a_1), \max\mu(b_1), \max\mu(c_1)] = [\mu_{NM}(a_1), \mu_{NS}(b_1), \mu_{NM}(c_1)] \tag{7-22}$$

据此可写出一条规则：

$$IF \quad e = NM \quad and \quad ec = NS \quad THEN \quad \mu = NM$$

在图 7-16 中，对于数据对 (a_2, b_2, c_2)，写出规则：

$$IF \quad e = ZE \quad and \quad ec = NS \quad THEN \quad \mu = NM$$

依次便可由 n 组测量数据，生成 n 条控制规则。

③ 为每一条规则赋予一个置信度。由于有许多对数据信息，而对于每一对数据 (a_i, b_i, c_i) 将产生一条控制规则 R_i，这样就很有可能出现自相矛盾的规则，即出现 "IF" 部分相同而 "THEN" 部分不相同的规则。为解决这一矛盾，需为每一条数据对产生的规则赋予一个置信度，在自相矛盾的规则中只选用具有最高置信度的那条规则。这样不仅解决了规则间的矛盾，而且也减少了规则数目。

在一条控制规则中，每个测量值对语言变量值的隶属度的相互乘积，称为这条规则的置信度，并用 $D(R_i)$ 表示。

例如，对于第一条规则 R_1，则其置信度

图 7-16　测量值的语言变量值及隶属函数

a）偏差 e 的语言变量值　b）偏差变化率 ec 的语言变量值

c）输出 μ 的语言变量值

$$D(R_1) = \mu_{NM}(a_1) \times \mu_{NS}(b_1) \times \mu_{NM}(c_1)$$
$$= 0.8 \times 0.7 \times 0.6$$
$$= 0.336$$

在实际控制中，人们对测量数据对往往存在先验知识。例如，一个对被控制系统较熟悉的操作人员或专家，可以凭自己对系统的了解而判别出测量数据的可靠程度，从而能指出哪些数据对是合理的，哪些是较合理的，哪些是较不合理的。这时，人们可以对数据对进行评判，对每个数据对给出一个合理度 J，并将第 i 对数据对的合理度记为 J_i。这样第 i 条控制规则的强度则由规则中的每个测量值对语言变量值的隶属度的相互乘积再乘合理度 J_i 产生，即

$$D(R_i) = \mu(a_i)\mu(b_i)\mu(y_i)J_i \quad (0 \leq J_i \leq 1) \tag{7-23}$$

在实际应用中，实时数据有不同的可靠性。对可靠性较高的数据赋予较高的合理度，而对可靠性较低的数据则赋予较低的合理度。当不考虑合理度时，可认为合理度 $J=1$。

（2）模糊控制规则的性质　对于同一被控过程，不同的方法和不同的设计人员，可能会得出不同的规则表。这当然是允许的，但是就控制的实现来说，任何的规则表都必须具备下列三点性质：

1）一致性。在相同或相近的输入条件下，规则的结论必须相同或相近，称为规则的一致性。如果不是这样，互相矛盾的规则结论会使控制失败。

2）完整性。规则的模糊输出必须覆盖全部输出论域，即在相邻的模糊输出之间不能有不属于任一模糊输出的论域值，否则由规则得到的论域输出值将发生跳跃。这在实际控制系统中都是不希望出现的。

3）交互性或重叠性。这是指由规则的执行而引起的模糊输出集合间的交互或重叠。由于推理方法的不同，如转移法、合成法等，可能导致推理输出是规则输出的高阶集合，造成输出集合间的重叠，减弱控制作用的变化。这是一个比较复杂的问题，主要通过适当选择推理方法来解决。

（3）模糊控制算法　模糊控制算法的目的就是从输入的连续精确量中，通过模糊推理的算法过程，求出相应的清晰值的控制算法。模糊控制算法有多种实现形式。为了便于在数字计算机中实现，同时考虑算法的实时性，模糊控制系统目前常采用的算法有合成推理的查表法、合成推理的解析公式法、合成推理的关系矩阵法、强度转移法和后件函数法等。

1）合成推理的查表法。查表法就是把所有可能的输入量都量化到语言变量论域的元素上，并以输入论域的元素作为输入量进行组合，求出输入量论域元素和输出量论域元素之间关系的表格。这个表格中元素的关系是按模糊控制规则给出的，称为模糊控制表。模糊控制表有两种生成方法：一种是直接从控制规则求出控制量，称为直接法；另一种是先求出系统的模糊关系 R，再根据输入求出控制量，最后把控制量精确化，可得模糊控制表，称为间接法。

2）合成推理的解析公式法。在简单的模糊控制算法中，可将控制规则概括为如下解析公式：

$$\mu = <(e + ec)/2> \tag{7-24}$$

其中，$<x>$ 表示一个与 x 同号，而绝对值大于或等于 $|x|$ 的最小整数。例如：$<-0.6>=-1$，$<-2.6>=-3$。

如果将偏差 e、偏差变化率 ec 和控制量 μ 的论域均取为

$$\{-3,\ -2,\ -1,\ 0,\ +1,\ +2,\ +3\}$$

那么将可以得到一个典型的模糊控制表，见表7-5。

表7-5　典型的模糊控制表

μ		ec						
		−3	2	−1	0	+1	+2	+3
e	−3	−3	−3	−2	−2	−1	−1	0
	−2	−3	−2	−2	−1	−1	0	1
	−1	−2	−2	−1	−1	0	1	1
	0	−2	−1	−1	0	1	1	2
	+1	−1	−1	0	1	1	2	2
	+2	−1	0	1	1	2	2	3
	+3	0	−1	1	2	2	3	3

3）合成推理的关系矩阵法。设控制系统的控制规则格式为

$$\text{If}\quad E=A_i\quad \text{and}\quad EC=B_j\quad \text{THEN}\quad U=C_{ij}$$

其中，$i=1,\ 2,\ \cdots,\ m_j$；$j=1,\ 2,\ \cdots,\ n$，E 是偏差；A_i 是偏差的语言变量值；EC 是偏差变化率；B_j 是偏差变化率的语言变量值；U 是控制量；C_{ij} 是对应于 A_i、B_j 的控制量的语言变量值。则有模糊关系 R，且 R 为

$$R = \bigcup_{ij} A_i \times B_j \times C_{ij} \tag{7-25}$$

其中，$i=1,\ 2,\ \cdots,\ m_j$；$j=1,\ 2,\ \cdots,\ n,$；运算符 "×" 表示对模糊量求内积。模糊关系的隶属函数为

$$\mu_R(a,\ b,\ c) = \bigvee_{i=1,\ j=1}^{i=m,\ j=n} \mu_{A_i}(a) \bigwedge \mu_{B_j}(b) \bigwedge \mu_{C_{ij}}(c) \tag{7-26}$$

其中 $\forall a \in A$，$\forall b \in B$，$\forall c \in C$，且 A、B、C 分别是偏差、偏差变化率、控制量的论域。

对于待定输入精确量 a^*、b^*，则有输出

$$U = (A \times B)R \tag{7-27}$$

即

$$\mu_U(c) = \bigvee_{a \in A,\ b \in B} \mu_A(a^*) \bigwedge \mu_B(b^*) \bigwedge \mu_R(a,\ b,\ c) \tag{7-28}$$

最后再用重心法对 U 求精确量，即可得到最终的控制量 C。

实现上述推理过程需执行复杂的矩阵运算，计算量大，在线实施推理很难满足控制系统的实时性要求。

3. 模糊量到精确量的转换方法

根据规则经过推理得到的是模糊集合（单点集合除外），它仍然无法被执行机构识别和执行，因此需要将模糊集合变成清晰值，这个过程称为清晰化，或者称为非模糊化，也称为

判决。清晰化的具体算法很多，较常用的有下列几种：

（1）最大隶属度法　它取对应于输出模糊集中隶属度值最大的论域中的值作为输出，即 $\mu = \mu^*$，而 $\mu_C(\mu_C^*) = \max[\mu_C(\mu)]$ 式中 C 为输出模糊集合，μ 为输出论域中的元素。当输出集合中的最大隶属度对应于不止一个论域值时，则取对应论域值的算术平均值作为输出，此时也称为最大平均隶属度法。

例如，若输出

$$C = \frac{0.2}{2} + \frac{0.8}{3} + \frac{1}{4} + \frac{0.8}{5} + \frac{0.2}{6}$$

则解模糊输出 $\mu = 4$，因为 $\mu_C(4) = 1$，最大。

例如，若输出

$$C = \frac{0.2}{2} + \frac{0.8}{3} + \frac{0.8}{4} + \frac{0.8}{5} + \frac{0.2}{6}$$

则有

$$\mu = \frac{3+4+5}{3} = 4 。$$

（2）取中位数法　对于已知的模糊子集（由模糊合成关系得到），求得对应的隶属函数曲线，计算出该隶属函数曲线与横坐标所围成的面积，再除以 2，将所得的平分结果作为控制量。这种方法综合地考虑了各个点上的情况，充分地利用了模糊子集提供的信息量，但是计算工作比较麻烦。

（3）重心法（加权平均法）　对于输出模糊集合用连续函数描述的情况，有 $\mu = \frac{1}{T}\int_0^T \mu(u_i)\,\mathrm{d}u$。而对于用离散描述的场合，输出值由加权平均法求得，即

$$\mu = \frac{\sum \mu(u_i)u_i}{\sum \mu(u_i)} \tag{7-29}$$

式中　i——集合覆盖的元素个数，$i = 1, 2, \cdots, n$。

例如，若输出集合为：

$$C = \frac{0.3}{-1} + \frac{0.8}{-2} + \frac{1}{-3} + \frac{0.5}{-4} + \frac{0.1}{-5}$$

则用加权平均法求得

$$\mu = \frac{(-1)\times 0.3 + (-2)\times 0.8 + (-3)\times 1 + (-4)\times 0.5 + (-5)\times 0.1}{0.3 + 0.8 + 1 + 0.5 + 0.1} = -2.74$$

对 μ 取整后，可取 -3 级对应的精确量为被控过程的实际控制量变化。

第三节　神经网络控制

神经网络控制是 20 世纪 80 年代末期发展起来的自动控制领域的前沿学科之一。它是有学习能力的，属于学习控制，是智能控制的一个分支，为解决复杂的非线性、不确定、不确知系统的控制问题开辟了新途径。神经网络控制是（人工）神经网络理论与控制理论相结合的产物，是发展中的学科。它汇集了数学、生物学、神经生理学、脑科学、遗传学、人工

智能、计算机科学、自动控制等学科的理论、技术、方法及研究成果。

一、神经网络的基本概念

1. 生物神经元及生物神经网络

人类研究自身大脑的目的之一是通过对大脑神经网络系统的结构、功能及信息处理的探索，构造出与大脑智能相近的人工神经网络，并反过来用于工程或其他领域。通过研究发现，人脑神经网络大约是由 10^{12} 个称为神经元的单元构成的，每个神经元又与 $10^2 \sim 10^4$ 个其他神经元通过相互连接，构成了功能强大而又复杂的人脑神经网络。因此，研究人脑神经系统的工作过程总是先从单个神经元（即生物神经元）开始的，再由生物神经元构成生物神经网络。

生物神经元由细胞体、树突和轴突三部分组成，如图 7-17 所示。树突是细胞的输入端，通过细胞体间连接的节点"突触"接收四周细胞传出的神经冲动（即脉冲）。轴突相当于细胞的输出端，其端部的众多种经末梢（突触）为信号的输出端子，用于传出神经冲动。生物神经元具有兴奋和抑制两种工作状态。当传入的神经冲动使细胞膜电位升高到阈值（约 40mV）时，细胞进入兴奋状态，产生神经冲动，由轴突输出；相反，若传入的神经冲动使细胞膜电位下降到低于阈值时，细胞进入抑制状态，没有神经冲动输出。

从生物控制论的观点来看，神经元作为控制和信息处理的基本单元，其工作特性和功能可归纳为以下几方面：

1）时间和空间整合功能。神经元对于不同时间通过同一突触传入的神经冲动（兴奋性或抑制性刺激）具有时间累积能力，对于同一时间通过不同

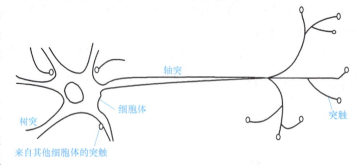

图 7-17　生物神经元的结构

突触传入的神经冲动具有空间累积能力。这两种功能相互结合，具有时空累积的输入信息处理功能，一旦这种累积超过某个阈值，神经元即产生动作电位或神经冲动。

2）兴奋与抑制状态。神经元具有两种常规工作状态：兴奋——当传入冲动的时空累积结果超过阈值时，细胞进入兴奋状态，产生神经冲动，由轴突输出；抑制——当传入冲动的时空累积结果低于阈值时，细胞进入抑制状态，无神经冲动输出。

3）脉冲与电位转换。突触界面具有脉冲/电位信号转换功能。沿神经纤维传递的电脉冲为等幅、恒宽、编码的离散脉冲信号，而细胞膜电位变化为连续的电位信号。在突触接口处进行"数—模"转换，是通过神经介质以化学方式实现的变化过程。

4）神经纤维传导速度。神经冲动沿神经纤维传导的速度为 $1 \sim 150 m/s$。

5）突触延时和不应期。信息的传递有时延和不应期。时延一般为 $0.3 \sim 1ms$。不应期是指在相邻的两次冲动之间需要一个时间间隔，在此期间对激励不响应，不能传递神经冲动。

6）学习、遗忘和疲劳。突触传递信息的强度是可变的，即可以增强、减弱和饱和，所以细胞具有学习功能、遗忘和疲劳效应，这说明神经元具有可塑性。

2. 生物神经网络系统

人类大脑神经系统是由神经元通过相互连接构成的。由上面介绍的神经元结构及特性可知，树突在从突触接收信号后，把信号引导到神经元躯体，信号在那里累积，激起神经元兴奋或抑制，从而决定了神经元的状态。当神经元躯体内的累积超过阈值时，神经元被驱动，沿着轴突发送信号到其他神经元。二神经元结合部的突触决定了神经元之间相互作用的强弱。虽然人脑神经系统是由神经元间通过相互连接构成的，而每个神经元的结构和功能又十分简单，但大量神经元所构成的神经网络的行为却是丰富多彩的和异常复杂的，其整体的活动性质并不等于单个神经元活动的简单相加。这主要是由于以下几方面的原因：

1）大脑信息储存在神经元之间是通过改变突触的效能而实现的，即储存在神经元突触之间的连接强度分布上。每一个信息记录在许多神经元的突触连接处，每一个神经元与其他神经元之间的突触连接处又同时记录着许多不同的信息，这种存储方式本质上是分布式的。在分布存储的内容中，有许多是完成同一功能的，这就使网络的存储具有容错性，即其中某些神经元受到损伤或死亡时，仍不至于丢失其记忆的信息。

2）大脑的操作是大规模并行的。在大脑神经系统中，大脑的活动反映在每个神经元并行的操作上，且每一神经元储存的信息也同时参与操作。在神经元被驱动时，信号在不同神经元之间经突触连接沟通。正因为如此，人能在很多因素起作用的情况下，只用少数几次运算就能做出判断，而且往往制约条件越多判断越快。

3）大脑的信息处理功能与储存功能是合二为一的。神经元之间突触连接强度的变化既反映了神经元对激励的响应（即信息处理过程），同时其响应结果又反映了信息的记忆。这种合二为一的优点是同时有大量相关知识参与信息过程，这对于提高网络信息处理的速度和智能是至关重要的。

4）在大脑中，神经元之间的突触连接有大部分是后天在环境的激励下逐步形成的，并且随着环境刺激性值的不同而不同。这种能形成和改变神经元之间突触连接的现象称为可塑性。大脑的记忆也是由环境的刺激在神经元之间形成新的突触连接，或者使原来就有的突触连接加强而形成的。由于环境的刺激，形成和调整神经元之间的突触连接，并逐渐构成神经网络的现象，称为神经系统的自组织性。人脑神经系统的可塑性和自组织性是学习和记忆的基础。

大脑这个智能系统的活动还不仅仅单纯取决于上述几个方面的控制，它还涉及人的意识控制，即还受到人的理想、目标、情感、意志、气质和性格等因素的控制和制约。

目前，大部分人工神经网络是按上述人脑组织和活动模式进行构造的。为了模拟大脑的功能，人们设计了许多人工神经网络的结构和算法。随着这一领域的不断发展，将会设计出更多更完善的人工神经网络模型及算法。

二、人工神经网络

根据上面介绍的人脑神经网络系统，可以通过设计人工神经网络去模拟人脑神经网络的特性。人工神经网络的研究首先是从人工神经元开始的，再由人工神经元构成人工神经网络。应该指出，这里所指的人工神经元及由它所构造的人工神经网络并不是人脑神经系统的真实描写，而是对其结构和功能进行了简化并保留其主要特性的某种抽象与模拟。

1. 人工神经元模型

一种简化的人工神经元模型如图 7-18 所示。图 7-18 中，x_i 为输入信号，s_i 为内部状态的反馈信息，θ_i 为神经元的阈值，f 为表示神经元活动的特性函数。它具有这样的特性：该人工神经元（简称神经元）是一个多输入、单输出的信息处理单元；神经元输入分为兴奋性输入和抑制性输入两种类型；神经元输出有阈值特性，即只有当输入总和超过其阈值时神经元才被激活，向外输出冲动，而当输入总和未超过阈值时神经元不会输出冲动。

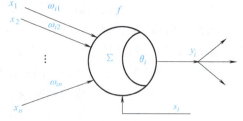

图 7-18　一种简化的人工神经元模型

基于这些特性，神经元模型的输入输出关系可描述为

$$\left.\begin{aligned} I_i &= \sum_{j=1}^{n} \omega_{ij} x_j + s_i - \theta_i = \sum_{j=1}^{n+1} \omega_{ij} x_j \\ y_i &= f(I_i) \end{aligned}\right\} \tag{7-30}$$

为方便起见，将 $s_i - \theta_i$ 并入 ω 中，即令 $\omega_{i(n+1)} = s_i - \theta_i$，输入向量 X 中也相应地增加一个分量 $x_{n+1} = 1$，其变为

$$X = \begin{bmatrix} x_1, & x_2, & \cdots, & x_n, & 1 \end{bmatrix}^{\mathrm{T}}$$

式（7-30）中，$x_j (j = 1, 2, \cdots, n)$ 表示来自神经元 j 的信息输入；ω_{ij} 表示神经元 j 到神经元 i 的连接权值，$0 \leqslant \omega_{ij} \leqslant 1$，其值表示神经元之间的连接强度或记忆强度；$f(I_i)$ 为神经元的输出特性函数（或响应函数）；y_i 表示神经元 i 的信息输出。不同的神经元输出特性函数有不同的输出特性，因此根据神经元输入输出特性的不同，可选用不同的特性函数。在实际应用中，神经元输出特性函数常选用的类型有阶跃函数、线性函数和 S 型函数等。这些人工神经元模型能反映生物神经元的基本特性，但也有不同之处。首先，生物神经元传递的信息是神经冲动（即脉冲），而人工神经元模型传送的是模拟电压；模型中用一个等效的模拟电压来模拟生物神经元的神经冲动密度，所以模型中只有空间累加而没有时间累加；再有，模型未考虑时延、不应期和疲劳等因素。

2. 人工神经网络的基本结构类型

与生物神经网络相同，人工神经网络也是由单个神经元按照一定的规则连接起来构成的。当神经元的模型确定之后，一个神经网络的特性及功能就主要取决于网络的连接结构及学习方法了。人工神经网络的几种基本结构如图 7-19 所示。

（1）前向网络　其结构如图 7-19a 所示。网络中的神经元分层排列，最上一层为输出层，最下一层为输入层，输出层与输入层之间为隐含层。隐含层的层数可以是一层，也可以是多层。网络中每个神经元只与前一层的神经元相连接。前向网络在神经元网络中应用非常广泛，感知器、BP 网络、径向基函数网络等都属于这种结构。

（2）有反馈的前向网络　其结构如图 7-19b 所示。网络本身是前向型的，但从输出层到输入层有反馈回路。神经认知机就采用此类网络结构，用来存储某种模式序列。

（3）层内有互联的前向网络　其结构如图 7-19c 所示。通过层内神经元之间的相互连接，可以实现同一层神经元之间横向抑制或兴奋的机制，从而限制层内能同时动作的神经元个数，或者把层内神经元分为若干组，让每组作为一个整体来动作。例如，可以利用横向抑制机制把某层内具有最大输出的神经元挑选出来，抑制其他神经元，使它们处于无输出状态。一些自组织竞争型神经网络就属于这种网络结构。

（4）互联网络　其结构如图 7-19d 所示。互联网络有局部互联和全互联两种。全互联网络中的每个神经元都与其他神经元相连。局部互联是指互联只是局部的，有些神经元之间没有连接关系。Hopfield 网络和 Boltzmann 机属于互联网络结构。在无反馈的前向网络中，信号一旦通过某个神经元，过程就结束了，而在互联网络中，信号要在神经元之间反复往返传递，网络处在一种不断改变状态的动态之中。从初态开始，经过多次变化，才会到达某种平衡状态，这可能是某种稳定的平衡态，也可能是周期振荡或其他类型的平衡态。

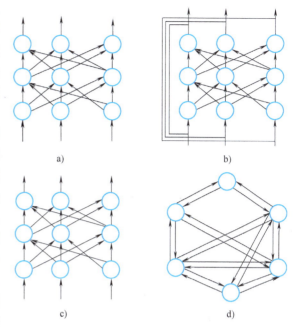

图 7-19　人工神经网络的几种基本结构

a）前向网络　b）有反馈的前向网络

c）层内有互联的前向网络　d）互联网络

3. 人工神经网络的工作过程

人工神经网络的工作过程主要由两个阶段组成。一个阶段是工作期，此时各神经元之间的连接权值固定不变，它只参与各神经元的计算工作，按照式（7-30）求出神经元的输出，使神经元的状态发生变化，以求达到稳定状态。另一阶段是学习期，此时各神经元的状态不变，而神经元之间的连接权值通过学习样本或其他方法发生改变，以使神经网络具有所希望的输出特性。前一阶段进行得较快，而后一阶段则进行得慢得多。

从理论上讲，人工神经网络是一种大规模并行处理的自学习、自组织、非线性动力学系统。所谓动力学系统是指在给定空间 ϕ 中，对所有点 x 随时间变化所经过的路径的描述。例如，如果 ϕ 是某个物理系统的状态空间，假定 t 是任意整数，在 $t=t_0$ 时刻，将空间 ϕ 中点 x 的位置记为 x_{t0}，那么 ϕ 上的动力学系统就将告诉我们 x_{t0+1}，x_{t0+2}，…，x_{t0+n} 是什么。一般地，若 t 为任意实数，即 $t \in R$，记 x 在 t 时刻的位置为 x_t，那么实数空间 R 到 ϕ 的映射 $t \to x_t$ 就是 ϕ 中的一条曲线。当时间从 $-\infty$ 推移到 ∞ 时，把 x 所经历的全部过程，称为 x 的轨迹。

用动力学系统理论来解释人工神经网络的工作，可以这样来看：如果把神经网络的工作看作是一个计算过程，那么计算用的程序就是网络的动力学方程组，而改变和建立神经网络联系（连接权值）的学习过程则可称为编制程序的过程。从动力学系统演化的观点来讲，神经网络中的动力学过程有快、慢之说。快过程是短期记忆的基础，它是指从输入态到它邻近的某平衡态的多映射过程。在神经网络快过程进行的同时，权重也会慢慢变化，即使在没有快过程时，权重也会有所变化。这样，整个记忆经历着一个动力学过程。这个过程的目标并不是一个平衡态，而是一个具有结构的自组织系统。它通过神经网络与环境的交互作用，把环境的统计率反映到本身结构之中而保持下来。通过权值的变化实现的记忆是持久的，称为长期记忆。

对上述动力学演化过程的研究现在有两种观点：

1）学习网络学派提出的学习算法是把慢过程看作与快过程分离的过程，认为快过程是自治动力学过程，而慢过程则是一个外加的对权重进行系统调整的过程，并把权重看作为动力系统的参数，而不是动力学变量。

2）自组织系统方法把权重看作动力学变量，它不需要外加在系统之上的调整参数的学习算法，而是建立一个统一的自治动力学系统，使得学习和适应过程可以自发地进行，即在与环境的不断相互作用中，联系（连接权）的模式可以定向变化，神经网络在环境影响下达到自组织，知识和经验因此而积累。可见，学习算法是一种根据例子纠错的过程，知识被认为是纠错的结果，标准是已知的例子；自组织系统则强调正确的（即不断出现的）联系的强化。前者着眼于个别的神经权系的调整，而后者着眼于整个联系模式的进化过程。

4. 人工神经网络的特性

根据上面介绍的人工神经网络模型，我们知道人工神经网络已经具有了生物神经网络的某些基本特性，如学习特性、概括和抽取等。

（1）学习特性　人工神经网络可以根据外界环境修改自身的"工作程序"，这就使它比其他任何方法在接收自身感兴趣的外界信息方面更敏感。这种学习机制使网络能适应其自身组织形式内的各种学习算法。学习算法是指网络能通过训练实例来决定自身的行为。当出现一组输入信息时，它们能不断调整，产生一系列一致的结果，犹如人们智能活动的"习惯成自然"一样，反映出网络的学习性能。

（2）概括　一旦训练后，人工神经网络的响应能在某种程度上对外界输入信息的少量丢失或神经网络组织的局部缺损不再很敏感。这种机制与大脑每日有大量神经细胞正常死亡但并不影响大脑的功能，或者大脑局部损伤会引起某些功能的逐渐衰退但不是功能完全丧失一样。这反映了神经网络的鲁棒性，即它具有容错能力。

（3）抽取　神经网络还有一种抽取外界输入信息特征的特殊功能，如对它进行一张人像的一系列不完整的照片识别训练之后，再任选一张缺损的照片让神经网络识别，网络将会做出一个完整形式的人像照片的响应。在某种意义上可以说它能"创造"出以前从未见到的某些东西。

人工神经网络的这些基本特性说明，它具有人类右半脑直觉形象思维的特性，与传统的人工智能理论和方法所具有的左半脑逻辑思维的特性有着互补的作用，两者的结合将具有更为强大的功能。

从前面的内容知道，神经元通过连接后构成神经网络，再配以相应的学习算法，才能具有强大的功能。神经网络学习的目的是使网络能用一组输入矢量产生一组所希望的输出矢量。学习过程是应用一系列输入矢量，通过预先确定的算法调整网络的权值来实现的。

在学习过程中，网络的权值是慢慢变化的。神经网络的学习方法按有无教师监督，可分为有教师监督学习和无教师监督学习两类。有教师监督学习方法用于联想记忆和优化计算的Hopfield网络。无教师监督学习方法主要有四种基本形式，分别是信号Hebb学习、竞争学习、微分Hebb学习和微分竞争学习。其中最为常用的是Hebb学习。除此以外，还有许多更为有效的学习算法，如BP算法、Baltzmann算法等。如果想了解更多的内容，可参考有关神经网络的专业书籍。

第四节　自适应控制

控制系统在设计和实现中普遍存在着不确定性，为了解决控制对象参数在大范围变化时，一般反馈控制、最优控制和采用经典校正方法不能解决的控制问题，参照在日常生活中生物（包括人类）能够通过自觉调整本身参数（如增益滞后时间、超前因素等）改变自己的习性来适应新的环境特性，从而提出了构思自适应控制器的设想。这种自适应控制器应能够及时修正自己的特性以适应对象和扰动的动态特性变化，使整个控制系统始终获得满意的性能。为此，所构思的自适应控制方法应该做到：在系统运行中，依靠不断采集控制过程信息，确定被控对象的当前实际工作状态，优化性能准则，产生自适应控制规律，从而实时地调整控制器结构或参数，使系统始终自动地工作在最优或次最优的运行状态下。

一、自适应控制的基本概念

自适应控制至今尚无统一的定义，主要有如下几种提法可在不同程度上反映它的内涵：

1）自适应控制就是根据控制条件自行调整的一种控制。

2）一个自适应系统，能够利用其中可调系统的输入、状态和输出来度量某一性能指标，并能将该指标与规定好的性能指标相比较，然后由自适应机构来修正可调系统的参数，或产生一个辅助输入信号，以使系统的性能指标接近规定的指标。

3）自适应系统能在线、实时地了解对象，根据不断丰富的对象信息，通过一个可调环节的调整，使系统的性能达到技术要求或最优。

4）自适应控制就是根据要求的性能指标与实际系统的性能相比较所获得的信息，修正控制规律或控制器参数，使系统能够保持最优或次最优工作状态。

5）自适应控制是在系统工作过程中，系统本身不断地检测系统参数或运行指标，并根据参数的改变或运行指标的变化，改变控制参数或控制作用，使系统运行于最优或接近最优的工作状态。

综合上述各种提法，作为较完善的自适应控制应该具有以下三方面功能：

1）系统本身可以不断地检测和处理信息，了解系统当前状态。

2）进行性能准则优化，产生自适应控制规律。

3）调整可调环节（控制器），使整个系统始终自动运行在最优或次最优工作状态。

自适应控制是现代控制的重要组成部分，它同一般反馈控制相比有以下突出特点：

1）一般反馈控制主要适用于确定性对象或事先确知的对象，而自适应控制主要研究不确定对象或事先难以确知的对象。

2）一般反馈控制具有强烈抗干扰能力，即它能够消除状态扰动引起的系统误差。而自适应控制因为有辨识对象和在线修改参数的能力，因而不仅能消除状态扰动引起的系统误差，还能消除系统结构扰动引起的系统误差。

3）一般反馈控制系统的设计必须事先掌握描述系统特性的数学模型及其环境变化状况，而自适应控制系统设计则很少依赖数学模型，仅需要较少的先验知识，但必须设计出一套自适应算法，因而将更多地依靠计算机技术实现。

4）自适应控制是更复杂的反馈控制，它在一般反馈控制的基础上增加了自适应控制机构或辨识器，还附加了一个可调系统。

二、自适应控制的基本结构与分类

1. 自适应控制系统的基本结构

通常，自适应控制系统的基本结构有两种，即前馈自适应控制和反馈自适应控制。

（1）前馈自适应控制结构 前馈自适应控制也称开环自适应控制。它借助对作用于过程的信号的测量，并通过自适应机构按照这些测量信号改变控制器的状态，从而达到改变系统特性的目的。没有"内"闭环反馈信号而实现控制器参数调整是前馈自适应控制的突出特点。前馈自适应控制结构如图7-20所示。

这种结构类似于一般扰动的复合控制，所不同的是增添了自适应机构和可调控制器。1950年，增益调度的前馈自适应控制方案被首次用于飞机。在此，增益被设计为可观测信号的前置量，以描述运动状态。被计算参数以特性曲线表的形式存储在计算机中，以便

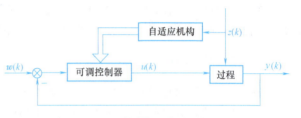

图 7-20　前馈自适应控制结构

同控制器参数适配来控制运行状态。前馈自适应控制由于可预先知道其过程状态和无须对可观测过程的输入和输出信号进行辨识，因此能够快速反映过程变化，这是该结构方案的优点。其缺点是，忽略了不可观测信号、干扰和意料之外的过程状态变化，且大量参数存储必须有许多操作，从而限制了该方案的使用。

（2）反馈自适应控制结构 如果过程品质变化不能直接由外过程信号测量确定，则可采用图7-21所示的反馈自适应控制方案。这是应用最广泛的自适应控制结构，其特点如下：

1）过程特性或信号变化可借助测量各内控制回路信号进行观测。

2）除基本回路反馈外，自适应机构还将形成附加反馈级。

3）闭环信号流通道能产生非线性第二反馈级。

图 7-21　反馈自适应控制结构

2. 自适应控制系统的分类

（1）按被控对象的性质分类 按被控对象的性质可以分为确定性自适应控制系统和随机自适应控制系统两大类。

（2）按功能分类 按照自适应系统的功能分，可分为参数或非参数自适应控制系统、性能自适应控制系统、结构自适应控制系统。

（3）按结构特点分类 按照系统的结构特点可分为前馈自适应控制系统和反馈自适应控制系统。

（4）从实用角度分类 从实用角度讲，自适应控制系统又可分为模型参考自适应控制系统、自校正控制系统和其他形式的自适应控制系统三大类。

1）模型参考自适应控制系统（MRACS）的基本结构如图7-22所示。其设计目标是，使系统在运行过程中力求保持被控过程的响应特性与参考模型的动态性能的一致性，而参考模

型始终具有所期望的闭环性能。

模型参考自适应控制系统的主要技术问题是实现性能比较和自适应控制器的设计。其实际运行可分 3 个阶段：①比较闭环性能，产生广义误差 $e(t)$；②按照自适应规律计算控制器参数；③调整可调控制器。

按照自适应规律设计方法的不同，可以产生各种不同的模型参考自适应控制系统。

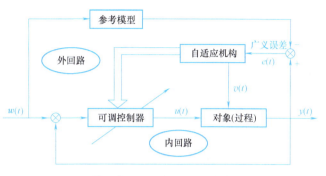

图 7-22　模型参考自适应控制系统的基本结构

2）自校正控制系统（STCS）又称自优化控制或模型辨识自适应控制。典型的自校正控制系统的基本结构如图 7-23 所示。

自校正控制系统具有三大要素：过程信息采集、控制性能准则优化、调整控制器。

① 过程信息采集是指在测量过程中的输入、输出或状态信号的基础上，连续确定被控过程的实际状态。过程模型辨识和参数估计及不可测量信号（如随机噪声信号）估计，是信息采集的相应方法。根据

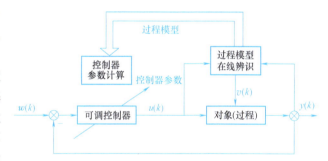

图 7-23　典型的自校正控制系统的基本结构

信息采集和估计方法的不同，形成各类自校正控制系统。

辨识完全建立在对控制过程输入和输出信号测量的基础上。控制器参数的计算则来自于被辨识的过程模型或估计参数，而且辨识和控制器设计算法都是在闭环实时在线的情况下实现的。

② 控制性能准则优化是指回路性能计算和决策如何调整自适应控制器。

③ 控制器调整是指新的控制器参数的计算及控制回路中旧参数的更换。

自校正控制系统的设计目标是，在所有输入信号和过程条件下，确定最优化过程模型和获得闭环系统的最优控制品质。在设计中，大多数自校正控制系统使用了分离原理，使过程或信号估计与控制器优化设计分离进行。

3）其他形式的自适应控制系统是指除前述自校正控制系统和模型参考自适应控制系统以外，基于先进理论的自适应控制系统以及非线性自适应控制系统、多变量过程自适应控制系统和全系数自适应控制系统。近年来，在自适应控制系统中应用的先进理论有人工智能、神经网络、模糊集合论、鲁棒控制、H_∞ 控制、变结构控制等。由此产生了基于人工智能的自适应控制系统、基于神经网络理论的自适应控制系统、基于模糊集合论的自适应控制系统、鲁棒自适应控制系统、H_∞ 自适应控制系统以及变结构自适应控制系统等。

第五节　控制技术在电动汽车上的应用实例

控制技术在电动汽车上的应用相当广泛，主要应用于性能仿真、能量分配、发动机和电动机的转矩控制等方面。本节以三个实例对控制技术在电动汽车上的应用进行介绍。

一、电动汽车前向仿真中驾驶员模型的 PI 控制

对电动汽车进行性能仿真是研究电动汽车的必要手段，其仿真方式有前向和后向之分，两者的差别在于有无驾驶员模型。

电动汽车的前向仿真过程如图 7-24 所示。仿真是从输入循环工况开始的。循环工况即电动汽车在循环规定时间内所需要达到的速度曲线。实际车速应该能在较小的误差范围内适时跟踪循环车速。当速度高于循环工况的要求时，控制策略就会减少对汽车的动力输入，减少给发动机和电动机总功率的分配，降低车速；反之，则需要增加动力装置的功率输入，以增加动力，提高车速。

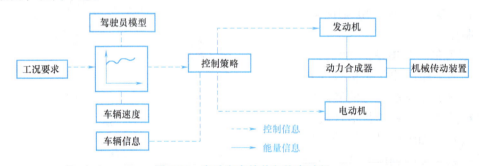

图 7-24　电动汽车的前向仿真过程

在仿真过程中，车辆实际车速的判断及需要修正的转矩或功率是通过驾驶员模型实现的。图 7-25 所示为驾驶员模型 PI 控制的基本原理。

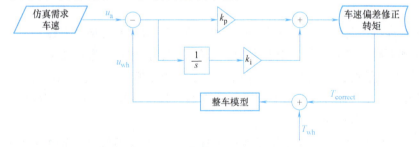

图 7-25　驾驶员模型 PI 控制的基本原理

图 7-25 中输入的是仿真需求车速 u_a，即循环工况。整车模型根据控制策略为发动机和电动机分配转矩，经过动力合成器最终驱动车辆行驶。车辆向驾驶员模型反馈车辆的实际车速 u_{wh}，驾驶员模型计算两车速的差值，通过 PI 控制器计算整车需要增加或减少的修正转矩，控制策略在下一个仿真时刻对动力分配予以修正，使实际车速最终与需求车速的误差限制在所要求的范围内。

图 7-26 所示是某电动汽车进行 NEDC 循环仿真得到的结果。可见，驾驶员模型中的 PI 控制器能较好地修正车速偏差，为整车控制策略的制定奠定基础。

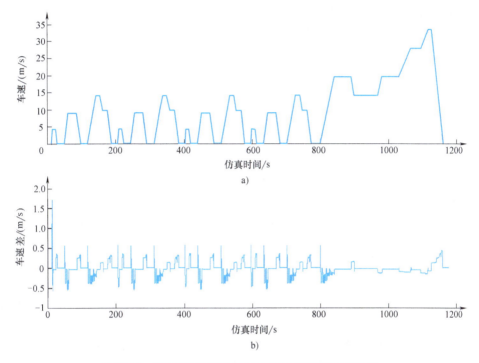

a)

b)

图 7-26　某电动汽车进行 NEDC 循环仿真得到的结果

a) 目标车速和实际车速　b) 车速的绝对误差

二、并联式混合动力电动汽车能量管理的模糊控制

1. 控制目标

并联式混合动力电动汽车的能量管理是关键技术。能量管理的目标是实现最佳燃油经济性并兼顾整车排放及电池 SOC，一般采用的策略是发动机最优曲线能量管理策略。这种分配策略的思想如下：

1) 从静态条件下的发动机万有特性出发，将一定发动机转速或一定负荷下的发动机最低比油耗点连成曲线，即为发动机最优曲线。当并联式混合动力电动汽车的车速或功率需求达到一定的切换值时，车辆即从纯电动模式切换到以发动机为主的混合驱动模式。在该模式下，通常发动机工作在发动机最优曲线上，其功率和车辆需求功率的差值依靠电动机来填补，只有当电池 SOC 不足或过高以及电动机的填补能力不能满足整车功率要求时，发动机的工作点才偏离最优曲线。图 7-27 中的粗线即为发动机最优工作曲线。

2) 从电池的能量效率和寿命出发，SOC 应工作在合理的范围内。此外，并联式混合动力电动汽车电池组电量的维持要靠其发动机带动发电机来发电，因此能够保持循环工况始末电池 SOC 基本平衡是并联式混合动力电动汽车设计，尤其是整车能量管理策略设计的重要原则。

对 SOC 的控制常采用 SOC 门限值和模式切换点控制这两种方法。一般 SOC 门限值为：

下限 0.2 或 0.4，上限 0.7 或 0.9。一旦 SOC 达到门限值，即强制充电以恢复电量或禁止充电以保护电池。模式切换点控制则是在行驶中根据 SOC 的高低，动态调整纯电动模式到混合驱动模式的切换点，SOC 低则减少纯电动模式的使用，反之多使用纯电动驱动。

以上的 SOC 控制与按发动机最优曲线进行功率分配一起构成发动机最优曲线能量管理策略。然而这种策略存在以下缺点：

1）并联式混合动力电动汽车不需外部充电，其消耗的所有能量都来自发动机。当车辆的需求功率与最优曲线上的最优功率差别不是很大时，发动机工作点通过电动机调节到最优曲线上所获得的效率的提高不足以克服电动机调节所需能量在转换中的损失，此时采用最优曲线策略就是得不偿失的。分析可知，发动机工作点向最优曲线上下两侧适当延展是可以减小整车油耗的。

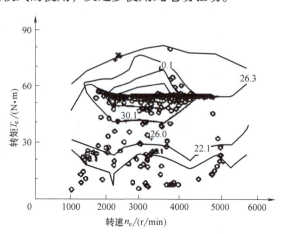

图 7-27　发动机最优工作曲线及其能量管理策略的发动机工作点

2）最优曲线策略只以发动机为优化对象，没有考虑其他部件，特别是电动机的效率分布。电动机一般在高转速区（转速大于 3000r/min）整体效率高，且在中等偏大负荷时有最高的效率；而在低转速区整体效率较低，且最高效率曲线位于中等偏小的负荷区。电动机的效率分布越不均匀，其工作点的控制对整车效率的影响就越大。

3）最优曲线策略在功率分配时并不考虑电池 SOC 的高低。当车辆达到预设模式切换点的机会较少，而 SOC 又变化时，如果长时间高速巡航而电动机间歇参与驱动，则电池组的 SOC 会达到门限值甚至在门限值之间振荡。这既使电池远离了其最佳效率区，也使车辆不得不频繁进入强制充电或禁止充电的低效率模式。

针对发动机最优曲线策略存在的缺点，结合并联式混合动力电动汽车能量管理系统的特点，在保留原有模式切换策略的基础上，模糊逻辑被用来建立新的混合模式功率分配策略。

2. 模糊逻辑控制策略

模糊逻辑有以下优点：

1）可以表达并联式混合动力电动汽车控制中难以精确定量表达的规则，如当功率要求离最优曲线较近时，则尽量少用电动机。

2）可以方便地实现不同影响因素（功率需求、SOC、电动机效率等）的折中。

3）鲁棒性好。在并联式混合动力电动汽车的设计中，有模型、部件参数、测量值、工作条件或环境等大量不确定因素，这使得并联式混合动力电动汽车的控制系统应有较强的鲁棒性。研究表明，模糊控制鲁棒性强的特点很适合在并联式混合动力电动汽车中应用。其模糊功率分配策略的结构如图 7-28 所示。

图 7-28 中，三个模糊输入分别为：

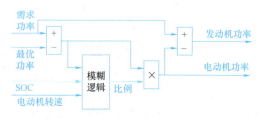

图 7-28　并联式混合动力电动汽车模糊功率分配策略的结构

1）整车的需求功率和当前发动机转速对应的最优曲线上的最优功率的差值。

2）当前电池组 SOC。

3）当前电动机转速。

模糊输出为一比例系数，其与前面的功率差值相乘得到电动机应承担的调节功率。发动机功率等于总的需求功率减去电动机的调节功率。

三个模糊输入的语言变量和隶属函数如图 7-29 所示。功率差的论域范围和语言变量的个数根据整车最大功率、发动机最大功率、发动机经济功率区和原先设定的模式切换功率来选择。其中，"负"表示整车功率需求较最优功率低很多；"零"表示整车功率需求与最优功率差别不大；"正小"代表整车功率需求大于最优功率较多，但并不比发动机最大功率大很多；"正大"则表示整车功率需求很高，已经大大超过发动机最大功率。电池组 SOC 的正常范围与电池内阻最低的范围基本重合。根据电动机效率和转速的关系划分电动机转速的语言变量。各变量的隶属函数都选用梯形，便于参数的调整。

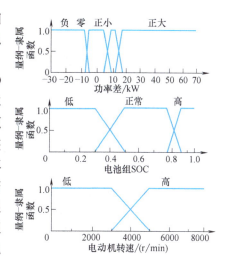

图 7-29 三个模糊输入的语言变量和隶属函数

3. 模糊逻辑推理与模糊规则

采用 Takagi-Sugeno 模糊推理，输出隶属度类型为常数。模糊化使用单点模糊集合，清晰化则使用加权平均法。and 运算采用最小算子，not 运算为求补。模糊规则见表 7-6。

表 7-6 模糊规则

条件	结论
如果（功率差是负）and（SOC 是 not 高）	1.00
如果（功率差是负）and（SOC 是高）	0.50
如果（功率差是零）	0
如果（功率差是正小）and（SOC 是 not 低）	1.00
如果（功率差是正小）and（SOC 是低）and（电动机转速是高）	0.50
如果（功率差是正小）and（SOC 是低）and（电动机转速是低）	0.33
如果（功率差是正大）and（SOC 是 not 低）and（电动机转速是低）	0.67
如果（功率差是正大）and（SOC 是 not 低）and（电动机转速是高）	1.00
如果（功率差是正大）and（SOC 是低）and（电动机转速是低）	0.33
如果（功率差是正大）and（SOC 是低）and（电动机转速是高）	0.50

模糊规则的制定主要根据对并联式混合动力电动汽车工作原理的理解和在仿真、试验中获得的经验。可以看出，模糊规则的核心如下：

1）当功率差为零时，说明功率需求点处于发动机最经济区，这时不用电动机进行工作点的调节；而当功率差较大时，使用电动机将发动机工作点调至经济区甚至最优曲线上。

2）SOC 偏离正常区域，则相应增加充电或用电负荷，尽量使 SOC 恢复至正常区。

3）当电动机转速较高时，可以增加电动机调节的功率；反之，使电动机工作在中等偏小负荷。

4. 仿真结果

（1）FTP-72 城市工况的结果 将原有的发动机优化曲线策略和新的模糊逻辑策略都放入在 MATLAB/Simulink 中建立的并联式混合动力电动汽车整车前向仿真模型中，模型和其余控制参数完全相同。仿真车速均能够顺利跟踪 FTP-72 工况的目标车速。两种策略在 FTP-72 工况下的发动机工作点如图 7-27 和图 7-30 所示。可以看出，模糊策略既使发动机工作点向最优曲线两侧延展，又保证大多数工作点集中于发动机经济区。这是我们预期的效果。两种策略在 FTP-72 工况下的电动机效率对应的工作时间比例如图 7-31 所示。可见，模糊策略使电动机在更多的时间内处于效率较高的区域。两种策略在 FTP-72 工况下均能在不达到电池 SOC 门限值的情况下实现工况始末 SOC 的平衡。经过一个 SOC 平衡的 FTP-72 工况，最优曲线策略总的充电能量约为 5.53MJ，而模糊策略总的充电能量仅为 4.79MJ。这说明模糊策略减少了电动机的使用，相应便减少了能量在转换过程中的损失。仿真的 SOC 平衡油耗（不开空调），在最优曲线策略下为 7.93L/100km，而在模糊策略下为 7.64L/100km，经济性提高了 3.7%。

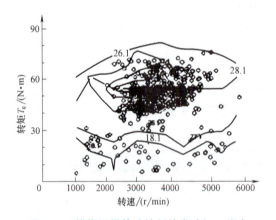

图 7-30　模糊逻辑策略控制的发动机工作点

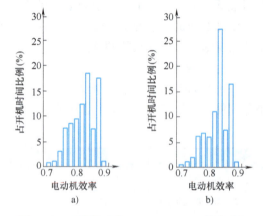

图 7-31　两种策略在 FTP-72 工况下的电动机
效率对应的工作时间比例

a）最优曲线能量管理策略　b）模糊逻辑能量分配策略

（2）HWFET 公路工况的结果 在 HWFET 公路工况下，由于整车功率需求持续较高，最优曲线策略仅依靠模式切换点的调节来控制 SOC，就使得 SOC 持续下降至低门限值 0.2。此时，车辆不得不强制全力充电，这既造成发动机满负荷的油耗上升，也使车辆遇到瞬时大功率需求时无法使用电动机辅助提供动力。当连续几个 HWFET 工况时，电池组 SOC 便出现在门限值之间"振荡"的情况，如图 7-32 中的曲线 1 所示，SOC 在 0.2 和 0.5 之间"振荡"。而模糊策略则由于有功率分配上的变化，使得 SOC 在没有达到门限值的情况下获得平衡，如图 7-32 中的曲线 2 所示。这反映了模糊能量管理策略较发动机最优曲线策略对于不同工况有更强的适应性。

多个连续 HWFET 工况下的 SOC 平衡油耗，在发动机最优曲线策略下为 50L/100km，而在模糊策略下为 6.18L/100km，经济性提高了 4.9%，故模糊策略优于发动机最优曲线策略。

三、基于神经网络的电动汽车发动机转矩估计

电动汽车需要对发动机和电动机进行能量分配，发动机所输出的实际转矩不能在车测定，办法之一是对发动机转矩进行估计。发动机转矩估计需要根据发动机的节气门开度、转速等信息来进行。利用已有的试验数据，制定出各种脉谱是发动机控制中常用的手段。而发动机的工况复杂，台架试验不可能测出所有工况下的特性。这就需要对试验数据进行插值处理，这种处理实质上就是对试验中没有测定的数据进行估计。由于发动机特性的严重非线性，常规的插值法难以做到任意和全局的逼近，而神经网络正是解决这一问题的有效工具，利用这一工具可以实现对发动机转矩特性的估计。

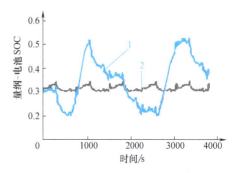

图 7-32　两种策略在 FTP-72 工况下的 SOC 控制结果

1—发动机最优曲线策略的 SOC 振荡
2—模糊策略的 SOC 平衡

1. 人工神经网络的选择

人工神经网络的种类很多，选择何种网络类型，需要根据实际问题确定。发动机转矩估计要求从大量的发动机试验数据中获得相关信息，以便对发动机转矩预测模型进行分析和预测。影响发动机转矩预测模型的因素很多，没有一个明确的数学解析式可用于计算，这属于复杂的非线性问题。采用前馈反向传播网络模型（Back Propagation Networks，简称 BP 网络）可以有效地解决这类问题。

在人工神经网络的实际应用中，绝大部分的神经网络模型采用 BP 网络和它的变化形式。它也是前向网络的核心部分，体现了人工神经网络最精华的部分。BP 网络主要用于：

1）数据压缩。减少输出向量维数以便于传输或存储。

2）函数逼近。用输入向量和相应的输出向量训练网络以逼近函数。

3）模式识别。用一个特定的输出向量将它与输入向量联系起来。

4）分类。把输入向量以所定义的合适方式进行分类。

理论已证明，只要有足够的隐含层和隐含层单元数，BP 网络可以逼近任意的非线性映射关系，且不需建立数学解析式模型。因为 BP 网络主要是根据所提供的原始数据，通过训练和学习，找出输入和输出之间的内在联系，从而求得问题的解答，而不是依靠对问题的先验知识和规则，所以具有很好的适应性。

另外，通过训练和学习后，BP 网络能把系统的信息分布存储在权值矩阵和神经元的转换函数系数中，也就是说 BP 网络具有记忆转矩输出特性信息的能力，并且这种记忆会适应转矩输出特性的改变，但始终反映转矩输出特性。

2. MATLAB 神经网络工具箱

MATLAB 神经网络工具箱是在 MATLAB 环境下开发出来的工具箱之一。它以人工神经网络理论为基础，利用 MATLAB 编程语言构造出许多典型神经网络的激活函数，如 S 型、线性、饱和线性等激活函数，使设计者对所选定网络输出的计算转变为对激活函数的调用。另外，可以根据各种典型的修正网络权值的规则，加上网络的训练过程，利用 MATLAB 语言编写各种网络权值训练的子程序。MATLAB 神经网络工具箱的内容非常丰富，包含了很多

现有的神经网络新成果,其中就有 BP 网络模型。

MATLAB 神经网络工具箱集成了多种学习算法,并对常规 BP 算法进行了改进,提供了一系列快速学习算法。MATLAB 神经网络工具箱中典型的 BP 算法比较见表 7-7。这里选用 trainlm 对发动机试验数据进行训练。

表 7-7　MATLAB 神经网络工具箱中典型的 BP 算法比较

算法名称	对应工具箱中的训练函数	特点
梯度下降法	traingd	最基本的 BP 算法,收敛速度很慢。学习步长的选择很重要,过大容易振荡,无法收敛到深窄的极小点;过小则容易爬行,或者陷于局部极小
附加动量的梯度下降法	traingdm	收敛速度较快,学习时间较短
自适应学习步长法	traingda,traingdx	可以根据误差性能函数进行调节,能够解决标准 BP 算法中学习步长选择不当的问题,从而避免较大误差,但速度较慢
弹性 BP 算法	trainrp	可以消除偏导数的大小对权值的有害影响。收敛速度最快,占用内存小,但不适合解决函数逼近问题
四种共轭梯度法	traincgf,traincgp,traincgb,trainscg	分别采用 Fletcher-Reeves 算法、Polak-Ribiers 算法、Powell-Beale 算法、成比例共轭梯度算法。这几种方法的收敛速度比普通的梯度下降法要快很多,且计算代价比较低
拟牛顿算法	trainbfg	需要的迭代次数比较少,但由于每步都要存储 Hessian 矩阵,所以单步计算量和存储量都很大,适合小型网络
一步割线算法	trainoss	为共轭梯度法和拟牛顿法的一种折中方法。由于不需要存储 Hessian 矩阵,trainoss 算法单步需要的计算量和存储量都比 trainbfg 要小,比共轭梯度法略大
Levenberg-Marquardt 优化算法	trainlm	学习速度很快,但占用内存很大,对于中等规模的网络是最好的一种训练算法
贝叶斯规则法	trainbr	对 Levenberg-Marquardt 算法进行修改,降低了确定最优网络结构的难度

3. BP 网络结构和参数的确定

在已经确定选择 BP 神经网络后,剩下的问题就是选择网络的结构和参数。对于 BP 网络,需选择网络的层数、每层的神经元数、初始权值、阈值、学习算法、数值修改频度、神经元传递函数及参数、学习率及动向量因子等参数。这里有些项的选择有一些指导原则,但更多的是靠经验和试凑。

(1) 数据预处理　数据预处理可以改进数据的质量,从而有助于提高其后的 BP 神经网络训练的精度和性能。数据预处理是将得到的原始数据转化为能被人工神经元网络识别的数据,是数据挖掘的重要内容之一。

数据变换是数据预处理的一个重要部分。数据变换就是将数据转换成适合于挖掘的形式。这里数据变换主要是指数据的规范化,即是将特征向量数据按比例缩放,使之落入一个小的特定区间。在 BP 神经网络中,Sigmoid 函数用于将神经元的输入范围 ($-\infty$,$+\infty$) 映射到（0，1）或（-1，1）。当输入变量很大时，Sigmoid 函数的斜率将接近于 0，这可能导致在利用 Sigmoid 函数训练 BP 网络时出现梯度下降的问题：即使梯度有很小的变化，也会引起权值的微小变化，使权值远离最乐观的值。另外，如果各输入值未进行数据变换，则取值范围大的数据项所取的权值一般要超过取值范围小的数据项所取的权值，这会造成映射的失真。对于基于距离的方法（如 BP 神经网络），规范化可以帮助防止具有较大初始值的数据项与具有较小初始值域的数据项相比时权值过大。另外，规范化有助于加快 BP 神经网络学习阶段的速度。有四种主要的数据规范化方法：最小-最大规范化、z-score 规范化、按小数定标规范化和扩大区间的最小-最大规范化。

1）最小-最大规范化。对原始数据进行线性变换。假定 $minA$、$maxA$ 分别为数据项 A 的最小和最大值，最小-最大规范化通过

$$v' = \frac{v - minA}{maxA - minA}(newmaxA - newminA) + newminA \tag{7-31}$$

将 A 的值映射到区间（$newmaxA$，$newminA$）中的 v'。最小-最大规范化能保持原始数据值之间的关系，但如果今后的输入落在 A 的原始数据区之外，该方法将面临"越界"错误。

2）z-score 规范化（或零-均值规范化）。A 的值基于 A 的平均值和标准差进行规范化。A 的值 v 被规范化为 v'，由下式计算：

$$v' = \frac{v - \bar{A}}{\sigma_A}v \tag{7-32}$$

式（7-32）中，$\bar{A}$ 和 σ_A 分别为 A 的平均值和标准差。当数据项 A 的最小和最大值未知时，该方法很有用，但不能保证把数据值全部映射到某一个指定的区间内。

3）按小数定标规范化。通过移动 A 的小数点位置进行规范化。小数点的移动位数依赖于 A 的最大绝对值，由下式计算：

$$v' = \frac{v}{10^j} \tag{7-33}$$

式（7-33）中，j 是使得 $max(v') < 1$ 的最小值。

4）扩大区间的最小-最大规范化。这是一种混合规范化方法，首先以最小-最大规范化方法为基础，以保持原始数据值之间的关系，然后对所有数据项都确定一个区间，以保证今后的输入不会落在此数据区间之外。确定这个区间时要对实际数据进行估计，太大了会使规范化失去意义，太小了会造成数据"越界"的错误。这就解决了既要对原始数据进行线性变换，又不能造成数据"越界"的错误的矛盾。具体操作为：假定 $minA$、$maxA$ 分别为数据项 A 的最小和最大值，另外确定 $min'A$、$max'A$ 分别为数据项 A 的扩大的最小和最大值，此区间要保证今后的输入不会落在区间之外，一般取 $min'A = minA(1 - 10\%)$，$max'A = maxA(1 + 10\%)$。为确定区间的最小-最大规范化，通过计算将 A 的值映射到区间（$newminA$，$newmaxA$）中的 v'。

$$v' = \frac{v - min'A}{max'A - min'A}(newmaxA - newminA) + newminA \tag{7-34}$$

通过数据预处理，样本数据的质量能够得到改进，有助于提高其后的 BP 神经网络的精度和性能。这里选用最大-最小规范化方法进行估计模型的数据预处理。

（2）BP 神经网络隐含层数目的确定　BP 神经网络的训练样本问题解决以后，网络的输入层结点数和输出层结点数便已确定，接着要确定 BP 神经网络的隐含层数目。

隐含层能从输入数据提取信息特征，增加隐含层数目可增加神经网络的处理能力，但必将使网络训练复杂化，从而增加网络的训练时间。理论研究证明，多层前馈网络最多只需两个隐含层。对于在闭区间内的任何一个连续函数都可以用一个隐含层的 BP 网络来逼近，因而一个三层的 BP 网络可以完成任意 N 维到 M 维的映射。在设计网络结构时，一般先考虑设一个隐含层，当一个隐含层的隐结点数很多但仍不能改善网络性能时，才考虑再增加一个隐含层，以此类推。

（3）BP 神经网络隐含层神经元数的确定　隐含层神经元的作用是从学习样本中提取并存储其内在规律。每个隐含层神经元有若干个权值，而每个权值都是增强网络映射能力的一个参数。隐含层神经元数量太少，网络从学习样本中获取信息的能力就差，不足以概括和体现训练集中的样本规律；隐含层神经元数量过多，又可能把学习样本中的噪声数据也学会记牢，从而出现所谓"过度拟和"问题。此外，隐含层神经元数太多还会增加训练时间。设置多少个隐含层神经元取决于学习样本数、样本噪声的大小以及样本中蕴含规律的复杂程度。

确定最佳隐含层神经元数的常用方法是试凑法。可先设置较少的神经元数训练网络，然后逐渐增加神经元数用于同一样本集，然后对结果进行比较并确定最佳的隐含层神经元数。一般采用一些经验公式来确定隐含层神经元数：

$$m = \sqrt{n + 1} + a \tag{7-35}$$

$$m = \log 2^n \tag{7-36}$$

$$m = \sqrt{nl} \tag{7-37}$$

式中　m——隐含层神经元数；

n——输入层神经元数；

l——输出层神经元数；

a——1~10 之间的常数。

也可先设置较多的隐含层神经元数，然后逐渐减小。

（4）BP 神经网络初始权值的选取　网络权值的初始化决定了网络训练从误差曲面的哪一点开始，因此初始化方法对缩短网络的训练时间至关重要。神经元的激励函数都是关于零点对称的，如果每个神经元的净输入均在零点附近，则其输出不仅远离激励函数的两个饱和区，而且是其变化最灵敏的区域，必然使网络的学习速度较快。

实践证明，利用 MATLAB 软件可以对权值进行自动初始化，故初始权值由 MATLAB 自动初始化。

（5）神经网络的泛化　神经网络是否成功不在于样本点本身拟合误差的大小，关键在于其泛化效果。如果对样本点以外的其他输入点均有较好的拟合，则说明该神经网络结构合理，否则，训练出来的神经网络毫无价值。因此，应从收敛精度和泛化效果两方面来分析所建模型的精度。

通常以均方误差值 σ 来判断收敛精度及泛化效果的优劣：

$$\sigma = \sqrt{\frac{1}{N}\sum_{i=1}^{N}(e_i)^2} = \sqrt{\frac{1}{N}\sum_{i=1}^{N}(A_i - B_i)^2} \tag{7-38}$$

式中 N——样本的数据个数；

      e_i——样本的第 i 个误差；

      A_i——样本的第 i 个实际值；

      B_i——样本的第 i 个预测值。

均方差误差值越小，说明收敛精度和泛化效果越好。

4. 发动机转矩估计模型

通过对不同结构模型的训练及结果对比，最后采用拓扑结构为 2×7×4×1 的 BP 网络，即输入层有两个神经元，分别对应节气门开度和转速的归一化值，第一、二隐含层的神经元数量分别为 7 和 4，输出层有 1 个神经元，对应转矩值的归一化值，如图 7-33 所示。

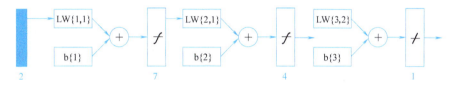

图 7-33   发动机转矩神经网络估计模型

训练完成后，计算训练样本的收敛精度，得 $\sigma_1 = 0.4\text{N} \cdot \text{m}$；使用训练得到的神经网络模型，以剩余的数据为样本，进行模型的泛化效果检验，得 $\sigma_2 = 1.1\text{N} \cdot \text{m}$，达到训练和估计效果。

使用所建的神经网络预测模型，设定发动机节气门开度为 5%~95%（间隔为 5%）、转速为 1000~5000r/min（间隔为 50r/min）的稳态工况点，进行输出转矩估计，得到图 7-34 所示的基于神经网络的发动机转矩估计 MAP。

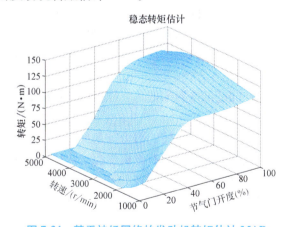

图 7-34   基于神经网络的发动机转矩估计 MAP

其他新能源汽车

除了电动汽车外，人们还不断地研究与开发其他的新能源汽车，以解决传统的汽油车和柴油车所带来的环境污染问题，并缓解石油资源短缺的矛盾。本章将介绍其他新能源汽车的组成原理、性能特点及发展现状等。

第一节　新能源汽车概述

一、能源的定义

1. 能量的作用

人类的生产与生活离不开物质、能量和信息。物质给人类提供了各式各样的材料，信息提供给人类的是无穷无尽的知识和智慧，而能量则向人类活动提供各种形式的动力。

能量一般以物质的运动体现，不同形式的运动表征了相对应的能量。例如：物质内部分子的热运动表征了热能；物体的机械运动体现的是机械能（动能和势能的总称）；电子在导体和负载中的运动形成电能；原子核内部的聚变和裂变展现的是核能。

2. 能源的定义

能量是物质运动的量度，能量的来源即能源。能源就是直接或通过转换向人类提供所需动力的资源。

核聚变和核裂变、放射性源以及天体间的引力，是世界上一切能源的初始能源。初始能源可分别定义为天然能源、生物质能源、化石燃料能源、热核能源和潮汐能源五种。

（1）天然能源　太阳能的热效应在大气、土地与海洋三者之间的界面产生风能、水能、波浪能和洋流的动能，这些能量的来源称为天然能源。天然能源是绿色能源，并且是取之不尽的。

（2）生物质能源　植物通过光合作用吸收太阳能，动物以植物为食，或靠弱肉强食间接吸收太阳能形成所谓的生物质能。人类通过生物也可获得能量。生物质能源是可再生的能源。

（3）化石燃料能源　动物和植物的残骸在特殊地质条件下，经过亿万年的演变，成了煤炭、石油和天然气等化石燃料，这是地球给人类提供的化石燃料能源。化石燃料能源是地球上不可再生的有限资源，将其作为燃料来获得动力时，会产生污染。因此，化石燃料能源是非绿色能源。

（4）热核能源 地球心部的热核反应产生地热，地热通过热传导和热对流进入大气和海洋，影响着地球的环境。人类可通过适当的方式获得地热能。地壳内的放射性元素蕴藏着巨大的核能资源。人类可通过这些放射性物质获得核能。

（5）潮汐能源 太阳、月亮等天体对地球有吸引力，引发地球产生潮汐。潮汐能源也是绿色的可再生能源。

上述初始能源如果按照其来源不同划分，还可将其定义为太阳能源、地球能源和天体能源三种。

（1）太阳能源 太阳能源是指来自太阳的能源，包括直接太阳能源和间接太阳能源。

1）直接太阳能源 是指太阳通过其热核反应所释放出的巨大能量。地球通过大气层接收太阳辐射的能量。太阳的辐射为地球提供了取之不尽的能源。

2）间接太阳能源 是指由太阳能转换而来的能源。例如水能、风能、波浪能等天然能源和木材、枯草、动物粪便等蕴含的生物质能源，均属间接太阳能源。如果考虑亿万年前的能量转换过程，煤炭、石油和天然气等化石燃料也可归类为太阳间接能源。

（2）地球能源 地球能源是指地球本身所具有的能源。能量来自地球本身的能源有如下几种形式：

1）地热能源。以地热能形式存在的能量，如地热水、地热蒸汽、干热岩体等蕴藏的能量。

2）核能源。以核能形式储存的能量，如铀、钴等放射性物质所蕴含的能量。

3）化石燃料能源。如果不考虑亿万年前的能量转换过程，煤炭、石油和天然气等化石燃料也可归类为地球本身的能源。

（3）天体能源 天体能源是指由太阳系天体（如太阳、月球等）对地球的吸引力而产生的能，例如潮汐能等。

二、能源的分类

人类在生产和生活中所获得的能量有多种形式，现以不同的分类方法，将各种能源予以归类。

1. 按自然能源是否经过转换分类

按自然界的能源是否经过转换分，可将其分为一次能源和二次能源两大类。

（1）一次能源 自然界现实存在的能源，或从自然界获取的未经任何改变或转换的能源称其为一次能源。例如，化石燃料中的煤炭、石油、天然气等均属于一次能源。此外，生物质能、天然能、原子能等也均属于一次能源。

（2）二次能源 所谓二次能源是指将一次能源进行加工转换后得到的能源。二次能源在人类的生产和生活中比比皆是。例如由石油通过提炼加工而成的汽油和柴油，由木柴加工制成的焦炭，由自然能源通过某种方式转换而成的电力等，均属于二次能源。此外，生产过程中产生的余热、高温烟气、可燃的废气、高温的炉渣、蒸汽、热水以及化学反应热等也都属于二次能源。

请注意，二次能源中的"二次"的含义是"一次能源经过加工转换后的能源"，并不表示能量的转换次数。也就是说，一次能源只要经过了加工转换，所获得的能源就是二次能源，而其加工转换的次数可以是一次，也可能是两次或多次。例如火力发电是将化石燃料能源（一次能源）转换为电能，其能量转换过程为：燃料（煤炭、柴油或天然气等）通过燃烧将化学能转换为热能，热能又转化为锅炉内蒸汽的内能，内能又通过汽轮机转换为动能，再通过发电机转换为电能。显然，火力发电过程中能量经过了多次转换，但其输出的电能仍然称为二次能源。

需要说明的是，人类之所以要通过加工和转换来获得二次能源，都有其实际的意义，主要的目的是：

1）使能量具有更高的终端利用效率。

2）使之成为更清洁的能源。

3）使能源更方便使用。

因此，对于人类来说，二次能源肯定是要优于一次能源的。但是，在通常情况下，从一次能源转换为二次能源需要付出一定的代价。

2. 按能源所使用的情况分类

按照能源所使用的情况分类，可将其分为常规能源、新能源和替代能源三种类型。

（1）常规能源 常规能源是指已经大规模生产和广泛利用的一次能源。最为熟悉的5大常规能源是石油、煤炭、天然气、水力和核能。

（2）新能源 新能源是指尚未被大规模使用，正在积极研究与开发，有待推广使用的一次能源。目前，新能源通常是指太阳能、风能、海洋能及生物质能。

（3）替代能源 从广义上讲，替代能源是指一切可代替目前广泛使用的矿物燃料（煤炭、石油、天然气）的一次能源。从狭义上讲，替代能源是指一切可代替石油的一次能源。

在交通领域，替代能源是指能替代石油制品（汽油和柴油）的能源，并不局限于一次能源。通常情况下，也将替代汽油和柴油的能源称为"新能源"。

3. 按能源能否再生分类

按照能源是否具有再生性，可将其分为可再生能源和不可再生能源两大类。

（1）可再生能源 可再生能源是指能量可不断得到补充的能源。例如，太阳能、水能、风能、地热能和生物质能等，均属于可再生能源。

（2）不可再生能源 不可再生能源是指需要亿万年才能形成，且消耗后不能得到补充的能源。例如，煤炭、石油、天然气等化石燃料就属于不可再生能源。

4. 按能源对环境是否有影响分类

如果按照能源使用中对环境是否会造成污染分，可将其分为清洁能源和非清洁能源两类。

（1）清洁能源 清洁能源是指在使用过程中对人类生存环境无污染或污染很小的能源。例如，太阳能、水能、风能、地热能等，均属于清洁能源。在交通领域，将天然气和经转换而获得的电能和氢气等均称为清洁能源。

（2）非清洁能源 非清洁能源是指在使用过程中对人类的生存环境会造成较为严重污染的能源。汽车所使用的汽油和柴油均属于非清洁能源。

三、新能源汽车的定义、类型与发展现状

1. 新能源汽车的定义

传统的燃油汽车（汽油车和柴油车）使用的能源是汽油和柴油。燃油汽车最大的问题

是消耗了大量的不可再生石油资源，以及对人类生存环境造成严重污染。因此，人们一直在努力地研究与开发汽油和柴油以外的替代能源，以求减少汽车对环境造成的污染和缓解石油资源短缺的矛盾。人们通常将用其他能源替代汽油和柴油的汽车称为新能源汽车。实际上，我国在2009年7月1日就正式施行了《新能源汽车生产企业及产品准入管理规则》，该文件明确指出，新能源汽车是指采用非常规的车用燃料作为动力来源（或使用常规的车用燃料、采用新型车载动力装置），综合车辆的动力控制和驱动方面的先进技术，形成的技术原理先进、具有新技术和新结构的汽车。

2. 新能源汽车的类型

新能源汽车包括电动汽车、气体燃料汽车、生物质燃料汽车、氢燃料汽车和太阳能汽车等。

（1）电动汽车　电动汽车包括纯电动汽车、混合动力电动汽车和燃料电池电动汽车。电动汽车是本书主要介绍的对象。

（2）气体燃料汽车　气体燃料汽车以某种气体为燃料。这类汽车根据其使用的燃料不同，分为天然气汽车、液化石油气汽车、两用燃料汽车和双燃料汽车等。两用燃料汽车和双燃料汽车的区别如下：

1）两用燃料汽车具有两套相对独立的燃料供给系统，一套用于供给天然气或液化石油气，另一套供给天然气或液化石油气以外的燃料。两套燃料供给系统可分别向气缸提供燃料，但不会同时提供燃料。例如，当汽油/压缩天然气两用燃料汽车以汽油为燃料时，汽油燃料供给系统向气缸提供汽油；当其以压缩天然气为燃料时，压缩天然气燃料供给系统工作，向气缸提供压缩天然气。两用燃料汽车的两套燃料供给系统不会同时工作。

2）双燃料汽车也有两套燃料供给系统，一套用于供给天然气或液化石油气，另一套用于供给天然气或液化石油气以外的燃料。这种发动机的两套燃料供给系统可同时工作，按预定的比例向气缸供给两种燃料，在气缸内混合燃烧。例如，柴油-液化石油气双燃料汽车的发动机运转时，其柴油燃料供给系统和液化石油气燃料供给系统同时工作，向发动机气缸提供一定比例的柴油和液化石油气混合燃料。

（3）生物质燃料汽车　这种汽车燃用生物质燃料，或在汽油和柴油中掺入生物质燃料。与传统的燃油汽车相比，生物质燃料汽车在发动机结构上无重大改动，总体上汽车的排放较低。乙醇燃料汽车和生物柴油汽车均属于生物燃料汽车。

（4）氢燃料汽车　这种汽车以氢气为主要能量，其发动机的形式有纯氢内燃机、氢/汽油双燃料内燃机、氢-汽油混合燃料内燃机三种。

（5）太阳能汽车　这种汽车的驱动能量来源于太阳电池，有两种形式：一种是太阳电池组用作汽车主要的动力来源；另一种是太阳电池组用作汽车的辅助能源，其主要作用是向汽车上配置的储能装置（蓄电池）充电，以延长蓄电池的续驶里程。

3. 新能源汽车的发展现状

目前，电动汽车无疑是最有发展潜力的新能源汽车，产销量也是最多的。可以说，电动汽车是全面替代传统燃油汽车的"主力"。能用于替代传统燃油汽车汽油和柴油的新能源主要有氢气、甲醇、乙醇、天然气、液化石油气、二甲醚、太阳能和生物质能等。这些替代能源有的还处于研究开发之中，如氢气、二甲醚、太阳能、生物质能等，有的则已经达到实用阶段，并已经形成了一定的规模，如天然气汽车、液化石油气汽车和醇类汽车等。各种新能源汽车的性能特点、现状及展望见表8-1。

表8-1　各种新能源汽车的性能特点、现状及展望

新能源	主要优点	主要不足	现状与前景
电能	1. 电能来源丰富,转换方式多样 2. 纯电动汽车能源的利用率高,直接污染为0,噪声低 3. 纯电动汽车结构简单,操作与维修方便	1. 蓄电池能量密度低,纯电动汽车续驶里程短 2. 蓄电池的充电时间长 3. 蓄电池的价格高、寿命短,新车成本和使用成本高	电动汽车目前是新能源汽车中保有量最大的,是替代传统燃油汽车的主力军,是世界公认的未来汽车的主体
天然气	1. 天然气资源丰富 2. 天然气汽车污染小、噪声低 3. 天然气抗爆性好,可采用高压缩比发动机 4. 天然气价格低廉	1. 需另设加气站,加气站网络化投入成本高 2. 压缩天然气储气量有限,影响续驶里程 3. 动力性有所下降 4. 储存运输难度相对较大	是早已商用化的新能源汽车,且具有一定的保有量,作为传统燃油汽车的替代,今后较长一段时间会继续发展
液化石油气	1. 液化石油气来源丰富 2. 液化石油气汽车污染小、噪声相对低 3. 液化石油气抗爆性好,可采用高压缩比发动机	1. 液化石油气发动机的功率有所下降 2. 点火能量需求大 3. 严寒地区冬季使用受限	是早已商用化的新能源汽车,且具有一定的保有量,作为传统燃油汽车的替代,今后较长一段时间会继续发展
甲醇(乙醇)	1. 甲醇(乙醇)来源较为丰富 2. 甲醇(乙醇)汽车污染较小 3. 甲醇(乙醇)抗爆性好,可采用高压缩比发动机	1. 甲醇的毒性较大 2. 燃料存在分层问题 3. 对金属及橡胶件有腐蚀性 4. 甲醇(乙醇)汽车冷起动性较差	甲醇(乙醇)汽车已有少量的应用,在某些国家和地区具有一定的保有量
氢气	1. 氢气来源较为丰富 2. 污染较小 3. 氢的辛烷值和热值高	1. 氢气生产成本高 2. 氢气的储存运输难度大、成本高 3. 气态氢需要高压储存,液态氢液化成本高 4. 需要开发专用的发动机	氢燃料汽车仍处于基础研究阶段,由于同样使用氢燃料的燃料电池电动汽车已经进入实用化阶段,氢燃料汽车前景难料
太阳能	1. 太阳能来源非常丰富 2. 太阳能电动汽车无污染	1. 能量转换效率低 2. 成本高 3. 使用受环境和天气的影响大	以太阳能作为唯一能源的太阳能汽车还处于研究开发之中,太阳能作为补充电源则已经有实际的应用
生物质能	1. 来源丰富,可再生 2. 污染小	1. 供油系统部件易堵塞 2. 冷起动性能较差	生物质能作为有限石油资源的替代,生物质能汽车已经有少量的应用

第二节　天然气汽车

一、天然气的特性

1. 天然气的成分与类型

天然气的主要成分是甲烷（CH_4），同时含有少量的丙烷（C_3H_8）和丁烷（C_4H_{10}）等烃类气体，以及氮、二氧化碳、硫化氢等非烃类气体。不同地区天然气的形成过程不尽相同，因而其成分也会有所不同。

根据开采和形成方式的不同，天然气大致可分为如下 5 种：

（1）纯天然气　从地下开采出来的气田气即为纯天然气。

（2）石油伴生气　在石油开采中伴随石油一起出来的气体称为石油伴生气。

（3）矿井瓦斯　在开采煤炭时采集到的矿井气。

（4）煤层气　从井下煤层中抽出的矿井气。

（5）凝析气田气　含石油轻质馏分的气体。

由于天然气中含有杂质，用作汽车燃料时，需要对其进行脱水和脱硫处理。

2. 天然气的理化特性

高纯度的天然气是无色、无味、无毒、无腐蚀性、易燃、易爆的气体。为了易于觉察天然气泄漏，通常的方法是在天然气中添加臭剂。

天然气的燃烧速度比较低，其最高燃烧速度只有 0.3m/s。因此，天然气燃烧后排温高，需对排气系统部件进行强化。

天然气的使用安全性较好，概括起来有以下特点：

1）天然气在压缩（或液化）、储运、减压和燃烧过程中，是在严格密封的状态下进行的，不易泄漏。

2）天然气的密度在 $426 \sim 470 kg/m^3$ 之间，比空气轻，易挥发，不易聚集，故而安全性较好。如果有泄漏，会很快散失，不易着火。

3）天然气的着火温度比汽油高约 260℃。

4）天然气燃烧范围较窄（在 5%～15%之间），其燃烧下限明显高于汽油和柴油。

天然气与汽油、柴油的性能比较见表 8-2。

表 8-2　天然气与汽油、柴油的性能比较

燃料名称	天然气	汽油	柴油
蒸气密度/（kg/m^3）	0.75～0.8	≥4	3.4
沸点/℃	-162	30～190	170～350
理论空燃比	17.2：1	14.8：1	14.3：1
辛烷值	130	80～99	23～30
燃烧极限（体积）（%）	5～15	1.3～7.6	1.58～8.2
常压下自燃温度/℃	650	390～420	250

3. 天然气的储存

汽车用天然气的储存方式有常压气态、高压气态、液化和吸附等四种方式。

（1）常压气态　在不压缩、不降温情况下使天然气保持气态。这种储存方式最简单，但储存量太少，汽车上不采用这种储存方式。

（2）高压气态　通过压缩的方式将天然气储存在高压储气瓶中，压力通常在20MPa左右。高压储气是目前天然气汽车采用最多的方式。

（3）液化　通过降低温度使天然气变为液态，储存于绝热性能良好的容器中。液态下的天然气温度在-161.5℃以下。液态天然气在天然气汽车上已经得到了实际的应用。

（4）吸附　在3.5~6MPa压力下，使天然气被吸附在天然气吸附剂中。这种天然气储存方式的优点是无需太高的压力，也不需要降温，因而受到了人们的关注。

二、天然气汽车的类型

天然气汽车的结构类型有多种，现以不同的分类方法加以归类。

1. 按天然气的储存方式分类

如果按照天然气汽车天然气储存方式的不同分类，可将其分为压缩天然气汽车、液化天然气汽车、常压天然气汽车和吸附天然气汽车等四种。

（1）压缩天然气汽车（CNGV）　此类天然气汽车用高压储气瓶储存天然气。工作时，压力为20MPa左右的高压天然气经降压、计量和混合后进入气缸，也可以直接喷入气缸或进气管。目前天然气汽车大都为压缩天然气汽车。

（2）液化天然气汽车（LNGV）　此类天然气汽车以液态的天然气为燃料。工作时，低温液态的天然气经升温、汽化、计量和混合后进入气缸，也可以直接喷入气缸或进气管。由于液态天然气的密度大，相同容积下可储存更多的天然气，特别适用于长途行驶的车辆。

（3）常压天然气汽车（NNGV）　此类天然气汽车储存的是常压天然气，需要有较大的容器，即便如此，天然气的储存量也很少。由于常压天然气汽车的天然气储存装置携带不方便，又不安全，现已经不采用。

（4）吸附天然气汽车（ANGV）　此类天然气汽车以吸附的方式储存天然气。工作时，压力为3.5~6.0MPa的天然气经降压、计量和混合后进入气缸，也可以直接喷入气缸或进气管。

2. 按燃料的组成与应用分类

（1）纯天然气汽车　此类汽车的燃料就是单一的天然气，其发动机为点燃式。为了能充分发挥天然气的性能特点，使天然气汽车的性能达到最优，其发动机需要进行专门的设计。例如，由于天然气的辛烷值高，抗爆性好，为了提高发动机的热效率，需将发动机的压缩比大幅度地提高。

由于纯天然气汽车通常需要重新设计发动机，或对原发动机进行较大幅度的改造，加之储存的天然气量有限，其续驶里程较短，故纯天然气汽车并不多见，其使用范围往往只局限于有加气网络的地区。

（2）天然气-汽油两用燃料（Flexible Fuel）汽车　此类汽车的燃料是天然气和汽油。工作时，可视实际情况选择使用汽油或天然气作燃料，因此，需要配备天然气和汽油两套互相独立工作的燃料供给系统，通常是在汽油发动机的基础上增设一套天然气供给装置。

天然气-汽油两用燃料汽车的工作方式：燃用汽油时关断天然气供给，燃用天然气时则关断汽油供给。两种燃料工作方式均为燃料与空气预混合，且由电火花点燃混合气。

天然气-汽油两用燃料汽车的优点如下：

1）可由原汽油机改装而成，改装方便。

2）有条件时可尽可能燃用天然气，而在需要时可随时改用汽油。

3）由于保存了原车的储油箱，续驶里程比原车更长了。

（3）天然气-柴油双燃料（Dualfuel Fuel）汽车　此类汽车的燃料是天然气和柴油，是在柴油车的基础上增设一套天然气供给系统而成。

天然气-柴油双燃料汽车在工作时同时燃用天然气和柴油，其主要优点是可以大幅度降低大负荷工况下的微粒排放，不足是小负荷工况下的 HC 和 CO 排放及燃油的消耗会有所增加。

3. 按天然气的供给方式分类

按天然气的供给方式分类，可将天然气汽车分为真空吸入式和喷射式两种形式。

（1）真空吸入式天然气汽车　真空吸入式天然气汽车通过进气管内的真空吸力将天然气吸入进气管，与空气混合后进入气缸。这种燃料供给与混合气形成方式类似于化油器发动机。

（2）喷射式天然气汽车　喷射式天然气汽车通过喷油器将一定压力的天然气喷射到气缸内或进气管。用喷油器将天然气直接喷射到气缸内的混合气形成方式类似于缸内直喷式汽油发动机，是在气缸内形成混合气；而用喷油器将天然气喷射在进气管的混合气形成方式则与缸外喷射式汽油发动机相似，是在进气管内形成可燃混合气，再将其送入气缸。

4. 按燃料供给的控制方式分类

按天然气供给量控制的方式分类，天然气汽车可分为机械控制式、机电联合控制式和电子控制式三种。

（1）机械控制式天然气汽车　类似于机械控制式汽油喷射式发动机，主要通过机械方式控制天然气的供给量。

（2）机电联合控制式天然气汽车　以机械与电子联合控制的方式控制天然气的供给量。

（3）电子控制式天然气汽车　类似于电子控制式汽油喷射式发动机，通过电子控制系统控制喷油器喷油的持续时间，实现天然气供给量的控制。电子控制式又有开环控制和闭环控制两种形式，目前多采用闭环控制。

三、天然气汽车发动机燃料供给系统的组成与工作原理

1. 天然气发动机的工作原理

图 8-1 所示为压缩天然气汽车发动机的工作原理，借此说明天然气汽车发动机的工作原理。

（1）天然气的进气过程　高压的压缩天然气从储气钢瓶流出，经高压燃气滤清器（图中未画出）过滤后，经高压电磁阀后进入减压阀，从减压阀出来的是已经降压了的低温天然气，再经过热交换器（图中未单独画出）升温后，进入电控调压器（图中未单独画出），在控制器（ECU）的控制下，适量的天然气进入进气管，与空气混合形成空燃比适宜的可燃混合气，进入气缸。

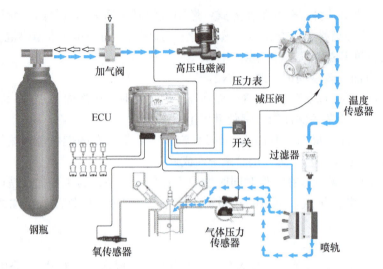

图 8-1　压缩天然气汽车发动机的工作原理

（2）天然气供给系统主要部件的作用　天然气供给系统各主要部件的作用说明如下：

1）高压电磁阀。其作用是通断高压天然气通气管路，高压电磁阀由 ECU 控制。

2）高压减压阀。其作用是将来自高压储气钢瓶的压缩天然气（压力为 20~30MPa）降压至工作压力（7~9MPa）。

3）电控调压器。由 ECU 根据发动机的工况与状态控制其工作，实现天然气供气量的精确控制。

4）热交换器。其作用是提高降压后的天然气温度，避免温度过低的天然气结晶而影响正常供气。高压天然气在减压膨胀过程中，需要吸收热量，如果没有外界的热量传入，就会引起天然气因大量的热量散失而温度大幅下降。热交换器引入发动机冷却液，并通过热传导的方式将冷却液的热量传递给天然气，用以提高天然气的温度。

（3）压缩天然气发动机电控系统的工作原理　发动机电控系统由传感器、控制器（ECU）和执行器组成。工作时，发动机的各传感器（转速传感器、曲轴位置传感器、节气门位置传感器、进气管空气压力传感器、发动机温度传感器等）将发动机的工况与状态信息转变为电信号，并输送给 ECU。ECU 根据各传感器输入的电信号分析判断发动机的工况与状态，并按设定的控制程序进行分析处理，然后输出控制信号，控制执行器（调压器、点火线圈等）工作，将天然气的供气量和点火时间调整至最佳值，使发动机在各种工况与状态下都有一个最佳的空燃比和最佳的点火时间，从而工作在最佳状态。

氧传感器可使天然气供气量实现闭环控制。发动机工作时，氧传感器可实时监测发动机排出废气中氧的含量，ECU 以此判断当前的空燃比。如果空燃比过大（混合气过稀）或过小（混合气过浓），ECU 就及时输出供气量调整控制信号，将空燃比控制在目标范围之内。

2. 两种天然气供给系统主要部件的作用与工作原理

当前天然气汽车天然气实际的储存方式是高压压缩和液化。这两种天然气汽车发动机燃气供给系统的组成实例如图 8-2 和图 8-3 所示。

（1）天然气汽车发动机燃气供给系统的组成与功能　液化天然气发动机燃气供给系统

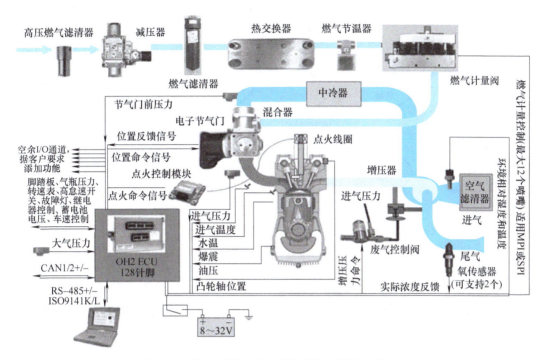

图 8-2　压缩天然气发动机燃气供给系统的组成实例

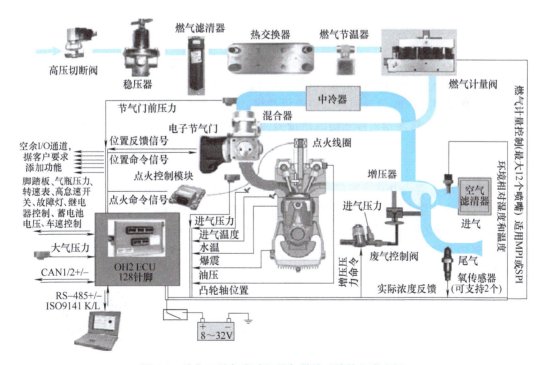

图 8-3　液化天然气发动机燃气供给系统的组成实例

的组成与功能如图 8-4 所示。压缩天然气发动机燃气供给系统的组成部件如图 8-2 所示。天然气汽车发动机燃气供给系统的主要功能有：

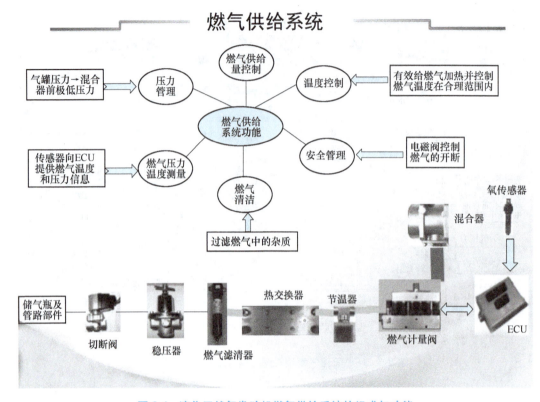

图 8-4 液化天然气发动机燃气供给系统的组成与功能

1）燃气供给量控制功能。发动机 ECU 根据相关传感器的信号和设定的控制程序输出控制信号，通过燃气计量阀（FMV）实现燃气供给量的控制。

2）温度控制功能。由发动机冷却液提供热源，通过热交换器（压缩天然气发动机在减压器内进行热交换）将发动机冷却液的热量传递给燃气，使燃气的温度保持在正常范围内。

3）安全管理功能。由发动机 ECU 通过控制高压电磁阀适时地通断高压燃气，实现燃气系统的安全管理。

4）燃气清洁功能。由燃气滤清器过滤燃气中的杂质，完成此项功能。

5）燃气压力与温度测量功能。燃气温度传感器和燃气压力传感器将天然气的温度和压力转换为相应的电信号，并输送给 ECU，为 ECU 进行燃气供给量控制和安全管理提供依据。

6）燃气压力管理功能。由高压减压阀完成此项功能，将燃气瓶的高压压缩天然气降压至适宜的压力。

（2）液化天然气发动机和压缩天然气发动机燃气供给系统主要部件的功能与工作原理

1）高压燃气切断阀。高压燃气切断阀（见图 8-5）是一个常闭电磁阀，是液化天然气发动机用到的部件，由 ECU 控制其工作，用于切断或恢复燃气供给，是燃气管路上的安全保护开关。

电磁阀使用 24V 直流电源，安装时须注意：电源正、

图 8-5 高压燃气切断阀

负极应正确连接；保证电磁阀上所标明的气流方向与实际气流方向一致（进气口为 IN，出气口为 OUT）；电磁阀连接牢固、无漏气。

2）稳压器。稳压器（见图 8-6）是液化天然气发动机燃气供给系统用到的部件，其作用是将燃气瓶输送来的燃气压力调节为控制系统需要的喷射压力。高压减压阀内部有一膜片，膜片一侧有弹簧，另一侧作用于燃气压力。当燃气作用于膜片的压力高于弹簧力时，膜片就会被推向弹簧侧；当燃气作用于膜片的压力低于弹簧力时，膜片就会被弹簧推向另一侧。膜片移动时，带动杠杆动作，使节流口的流通面积发生变化，从而使节流口之后的燃气压力下降并稳定在调定值。

安装时须注意：稳压器的安装应与实际气流方向一致（进气口为 IN，出气口为 OUT）；在发动机怠速时，将减压阀出口压力调整为 0.8MPa 左右；平衡管接头通过气管与发动机进气管连接，以便能根据发动机的工况动态调节出口压力，提高燃气供气系统的反应速度；高压减压阀连接须牢固、无漏气。

图 8-6 稳压器

3）燃气滤清器。燃气滤清器（见图 8-7）的作用是过滤燃气中的杂质，可过滤燃气中 0.3 ~ 0.6μm 的微粒，过滤效率≥95%。燃气滤清器的工作温度范围为 -40 ~ 107℃，最高承受压力为 3.5MPa。燃气滤清器安装时应注意：放水口朝下，按箭头所指的气流方向安装，切勿装反。

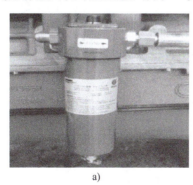
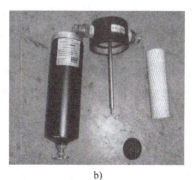

a)　　　　　　　　　　　　　　　b)

图 8-7 燃气滤清器

a）燃气滤清器的安装　b）燃气黏滞器的组成部件

4）高压减压器。用于压缩天然气发动机上的高压减压器如图 8-8 所示，其作用原理如下：

① 降低并稳定燃气的压力。用其内部的膜片式调压阀将压缩天然气压力由储气瓶的压缩高压调节至 0.8 MPa 左右。

② 提高燃气温度，避免燃气温度过低而冻结。在高压减压器内有一水腔，此水腔可引入发动机冷却液，利用发动机冷却液所含的热量加热燃气。

③ 动态调节其出口燃气的压力。高压减压器的平衡管接头与发动机进气管连接，可以随发动机工况变化动态调节出口压力，提高燃气供给系统的反应速度。

④ 安全管理。电磁阀是燃气管路上的安全开关，由发动机 ECU 控制其工作，用于控制燃气的通断。

平衡管接头需固定、无漏气，否则可导致发动机动力不足。出气口方向不能向上，底部不能向上，以防止燃气中的油污倒流。要保证加热良好，特别是在寒冷季节，发动机刚起动时其冷却液温度较低，此时应使发动机怠速运行一段时间后再加速运行，以防止发动机大负荷工作时因燃气的流量大、需要吸收的热量多、供热不及时而导致减压器结霜或结冰。

5）热交换器。热交换器如图8-9所示。其作用是提高减压后的燃气温度，通过热水管将发动机冷却液引入内部水腔，利用发动机的冷却液对燃气进一步加热，防止进入燃气计量阀前的燃气结晶。

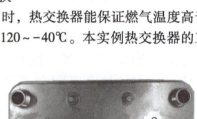

图8-8　高压减压器

1—减压器泄压口　2—减压器出气口
3—平衡管接头　4—减压器出水口
5—减压器出水口　6—高压电磁阀
7—减压器进气口

热交换器采用叉流结构，以避免因燃气过冷和冷却液过热时导致的热冲击。在冷却液温度高于0℃时，热交换器能保证燃气温度始终高于−40℃，在冷却液温高于82℃时，热交换器能保证燃气温度高于0℃。燃气入口温度为−120~−115℃，燃气出口温度为−120~−40℃。本实例热交换器的工作压力：燃气为9MPa；冷却液为0.4MPa。

6）节温器。当出口燃气的温度大于60℃时，会因燃气的密度降低而导致燃气的质量流量减少。节温器（见图8-10）的作用是保持出口燃气温度在0~40℃。节温器实际上是一个由燃气温度控制的温控开关。当燃气温度超过40℃时，温控开关30s内关闭，使冷却液停止通过；当燃气温度低于10℃时，节温器在30s内开启，使冷却液恢复流通。

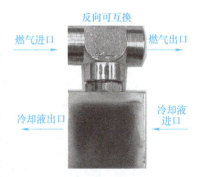

图8-9　热交换器

冷却液进口处有"IN"标记，出口处有"OUT"标记，不能接反。本实例节温器的工作压力：燃气为1MPa；冷却液为0.35MPa。

7）燃气计量阀。燃气计量阀（见图8-11）的作用是，发动机ECU根据发动机运行工况输出占空比控制脉冲，通过控制燃气计量阀内喷嘴间歇的喷射时间，实现燃气喷射量的控制，以确保发动机在设定的空燃比情况下运行。

不同型号的发动机，其燃气计量阀内喷嘴的数量也不同，喷嘴的数量有8、10、12三种配置。喷嘴分成两组平行布置，每个喷嘴均采用独立喷射方式，由各自的驱动器驱动。在正常喷射模式下，喷嘴依次轮流喷射，在某些变工况下，喷嘴同时喷射以加快系统反应速度。喷嘴的工作电压为16~32V，峰值电流为4A，维持电流约为1A左右。

反向可互换
燃气进口　　　　燃气出口

冷却液出口　　　　冷却液进口

图8-10　节温器

注：冷却液进出口有方向要求。

在燃气计量阀处，还安装了燃气压力传感器（NGP）和燃气温度传感器（NGT）。NGP测量燃气压力，将反映燃气压力的电信号反馈给ECU；NGT测量燃气温度，将反映燃气温度的电信号反馈给ECU。

8）混合器。混合器（见图8-12）的作用是将天然气和中冷（自然吸气式发动机进气无中冷过程）后的空气充分混合，使燃烧更充分、柔和，有效降低 NO_x 排放和排气温度。混合器通常采用喉管和十字叉结构，天然气从小孔中进入混合器。

图 8-11　燃气计量阀

图 8-12　混合器

第三节　液化石油气汽车

一、液化石油气的特性

1. 液化石油气的成分

液化石油气（Liquefied Petroleum Gas，LPG）的主要成分是丙烷、丙烯、丁烷、丁烯以及少量不易液化的乙烯和少量不易汽化的戊烷，这些烃类化合物的闪点和自燃点均较低，极易燃烧。液化石油气的来源是石油开采过程中的石油气和炼油厂加工过程中的副产物。

车用液化石油气的主要成分是丙烷和丁烷。与民用液化石油气相比，车用液压石油气的特点如下：

1）通过蒸气压来限制不易液化的轻烃（如乙烯）的含量，以保证车用液化石油气有正常的液化性能。

2）通过限制戊烷及以上组分的含量，以保证车用液化石油气具有良好的燃烧性能。

3）通过限制烯烃含量，减少燃烧积炭的生成。

与民用液化石油气一样，车用液化石油气同样对腐蚀和硫的含量进行了相应的规定，但车用液化石油气对总的硫含量限制更严，并且要求不得含有硫化氢。

2. 液化石油气的理化特性

（1）一般特性　液化石油气无色、无味、没有毒性，但过量吸入，会对人体中枢神经系统产生麻痹作用。和天然气一样，为确保安全使用，要求液化石油气具有特殊臭味，通常是在液化石油气中加入用硫醇、硫醚等硫化物配制的加臭剂。液化石油气有了特殊臭味后，一旦发生泄漏，就容易被觉察到。

（2）密度　在15℃时，液态液化石油气的密度约为0.55kg/L，汽油的密度是0.66～0.75kg/L。15℃时丙烷、丁烷的密度分别为1.458kg/L和2.07kg/L，均大于空气密度。因此，当液化石油气发生泄漏时，泄漏出来的液化石油气将会挥发成气态，在地表附近积聚，并缓慢扩散。

（3）沸点　丙烷和丁烷的沸点分别为-42.7℃和-0.5℃，因此丙烷和丁烷以气态存在。液化石油气有较好的挥发性，更容易与空气混合。将液化石油气冷却至沸点以下时，液化石油气成液态，可储存在隔热的容器内，使储存和运输更经济、方便。

（4）汽化潜热　液体燃料通过汽化变成气体时，会从周围吸收热量。液体燃料汽化时吸收的热量称为汽化潜热。液化石油气在汽化时如果外部没有热传入，汽化潜热就来自液化石油气自身，这相当于液化石油气的热量散失，会使其温度下降，严重时将使液化石油气凝固，导致蒸发器冻结。因此，需要从外部引入热量，以避免液化石油气因温度过低而冻结。

（5）蒸气压力　一定量的液化石油气注入密闭容器时，就会有一部分液体汽化成气体，同时，气态的液化石油气也会有少部分液化转为液体。随着气态液化石油气增加，压力上升，液体汽化逐渐减少，而气体液化逐渐增加，最终使汽化和液化达到动态平衡，容器内的压力也稳定在某个值。此相对稳定的压力即为蒸气压力。蒸气压力会随温度的变化而改变，温度升高时，蒸气压力会相应增大。汽油在20℃时的蒸气压力几乎为0，丙烷和丁烷的蒸气压力分别为$8.0kg/cm^2$和$2.0kg/cm^2$。

（6）自燃温度　丙烷和丁烷的自燃温度分别为470℃和365℃，都比汽油高（汽油的自燃温度为220℃）。

（7）热值　丙烷和丁烷的热值分别为45.77MJ/kg和46.39MJ/kg，汽油的热值为43.90MJ/kg。按容积计算，丙烷和丁烷的热值分别为27.00MJ/L和27.55MJ/L，汽油的热值为32.005MJ/L。可见，单位质量液化石油气的热值高于汽油，而单位容积液化石油气的热值只是汽油的80%~90%。

（8）点火极限　按照燃料在空气中的容积比，汽油的点火极限上、下限分别为1.3%和7.6%，丙烷的点火极限上、下限分别为2.2%和9.5%，丁烷的点火极限上、下限分别为1.9%和8.5%。点火极限上、下限之间的浓度范围为燃料的燃烧范围。液化石油气的燃烧范围比汽油宽，可在较大的范围内改变混合比。可采用稀薄燃烧技术，用以提高发动机的经济性，并减少排放污染。

（9）理论空燃比　丙烷和丁烷的理论空燃比分别为15.65和15.43，而汽油的理论空燃比为14.7。可见，使相同质量的燃料完全燃烧，液化石油气需要的空气比汽油稍多一些。

（10）辛烷值　液化石油气的辛烷值高于汽油，因而液化石油气可适应压缩比更高的发动机。

（11）受热膨胀量　温度升高时，液化石油气单位温度下的体积膨胀量较大，是水的15~20倍，约为铁金属的100倍。

（12）气/液容积比　15℃时，丙烷、丁烷的气液容积比（单位重量的丙烷、丁烷的气态容积和液态容积的比）分别为273和236。当液态的液化石油气有泄漏时，其体积会迅速膨胀，并汽化成气体。

（13）腐蚀性　液化石油气对天然橡胶、油漆等有腐蚀性，因此，液化石油气的储存、输送、减压等设备中的膜片、密封件、软管等必须采用耐腐蚀的橡胶。

二、液化石油气汽车的类型与特点

与传统的车用燃料（汽油和柴油）相比，液化石油气具有优良的理化特性，是公认的清洁燃料。液化石油气汽车在从最初主要考虑替代能源的第一代技术，到目前可与最先进的燃油喷射技术相媲美、可与定点生产配套、适应车载自诊断系统、具有独立控制策略和燃料成分自适应功能的第四代技术，液化石油气汽车的相关技术伴随着传统汽车技术的发展、排放标准的日益严格而得到了快速的发展。

1. 液化石油气汽车的类型

液化石油气汽车按使用的燃料和匹配的发动机不同分，有以下几种类型：

（1）液化石油气单燃料发动机汽车 发动机的燃料供给系统专为燃用液化石油气燃料设计，其结构可确保燃料的有效利用。

（2）两用燃料（汽油和液化石油气）汽车 当前大多数液化石油气汽车为两用燃料车，且已经商品化。两用燃料液化石油气汽车设有两套燃料供给系统，利用选择开关实现从一种燃料到另一种燃料的转换，但两种燃料不允许同时混用。两用燃料（汽油和液化石油气）汽车主要有以下几种：

1）化油器式发动机汽车改装的两用燃料发动机汽车。由于化油器式发动机已经被淘汰，因而在现阶段，这种类型的液化石油气汽车已经很难见到了。

2）电控燃油喷射系统的车辆改装为开环两用燃料的液化石油气汽车。

3）电控燃油喷射系统的车辆改装为闭环两用燃料的液化石油气汽车，这种液化石油气汽车是目前最常见的。

（3）液化石油气-柴油双燃料汽车 液化石油气-柴油双燃料发动机通常的形式是：以喷入的少量柴油作为点燃液化石油气与空气混合气的引燃燃料，而把液化石油气作为主要燃料。

2. 液化石油气汽车的特点

（1）液化石油气汽车的优点

1）抗爆性能好。液化石油气的辛烷值约为110，比汽油高（汽油的辛烷值为90~98），即液化石油气抗爆性能要优于汽油。因此，燃用液化石油气的专用发动机的压缩比可提高。高压缩比可大幅提高液化石油气汽车发动机的热效率。

2）对环境污染小。液化石油气中氢的含量大，硫、氮等杂质少，不含芳香烃，在使用时为气相，与空气混合均匀，因而燃烧完全、热值高，CO、HC 和微粒的排放极低；CO_2 的排放也因含碳少而大幅降低，有助于减少温室效应。除此之外，液化石油气发动机的燃烧温度低，NO_x 生成少，进一步降低了发动机废气排放对环境的污染。

3）延长发动机使用寿命。汽油机工作时，因汽油不能完全汽化而形成液膜，液膜稀释、冲刷了运动部件的润滑油，使得运动部件润滑条件变差，加速了运动部件的磨损。液膜顺缸壁而下进入曲轴箱时，还会稀释润滑油，导致润滑油黏度下降，润滑性能变差，这又加剧了发动机中相对运动部件的磨损。

液化石油气的主要成分是丙烷、丁烷等低沸点化合物，与空气混合质量好，燃烧完全、无积炭。由于其呈气态，不会出现汽油发动机工作时因形成液膜而带来的一系列危害，从而延长了发动机的使用寿命及润滑油的使用寿命。同时，液化石油气具有较高的抗爆性，可使汽车运转更加平稳，进一步延长了发动机的使用寿命。

4）低温起动性好。液化石油气的主要成分丙烷的沸点为-42℃，试验证明，在环境温度为-30℃时液化石油气汽车无须采取特别措施仍可顺利起动。

5）使用方便，续驶里程长。液化石油气易于液化，在常温条件下约 1.6MPa 的压力就可使液化石油气从气态变成液态。因此，液化石油气可用中压气罐以液态储存，储存较为方便。由于属中压储存，液化石油气钢瓶壁厚不大，自重较轻，加上液化石油气热值高、密度大，故而液化石油气汽车续驶里程较长。

6）经济性好。液化石油气的热值比汽油高约4%~5%，加上液化石油气燃烧完全，因而液化石油气比汽油燃料消耗少，具有较好的经济性。

7）缓解我国汽车燃料（汽油和柴油）短缺的供需矛盾。将石化生产过程中的副产品液化石油气精制后作为车用液化石油气，既缓解了汽油供应紧张的问题，又满足了环境保护的需要。

8）降低燃料使用费。液化石油气的价格比汽油低，其作为汽车燃料取代汽油可降低汽车燃料消耗费用。

9）提高发动机的动力性。由于液化石油气的许多指标与汽油相近，有的还超过了汽油，特别是液化石油气的辛烷值高于汽油，其自燃温度较高，以液化石油气作燃料的发动机可以采用较高的压缩比而不易引起爆震，因此提高了发动机的动力性。

（2）液化石油气汽车的缺点

1）功率有所下降。由于液化石油气与空气的混合气的热值较汽油低且充气量系数小，使用液化石油气时，若不改变发动机的结构参数，发动机的功率要下降10%。

2）点火所需能量略大。液化石油气比汽油着火温度高，因此需要较高的点火能量。

3）在严寒区使用受限。由于丁烷在0℃时就不能转变成气态，而液化石油气只能在气态状态下才能使用，所以在极度寒冷天气下，由于发动机的起动受到液化石油气中丁烷含量的限制，往往会造成液化石油气汽车不能使用。

4）减少了行李舱空间。尽管液化石油气汽车的储气瓶较压缩天然气汽车的储气瓶质量和体积更小，但对液化石油气-汽油两用燃料汽车来说，液化石油气储气瓶还是会占据一些本来可以作为行李舱等用途的一些有用空间，同时增加了布置上的难度。液化石油气储气瓶也会使汽车的有效载重质量减少，这些问题在轿车上显得更为突出。

三、液化石油气汽车燃料供给系统的组成与工作原理

1. 液化石油气汽车燃料供给系统的组成

液化石油气汽车燃料供给系统的组成如图8-13所示。

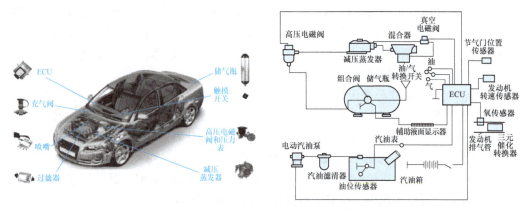

图8-13　液化石油气汽车燃料供给系统的组成

液化石油气汽车燃料供给系统主要由液化石油气供给系统和电子控制系统两部分组成。

（1）液化石油气供给系统　液化石油气供给系统主要由储气瓶、充气阀、高压电磁阀、减压蒸发器、油气转换开关、混合器、喷嘴等组成，用于液化石油气的随车储存与充装。在发动机工作时，其将储气瓶中的液化石油气输送到喷嘴，通过喷嘴喷射的方式向发动机输送燃料。

（2）电子控制系统　电子控制系统由相应的传感器、控制器和执行器组成，其作用是根据发动机的工况与状态，通过执行器实现液化石油气的定时定量控制。

2. 液化石油气汽车燃料供给系统的工作原理

储气瓶储存的是液态液化石油气，当发动机运行选用液化石油气系统提供燃料时，储气瓶和供液管截止阀打开，储气瓶中的液化石油气靠自身的蒸气压力被压出储气瓶，经减压蒸发器调压及计量后，以气态输送到混合器，与进入的空气混合形成可燃混合气并被吸入气缸，由火花塞点火燃烧。

（1）液化石油气加注过程　液化石油气充装口设在储气瓶的上方，将加气站的加气枪和液化石油气充气阀连接，打开加气枪加气开关，液化石油气经加气枪、充气阀、加气管路、组合阀充入液化石油气钢瓶。充液时不能充满，因而当钢瓶内的液化石油气液面达到钢瓶容积80%的位置时，组合阀上的限充装置会自动切断液化石油气进气通道，加气枪加气开关自动跳开，液化石油气充注完成。

（2）液化石油气供气过程　将油/气转换开关置于"气"位置，起动发动机，当发动机转速超过转换界限时，液化石油气截止阀立刻打开，与此同时，ECU 控制汽油供给系统处于停止工作状态。液化石油气经高压电磁阀进入蒸发减压器，液化石油气在蒸发减压器中汽化减压后进入混合器，在混合器中与来自空气滤清器的空气混合后进入气缸。

（3）液化石油气供气闭环控制过程　安装于排气管的氧传感器将反映废气中氧含量（混合气浓度）的电信号输送给 ECU，ECU 根据氧传感器和发动机转速传感器的信号和设定的控制策略输出占空比控制信号，控制真空电磁阀动作，调节减压蒸发器膜片室的压力，以控制减压蒸发器的出口压力及供气量，从而实现液化石油气供气的闭环控制，将进入发动机气缸的混合气浓度控制在理论空燃比附近。

（4）汽油供给过程　将油/气转换开关置于"油"位置，ECU 使汽油供给系统通电工作，液化石油气电磁截止阀处于关闭状态，汽油供给系统正常工作，此时发动机的工作状态如同电喷汽油发动机。

3. 液化石油气汽车燃料供给系统的主要部件

（1）储气瓶　储气瓶是一种高压容器，额定压力为 2.2MPa。轿车的储气瓶安装在行李舱内，如图 8-14 所示。储气瓶除了瓶体外，还装有防护盒、支架和组合阀。

充注液化石油气后的储气瓶上面是饱和蒸气，储气瓶中充注的液化石油气不能超过储气瓶容量的80%，否则，容纳液化石油气蒸气的容积过小会使储气瓶内部的压力过高，容易引发安全事故。为此，在燃料加注阀上设有过量安全装置，当加注液化石油气达到规定的液面高度时，安全装置自动关闭，避免液化石油气加注过量。

液体输出阀具有自动限流作用，当输出流量超过规定值（或压差超过50kPa）时，输出阀会自动关闭。

组合阀由进气口单向阀、自动限充阀、出气口手动阀、限流阀、安全释放阀（限压阀）、气量表及电子显示器接头等组成，有的组合阀上还装有电磁控制阀。

（2）高压电磁阀　高压电磁阀如图8-15所示。它的开闭由发动机ECU控制，在发动机转速超过200r/min时才打开。从储气瓶出来的液化石油气首先到达高压储气瓶下部的滤清器，在此过滤后流入减压蒸发器。滤清器内部是一个纸质的滤芯，需要定期清洗，使用满一定的周期后要进行更换。

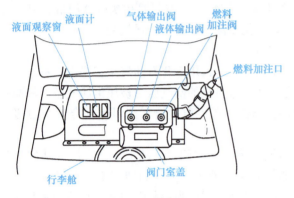

图8-14　储气瓶

图8-15　高压电磁阀

（3）减压蒸发器　减压蒸发器（见图8-16）又称蒸发调压器，通常具有预热、汽化和调压功能。减压蒸发器用发动机冷却液加热液化石油气，使其汽化并经减压后（接近大气压）供给发动机。减压蒸发器的具体功能如下：

1）将送入的高压燃气的压力调整至工作压力。

2）利用发动机冷却液提供汽化潜热，将液态液化石油气转化为气态。

3）在发动机ECU控制信号的作用下动作，调节供气量，使之与发动机的工况与状态相匹配。

4）在紧急状态或发动机熄火时，自动切断燃气供应。

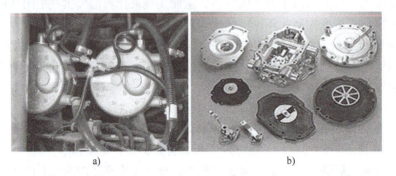

图8-16　减压蒸发器的安装位置与内部零件

a）安装位置　b）内部零件

减压蒸发器内部可分为初级气室和次级气室两部分，其结构原理如图8-17所示。发动机工作时，来自高压电磁阀的液化石油气经主控制阀、初级气室、次级气室后，送入混合器。

1）初级气室的工作原理。初级气室的功能是使燃气减压并汽化，且保持其压力稳定。初级气室的工作原理如图8-18所示。

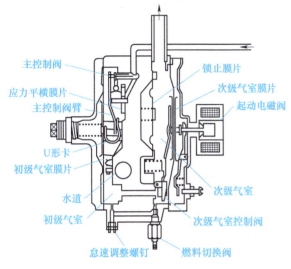

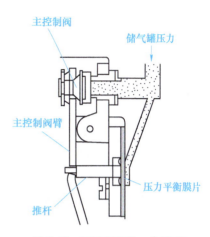

图 8-17 减压蒸发器的结构原理

图 8-18 初级气室的工作原理

来自高压电磁阀的高压液化石油气经主控制阀减压并汽化后，进入初级气室，使初级气室的压力升高，当初级气室的压力上升至高于设定的平衡压力时，就会推动压力平衡膜片右移，并带动推杆和主控制阀臂动作，将主控制阀关闭。主控制阀关闭后，初级气室的压力随之下降，压力平衡膜片又会左移，通过推杆和主控制阀臂又将主控制阀打开，液化石油气又经主控制阀进入初级气室，其压力又升高。如此循环，使输送到初级气室的液化石油气压力基本保持稳定。

此外，在初级气室一侧设有与发动机冷却液相通的水道，液化石油气通过吸收冷却液的热量可使保持一定的温度。

2）次级气室的工作原理。次级气室的作用是计量和调节燃气供给量，并在发动机停止运转时自动切断燃气供给。次级气室的工作原理如图 8-19 所示。

从初级气室来的气态液化石油气经次级气室控制阀进入次级气室，而次级气室控制阀的开闭受锁止膜片控制，锁止膜片的左侧则与进气管相通。

当发动机停止运转时，锁止膜片在其弹簧的作用下，向左移动至极限位置，带动控制阀臂使次级气室控制阀完全关闭，中断了燃气的供给通道，从而实现了紧急情况或发动机熄火时自动切断燃气供给的控制功能。

发动机工作时，进气管的真空吸力将锁止膜片吸向左侧，锁止膜片左移时使次级气室控制阀打开，燃气进入次级气室并输送至混合

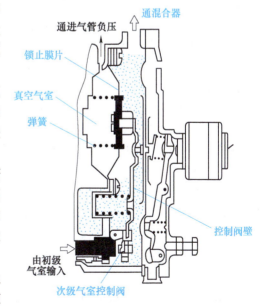

图 8-19 次级气室的工作原理

器。当发动机的工况变化而使进气管的真空度变化时，锁止膜片的位置也会随之改变，从而改变了次级气室控制阀的开度，实现了燃气的供给量随发动机的工况变化而改变的自动调节功能。

（4）混合器　混合器的作用是将从减压蒸发器输送来的气态燃气与空气混合，并送入气缸。一些车型的混合器还具有空气-液化石油气混合比调节和混合气量调节功能，这些混合器上还相应地匹配了功率阀、调节阀等组件。

混合器大致可分为化油器式混合器、管式混合器、比例调节式混合器等。不同的车型选用不同的混合器。

1）化油器式混合器如图 8-20 所示。

来自减压蒸发器的气态液化石油气沿图 8-20 中箭头所示的路径进入混合器，并从主喷嘴喷出，与流经的空气混合，形成可燃混合气，并经节气门进入气缸。

在减压蒸发器内，由于主控制阀和次级气室控制阀的节流作用，使次级气室内的燃气压力等于或小于大气压力，这保证了混合器主供给装置的燃气供给量随节气门开度变化而改变。当节气门开度增大时，发动机的进气量

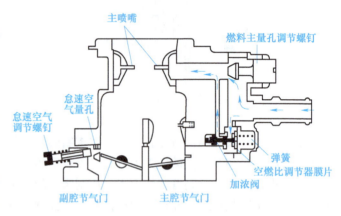

图 8-20　化油器式混合器

增加，使主喷嘴处的真空度增大，从主喷嘴喷出的燃气量也随之增加。

怠速空气调节螺钉用于调节发动机怠速时的空燃比，与节气门开度调节螺钉配合，可调节发动机的怠速。燃料主量孔调节螺钉用于调节主供给装置的燃气供给量。

2）管式混合器。图 8-21 所示为文丘里管式混合器的结构。

混合器进口处的气流经过文丘里管后流速加快，在文丘里管出口后侧形成真空，致使另一股气流通过文丘里管管壁上开的小孔被吸到文丘里管内，从而实现两股气流混合。

混气的浓度（燃气供给量）由燃气通道中的蝶阀调整，进入气缸的混合气量则由进气管道中的蝶阀进行控制。减压蒸发器与文丘里管式混合器配合使用时，其静态输出压力调节为负压状态，发动机熄火时，减压蒸发器能起到自动切断气源的作用。

用文丘里管结构原理设计的混合器结构简单、成本低，应用较为普遍。

3）比例调节式混合器。比例调节式混合器如图 8-22 所示。

与比例调节式混合器配合使用的减压蒸发器的静态输出压力为 $0.3 \sim 1 \mathrm{kPa}$。当发动机起动后，进气歧管真空度大于 $0.2 \mathrm{kPa}$ 时，膜片组上部气室的压力变为小于 $-0.2 \mathrm{kPa}$，在大气压力的作用下，膜片组、喷嘴及阀芯同时被推向上方，调节弹簧被压缩。阀芯上行时，液化石油气通道开启，而膜片组的上行增大了空气通道截面积，使空气和液化石油气在混合器下气室相遇形成可燃混合气。

液化石油气和空气的通道面积、进气量都随发动机进气行程真空吸力的变化而相应地变化。当发动机熄火时，膜片组、喷嘴及阀芯在调节弹簧的推力作用下回到静止状态，此时阀

芯关闭了液化石油气通道，切断了液化石油气的供给。

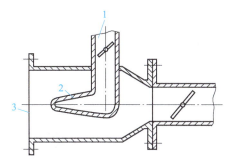

图 8-21　文丘里管式混合器的结构

1—燃气通道　2—喷孔　3—空气入口

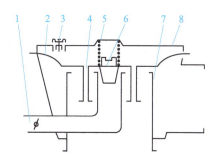

图 8-22　比例调节式混合器

1—进气调节阀　2—膜片组　3—回火防爆皮碗
4—喷嘴　5—调节弹簧　6—阀芯及急速调节螺栓
7—混合器壳　8—混合器上盖

第四节　氢内燃机汽车

氢内燃机汽车（Hydrogen Internal Combustion Engine Vehicle，HICEV）和燃料电池电动汽车一样，都是以氢气为燃料的汽车，但与燃料电池电动汽车不同的是，氢内燃机汽车通过氢气的燃烧来获得动力。氢内燃机汽车氢能转化为机械能的方式如图 8-23 所示。

一、氢气的特点

氢气在通常情况下也是一种无色、无味、无毒的气体。相比于汽油和柴油等燃料，氢燃料有自己的特点。

1. 氢燃料的优点

（1）氢的资源丰富　氢气可采用多种方式获取，例如可从天然气中提取，也可用再生物质制取，还可通过电解水获得。

图 8-23　氢内燃机汽车氢能转化为机械能的方式

（2）排污小　氢气与石化燃料不同，它不含碳，燃烧之后生成的是水和少量的一氧化氮，无 CO 和 HC，也不会产生造成温室效应的二氧化碳，是一种清洁能源。

（3）燃烧的热值高　氢气的燃烧热值高于所有化石燃料和生物质燃料。

（4）热效率高　其理论循环接近奥托循环，在相同的测试条件下，氢燃料发动机的热效率比汽油机高 15%～50%。

（5）燃烧稳定、充分　氢在空气中的可燃比非常高，达 4%～75%（体积比），而汽油是 1%～7.6%，甲烷是 5.3%～15%，这一特性在氢的燃烧中起了很好的作用。氢的燃烧传播速度也很快。因此，氢燃料发动机的燃烧稳定、充分，排污非常少。

（6）辛烷值高　氢的辛烷值高达 130，因而其自燃点高，抗爆能力强，氢燃料发动机可采用高压缩比，可显著提高发动机的效率。

（7）点火能量低　氢可燃混合气所需的点火能量不到汽油最低点火能量的1/10，并且火焰传播特性好，可在过量空气系数较大的范围内稳定燃烧。

（8）沸点低　氢的沸点低，约为−253℃，在低温下可充分汽化，故冷起动性能好。

（9）稀燃能力强　氢燃料发动机可在稀混合气下稳定工作，具有很高的热效率。

2. 氢燃料的不足

（1）存储较为困难　氢是最轻的元素，易泄漏，从高压储气罐中泄漏时，泄漏速度会达到声速，是天然气的3倍。因此，氢气在远程运输时容易产生较大的损耗。

（2）制取成本高　氢虽然获取的途径较多，但制取的成本较高，与传统的汽车燃料相比，成本至少高出20%。

（3）易燃　氢-空气混合气的燃烧范围是4%~75%（体积比），着火能仅为0.02MJ。这一特点的负面影响是低点火能量易引起进气管回火和缸内早燃，经活塞环渗漏到曲轴箱的氢气易产生爆炸。

（4）氢脆　锰钢、镍钢以及其他高强度钢容易发生氢脆。这些钢长期暴露在氢气中，尤其在高温高压下，其强度会大幅度降低，最终导致失效。

二、氢内燃机汽车发动机的类型

氢内燃机汽车示例如图8-24所示。氢内燃机汽车的发动机属于点燃式，有不同的结构。

1. 按照发动机混合气形成的方式不同分类

按照发动机混合气形成的方式不同，氢内燃机汽车发动机可分为外部混合式、内部混合式和内外结合式三种类型。

（1）外部混合式发动机　又称缸外喷射式发动机。氢气被氢气喷射器喷射在进气通道中，与进入的空气混合形成可燃混合气后再进入气缸。

由于氢-空气混合气的燃烧范围宽、着火能

图8-24　氢内燃机汽车

低，这种缸外氢气喷射的混合气形成方式所面临的问题是进气管回火和早燃，必须采取相应的措施才能确保发动机正常工作。

（2）内部混合式发动机　又称缸内喷射式发动机。氢气被氢气喷射器直接喷射在气缸内部，与已经进入气缸的空气混合，形成可燃混合气。

由于缸内喷射所需的压力高，氢气又比汽油更容易泄漏，因而缸内喷射方式对氢气喷射器密封性有更严格的要求。

（3）内外结合式发动机　采用缸内喷射与进气管喷射相结合的方式喷氢，即少量的氢和少量的空气在进气管混合后进入气缸，其余大部分氢气在压缩终了时被喷射在气缸内。这种混合气形成方式可有效改善发动机的着火性能，降低NO_x的排放。

2. 按照燃料的组成与工作方式分类

按照燃料的组成与工作方式分类，氢内燃机汽车发动机可分为纯氢汽车用发动机、氢-汽油两用燃料汽车用发动机和氢-柴油两用燃料汽车用发动机三种类型。

1）纯氢汽车用发动机。氢是汽车发动机的唯一燃料，此类发动机通常需要根据氢的物理化学特性进行专门的设计。

2）氢-汽油两用燃料汽车用发动机。此类发动机通常在原汽油发动机的基础上，通过增设氢气供给系统改造而成。

3）氢-柴油两用燃料汽车用发动机。此类发动机通常在原柴油发动机的基础上增设一套氢气供给系统改造而成。

三、氢内燃机汽车的组成与工作原理

氢内燃机汽车的组成与传统燃油汽车的主要区别就是用氢气供给系统替代了燃油供给系统，发动机做了一些改造或进行了全新设计。

1. 氢内燃机汽车氢气供给系统的组成

氢内燃机汽车的氢气供给系统主要由储氢罐、过滤器、高压电磁阀、减压阀、压力表、氢气流量计量装置、氢气喷射器等组成，如图 8-25 所示。

2. 氢内燃机汽车的基本工作原理

工作时，高压电磁阀打开，从储氢罐出来的氢气经过滤器过滤后，通过高压电磁阀到减压阀，经减压阀减压后进入氢气喷射器。ECU 根据相关传感器的信号和设定的控制程序进行分析处理后，输出控制信号，控制氢气喷射器定时定量地将气态的氢气喷入进气管或气缸内，与进入的空气混合形成可燃混合气。同时，ECU 根据相关传感器的信号和设定的控制程

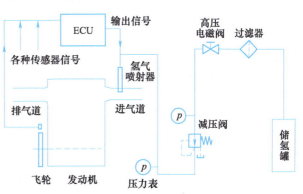

图 8-25　氢内燃机汽车氢气供给系统的组成

序，输出控制信号，通过控制点火线圈使火花塞适时地点燃混合气，混合气燃烧产生推力，通过曲柄连杆机构将推力转变为曲轴的旋转运动，向外输出动力。

3. 发动机的改造

图 8-26 所示为氢燃料发动机示例。由于氢的性能特点与汽油和柴油有较大的差别，为了能使发动机能正常工作，并发挥出氢燃料的优势，通常采取诸多措施。

（1）氢气供给系统　氢气供给系统采取的措施有：

1）改进氢气喷射器的密封圈及其体积大小，提高氢气喷射器偶件的精度，以解决氢气密度低、黏度小不容易密封的问题。

2）氢气喷射器采用更高的喷射压力，以提高其动态响应性能。

（2）增压系统　气态氢的能量体积密度小，因而采用高效增压系统匹配稀薄燃烧技术，以提高氢燃料发动机的功率和效率。

图 8-26　氢燃料发动机示例

（3）发动机本体零部件　采取的措施有：

1）对活塞、活塞环、连杆等部件进行强化，对气缸盖、气缸体等部件的散热性能进行

优化，以适应氢燃料发动机缸内燃烧的高温和高压。

2）气门与气门座采用特殊硬化的材料，以弥补氢相对于汽油或柴油在润滑性能方面的不足。

（4）点火系统　点火系统采取的措施有：

1）采用热值偏高（冷型）火花塞，以抑制早燃。

2）采用双火花塞点火，以适应稀薄燃烧。

3）火花塞采用铱金材料，以提高其使用寿命。

4）采用独立式点火方式，且将各点火线圈与火花塞组成一体。

（5）发动机材料　氢燃料发动机的缸体及其他一些金属部件的材料选用奥氏体不锈钢、无氧铜或铜合金、铝或铝合金等，以避免材料选用不当，导致在发动机工作中相关部件因强度下降而失效。

第五节　其他代用燃料汽车

其他代用燃料还有醇类（甲醇、乙醇）、二甲醚、生物柴油等，人们寻求这些燃料来替代传统燃油汽车的汽油或柴油，其主要的目的是降低汽车的排放，缓解石油资源短缺的问题。

一、甲醇燃料汽车

1. 甲醇的特性

甲醇最早是用木材通过干馏法制得的，故甲醇也被称为"木醇"或"木精"。自然游离状态的甲醇非常少，故这种方法既浪费木材，产品又含有丙酮等杂质，并且很难除去。因此，现在的甲醇通常由一氧化碳与氢气反应制得。

甲醇是结构极为简单的饱和一元醇，分子量为32.04，沸点为64.7℃，是无色有酒精气味且易挥发的液体，可溶于水、醇、醚等多种有机溶剂，遇热、明火或气化剂易燃烧。汽油、甲醇、乙醇理化特性的对比见表8-3。

表8-3　汽油、甲醇、乙醇理化特性的对比

项目	汽油	甲醇	乙醇
分子式	$C_4 \sim C_{12}$烃	CH_3OH	C_2H_5OH
密度（20℃时）/（g/cm³）	0.69～0.80	0.7912	0.789
气味	汽油气味	轻微酒精气味，有毒	酒精气味
热值/（kJ/kg）	44390	20100	27370
闪点/℃	-43	11.1	12.8
含氧量（W%）	0	50	35
汽化潜热/（kJ/kg）	349	1101	913
辛烷值（RON/MON）	80～97/70～80	122/93	121/97
自燃点/℃	495	464	423
着火极限（V%）	1.4～7.6	6.7～36.0	4.3～19.0

甲醇的理化特性表明，它可在内燃机中燃烧或掺烧（甲醇与汽油掺混成混合气燃烧），并可获得较好的性能。甲醇的辛烷值较高，有一定的挥发性，又较易和汽油混溶，比较适合用作汽油机的燃料。甲醇的十六烷值低，不易在柴油机中燃烧，但由于柴油的热效率高，因而通过运用现代技术也可在柴油机中掺烧甲醇。

2. 甲醇燃料占比对汽车性能的影响

以掺混的甲醇汽油或纯甲醇为燃料的汽车称为甲醇燃料汽车。燃料中的甲醇掺比是容积比，以"M"表示。如果甲醇占比15%，可用M15表示；如果是100%的纯甲醇燃料，则以M100表示。

为了使甲醇用作发动机燃料时能有良好的效果，要根据不同的掺烧方式来调整燃料的性质、改进发动机的结构，并设计良好的掺烧及控制装置。

此外，还要对燃料本身进行调整，以改善燃料的性能。例如：调整汽油的组分或加入添加剂，以改善发动机的起动性能和避免工作中产生气阻；在甲醇燃料中加入着火改善剂，以改善其在柴油机中的着火性能。

甲醇燃料汽车根据甲醇掺混的比例不同，可分为低中比例甲醇燃料汽车和全甲醇燃料汽车两大类。

（1）低中比例甲醇燃料汽车 低中比例甲醇燃料汽车是指甲醇掺混比例不大于50%的甲醇燃料汽车，通常有M3、M5、M10、M15、M30、M40、M50几种掺混比例。使用低中比例掺混甲醇的燃料时，不需要改变发动机的结构，但甲醇的特性与汽油不相适应，需要改变甲醇的特性，使之成为燃料甲醇，这样才能与汽油搭配形成适用的燃料。

（2）全甲醇燃料汽车 全甲醇燃料汽车是指使用甲醇M85、M100类型甲醇燃料的汽车。全甲醇燃料汽车需要对发动机进行重新设计制造，以适应甲醇燃料的性能特点，使发动机能发挥出最佳的效能。

不同掺混比例的甲醇汽油对汽车性能的影响各不相同，具体的特性对比见表8-4。

表8-4 不同掺混比例的甲醇燃料的特性对比

特性	低比例掺混	中比例掺混	高比例掺混	全甲醇
	M3、M5、M10、M15	M30、M40、M50	M85	M100
燃油经济性	一般	中	良	优
适应性材料	良	差	良	优
低温起动性	良	中	差	差
低温排放	良	差	差	优

3. 甲醇燃料汽车的优点

相比于传统的汽油车，甲醇燃料汽车具有排放低、发动机热效率高的优势。

（1）甲醇燃料汽车降低了汽车排放 由于甲醇是含氧燃料，并且碳的质量分数比汽油小，在燃烧过程中有自供氧效应，因而在内燃机中燃烧较为均匀，减少了局部缺氧的概率，CO、HC和炭粒产生较少，汽车的排放较低。

（2）甲醇燃料汽车的热效率高 甲醇燃料汽车的热效率高，是基于如下几种原因：

1）由于甲醇的辛烷值比汽油高，因而可以通过提高压缩比的方式来提高发动机的热效率。

2）由于甲醇燃料的燃烧速度和火焰的传播速度比汽油快，所以燃烧的定容性好，燃烧持续的时间短，后燃期时间短，这也有助于提高发动机的热效率。

3）甲醇的汽化潜热比汽油高2倍多，甲醇在进入气缸汽化过程中，能通过管壁及气缸壁吸收更多的热量，这样既利用了更多的废热和余热提高了自身的能量，又降低了气缸、气缸盖及燃烧室的温度，减少了外传的热量损失，从而提高了发动机的热效率。

4）甲醇的着火燃烧浓度界限比汽油的相应范围要宽得多，因而比汽油更容易实现稀燃。稀燃是一种节能燃烧形式，有助于热效率的提高。而且，压缩比越高，负荷越大，越容易实现稀燃。

5）发动机以甲醇为燃料时，可将点火提前角和喷油提前角调整至最佳值，从而可使发动机获得更高的热效率和更大的功率。

4. 甲醇燃料汽车存在的问题及应对措施

甲醇一些固有特性也会给甲醇燃料汽车带来一些问题，常见的问题和相应的改进措施如下：

（1）腐蚀性问题　甲醇燃烧反应过程中产生的甲醛、甲酸、水蒸气及未燃的甲醇等对金属均有腐蚀性，因而在发动机工作时，会使燃烧室周围的机件受到腐蚀。会被腐蚀的机件包括各进排气门及气门座、气门导管、活塞及活塞环、缸套等。解决此问题的方法是：

1）在燃料中添加抗腐蚀添加剂。不过这种抗腐蚀添加剂对抗电化学腐蚀的作用有限，且添加剂的选择范围也很小，而且还不能使用含有硅、磷以及金属元素的添加剂。

2）改变发动机机件的材质和热处理，这也是有效解决腐蚀问题的方法。例如，将铁类合金气门改为镍类合金气门，在气门座烧结材料中添加硬质微粒并进行铅熔渗处理、活塞镀铬等。

此外，非金属材料（主要是橡胶）也会受到甲醇燃料的腐蚀作用，解决的办法是开发新型橡胶材料或对现有的胶种进行改进。例如，新型丁酯橡胶和氟橡胶经过改进后，基本上就可达到长期耐甲醇燃料的要求。

（2）溶胀性问题　甲醇是一种良好的极性溶剂，而汽油是一种良好的非极性溶剂，它们对发动机上的弹性胶体、密封件等有不同程度的溶胀作用。解决甲醇汽油溶胀性的方法是：

1）改用甲醇对其不具有腐蚀性的氟橡胶。

2）在甲醇汽油中添加溶胀抑制剂。例如用羧酸或酰酸与芳胺化合可制得溶胀抑制剂，添加少许就能很好地解决溶胀性问题。

（3）冷起动问题　甲醇的沸点高，汽化潜热是汽油的2倍多，甲醇在进入气缸的过程中需要吸收更多的热量才能完成汽化。发动机冷起动时，其温度本来就比正常工作时要低，此时甲醇的汽化吸热会使进气管内的温度更低，造成甲醇汽化困难。因此，在发动机冷起动时，由于进入气缸的混合气温度低，导致甲醇的汽化量少。由于混合气的温度低，浓度也达不到要求，故而难以着火。

甲醇掺混的比例不同，对发动机冷起动的影响程度也不同。甲醇掺混的比例越高，其冷起动性能就越差。解决高掺比甲醇汽油冷起动困难的方法是：

1）增加供油量。在冷起动时增加供油量，可由发动机ECU根据相关传感器和开关信号做出冷起动供油量修正控制，通过控制喷油器多喷油的方式来改善冷起动性能。

2）减少空气进入量。在冷起动时，通过减少空气进入量来提高混合气的浓度。

3）增设加热器。在进气通道的适当位置设置加热装置，在冷起动时，通过加热装置加热进气。

（4）非常规排放物问题　甲醇燃烧时会产生甲醛、甲酸等化合物，这些污染物要比汽油燃烧的排放量大。通过专用的催化器处理，可以使这些污染物得以净化。

（5）甲醇和汽油的互溶性问题　甲醇与汽油的互溶性差，尤其是在含有少量水分时，甲醇和汽油混合物的分层现象更加严重。对于低比例掺混甲醇汽油，可以用加入添加剂的方法予以解决。

（6）甲醇汽油的溶水性问题　甲醇与水可无限互溶，在甲醇汽油中，水分的存在会使甲醇与汽油的临界互溶温度升高而导致分层，甚至在某些情况下稳定均一的甲醇汽油从空气中吸收了水分后也会导致重新分层。

由此可见，甲醇汽油的溶水性问题的实质是甲醇与汽油互溶的稳定性。通过添加助溶剂可改善甲醇汽油互溶的稳定性。目前，用于甲醇汽油的助溶剂有醚类、高级醇及脂肪烃、低碳杂醇、芳香族化合物等，如 MTBE（甲基叔丁基醚）、异丁醇、叔丁醇等。

（7）甲醇汽油的高温气阻问题　甲醇汽油的高温气阻的原因及解决的方法如下：

1）气阻及其影响。气阻是指汽油机供油管路中的汽油在高温的影响下汽化而形成气泡，这些气泡占据了汽油的容积，使得供油量减少而使混合气浓度不能满足实际的需要。这如同供油管路阻塞，造成发动机供油不足而运转不良或熄火。

2）汽油机不易产生气阻的原因。汽油的沸程很宽（30~200℃），如果其馏程曲线合理，汽车的输油管路通风良好，或在输油管路与发动机缸体之间设置隔热板，避免发动机的热量通过热辐射传给汽油，那么供油管路中的汽油就不容易汽化而产生气阻了。

3）甲醇汽油气阻的原因。甲醇的沸程单一（64.8℃），甲醇汽油中如果甲醇的掺混比例较大，原汽油的馏程曲线就会严重偏离，导致其在供油管路中容易汽化而造成气阻。

4）甲醇汽油避免气阻的方法。在甲醇汽油中添加高沸点的组分，以调整其馏程曲线，确保甲醇汽油在供油管路中不易产生汽化。

5. 甲醇燃料汽车发动机的调整

甲醇燃料汽车发动机需要针对甲醇的理化特性对发动机进行适当的调整，调整的内容与方法如下：

（1）压缩比的调整　由于甲醇的辛烷值比汽油高，其抗爆性好，因而发动机的压缩比可以适当增大，以充分发挥甲醇抗爆性好的优势，提高发动机的热效率。甲醇汽油发动机的压缩比可以提高到12~14。在提高压缩比的同时，还要考虑燃烧室的形状、缸内气流的方向及强度、火花塞的位置配合能否实现最佳的燃烧过程。

（2）改善燃油分配均匀性及供油特性　在功率相等的情况下，甲醇的容积耗油量比汽油大一倍多，因此，甲醇燃料发动机要考虑其流量特性是否满足要求及材料的相容性，重新确定混合气的空燃比。

由于甲醇的汽化潜热高，在实际运转中很难完全汽化，混合气的均匀性问题须特别重视。对于单点喷射形式，各缸混合气分配不均的问题比汽油机更为突出。使各缸混合气分配均匀的措施是：

1）使各缸进气管的长度及阻力尽可能一致。

2）对混合气进行预热，使甲醇能完全汽化。甲醇汽油混合气的预热对提高发动机中、低负荷特性特别有效，发动机燃油的经济和排放特性会有明显改善。需要注意的是，如果预热温度过高则会使发动机的最大功率下降。

（3）混合气空燃比的调整　醇燃料混合气的可燃界限范围宽，甲醇燃料汽车发动机的压缩比通常也会有所提高，使缸内气流运动速度及压缩行程终了的缸内温度都有所提高，这些都是使用更稀混合气的有利条件。因此，汽油发动机改用甲醇燃料后，需要将混合气的空燃比调大，使发动机在混合气较稀的状态下工作，以发挥其节能的优势。

（4）火花塞及点火时间的选择　由于甲醇着火温度低，更容易产生炽热点火，火花塞绝缘体的温度必须低于汽油机火花塞。因此，甲醇燃料发动机应采用较冷型的火花塞。

虽然甲醇的着火界限宽，但由于其汽化潜热大，蒸气压力低，以及各缸混合气的均匀性较差，这些会使发动机在温度较低的状态下难以稳定着火。解决这个问题的措施有：

1）采用高能点火线圈以提高点火能量、延长点火时间。

2）采用多电极火花塞及电极局部侧面有屏障的特种火花塞。

6. 甲醇燃料汽车燃料供给系统的组成

甲醇燃料汽车燃料供给系统的组成部件及工作原理与汽油机相似。其组成如图 8-27 所示。

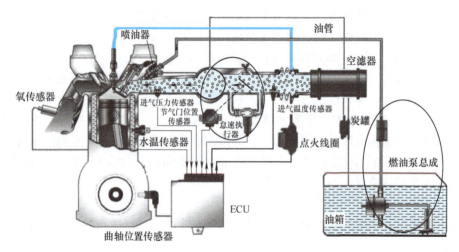

图 8-27　甲醇燃料汽车燃料供给系统的组成

甲醇燃料汽车燃料供给系统的部件与汽油机相比，有以下不同：

（1）油箱　甲醇燃料汽车的油箱采用与甲醇相容的材料制成，如不锈钢、钝化或阳极氧化处理的铝合金、氟化高密度聚乙烯、氟丁橡胶或其他与甲醇相容的合成橡胶、纤维加强塑料等。由于甲醇的比热容值低，为了使甲醇燃料汽车一次加油后能达到与汽油车一样的续驶里程，甲醇燃料汽车的油箱容积需要更大一些。

（2）燃油泵的润滑　由于甲醇燃料的润滑性差，因而需要向燃油泵提供专用的润滑，或在甲醇燃料中加入 0.5%~1%（容积比）的蓖麻油。

（3）燃料切换控制器　如果是可选用不同燃料的两用甲醇燃料汽车，则需要设有燃料切换控制器，用以转换燃料供给模式。燃料切换控制器还应具有智能改变发动机点火系统参数的功能，以保障在使用不同燃料时，在发动机气缸内都能充分燃烧。燃料切换控制器通常与发动机 ECU 集成在一起。

（4）喷油器　甲醇燃料汽车喷油器的结构原理与汽油发动机相似，但材料与汽油发动机所用的喷油器会有所不同。例如，喷油器是由不锈钢制成的，各个密封件的材料是氟化橡胶，小型甲醇过滤器是用能与甲醇相容的金属粉末烧结而成的，其孔很小。

二、乙醇燃料汽车

1. 乙醇的特性

乙醇也是无色、透明、具有特殊香味的易挥发液体，密度比水小，能与水以任意比例互溶，是一种重要的溶剂，能溶解醚、甘油等多种有机物和无机物。

乙醇和甲醇很相似，用作燃料时，与汽油和甲醇的理化特性对比见表 8-3。

乙醇可用植物制取，是一种资源丰富、可再生的生物质燃料。乙醇生产主要以谷物及含糖类植物为原料。此外，饲料业和造纸业的废液、林业和农业的残余物、城乡固体垃圾等生物质也可用作生产乙醇的原料。

2. 乙醇燃料占比对汽车性能的影响

乙醇也可用作汽车的燃料，以掺混的乙醇汽油或纯乙醇为燃料的汽车称为乙醇燃料汽车。乙醇燃料以"E"表示其容积，例如，燃料中乙醇占 15%，可用 E15 表示。乙醇掺混于汽油或单独用作汽车发动机燃料时，其特点如下：

（1）对汽车排放的影响　乙醇的热值比汽油低，约为汽油的 61.5%，但氧含量高，燃烧时有自供氧效应，减少了 CO 生存条件，CO 转变成 CO_2，使得燃烧后的 CO 和 HC 排放明显低于汽油。乙醇对发动机 NO_x 排放无影响。

（2）对发动机抗爆性的影响　由于乙醇的辛烷值远高于汽油，当乙醇掺入汽油后，可使乙醇汽油混合燃料的辛烷值有相应的提高。掺混的乙醇比例越大，混合燃料的辛烷值也越大。

（3）对着火性的影响　乙醇的着火性较差，其十六烷值只有 8，因此，乙醇燃料用于压燃式发动机难度较大。

（4）对发动机冷起动的影响　乙醇的沸点比汽油低，对形成可燃混合气有利，但因缺少高挥发性成分，对发动机冷起动不利。此外，乙醇的汽化潜热高，是汽油的 3 倍，高的汽化潜热和低的蒸气压对发动机冷起动也是不利的，但可提高充气效率。

（5）对混合气浓度的影响　乙醇的着火极限范围比汽油宽，可在较稀薄混合气的状态下正常燃烧。

3. 乙醇燃料在汽车上的应用方式

乙醇燃料在汽车上的应用方式与甲醇燃料汽车相似，总体上可分为以下 5 种类型：

（1）低掺烧方式　低掺烧方式即乙醇与汽油掺混形成混合燃料燃烧。使用低比例掺混的乙醇汽油燃料的好处是，原汽油发动机不需要进行大的调整或不用做任何改动。实际上，在我国的汽油车上广泛使用了低掺混比的乙醇汽油。汽油车上使用低掺混比的乙醇汽油，最大的好处是节约了不可再生的石油资源。

（2）中、高掺烧方式　如果需要用较多的乙醇来替代汽油，可以在汽油中掺入中比例或高比例的乙醇，如 E20、E40、E50、E60、E80、E85 等，但需要对发动机可燃混合气的空燃比、点火提前角进行调整。

（3）纯乙醇方式　纯乙醇方式即燃料 100% 是乙醇，可用 E100 表示。目前，这种乙醇燃料应用方式还处于试验研究阶段。

（4）变性燃料方式　变性燃料是指乙醇脱水后，再添加变性剂而生成的乙醇。这种乙醇燃料应用方式目前也处在试验研究阶段。

（5）灵活燃烧方式（FFV）　灵活燃烧方式即可以使用乙醇汽油比例混合的燃料，也可以使用常规的汽油燃料。

4. 乙醇燃料汽车的性能特点

乙醇所具有的理化特性决定了乙醇燃料汽车有如下特点：

（1）降低了排放　乙醇燃料汽车燃料发动机的燃烧充分，燃烧产物为 CO_2 和水，排出废气中有害成分 CO、HC 和 NO_x 总的含量比汽油机降低了 30% ~ 50%。

（2）燃料来源广、成本低　乙醇除了可用谷物作制取的原料外，还可用小麦、薯类、甘蔗、甜菜、高粱等农作物，以及植物的茎杆、植物制品的废料等作为原料。因此，乙醇是一种可再的生物质资源，来源丰富，价格低廉。

（3）发动机的热效率高　利用乙醇辛烷值高、抗爆性好的特点，可增大发动机的压缩比，从而提高发动机的热效率。

（4）汽车油耗有所增加　由于乙醇的热值相较于汽油要低，因而乙醇燃料汽车的燃油消耗比汽油车稍高一些。

（5）冷起动性能差　由于乙醇的汽化潜热大，蒸发时吸热量大，如果发动机处于冷机状态，就会使混合气的温度过低，引发混合气蒸发环境恶化，致使进入气缸的混合气雾化质量差、温度低而不容易着火。因此，乙醇燃料汽车的低温冷起动性能差。

（6）容易产生气阻　乙醇与甲醇一样，在燃料供给管路中容易汽化，造成气阻。因此，乙醇掺比比较大时，就需要采取相应的措施，以避免乙醇燃料发动机在环境温度较高的情况下产生气阻。

（7）发动机的磨损较大　由于乙醇是一种有机溶剂，在发动机工作时，未燃烧的乙醇会沿着缸壁向下曲轴箱渗漏，冲刷了活塞与缸壁之间的油膜，使活塞和气缸的磨损加剧；渗漏到润滑油中的乙醇则对润滑油起到了稀释作用，降低了润滑油的润滑功能，这也加剧了发动机相关零部件的磨损。

（8）对人体有害　乙醇虽然不像甲醇那样有毒，但对人体中枢神经系统有抑制作用，因而使用时要注意防护。

三、二甲醚燃料汽车

1. 二甲醚的特性

二甲醚又称本醚、甲醚（Dimethyl Ether, DME），是二分子甲醇脱水缩合的衍生物，在常温常压下为无色、有轻微醚香味、无毒气体或压缩液体，可以用天然气、煤、石油焦或生物质为原料制取。二甲醚可用作汽车燃料，其理化特性见表8-5。

表8-5 二甲醚的理化特性

项目	内容	项目	内容
分子式	C_2H_6O	颜色与气味	无色、轻微醚香
分子量	46.07	溶解性	溶于水、汽油
密度（20℃时）/（g/cm^3）	0.67	汽化潜热/（kJ/kg）	467
沸点/℃	-24.9	十六烷值	55~66
闪点/℃	-41.4	低热值/（kJ/kg）	28.43

2. 二甲醚燃料汽车的应用与特点

（1）二甲醚在汽车上的应用 二甲醚的十六烷值高，用作汽车燃料时，主要是替代柴油。通常，柴油机热效率比汽油机高7%~9%，但现有柴油机因污染大而逐渐被淘汰。用二甲醚作燃料的柴油机，具有高效、环保等优点，是替代传统柴油机的理想选择。

二甲醚发动机的功率高于柴油机，可降低噪声、实现无烟燃烧，符合环保要求。二甲醚是理想的柴油代用燃料。二甲醚氧化偶联后可合成十六烷值为60~100的燃料添加剂。该添加剂常温下可以与柴油以任何比例相溶，可以配成十六烷值为41~57的燃料。

使用二甲醚的汽车，在不改变原车结构和使用性能的基础上，只需加装一套供气转换装置，就可成为既能烧油又能烧气的双燃料汽车。供气系统加装方便，其加装费和建造加气站等费用均低于液化石油气和压缩天然气燃料汽车。

（2）二甲醚燃料汽车的优点 二甲醚燃料汽车的优点如下：

1）由于二甲醚的十六烷值高，滞燃期短，预混合燃烧量较柴油少，发动机最高爆发压力和放热峰值比柴油机低且滞后，加之二甲醚的汽化潜热比柴油高，这些因素使得二甲醚发动机缸内最高温度比柴油机低，NO_x 排放显著降低。

2）二甲醚没有 C-C 键，氧的质量分数高达34.8%，能够充分燃烧，有效地抑制了炭烟的生成，燃烧无残液，废气无须催化转换处理即可达到欧Ⅲ排放标准。

3）二甲醚在气态下的密度（$1.97kg/m^3$）比空气大，未燃烧的二甲醚排到大气中后，会在短时间内分解为 H_2O 和 CO_2，不会污染环境。

4）二甲醚燃料蒸气压高、沸点低，蒸发与汽化容易，有助于可燃混合气形成和快速燃烧，可有效降低 HC 的排放。

5）二甲醚燃料的热值高，其理论混合气热值达3066.7kJ/kg，而柴油的理论混合气热值为2911kJ/kg。因此，柴油发动机换用二甲醚燃料后，其升功率可提高10%~15%，热效率可提高2%~3%，噪声则降低10%~15%。

总之，二甲醚的理化特性使得二甲醚燃料汽车效率提高、排放和噪声降低，加之二甲醚的资源较为丰富，对人体无毒，因此，在汽车及民用燃料代替领域，二甲醚具有广阔的市场前景。

（3）二甲醚燃料汽车的不足

1）二甲醚的生产成本还较高。

2）二甲醚生产技术（特别是分离和提纯技术）还需要进一步提高。

3）在使用上还存在着储气瓶占用空间大、携带不便、润滑性较差，以及二氧化碳排放量没有减少等问题。

3. 二甲醚燃料汽车燃料供给系统的组成与工作原理

二甲醚燃料汽车燃料供给系统主要由二甲醚罐、输油泵、滤清器、压力表、蓄能器、喷油泵、喷油器、冷却器和各种阀门等组成，如图8-28所示。其基本组成和工作原理与同类型的柴油机燃料供给系统基本相同，不同点如下：

（1）采用加压的专用储存罐　二甲醚常温下为气态，需要在5个大气压下液化，因而必须用专门的二甲醚罐储存。

（2）加大了燃料循环供油量　二甲醚的低热值只有柴油的70%，为能达到原柴油机的动力水平，就需要增大二甲醚发动机每个工作循环的供油量。通常的方法是：

1）加大喷油泵柱塞的直径。

2）增加喷油泵柱塞的有效行程。

3）加大喷油器喷孔的直径。

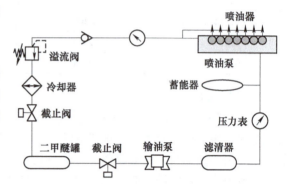

图8-28　二甲醚燃料汽车燃料供给系统的组成

正因为如此，二甲醚发动机所用的喷油泵和喷油器的技术参数是不同于原柴油机的。

（3）二甲醚燃料中需添加润滑剂　由于二甲醚的黏度较低，不具有柴油的润滑效果，会使柴油机上的柱塞、出油阀及喷油器中的精密偶件因润滑不良而产生磨损。因此，必须在二甲醚燃料中添加适量的润滑剂，以弥补二甲醚因黏度低而带来的润滑不良问题，确保柴油机工作的可靠性与耐久性。

（4）必须高度重视燃料供给系统的密封性　相比于柴油机燃料供给系统，二甲醚燃料供给系统的防泄漏要求更加严格，原因是：

1）二甲醚的黏度比柴油低，在燃料供给系统的工作循环过程中更容易产生泄漏。

2）一些弹塑性密封件如果长期暴露在二甲醚中，其密封性能会变差，并逐渐腐蚀剥落下来，最终导致二甲醚燃料泄漏。

3）二甲醚的爆炸极限范围比较宽（3.4% ~ 17%），如果二甲醚发动机在工作中有二甲醚逸出，极易引发严重后果。因此，必须防止二甲醚有逸出的可能。

四、生物柴油汽车

1. 生物柴油的定义及意义

（1）生物柴油的定义　生物柴油是指植物油（如菜籽油、大豆油、花生油、玉米油、棉籽油等）、动物油（如鱼油、猪油、牛油、羊油等）、废弃油脂或微生物油脂与甲醇或乙醇经酯转化而形成的脂肪酸甲酯或乙酯。

（2）生物柴油的意义　生物柴油是典型的"绿色能源"，具有环保性能好、发动机起动性能好、燃烧性能好、原料来源广泛、可再生等特性。大力发展生物柴油对经济可持续发展、推进能源替代、减轻环境压力、控制城市大气污染具有重要的战略意义。

2. 生物柴油的特点

（1）生物柴油的优势　生物柴油的燃烧性能与石油基柴油较为接近，且具有其无法比拟的优势：

1）点火性能佳。十六烷值是衡量燃料在压燃式发动机中燃料性能好坏的质量指标，生物柴油十六烷值较高，大于45（石化柴油为45），点火性能优于石化柴油。

2）燃烧更充分。生物柴油氧的质量分数大于石化柴油，可达11%。由于自身含有较多的氧，在燃烧过程中所需供氧气量较石化柴油少，燃烧比石化柴油更充分。

3）对机件有润滑作用。生物柴油较柴油的运动黏度稍高，在不影响燃油雾化的情况下，更容易在气缸内壁形成一层油膜，从而提高运动机件的润滑性，降低机件磨损。

4）通用性好。无须改动柴油机，可直接添加使用，同时无须另添设加油设备、储运设备及人员的特殊技术训练（通常其他替代燃料有可能需要修改发动机才能使用）。

5）安全可靠。生物柴油的闪点较石化柴油高，有利于安全储运和使用。

6）节能降耗。生物柴油本身即为燃料，以一定比例与石化柴油混合使用可以降低油耗，提高动力性能。

7）气候适应性强。生物柴油由于不含石蜡，低温流动性较好，适用区域广泛。

8）功用多。生物柴油不仅可作燃油，又可作为添加剂促进燃烧效果，从而具有双重功能。

9）具有优良的环保特性。生物柴油中硫的质量分数小，使得SO_2和硫化物的排放低，可减少约30%（有催化剂时可减少70%）；生物柴油中不含会对环境造成污染的芳香烃，因而产生的废气对人体损害低。

10）生物柴油由动植物油脂及废烹调油转化的技术已基本成熟，不需要复杂的设备。生物柴油的储存、运输及分配供应系统可使用原来用于柴油的容器及设备，对材料没有特殊的要求。

（2）生物柴油的不足 目前，生物柴油用作柴油机的燃料还存在以下不足：

1）生物柴油的价格比柴油高，因而生物柴油汽车的使用成本要高于普通的柴油车。

2）生物柴油大量生产时，原料的供应还需要有足够的保障。如果用食用植物油作原料，会加剧我国土地资源不足的矛盾；如果用野生植物油，则还有待于开发；如果用废烹调油，则需要建立收购的网络系统。

3）生物柴油发动机的优化控制还有待完善。

第六节 太阳能汽车

一、太阳能汽车概述

1. 太阳能汽车的定义及意义

太阳能汽车是一种靠太阳能来驱动的汽车。相比传统热机驱动的汽车，太阳能汽车是真正的零排放。正因为其环保的特点，太阳能汽车被许多国家所提倡，太阳能汽车产业的发展也日趋成熟。

2. 太阳能汽车的形式

到目前为止，太阳能在汽车上的应用技术主要有两个方面：一是太阳能作为汽车的主要驱动力；二是太阳能用作辅助能源向蓄电池充电或用作汽车辅助设备的电源。

（1）太阳能用作汽车驱动力 完全用太阳能替代传统燃油汽车的发动机，由太阳能提供汽车的驱动力。这种太阳能汽车实际上就是电源为太阳电池的电动汽车，如图 8-29 所示，与传统的燃油汽车相比，无论在外观还是运行原理上都有很大的不同。这种太阳能汽车没有发动机、变速箱等机械装置，而是由太阳电池板、储能装置（蓄电池）和电动机组成。其利用贴在车体外表的太阳电池板，将太阳能直接转换成电能，再通过电动机将电能转换为电磁转矩，驱动车辆行驶，车的行驶快慢通过控制输入电动机的电流的大小实现。目前此类太阳能汽车的车速最高能达到 100km/h 以上。

（2）太阳能用作汽车辅助能源　太阳能和其他能量混合驱动汽车（见图 8-30），太阳能用作辅助能源。由于太阳能辐射强度较弱，太阳电池板造价昂贵，加之天气的限制，使得完全靠太阳能驱动的汽车的实用性受到极大的限制，不利于推广。太阳能为辅助能源的复合能源汽车外观与传统汽车相似，只是在车表面加装了部分太阳能吸收装置。图 8-30 中是在车顶安装了太阳电池板，用于给蓄电池充电或直接作为驱动汽车行驶的动力源。太阳能和其他能量混合驱动汽车既有汽油发动机，又有电动机。通常电动机用于低速行驶，当车速上升到设定的速度以后，汽油发动机起动，由发动机驱动车辆行驶。

图 8-29　电源为太阳电池的电动汽车

图 8-30　太阳能和其他能量混合驱动汽车

3. 太阳能汽车的特点

（1）太阳能汽车的优点

1）以太阳能为主要驱动来源的太阳能汽车不会污染环境。太阳能汽车是真正的零排放汽车。

2）太阳能是"取之不尽，用之不竭"的清洁能源。

3）太阳能汽车结构简单，没有复杂的内燃机和机械传动装置。

（2）太阳能汽车的不足

1）太阳能的利用受气候和环境的影响，续驶里程短。需要配备蓄电池等其他的电源才能使太阳能汽车在没有阳光照射的天气和环境下也能正常使用。

2）车上能安装太阳电池板的地方有限，太阳电池的功率密度小，不能满足汽车大负荷行驶工况的功率需求。也就是说，太阳能汽车的动力性还不能满足汽车的实际需要。

3）太阳电池的成本高，使得太阳能汽车的使用成本也高。

太阳能汽车的上述不足导致了太阳能汽车还不能像其他的电动汽车那样，进入真正的实用化阶段。

二、太阳能汽车的基本组成与工作原理

1. 太阳能汽车动力系统的基本组成

太阳能汽车动力系统一般由太阳电池组、向日自动跟踪器（部分太阳能汽车上使用）、驱动系统、控制器等组成。

（1）太阳电池组　太阳电池组是太阳能汽车的核心部件，由一定数量的单体电池串联或并联组成电池方阵。

1）单体电池的组成与工作原理。太阳单体电池也称光电池，由半导体材料制成。光电池的原理如图8-31所示。当太阳光照射PN结时，产生电子和空穴（光生载流子），在PN结内电场 E_n 的作用下，光生载流子产生漂移运动。P区的光生电子被移向N区，空穴留在了P区，从而使P区带正电荷，N区带负电荷，形成电位差（光生电动势）。

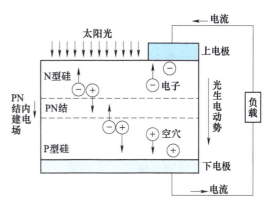

图8-31　光电池的原理

2）太阳电池板的组成。太阳电池的电流大小与太阳光照射的强度、太阳电池被照射的面积成正比。车用太阳电池板是由很多太阳电池排列组合而成的，如图8-32所示。

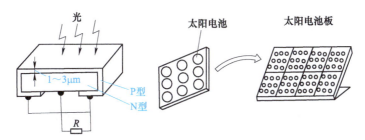

图8-32　太阳电池与太阳电池板

（2）向日自动跟踪器　在一些太阳电池板的方向可调的太阳能汽车上，配置了向日自动跟踪器。该装置可使车上的太阳电池板像向日葵一样，受光面始终处于迎着太阳的位置，使太阳电池能接收最大的太阳光照射能量。

（3）驱动系统　太阳能汽车的驱动系统与纯电动汽车相似，电动机有交流异步电动机、交流同步电动机、永磁无刷直流电动机等，有刷直流电动机则很少采用。太阳能汽车为了简化机械结构、减轻质量，通常选用无差速器型和电动轮型的驱动方式。

（4）控制器　太阳能汽车配置的控制器的控制功能与纯电动汽车也相似。太阳电池板方向可调的太阳能汽车的控制器还具有太阳电池板位置控制功能。

2. 太阳能汽车复合电源的组成

由于太阳电池的能量密度低，且受天气和环境的影响，纯太阳能汽车很难达到实用，所以目前的太阳能汽车多采用复合电源的方式。太阳电池与蓄电池组成的复合电源如图8-33所示。复合电源有太阳能为主和蓄电池为主两种形式。

（1）太阳能为主形式　这种太阳能汽车以太阳电池为主要的动力源，汽车行驶所需的

驱动能量主要来自太阳电池，蓄电池作为辅助电源，其作用是：

1）在阴雨天气、室内或隧道等没有阳光时承担供电，以使车辆在没有太阳能可用的情况下能继续保持行驶功能。

2）在汽车大负荷行驶工况时协助供电，以弥补太阳电池电功率的不足。

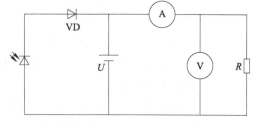

图8-33　太阳电池与蓄电池组成的复合电源

（2）蓄电池为主形式　以蓄电池为主要动力源的太阳能汽车，汽车驱动能量主要来自蓄电池，太阳电池作为辅助电源，其主要作用是将太阳能转换为电能，用来对蓄电池充电，以延长续驶里程。

3. 太阳能汽车的工作原理

典型的太阳能汽车能源系统拓扑结构如图8-34所示。有如下几种工作模式：

（1）太阳能驱动模式　在阳光充足、车辆正常行驶工况下，由太阳电池向电动机提供车辆正常行驶所需的电能，电动机产生电磁转矩驱动车辆正常行驶。这时的功率流为：太阳电池输出电流，经DC/DC变压，再经DC/AC逆变，输入电动机。

（2）蓄电池驱动模式　在车库、隧道等场地或阴雨天行驶时，

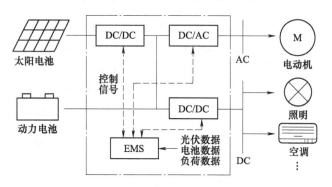

图8-34　典型的太阳能汽车能源系统拓扑结构

由蓄电池向电动机提供车辆行驶所需的电能，使车辆在无阳光照射的情况下能保持行驶。这时的功率流为：蓄电池输出电流，经DC/AC逆变，输入电动机。

（3）太阳能与蓄电池联合驱动模式　车辆在加速、高速或爬坡等大负荷行驶工况，太阳电池的功率不足时，EMS通过DC/DC控制蓄电池协助供电。此时，太阳电池和蓄电池同时向电动机提供电能。

（4）太阳能驱动与充电模式　车辆在低负荷工况下行驶，阳光充足，而蓄电池SOC又很低时，太阳电池在向电动机供电的同时向蓄电池充电，以提高蓄电池的SOC。此时的功率流为：太阳电池输出电流，通过DC/DC变压后向蓄电池输出充电电流，通过DC/AC向电动机输出驱动电流。

（5）太阳能充电模式　车辆停驶中，阳光充足，而蓄电池的SOC较低时，EMS通过控制DC/DC，使太阳电池向蓄电池输出充电电流。此时的功率流为：太阳电池输出电流，通过DC/DC变压后向蓄电池输出充电电流。

（6）能量回馈模式　车辆在减速/制动工况时，EMS控制DC/AC，使电动机工作在发电状态，将车辆的动能转换为电能，并向蓄电池充电。此时的功率流为：电动机（发电状态）输出电流，经DC/AC整流后输入蓄电池。

第七节 压缩空气汽车

一、压缩空气汽车概述

压缩空气汽车（Air Powered Vehicle，APV）也称空气动力汽车，是一种以高压压缩空气为动力源的汽车。

1. 压缩空气汽车驱动力的产生方式

压缩空气汽车的动力源是高压压缩空气，利用高压空气推动空气动力装置（压缩空气发动机）运转，向汽车传动系统输出动力。压缩空气汽车的动力产生方式如图 8-35 所示。

2. 压缩空气的储存

车载压缩空气是压缩空气汽车的能量来源，储存压缩空气的高压气罐的作用如同燃油汽车的燃油箱。为使压缩空气汽车有足够的续驶能力，需要高压气罐有足够高的能量密度，而储气罐的能量密度与其压力是成正比的。储气罐内气体的压力越高，其单位容积的能量就越大。

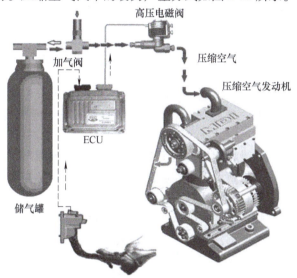

图 8-35　压缩空气汽车的动力产生方式

为能满足日常行驶的需要，压缩空气汽车储气罐的储气压力高达 30MPa 以上，其安全性是必须考虑的。普通的储气钢瓶价格便宜，使用安全，但由于其质量太大，不适宜用作压缩空气汽车的储气罐。一种铝合金内胆碳纤维缠绕的超高压储气罐如图 8-36 所示，这种储气罐具有质量小、耐高压、安全耐用，使用压力达 50MPa，50L 容量的气罐自重只有 20kg 左右，非常适合用作压缩空气汽车的储气罐，但其价格较高。

二、压缩空气发动机

压缩空气发动机的作用是将压缩空气储存的能量转换为机械能，能量转换的方式类似于传统的燃油发动机，只是将内燃机通过气缸内燃料燃烧产生推动力改成了直接用压缩空气的压力为推动力。压缩空气发动机主要有往复活塞式、旋转活塞式两种。图 8-37 所示为两种压缩空气发动机的外形。

图 8-36　一种铝合金内胆碳纤维缠绕的超高压储气罐

1. 压缩空气发动机的基本组成与工作原理

（1）压缩空气发动机的基本组成　压缩空气发动机没有燃料供给系统，取而代之的是压缩空气供给系统，其他的与传统内燃机基本相同，

a)   b)

图 8-37　往复活塞式和旋转活塞式压缩空气发动机的外形

a）往复活塞式　b）旋转活塞式

也是由机体、气缸、活塞、连杆、曲轴和配气机构等组成。

（2）压缩空气发动机的工作原理　压缩空气发动机以压缩空气为动力源，其工作原理如下：

储气罐特高压力的压缩空气经减压装置减压至工作压力后，从打开的进气门进入气缸，直接推动活塞运动，并通过曲柄连杆机构转换为曲轴的旋转，直到活塞运行到下止点，此为做功行程；当活塞从下止点上行时，进气门关闭，排气门打开，气缸内已经减压了的空气从排气门排出，一直到活塞运行至上止点，排气行程结束。接下来又是做功行程-排气行程，如此循环，将压缩空气储存的能量转换成发动机的旋转动能（输出机械能）。

2. 压缩空气发动机的特点

压缩空气发动机和内燃机相比，其特点如下：

1）以压缩空气的压力直接用作推动活塞的推动力，没有燃烧过程，无须承受燃烧带来的高温和超高压，机体及相关的零部件负荷小。

2）由于无须承受燃烧高温，发动机不需要用循环冷却液的方式来降温，故发动机不需要配置冷却系统，也不需要配置点火系统。

3）只有进气门打开时的做功行程和排气门打开时的排气行程两个行程，发动机的效率较高；气门的运动较为单一，配气机构相对较为简单。

4）进气门一打开即产生推力，并输出最大转矩，因此，压缩空气发动机起动及低速时的转矩大；随着转速的上升，输出的转矩逐渐下降，而气量消耗随之增加。

总体上，压缩空气发动机由于没有燃烧过程，内部机件无燃烧高温高压的负担，无须配置点火系统和冷却系统，因而其结构简单、质量小、制造及使用维护成本相对较低。

压缩空气发动机进气管内的压力始终高于气缸内的压力，对关闭进气门的弹簧力的要求较高。工作中，进气门要承受进气管很高的背压，如果进气管的工作压力超过了使进气门关闭的弹簧压力，高压气体就会顶开进气门而发生泄漏，造成气量消耗增加，并且增大了排气行程的压力，增加了功率消耗。

3. 压缩空气发动机的类型

按压缩空气动力分配方式分类，压缩空气发动机有串联式、并联式和串并联式三种类型。

（1）串联式压缩空气发动机　串联式压缩空气发动机气缸与气缸之间的空气动力管道是串联的（见图8-38），即上一级缸的剩余压力是下级缸的始动力。串联式压缩空气发动机下级作用缸的结构尺寸较大，动力利用率较高，热交换较充分。

（2）并联式压缩空气发动机　并联式压缩空气发动机气缸与气缸之间的空气动力管道是并联的（见图8-39），各缸的初始动力均相同，各缸的结构尺寸也相同，动力输出平稳，但排气行程剩余压力稍高。

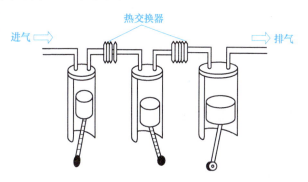

图 8-38　串联式压缩空气发动机

（3）串并联式压缩空气发动机串并联式压缩空气发动机气缸与气缸之间的空气动力管道部分串联、部分并联，如图8-40所示。

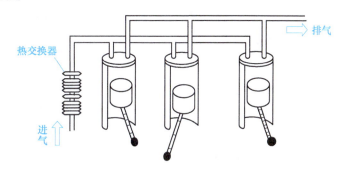

图 8-39　并联式压缩空气发动机

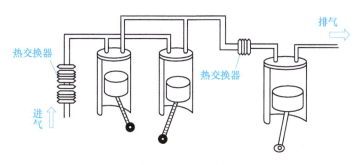

图 8-40　串并联式压缩空气发动机

三、压缩空气汽车气动动力系统

1. 压缩空气汽车气动回路压力调节的特点

压缩空气汽车的动力系统实际上就是一套气动设备。常规的气动设备的基本组成包括气源、气阀、气动管路、气动执行机构等器件，压缩空气汽车气动动力系统也是由这些器件组成的。但是，与常规的气动设备相比，压缩空气汽车气动动力系统有其特殊性：

（1）气压超高且分级　压缩空气汽车为了能有足够的续驶里程，通过高压压缩的方式提高车载储气罐气体的密度，气体介质的储存压力达到数百个大气压，气动装置（压缩空气发动机）的工作压力也有数十个大气压，整个气动回路需要工作在超高压、中低压不同的压力等级上。

（2）气压调节复杂　压缩空气汽车气动回路的执行器就是压缩空气发动机，是驱动汽车行驶的动力装置，其转速与转矩随汽车行驶的工况而变。也就是说，压缩空气汽车气动回路的气压调节必须满足汽车行驶工况变化的需要，因而其压力的调节比常规的气动设备要复杂。压缩空气汽车气动回路压力调节包括了人工调节和自动控制。

1）气压人工调节。由驾驶员通过加速踏板操控流量调节阀实现，用于对进入发动机的空气压力和流量进行调节，使发动机输出的功率和转矩能满足当前行驶工况的需要。

2）自动控制。控制器根据相关压力传感器的信号对气动回路的气压进行实时监测，并通过电磁式流量调节阀对空气压力进行自动控制，使气动回路中的空气压力自动保持在设定的范围之内。

2. 压缩空气汽车气动回路的组成

压缩空气汽车动力系统气动回路的组成如图 8-41 所示。各组成部件的作用如下：

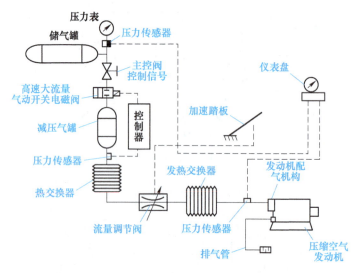

图8-41　压缩空气汽车动力系统气动回路的组成

1）储气罐。储存着超高压的空气，是压缩空气汽车的动力源。

2）主控阀。实际上是一个节流装置，与气动开关电磁阀配合，将储气罐的超高压气压降为次高压。

3）减压气罐。用于储存已降为次高压的空气，为压缩空气发动机提供稳定的气源。

4）热交换器。用于吸收外界的热量，使减压降温后的空气获得热量补充，使其温度和压力回升，以提高压缩空气的能量。

5）流量调节阀。由驾驶员通过加速踏板操控其动作，用以调节空气的压力和流量，实现压缩空气发动机输出转速与转矩的控制。

6）压力传感器。将气压回路中的超高压、次高压和工作压力转换为电信号，用于气压回路空气压力的稳定控制和压力参数的显示。

7）控制器。在气压回路中用于气压的稳定控制。

3. 压缩空气汽车的降压方式

储气罐储存的是超高压空气，与压缩空气发动机所需的工作气压之间有非常大的压差。常规的气动系统采用气动减压阀进行节流减压。在节流减压过程中，由于通过节流口的高速流动气体受摩擦力的作用，其能量损失较大，且压差越大，摩擦力作用下的能量损失也越大。这种高压气体的能量损失直接影响着压缩空气汽车的续驶里程。

压缩空气汽车的降压方式采用分段式，使用气体膨胀减压的方法使储气罐的超高压气体降压到设定的次高压，并储存在一定容积的减压气罐中，作为压缩空气发动机的气源。这种高压容积减压方式减小了节流阀口节流过程中的摩擦能耗损失，对于高压气动动力系统来说是一种有利于节能的减压方式。

4. 压缩空气汽车气动回路的工作原理

（1）超高压气体的降压原理　储气罐超高压的气体流经主控阀节流口后，其容积膨胀，压力和温度降低，并储存在减压储气罐中。

（2）次高压气体的稳压原理　压力传感器将减压储气罐的气压转换为相应的电信号，并输送给控制器，控制器根据压力传感器的信号判断减压储气罐的气压，并通过控制高速大流量气动开关阀的开闭，以稳定减压储气罐的气压。具体的稳压过程如下：

当减压储气罐内的气压低于设定的压力下限值时，控制器发出开启气动开关阀控制信号，使超高压气体流入减压储气罐，使减压储气罐内的气压上升。

当减压储气罐内的气压高于设定的压力上限值时，控制器发出关闭气动开关阀控制信号。

如此，控制器将减压储气罐内的气压控制在设定的压力范围内，确保次高压气动系统的气压稳定。

（3）压缩空气发动机输出功率与转矩调节原理　减压储气罐稳定的次高压是压缩空气发动机的气压源，连通发动机的进气道连接口。流量调节阀串接在减压储气罐和发动机进气道口之间，也就是说，发动机的进气压力和流量可由驾驶员通过操控流量调节阀来调节。

流量调节阀通过操纵机构与加速踏板连接，当驾驶员根据当前汽车行驶的实际需要操纵加速踏板时，就可通过操纵机构使流量调节阀做出相应的调节动作，将进入发动机的气体压力和流量调节到适当的值，使发动机输出相应的功率，以满足汽车当前行驶工况的需要。

（4）热交换器的作用原理　由图 8-41 可以看出，在减压储气罐出口和流量调节阀出口的管道上均设置了热交换器。热交换器的结构类似于汽车空调的蒸发器和冷凝器，主要由弯曲的管道和翅片构成。管道弯曲及设置翅片是为了增加传热的面积，提高热量吸收效率。

减压之后的高压气体其温度大幅下降，与环境温度形成较大的温度差。当低温气体流经热交换器的管道时，管道周围空气的热量通过热对流的方式传递给热交换器的管道外壁及翅片的表面，再经翅片和管壁的热传导，将热量传给管道中的气体，从而使气体的温度和压力升高，能量增大，使发动机输出更多的机械能。

可见，在减压储气罐出口和流量调节阀出口的管道上设置热交换器，其目的是通过热交换器吸收周围空气的热量，并将其传递给管内的压缩空气，用以提高压缩空气的温度和压力，提高整车的效率，增加压缩空气汽车的续驶里程。

参 考 文 献

[1] EHSANI M, GAO Y, EMADI A. 现代电动汽车、混合动力电动汽车和燃料电池车：基本原理、理论和设计 [M]. 倪光正，倪培宏，熊素铭，译. 北京：机械工业出版社，2010.

[2] 陈全世. 先进电动汽车技术 [M]. 北京：化学工业出版社，2007.

[3] 李兴虎. 混合动力汽车结构与原理 [M]. 北京：人民交通出版社，2009.

[4] 崔胜民. 新能源汽车技术 [M].2 版. 北京：北京大学出版社，2014.

[5] 陈全世，仇斌，谢起成. 燃料电池电动汽车 [M]. 北京：清华大学出版社，2005.

[6] 电气学会电动汽车驱动系统调查专门委员会. 电动汽车最新技术 [M]. 康龙云，译. 北京：机械工业出版社，2008.

[7] 张金柱. 混合动力汽车结构、原理与维修 [M]. 北京：化学工业出版社，2008.

[8] 李兴虎. 电动汽车概论 [M]. 北京：北京理工大学出版社，2005.

[9] 李言俊，张科. 自适应控制理论及应用 [M]. 西安：西北工业大学出版社，2005.

[10] 全国汽车标准化技术委员会. 电动汽车能量消耗量和续驶里程试验方法：第 1 部分　轻型汽车：GB/T 18386. 1—2021 [S]. 北京：中国标准出版社，2021.

[11] 全国汽车标准化技术委员会. 电动汽车：定型试验规程：GB/T 18388—2005 [S]. 北京：中国标准出版社，2005.

[12] 全国汽车标准化技术委员会. 电动汽车　动力性能　试验方法：GB/T 18385—2005 [S]. 北京：中国标准出版社，2005.

[13] 全国汽车标准化技术委员会. 电动汽车术语：GB/T 19596—2017 [S]. 北京：中国标准出版社，2017.

[14] 张良均，曹晶，蒋世忠. 神经网络实用教程 [M]. 北京：机械工业出版社，2008.

[15] 余志生. 汽车理论 [M].5 版. 北京：机械工业出版社，2009.

[16] 胡骅，宋慧. 电动汽车 [M].2 版. 北京：人民交通出版社，2006.

[17] 李士勇. 模糊控制·神经控制和智能控制论 [M]. 哈尔滨：哈尔滨工业大学出版社，1996.

[18] 刘兴堂. 应用自适应控制 [M]. 西安：西北工业大学出版社，2003.

[19] 曾光奇，等. 模糊控制理论与工程应用 [M]. 武汉：华中科技大学出版社，2006.

[20] 诸静. 模糊控制理论与系统原理 [M]. 北京：机械工业出版社，2005.

[21] 韩力群. 人工神经网络教程 [M]. 北京：北京邮电大学出版社，2006.

[22] 何洪文，等. 电动汽车原理与构造 [M]. 北京：机械工业出版社，2012.

[23] 李琼，易宏彬. 新能源汽车驱动电机与控制技术 [M]. 北京：北京邮电大学出版社，2019.

[24] 赵振宁. 新能源汽车技术概述 [M]. 北京：北京理工大学出版社，2016.

[25] 蔡兴旺，康晓清. 新能源汽车结构与维修 [M].2 版. 北京：机械工业出版社，2019.

[26] 李艳菲，郑伟. 新能源汽车技术概论 [M]. 北京：机械工业出版社，2019.